销售罗盘系列

信任五环

超级销售拜访技巧

夏凯◎著

中国人民大学出版社
·北 京·

再版序
销售是一种修行

说起“信任五环”，一股暖流涌上心头。

六年走来，“信任五环”已不仅仅是一本书、一门课、一种方法、一套技巧，“五环”已经成为很多销售人的一个符号、一种方式、一种信仰。

正如刚结束的一家央企的五环训练中，一位高管说：“五环看似一种销售技巧，其实要我们放下自我，以平常心化解私欲、以同理心进入情境、以清静心同步思考、以利他心构建双赢、以敬畏心尊重人性。”

此话令我心生感激和感动。

六年来，数千位销售与我面对面研讨200余场，视频微课在学习网站点击量达数万，特别近两年与业界高管和实战精英的教练研讨班中，每次分享研讨，都是一次对人性本能和克己复礼的感悟，都是一次对自我的反省洗礼，都有新的感悟和“心”的感悟。

谈到五环，想到五个词：随喜、感恩、进化、初心、坚定。

随喜

“五年前，为了一个公司很感兴趣但觉得希望不大的项目，来这个小县城十几次。五年后，为了公司感兴趣但对结果将信将疑的一个课题，我将跑穿三个试点区县。上次，五环九问是个人打单工具，帮助我拿下大单。这次，五环九问将在整个公司遍地开花，助推公司战略。”这是一位五环粉丝、知名电信运营商销售经理贺若老师朋友圈的分享。

经常随喜看到，很多读者、粉丝、销售人通过各种渠道分享应用五环方法拿下订单的消息，看到本书被多家知名企业和咨询培训机构作为销售必读推荐，看到很多公司将五环方法作为新员工和销售人必学内容，看到诸多组织将五环方法系统导入，支撑战略和业务发展，看到很多销售人因翻阅五环而破解内心困惑小获成功。

由此诸相，心生感恩。

感恩

感恩生在中华民族，感恩生在这个时代，感恩周边每位有缘人。

五环，源于中华传统智慧。博大精深的中华传统文化是无穷的智慧源泉。无论“听”和“说”的阴阳之道，还是“春播、夏耕、秋收、冬藏”的基本规律，还是“随人则活、由己则滞”的内功心法，还是“五环”与“五行”的相应关系，对传统文化的肤浅理解和点滴汲取，赋予了五环内涵和生命力。

五环，源于业界顶级理论。销售领域理论流派诸多，多年来对世界顶级理论方法的学习践行和总结反思，让我们有机会站在巨人肩膀上思考传承。

五环，源于团队研究结果。信任五环课程最早是在用友大学营销学院期间与团队共研共创形成的，认证了一批种子讲师并在集团内讲解多场，经过数千位销售现场应用验证。能有此平台经此番打磨是我的幸运，内心时常感恩用友和各位师长。

五环，源于销售人的众创。《信任五环》这本书于 2009 年在天涯论坛与各位网友共创而成。当时，每晚发帖分享一个原理方法技巧，更新几千字，大家纷纷回帖或在 QQ 群讨论、制定次日行动计划，第二天以此方法去拜访客户，晚上回来总结得失、提出问题困惑、研讨原因、分享心得，这个过程带来很多内容和灵感，这是移动互联时代到来之前的一部众创之作，是每位销售人的亲历记录和心路总结。

五环，因众人而生，也必将随众人成长。

进化

六年来，五环跟随天下销售人一起不断进化。

多家企业把五环作为员工培训和销售沟通的基本训练课程，越来越多的销售人在用五环的语言交流沟通。运用过程中五环也随之不断发展，理顺了很多底层逻辑，细化了很多概念，升级了诸多实用工具话术，完善了评估方法，更有助于落地应用。

2011 年 12 月，该书被改编拍摄成视频情景剧，作为销售精品课程推广应用，同时更名为《信任沟通》，列入几十所大学的教学计划，帮助即将走向社会的新人学好沟通第一课。

2014 年 7 月，五环系列微课制作完成，五环核心知识点被分别录制成为 7～10 分钟的视频讲座，上传至微信号和各大学习网站供销售人免费学习，惠及数万人。

2015 年 11 月，在业界多位高管和销售精英的呼吁下，再次改编拍摄并由各位实战精英本色出演，开放授权后，该视频课程已认证百余位导师教练，成为包括世界 500 强在内的多家知名企业的销售必修课。

2016 年 1 月，销售罗盘团队投资研发“拜访罗盘”APP，借助移动互联和大数据技术，将五环逻辑方法装进手机，销售个人得以有效“武装”，组织经验得以沉淀分享，助力组织绩效提升。

未来，五环将在广大师长朋友鼓励支持下不断进化。

这一切的努力和进化，都源于一个梦想和初心。

初心

销售人是一个特殊的群体。

大多数销售人草根出身，烈日下奔波的、寒冬里穿梭的、客户门前徘徊的，更多是销售，他们祈望靠自己的勤奋努力和辛苦付出去赢得尊严、责任和未来。借用一位朋友的话，“销售是拼爹拼不过别人的人，希望靠自己的努力挣得一片天空，为父母尽孝、给家人温暖、给孩子一个美好未来。”销售的那份艰辛只有自己能体会，那份纠结和困惑只有在深夜独自承受。

可社会又如何看待他们？有哪位销售在公交地铁上接电话时会大声说出“我是销售”！有哪位母亲拉着女儿的手说“女儿啊，一定要嫁个销售”！有哪位妈妈看着怀中婴儿清澈的眼睛说“孩子，好好成长，长大后要做个销售”……

销售的艰辛不易，公众对销售的误解，销售人应有而未得的认同和尊严，或因很多销售缺少适当方法，仅凭借一腔热情、激昂的欲望去冲击客户的独立思考权，给对方的体验感受很差。销售都想证明自己，都渴望成功，这种努力如果能加上有效的思维和方法，或将事半功倍。

我是幸运的，刚做销售能在用友平台上得到训练，得到多位高人指点。而数千万销售同人中，有多少还在自己摸索，在用满腔热情去撞墙尝试，或许，他们需要些什么。

心对了，人就对了，事就对了。

坚定

我们坚信销售是一种修行。

回归现实和常理思考，认知客户环境变化、识别客户挑战和机遇、感知客户处境和感受，理解客户动机和目标，基于自身优势与客户共创问题解决之道，共同制定行动计划……销售的成功基于客户问题的解决、期望的实现。这也是放下自我本能冲动、抑制自身欲望考虑客户感受的过程。这个过程对销售而言，起心动念、一言一行，何尝不是一种修行。

有多年销售经验的过来人，把自己踩过的坑、撞过的墙、犯过的错、找到的路与正困惑迷茫的年轻销售分享，帮助他们穿越阴霾，早日找到正确方法、享受成功的快乐，这种拨云见日、成己达人的做法，何尝不是一种修行。

我们坚信，销售是发现价值和创造价值的人，能帮客户高效愉悦地买，能给公司带来持续发展动力，实现社会价值的连接和增值。

我们坚信，销售本应是快乐和幸福的，学有所用、历练成长，努力即有成效、付出即有回报，成就他人，成就自己，被信任的感觉会非常美妙。

我们坚信，帮助销售人的导师教练们是幸福的，他们对销售新人力所能及的帮助，不正如在帮助 15 年前的自己。当这些教练 80 岁时，回首有多少人因他们的帮助而获得成长，这种正能量的加持何尝不是一种幸福！

我们坚信，销售本就是一种幸福的人生。

五环愿伴随天下销售人，坚定地走在幸福销售的路上。

夏凯

2016 年 4 月

引 子

有两个寺庙，其中一个寺庙的僧人如果去菜场买菜，一定要经过另一个寺庙。而每当此时，这个寺庙的僧人总是要出来与之“斗法”。一天早上，一个小和尚去菜场买菜，刚路过这个寺庙门前，就见该寺庙有个小和尚出来，拦住了去路。

“你到哪里去?”小和尚问道。

“脚到哪里，我到哪里!”买菜的小和尚回答道。

问话的小和尚无话可说，败下阵来。回来请教自己的师父。

师父面授心机，说：“明天继续问他，他如果还是这样回答，那你就问，‘如果没有脚，你到哪里去?’他一定就回答不出了!”

第二天，小和尚早早地就等在寺庙门前，以为自己这次一定胜券在握了！一看见前一天那个买菜的小和尚提着菜篮走过来，就急不可耐地冲上前去问：“你到哪里去?”

“风到哪里，我到哪里!”买菜的小和尚不慌不忙地回答道。

问话的小和尚再次语塞，不知如何回答。只得再次回去请教师父。

师父这次有点不高兴地说：“你怎么这么笨啊？你就问他，‘如果没有风，你到哪里去?’他一定答不出来了!”师父进一步补充说：“而且，如果下次他再随便编个名目，比如，水到哪里，我到哪里。那你就问他，‘如果没有水，你到哪里去?’他一定答不出了!”

听了师父这番话，小和尚高兴极了！他心里想，自己明天一定赢定了！看你还能变出什么花样!

于是第二天，小和尚又早早地就等在寺庙门前，一看见那个买菜的小和尚提着菜篮走过来，就再次急不可耐地冲上前去问：“你到哪里去?”

“我到菜场去!”小和尚不慌不忙地回答道。

主要人物介绍

小　朱：XYZ公司客户经理，毕业半年，菜鸟级销售。

小　杨：ABC公司客户经理，做过两年技术、两年销售，懂产品，顾问型销售。

小　牛：从事销售六年多，和谁都自来熟，关系型销售。

小　马：从事销售三年多，很勤奋，做事严谨，计划性强，勤奋型销售。

小　熊：从事销售五年多，什么都不当回事儿，没压力，悠闲型销售。

王经理：ABC公司事业部销售经理，小杨的直接领导。

宋主任：蓝科公司信息中心主任。

陶部长：蓝科公司经营部部长。

魏部长：蓝科公司企管部部长。

沈　总：蓝科公司总经理。

龚海川：飞达公司总经理。

刘经理：飞达公司商务部经理。

小　悠：飞达公司前台。

贾　工：飞达公司信息主管。

老　寒：十余年老销售退休，“闲人”一个。

目　录

第 1 章

美丽的邂逅

1. 几个好兄弟

小朱刚毕业，曾经豪情万丈的他为找工作发了小半年的愁，不得已屈就于一家小公司做起销售。他相信自己的能力，更相信网络的力量，他觉得网络改变了世界。

咔哒，咔哒，打火机在小朱的手和桌子上翻来翻去。一脸无聊的小朱寻思半天，闷声说道："老寒啊，网络都这么发达了，网上交易越来越多，你说还要你们销售干嘛?"

"你不也是个销售?"我反问。

"嗯，可我一直不明白，明明在网上就能搞定的事，干嘛非得穿套西服拎着个包满世界跑?"

"这么说吧，"我扫了他一眼，"让你在网上找个老婆，不见面，看看照片就结婚。你肯吗?"

"那不一样!"小朱不服。

"有什么不一样?"

"照片看不出感觉！再说那是娶老婆，不是买东西!"小朱手中的打火机安静了下来。

"娶老婆和买东西有什么区别?"我故意逗他。

"娶老婆是用来过日子的，低头不见抬头见，找不好受一辈子罪。买东西不一样，用完拉倒，不好用就扔，不可惜!"小朱愣愣地说。

“还有呢?”我问。

“还有……”小朱抬眼望着天花板，“找老婆，得好好考察考察，我爸妈也得过问，女孩儿父母也得同意，或许她还有帮姐妹跟着掺和！买东西不一样，只要有钱，想买啥买啥。”

“有什么共性吗?”我继续问。

“共性嘛，都是为了满足需求啊！一个是满足过日子的需求，一个是满足使用的需求。哈哈!”小朱一肚子坏水。

“也就是说，你找老婆一定要见面喽?”我问。

“那是!”

我点点头：“同样，真正的销售必须见面。不见面也能卖的东西，就不值得我们去卖!”

“为什么?”小朱好奇地问。

“因为啊，因为你怕照片被PS过!”我说。

“说正经的呢!”小朱感觉被愚弄了。

“见面才能建立信任!”我说。

小朱若有所思。

“天下最不可能失业的就是销售!”

“那我咋会失业呢?”小朱郁闷地说。

“你是销售吗? 你只是推销员!”

小朱搞不明白推销员和销售有什么不一样，仍然摸不到头脑。

这时，电脑右下角的QQ群闪个不停，一看是小杨。

“老寒，听说你搞了个‘五环’?”他说。

小杨卖的是信息系统，哥儿几个里头做销售时间算是比较长的了。之前，他当过两年顾问，对产品和业务比较熟，谈项目也经常从客户的业务切入，自称“顾问式销售”。

“嗯。”我应了一声。

“不是搞了个‘九问’吗，怎么又有了个‘五环’?”小杨问。

我们之前是搞过一个“赢单九问”，讲的是销售中的形势分析与策略制定，重点是讲如何判断形势、排兵布阵、调兵遣将，强调谋定而动，解决“为什么”的问题。“信任五环”讲的是销售的拜访技巧，重点是讲如何擦枪磨刀、瞄准射击、匍匐前进，解决“怎么做”的问题。

“拜访技巧，如何进行面对面的拜访沟通！”我说。

“那还用教啊？销售最会拜访了！”小杨嗤之以鼻。

小牛突然冒出来，说：“读万卷书不如行万里路，行万里路不如阅人无数。实践出真知，真正的高手都是枪林弹雨中走出来的！销售这东西，经验决定一切！哪个销售高手是培训出来的？”

小牛是公认的销售高手，圆头圆脑，脖子挺粗，给人感觉很憨实。这家伙外表诚恳，其实心计过人，见人说人话，见鬼说鬼话。他跟谁都是自来熟，接触两三次就可以无所不谈，被兄弟们尊称为“牛哥”。

“总结总结呗……”这种牛人，不跟他 PK。

“你还真教人怎么搞关系啊？”小牛问。

“你怎么理解关系？”我问。

小杨看不上小牛的做法，抢着说：“无非就是吃饭、喝酒加洗澡，折扣、回扣加纽扣呗！牛哥，现在都讲价值，我们的方案能解决什么问题，带来什么价值，这才是关键！”

“扯，关系不好，方案好管啥用！”小牛不忿。

“算了，算了，各有各的道！”眼看要吵起来，我赶紧劝。

“老寒，你说，有的销售见客户时投其所好，满足了客户的某些个人需求，这就是建立关系了吗？我们能做，对手不能做吗？我们和对手的区别到底在哪儿？”小杨问。

“照你这么说，关系还分三六九等？”小牛听出点什么。

“这个嘛，”我接过话茬，“可能大家理解的角度不太一样。或许关系和关系也不一样，有些关系是暂时的、不牢靠，我听说‘以利交者，利尽而交疏；以权睦者，权等则睦散’。”

“老寒这话有道理，是小杨你理解偏了。”小牛说。

“还有些关系建立在共同的愿景和目标上，是双赢的。哪一种更容易建立信任的关系?”我说。

“高论!”小马从 QQ 群里跳出来，插了一句。我想他可能是刚从客户那儿回来。

小马是大家公认最勤奋的销售。他鼓鼓的黑皮包里有几个满满的文件夹，夹着客户简要情况列表，以及每个客户的详细档案和跟踪记录。每天的拜访计划都是前一天晚上做好的，当天拜访的情况也都一一总结，记录在册，并列好下次什么时候再去拜访。他每次都能想办法拿到最新的企业名单，然后一个不漏地灌进漏斗里，接着挨家挨户地打电话和上门拜访。

“闲人闲扯，哪儿像咱，把自己搞得这么累!”小熊懒洋洋地说。

小熊做销售时间也不短了，整天穿得干干净净，天下就没什么让他着急的事儿，也不知道他是怎么搞定客户的。虽然是经理的重点监管对象，但他自己倒整天悠闲得让人羡慕!

“我又没个像样的大单，提高拜访量成功率才高，销售就是概率，不多跑跑，怎么完成任务啊!”小马觉得漏斗这东西真科学，把商机灌进去，记录好、覆盖好、跟踪好，只要足够勤奋，总有一些会漏底成交!

“嗯，数量和质量，确实难以兼顾!”小熊点点头。

“哪儿像你啊，手里有大项目!”小马酸溜溜地说。

“啥大项目啊! 不就那几家嘛。每次客户也挺热情，好吃好喝好招待，每回都拍着胸脯说项目很重要，可就不见有什么动作。”小熊自己心里也清楚。

“那是在养啊，没听说嘛，三年不开张，开张吃三年!”小马说。

"养什么啊！总没进展，时间一长，别说客户不愿意见我，我都懒得去了！也不能老在公司坐着，经理看见多不好啊，只能打着拜访客户的旗号出去散散心。小马，你也别把自己搞得那么累!"小熊开导小马。

"可你有项目啊!"小马说。

"还不明白吗？那就是挡箭牌！经理整天盯着我，每周都问这几个项目的进展情况。哪儿有那么多进展啊！害得我整天想办法蒙混过关。说实话，见客户不怕，我就怕经理问项目!"小熊坦言。

"哟，也是，对付经理那心思用客户身上，任务早翻番了!"小马冷嘲热讽。

"我早就说过，内耗远大于外耗，看见了吧！典型的职场潜规则，办公室政治害死人啊!"小熊感叹道。

"话说回来，每到季度末你被经理逼急了，总能拿回钱来，不服不行!"小马觉得小熊就是悠闲的命，而自己却注定像根上紧的发条，从早到晚得绷足劲儿。

2. 销售的困惑

一个周末的晚上，大家在茶馆里聚齐了。

销售空闲时间太有限了，白天拜访客户，晚上有时候还要陪着客户吃喝唱玩，比"三陪"还多"一陪"。偶尔不用陪客户，也得准备材料、写方案，或是给经理杜撰永远没有尽头的销售报告，难得有自己的时间。特别是菜鸟小朱、顾问销售小杨、关系高手小牛、勤奋的小马，还有悠然自得的小熊都能聚一起，就更不容易了。

"老寒，聊点儿啥啊?"小杨总是自信得充满朝气。

我想了想，说："没想好!"

"干了那么多年销售，不知道聊啥？是不想说吧?"小朱看了我一眼。

“不是不想说，是不知道说什么，因为不知道你们想听什么。”我说。

“啥都行!”小牛觉得销售就是那点事儿，没什么新鲜的。

“你觉得我们做销售应该学点儿什么?”小朱弱弱地问。

“嗯……这样吧，小朱，你在销售中碰到了什么困惑?”我想了想，决定从小朱这个“软柿子”开始捏。

“我做销售时间不长，不知道怎么找客户，总觉得商机不好找，没什么单子可做。我现在就为怎么挖商机发愁呢!”小朱郁闷地说。也是，地盘儿都让老销售占着，动动哪儿都被骂一顿，自己扛着指标又找不到合适的单子，能不郁闷吗?

我缓缓地点着头，没说话。

小熊看了眼小朱，又看看我，说：“商机不好找，有了商机也约不到客户啊！就算想办法约到了，见面也不知道说什么，客户也懒得理我。再约吧，客户总有各种推辞。使什么招都没用，急得就差去堵他们家门了！你说怎么就不愿意见我呢?”

“哦，是吗?”我微皱着眉头，作思考状。

“是，约客户确实比较难。有时候去见客户高层还真不知道说什么！没办法，只能请老大出场，要不搬个高管或从总部申请个专家，以表重视。不过，只求他们别把项目给搞砸了……”小杨感觉对付中层问题不大，但想到去见高层，还真有些畏惧。

小杨说“只求他们别把项目搞砸了”，可能是心里有阴影。前段时间，在小杨的精心运作下，有个大项目的董事长终于同意见他们了！小杨本想请公司董事长出面，可时间不凑巧。但和客户说好了会有高层出面，只好硬着头皮请了一个副总。副总只砍了三板斧：“感谢您的信任和支持，我们非常重视这个项目，一定给您最优惠的价格，一定派最有经验的专家为您提供服务。”接着跟客户套了半天热乎。客户刚开始挺高兴，可当董事长谈一些具体话题时，那个副总绕来绕去就不正面回答，因为他根本不清楚！那次见完，小杨再约董事长，直接被拒绝了！更要命的是，最近听说那个客户和竞争对手越走越近。那次成了小杨心中“永远的痛”！

“别说高层，就是一般客户，见面除了知道介绍公司、产品和方案以外，好像没什么其他的话题可谈，最多说一句‘今天天气很好’。”小朱感同身受，一副无奈的样子。

“是不是因为把握不好客户心理呢？真不知道他们在想什么。”小杨自言自语。

“我的客户倒没那么复杂，我跑勤点儿，学学产品，给客户介绍介绍，总有能成单的。”小马认为勤奋是销售的第一要素。

“你不能成交的最主要因素是什么呢？”我问小马。

“我统计过，我们的产品功能还行，品牌和价格也还算有竞争力，不能成交的主要因素就是客户说没需求，不需要我们的产品。没办法，只能过段时间再联系看看，我就不信他一直没需求！”小马自信地说。他漏斗里潜在客户的数量还可以，他有自己的拜访原则，那些没需求的最不重要，两个月才拜访一次。

“就算有需求，可客户总也不着急，不是立不了项，就是立了项也迟迟不决策，怎么才能让他们快点儿呢？”小熊吃尽了客户不着急的苦头，那几个项目很久也没进展，没少挨经理批。

“嗯，该做的工作都做了，该搞的人也都搞了，就是进度缓慢，总不能按预计的进度推进。”胳膊抱在胸前的小牛也忍不住了。

“是啊，牛哥都说到这问题了。老寒，我们怎么样才能缩短销售周期，慢单快签呢？”小熊问。

“这是很多销售都很关心的问题。还有呢？”我看着大家。

小熊得意地看了看小马，他觉得能谈到“推进”的都是大项目，小马那些满地“麻雀”一样的小单子根本没法和他的项目比。人总需要点儿自信和优越感，小熊就从小马身上找到了。

小马没理小熊，转眼看了看小杨。小杨之前做顾问时，小马经常请他帮忙支持客户，或者帮助老客户解决问题。等小杨做销售了，小马也偶尔给小杨几个单子，但都是总谈业务，不好对付的主儿。小杨做下单子、拿了奖金也不忘了小马。

小杨仰头想了想，说："有时候，我觉得产品和方案挺好的，真能帮助客户解决很多问题，给他带来很大价值，也都是别的客户验证了的。可是客户却不这么认为，怎么解释也没用，还挺固执，他们总觉得自己和别人不一样，其实就是一样的！唉，真拿他们没办法！"

小杨心想，在座的遇到这个问题的不多，只有顾问式销售才能和客户谈到方案，那些搞关系的用不到这么专业的东西。

"是啊，怎么才能让客户认可我们的产品和方案呢？"小朱趁机插嘴。

"嗯，我们有很大的优势，怎样清晰地告诉客户呢？"小熊跟着问。

"还有，我们经常搞不清楚客户的真实预算。"小杨补了一句。

小牛心里暗自盘算，表面上看是几个兄弟在提问题，实际上也是不同风格的销售相互博弈。小牛算是玩过大项目的，他知道小马做销售靠腿，小杨做销售靠嘴，小熊做销售靠磨，小朱做销售靠撞，而他小牛做销售靠胃更靠脑，不仅酒量大，还爱动脑子琢磨，其他几个档次明显不够！

"老寒啊，知道你玩儿过不少大单，我就想问你怎么才能占据主导地位，控制进程和选型标准，让客户跟着我走？"不愧是小牛，忽悠了我，也抬高了自己。

"呵呵，如何控制好销售进程，好问题！"我重复了一下。

小牛顿了顿，说："比如说吧，酒桌上说得好好的，拍着胸脯说没问题，真到他使劲儿的时候，却找不着他了。"

“可不，说好了支持我，却反水支持对手！怎么才能让客户真正支持我？”小熊整天被小马揶揄，被小杨看不上，只能找个靠山，他觉得小牛应该行。

问题越来越深了，从找商机、跑销售，到操控项目、分析人，还真不少。

“现在的竞争对手总乱搞，有时候还故意报低价搅局，怎么应对低价竞争啊？”小马把话题引到了竞争上。

“嗯，不知道竞争对手到底在干什么，知己不知彼啊！”小牛虽然善于搞关系，但是对手也在搞。有的客户吃两头，瞒着他和对手混到一起，甚至告诉他些假消息，他为此着实丢过几个单子。

“就是，我有这么好的方案，客户凭啥选了竞争对手，就是不选我呢？我们的优势非常明显啊！客户明知选择竞争对手是个坑，还往里跳，真是没办法！”小杨很疑惑。

我想了想，问：“客户为什么要买东西，又是根据什么做的决策呢？”

“因为有需求啊，所以我们要引导需求，控制需求，创造需求！”小杨得意地说。

小朱低着头说：“我不知道怎么搞需求，反正客户说一看我就是个销售，光想着怎么挣他们的钱。怎么才能让客户觉得我不是个销售，对我不那么反感啊？”

此问让我着实吃了一惊，想不到菜鸟小朱竟然问了个这么有水平的问题。

正惊讶着，小朱又抛了个雷人问题：“我怎么知道该干些什么呢？”

大家都看了看小朱，又彼此面面相觑。

“就喜欢和哥儿几个聊，有收获！”我说

“有收获？你有啥收获？”小朱不解地问。

“这些销售的困惑啊，你们特别想解决的一些问题，我总结一下：

① 有效商机不足。

② 约不到客户。

③ 见客户时不知道说什么。

④ 怕见高层，刻意回避。

⑤ 除了产品和方案以外，和客户找不到其他话题。

⑥ 不知道客户在想什么。

⑦ 客户总说没需求，不需要我们的产品。

⑧ 客户总是不着急，好像没信心。

⑨ 客户当面说很好，结果没行动。

⑩ 项目进度缓慢，无法按计划推进，销售周期没法控制。

⑪ 客户不认可方案的价值，即使认可价值也不认可价格。

⑫ 如何清晰地告诉客户我们的优势？

⑬ 为什么总是我推客户，而不是客户推我？

⑭ 总是让客户牵着走，怎么让客户跟着我们走？

⑮ 如何让客户真正支持我？

⑯ 如何对付难缠的竞争对手？

⑰ 客户明明知道对手不行，为什么还要选择他？

⑱ 客户到底为什么买东西，怎么做决策的？

⑲ 客户看我就是个光想挣他们钱的销售员。

⑳ 不知道自己应该干些什么。”

“是这 20 个问题吗？”

小朱一头雾水，觉得这些问题要是能解决，他自己就可以成仙了。

小马开始思考：为什么自己跑得那么勤奋，却不如那些悠哉游哉的家伙呢？

小杨希望尽快成长，他想真正掌握几个大单，而这些问题是必经之路。

小牛皱着眉头摸了摸圆圆的脑袋，没说话。

小熊见没有答案，耷拉下脑袋开始嗑瓜子。

一片寂静，除了小熊叭叭嗑瓜子的声音。

要想成长，要想解决自己的困惑，就必须先找到瓶颈。没有勇气面对，就没有突破的机会，特别是销售。

这些困惑要想说清楚，就得像剥洋葱一样，一层一层慢慢来。

成功的销售是由很多次成功的拜访完成的。

销售拜访包括正式拜访和非正式拜访。以销售为目的影响销售进程的交流都属于销售拜访，一般是指和客户面对面的拜访，也包括电话拜访。销售即使有很好的策略，也要靠拜访落地执行，这是上战场拼刺刀的真功夫。

“哥儿几个，我想问个事儿！”我想起了个问题，打破沉寂，“大家平均每天拜访几次客户啊？”

“这有什么关系？”小熊不爱听了，他最不愿意提这事儿。

“当然有关系，不拜访怎么成交呢？”小马反驳道，“我差不多平均每天四次吧。”

“两到三次，”小杨也不甘示弱，“你知道，我拜访客户是要交流方案的，每次谈的内容多！”

“我没几个客户，每天也就两三次吧。”小朱说。

小牛嘴角扯向两边，绽放出他经典的坏笑：“呵呵，每天平均拜访几家说不好，不过我每天要联系的人可都有四五个以上。”

“哦？”我露出惊讶的神情。

“可不，午饭、晚饭就两个，上午下午各一个，晚上再来一个，不就四五个嘛！”小杨斜着眼说。

大家呵呵笑了。

“嗯！算过每次拜访的成本是多少吗？”我又问。

小马抢先说：“算过，两块！”

“两块？”我有些不解。

“是啊，两块，去一块，回来一块，坐公交！”小马解释。

小熊刚喝了口茶，一笑喷了小马一身，呛得猛咳嗽一阵。

小杨说：“照你这么说，我的成本是20块钱，打车去的。”

“打车？你一天最多拜访一家，堵车堵死你！”小牛插了句。

我见大家开始跑偏，就说：“我说的是成本，不是费用。比如，要不要请客吃饭？公司给大家发的工资、福利、电话费？公司给大家搞培训有没有成本？你占公司的工位有没有费用分摊……”

“送客户一份资料是不是也算啊？”小马有些严肃。

“我给客户出的方案，打印纸和打印费用，是不是也算啊？”小杨心想，要这么算，成本可高了，他每周要给客户出好几个方案呢！

“是啊，写方案时的电费、灯具磨损费、笔记本折旧、手指头磨损费，是不是都算啊？”小熊又贫嘴了。

“还有，我买的衣服算不算，去客户那儿穿的鞋磨损了，算不算？”小朱生活窘迫。

我被逗乐了，笑着说：“行，行，想算就算，看看每次拜访成本是多少。”

大家都没说话，这确实没有人统计过，却是在真实发生的。销售可能根本不关心这些数字，反正花的是公司的钱，自己也吃不了多少亏。

“大家觉得在这些拜访中，有多少有效呢？”我又问。

“40％！”小牛说。

“30％！”小杨说。

“哪有，也就20％！”小马说。

“那就是说，将近 70%～80%的拜访没有达到目标，是无效的?”我问。

有的轻轻点点头，有的皱着眉头没反应，都没有说话。

“我们拜访的客户最后签下来了多少？成单率又是多少呢?”我又问。

更加沉寂了。

我说：“当然，不能奢望每次拜访都有精准的效果，也不能奢望每个单子都是我们的，销售本身就充满着变数，这正是销售的魅力!”

“我们就关心那些问题怎么解决，怎么签更多的单、挣更多的钱，才不关心怎么给公司省成本……”小牛道出了大家的心声。

“那接下来怎么办?”小朱问。

“接下来，仨人一组，斗地主!”我说。

“就是，打牌喽!”小熊立即起身收拾桌子。

“行，下回谈正题!”小牛望着我说。

“先打牌!”我岔开话题。

要想让他灭亡，先要让他疯狂，打牌也要讲心理战。

要想打牌赢钱，就先让他心不安。

3. 从战场到情场

那晚运气不错，小赢了点儿。

不是我打得好，而是他们打了几把臭牌，可能是因为总惦记着那些困惑。大家见我赢了钱，非要让我请客，便约好了中午在公司附近的饺子馆见面。

我到的时候，临窗已经坐了三个人，小熊、小朱和小牛。

“哦，早来啦?”我和他们打招呼。

“不如小熊早，十一点就来了！”小牛拍着小熊说。

“他们俩呢？”小杨和小马还没来。

“应该快了吧！”小熊边说边翻着菜单。

十二点一刻左右，小杨和小马大汗淋漓地拎着包冲进来，擦着额头四处张望。小朱赶紧向他们招手，他们示意了一下，挤过人群向我们奔来。

“又去见客户了？”小牛问。

小杨拉过把椅子，把电脑包丢在上面，又把背带在椅背上绕了一圈，说：“是啊，小马的项目，客户需求有些复杂，我帮他讲了两个多小时的方案，客户要管饭都被我们拒了！”

小牛呵呵地笑了两声。

小熊点了几个菜，把菜单推给小马，小马快速翻着。

突然，小熊望着窗外说：“嗨，你们快看！”

窗外，站着一个扎马尾辫、穿白裙子的女孩儿，像在等人。

“哟，不错啊！”对美女不怎么感冒的小杨也感叹道。

“你看那小细腰，那小屁股鼓鼓的，那小腿儿直溜的，不错，不错！”小熊眼睛冒光。

看着女孩儿晶莹剔透的小耳垂，白皙的小脖子，还有那骨感却又不失圆润的小肩膀，阅人无数的小牛也微微点头。

小朱没说话，呆呆地望着窗外，口水差点儿流到桌子上。

“嗨嗨，吃饭啦！”我招呼大家。

“秀色可餐啊，绝品，绝品！”小熊仍恋恋不舍。

“整天看美女，不怕你老婆修理你啊！”小杨逗小熊。

“我看这小妹不错，小朱，试试吧！你现在不是还单身吗？”小牛说。

小朱的脸腾一下红了，低声说了句：“得了吧，说不定她正等男朋友呢！”

“是不是怕找个这样的不放心啊?”小熊接着逗小朱。

窗外马尾辫儿朝远处挥了挥手，便和几个女孩儿聚到一起。站在同龄人中间，马尾辫儿越发显得苗条白皙、清纯可爱。说笑着，一起飘出了我们的视线。

“小朱，赶紧吃饺子！要醋不?”小杨笑着问。

小朱木讷地笑了笑，低头吃起饺子。

我突然想起了什么，问：“你们说要想追一个女孩儿，我们要做些什么呢?”

“那还用说，先搭讪、要电话啊!”小熊先开口说。

“约她吃饭!”小马说。

“找机会在她面前表现，引起注意!”小杨说。

“设圈套英雄救美!”小熊跟了句。

“那多阴险，不够男人。要我就给她送鲜花!”小朱红着脸说。

“约她看电影!”

“和她去小树林!”

…………

最后小牛来了句：“直接把她推倒!”

小朱正夹着饺子往嘴里送，一听这话，被雷得饺子掉在了桌子上。

“你还不如用蒙汗药呢!”小马坏笑。

怪招层出不穷，需要限制一下前提。我说：“你们真行！我是说如果想追求刚才那女孩儿，目的是和她结婚，需要做什么?”

“表衷肠啊!”小杨说。

“先要拉到她的手，然后搂到她的腰，摸到她的脸，然后再KISS……就离结婚不远啦!”小熊讲着他的“经验”。

“怎么也得去见见她父母吧?”小朱说。

“我觉得，先得搞清楚那个女孩儿结婚没有，有没有男朋友!”

小杨说的这点，大家都忽略了。

小牛不太认同，“结了婚怎么了，结了婚咱也能抢回来，对不，小朱?”

我笑了笑，问：“大家做那些事情，对方会有什么反应呢?”

大家彼此看看，不知所以。

“她嫁不嫁给你，是谁决定呢?”我又问。

“那个女孩儿啊……”小杨漫不经心地说。

我没说话。

沉默片刻，大家可能感觉到什么，吃饭的速度慢了下来，抬头看着我。

我慢慢地问：“小熊，你和她要电话，她会给你吗?”

“不会。”小熊下意识地回答。

“小马，你约她吃饭，她会同意吗?”

“不一定。”

“小杨，你在那个女孩儿面前一个劲儿地表现自己，她会注意到你吗?”

“应该会注意到吧!”小杨回答。

“她是觉得你可爱，还是觉得你闹腾呢?”我又问。

大家扑哧笑了。

我打破砂锅问到底：“约她去看电影、去小树林，她会去吗? 还有，小牛，你把她直接推倒，她会是喜欢上你呢，还是骂你流氓然后报警呢? 你这么做在销售上就叫‘强迫成交’……”

大家表情开始严肃，若有所思。

“小熊，你想拉她的手、搂她的腰、摸她的脸，还想 KISS，她会让你碰吗? 你表衷心，想去见她父母，她会带你去吗?”我一连串的问题撞击着大家的头脑，也撞击着那根销售的神经。

“嗯! 那女孩儿嫁不嫁给我，不取决于我做了什么，而取决于她怎么想!”小杨一语道破天机。

“她接受我，愿意和我在一起，这才是目的!”小朱说。

小牛感叹：“是啊！只顾着介绍自己的产品怎么好，说了一大堆自己的理由，用尽各种资源，有时候真没考虑客户怎么想!”

“做销售和追女孩儿一个道理，做什么不要紧，关键看对方是什么想法和感受，”我说，“追女孩儿也好，做销售也好，就像我们和对方从两个不同的方向上楼，楼梯台阶的数量相同，目标是在楼梯顶相会，也就是步入婚姻的殿堂或者说是签单。过程中，我们向上迈一步，也要确保对方迈了一步，而不是我们自己蹬蹬地往上跑，不管对方。”

“那得随时停下来，问对方‘我已到三层，你到几层了’!”小牛说。

“是啊！我们每做一个销售动作，都要确认对方‘上到几层了’，是不是和我们同步！否则，只顾埋头自己跑，对方还在原地没动呢!”小杨也有所醒悟。

我接着说：“在销售中，只有客户采取行动，我们才有机会成交。无论我们干多少事情，客户不动都是无效的。所以，一定要记得每次销售拜访都要完成一个任务，叫作‘请客户上楼’!”

“小朱，你有没有胆量让刚才那个女孩儿和你一起上楼?”小牛问。

小朱慢吞吞地说：“这，恐怕难吧，连哪家公司的都不知道……”

“世上无难事，只要肯攀登!”小牛鼓励小朱。

小朱没说话，默默地往嘴里塞饺子。

就在我喊服务员结账的时候，小马突然问道：“老寒，你以前可不近女色，怎么讲起追女孩儿来了?”

我想了想，说：“以前我们常说商场如战场，总在想如何战胜客户。现在不能再把客户看成对手，而应该看成想追求的梦中情人，把商场看成情场，真正赢得客户的芳心，才能过上幸福的生活！”

出了门，我拍着小朱的肩膀说：“小朱，你要真有想法，咱用‘信任五环’追个女孩儿怎么样？”

小朱脸一红：“呵呵，能行吗？”

“走吧，下午还得去拜访客户呢！谢谢老寒的饺子啊！”小马挥挥手，拎着大黑包迅速地挤入了人流中。

和小朱、小牛、小熊、小马分手后，只剩下小杨。

“去哪儿？”小杨问。

“回公司。”我说。

“正好顺路，走吧！”小杨意气风发地迈开步子。

“小杨，你手头的项目怎么样？”

“嗯，项目还算不少，就是每个都要出方案，有些忙不过来。对了，明天我要去拜访一家客户——蓝科公司，他们要上系统，约了几次才约到信息主管。”小杨自信地说。

“你明天准备和他们谈什么？”我问。

“谈他们的需求，还有我们的解决方案，再看看他们有什么想法，先接触一下吧！明天有事吗？没事一起去吧！”小杨好像成竹在胸。

我掏出手机看了看日程，明天还真没什么事，一起去也行，正好看看他是怎么拜访客户的。“也行！这样，我只听不说。客户要问，就说我是拎包的！”

第 2 章

做好拜访准备

4. 小杨的专业拜访

这个全国闻名的高新区被几条笔直的街道划分得整整齐齐，疾步穿行的人流和进进出出的高档车彰显着每座楼的价值。在奔波于全国各地刀尖舔血的销售心目中，坐落于此的公司总部俨然就是神圣的殿堂。

我到路口时，小杨的蓝色凯越已经停在树下。

小杨今天穿着雪白的半袖衬衣，系着蓝色斜纹领带，下面穿着深蓝色裤子、黑皮鞋、深色袜子，再看头发也梳得整整齐齐。

“形象很专业嘛!”我坐到车上说。

“那是，咱就靠专业吃饭!”小杨边发动车，边歪着脑袋说。小杨曾经干过两年多的服务，对产品和应用非常熟悉，一直以有技术背景而自豪。

“今天就现场体验一把你的专业啦!”我说。

“能请老寒现场指导，我哪还敢称专业啊!”小杨看着前方，听不出是谦虚还是自信。

说话间，小杨的凯越已经融入车流。

“对了，小杨，蓝科是做什么的啊?”我想了解一下客户情况。

“哦，他们啊，生产电子配件的。”小杨随口说了一句。

“嗯。”我轻轻点点头，没再问，也没接话。

小杨边开车边说：“这次见的是他们信息中心的宋主任，负责信息化的。”他没有接着介绍蓝科公司的情况，而是把话题转向了要拜访的对象。知道拜访谁很重要。看来这次不是陌拜。

我问：“宋主任这次想交流什么?”

“其实我们做过很多电子行业的客户，这次想和宋主任谈谈我们在这个行业的经验，顺便看看他有什么具体想法。昨天，我把我们在这个行业的案例都熟悉了一遍，还找出了行业中存在的主要问题并分析了我们方案会给他们带来的价值，希望能让宋主任认可并支持我们。”小杨说。

“哦。”我轻轻地回应了一声。

到蓝科公司的时候将近九点半。这是一家规模不大的企业，大门就是两根再普通不过的四方柱子。柱子中间，左边是不到一人高的大理石墙，上面用镏金正楷写着“蓝科电子科技有限公司”；右边是电动伸缩门。从大门外向里望去，一座方方正正的四层办公楼映入眼帘，楼前一座流水潺潺的假山上生满了青苔。

敲开信息中心宋主任办公室的门时，时间刚好差五分钟九点半。

这是一间独立但稍显紧凑的办公室，办公家具正常得不能再正常，门的斜对面是一套黑色的长沙发和一张褐色木制茶几。对面，也就是进门的右手，两个单人黑色沙发夹着个小茶几靠在墙边，再往里是双人沙发和连排着两个书柜。长沙发紧挨着宋主任的办公桌。桌子上各种文件、杂志、牛皮纸袋、书本摞得老高。宋主任四十岁上下，穿着蓝色工作服，戴着眼镜，略显消瘦，正坐在办公桌边面无表情地看着我们。

“您好，宋主任，我是ABC公司的小杨，上次拜访过您!”小杨热情地走上去和宋主任打招呼。

“哦，杨经理，你好!”宋主任咧嘴一笑，顺势起身从桌子后面迈腿出来，缓缓伸出手来。我观察到宋主任眼镜后面那双眼睛并没有太多的变化，眼角也没有出现传说中微笑的皱纹。

“宋主任，工作很忙吧？约了几次才见到您，真是荣幸！”小杨一边双手握住宋主任的手，一边弯腰躬背。

“是啊，公司事儿比较多。这位是？”宋主任从小杨两手中抽回右手，又递给我。

不等小杨张口，我马上握住宋主任那双有气无力的手上下晃了晃，说：“宋主任您好，我姓寒，刚来公司不久，配合杨经理的工作。”

“哦，欢迎，请坐！”宋主任说完，朝办公桌前面的长沙发指了指，自己又回到了办公桌后面。

小杨坐在靠近宋主任的沙发前端，我坐在后端。

屁股还没完全坐稳，小杨便开口了：“宋主任，上次给您的我们公司的介绍和方案宣传册，您看了吗？”

宋主任扭头瞅了瞅办公桌左侧那几摞资料，像是回忆了一下，含糊地说：“哦，看了，看了。你电话里说做过我们同行企业，做过哪家呢？”

小杨见宋主任主动问起了样板客户的情况，急忙挺了挺腰板说：“宋主任，我这次来，就是向您汇报一下我们在这个行业的经验！”

宋主任向前探了探身，右手拇指和食指抚摸着下巴，等小杨开口。

小杨清了清嗓子说：“宋主任，我们公司非常重视电子行业，早在五年前就成立了电子行业事业部，专门为电子行业企业提供信息化服务。这五年来，我们为国内几百家电子企业提供了软件和服务，其中包括多家国内知名品牌企业。在提供产品和服务的过程中，积累了丰富的行业经验。”

宋主任轻轻点了下头，注视着小杨脸部的目光略有些放松。

小杨接着说：“在我们实施过的企业中，不仅包括知名的上海的海硅光电、深圳的凌海电子、台资企业普宏光电，也包括著名的韩资企业朝飞仪表、日资企业日硅电子。针对这些客户，我们都很好地解决了咱们电子行业存在的品种多、小批量、订单变更频繁的需求，还解决了计划式生产与订单式生产并存、采购与库存脱节等问题，有效地满足了咱们电子行业订单处理灵活、周期短、成本低的要求。这是我们的案例集，里面包括三家电子企业的应用案例。”说完，小杨从包里抽出一本印刷精美的案例集，双手递给宋主任。

宋主任接过厚重的案例集，随手翻看了起来。

小杨见宋主任没说话，接着说：“宋主任，这里面电子行业的案例在第 35 页，是和我们产值差不多的电子企业，类似客户我们在全国实施过很多家。我们公司的产品在电子行业的市场占有率是第一。所以，我们有信心为咱们蓝科公司提供最好的解决方案。”

宋主任很快翻完了案例集，顺手放在那摞资料的最上面，然后慢慢地说：“杨经理，ABC 公司是国内的大公司，客户基础也很好。我们这次上的系统，主要是想解决库存、采购和供应商的问题……”

小杨一听客户提到了具体需求，说明客户确实有需求，这个项目是真实的，心里踏实多了。特别是听客户提到了他擅长的“库存、采购和供应商”，小杨更是有些兴奋，不由自主地接过宋主任的话：“哦，库存、采购和供应商的问题啊，我们可以解决！我们非常了解咱们电子行业的采购和库存矛盾的问题。其实库存管理是整个企业运营的物流中心，关系着采购、销售、生产、财务、成本等各个方面，非常重要。特别是在电子行业，库存处理不好不仅占用资金，还会影响到订单的交货……”

宋主任从鼻子里长出了口气，上身顿时矮了两公分，慢慢向椅背靠去。

小杨不愧是做过实施的，对企业的业务确实很熟悉，介绍起来一个个专业名词都很精准。他一边介绍，一边用双手在胸前比划，示意库存与其他几个部门的关系。

这期间，宋主任从小杨的领带，欣赏到腰带和裤子，甚至注意到小杨擦得锃亮的皮鞋。

“宋主任，这些问题在咱们企业是不是也都存在呢？”小杨沟通过程中也知道和宋主任确认。

“嗯，应该也存在吧！这些，具体业务部门肯定比较清楚……”宋主任回答。

小杨得到了宋主任的确认，紧接着说：“那正好，这些问题我们都解决过很多遍了，并且都给客户带来了很大的价值。比如，海硅光电应用我们的库存和采购管理软件以后，库存降低了 30%，采购成本降低了 5%……”

宋主任靠在椅子后背上，双手搭在扶手上面，听着小杨介绍那些案例的辉煌成果。听了一会儿，向左转头看了看，那里矗立着一个立式饮水机。

“喝水吗？”宋主任打断小杨，礼貌地问了一句。

“不用，宋主任，您别客气！”小杨停下来，向宋主任点点头，表示感谢。

“喝点儿吧！”宋主任起身走到饮水机旁，从一摞纸杯中抽出两个，拿着纸杯问：“要茶吗？”

这时候小杨赶紧起身，疾步走向宋主任，说：“宋主任真不用客气，要喝我们自己来！”说完从宋主任手中抢过纸杯，自己去接水。

宋主任转身见我站在那里，笑了笑，又回到自己的办公桌后面。

宋主任的笑有些复杂。

小杨倒了两杯水，放在沙发前的茶几上，然后看到宋主任桌子上木鱼石的杯子，说：“来，宋主任，我给您加点儿水！”说完就伸手去拿宋主任的水杯。

宋主任急忙用右手握住水杯向后拉开距离，伸出左手挡在他和小杨之间，低着头说：“不用，不用！”

“没事，别客气！”小杨依然努力伸手去拿。

“真不用，还有呢。”宋主任右手又躲了躲。

小杨笑笑，重新坐回来，问：“宋主任，您还想了解哪些情况？”

宋主任顺势喝了口水，放下水杯，闭着嘴，眼睛向左转了转，慢慢地说：“你们确实做过很多家企业，经验也很丰富。蓝科和它们可能不太一样，我们有自己的特点，有些东西也不能硬搬。”

小杨见宋主任有这样的顾虑，急忙说：“宋主任，在我们看来，其实企业的核心流程和管理本质是一样的，无非就是各家的部门设置和职责不太一样，这些在系统中都可以很好地解决。您要相信，这样的解决方案通过国内这么多家企业的应用，每家客户提出三个需求，做过五百家客户就能满足一千五百个典型需求，很多需求的解决方案都已经在系统中了……”

宋主任抬起胳膊看了眼手表，然后说：“哦，这样啊。”

小杨说：“是的。宋主任，如果您对样板客户感兴趣，我们可以请您到样板客户现场参观！”小杨开始出牌了。请宋主任去样板客户现场体验，让样板客户说话，好像是小杨这次拜访的目的。

宋主任不紧不慢地说：“哦。现在是生产旺季，业务部门都很忙。我这里除了这个项目，还有很多工作。这样吧，需要参观我再通知你，好吧？”

“好，非常感谢宋主任。对了，宋主任，您觉得咱们什么时候开始调研、出方案啊？”小杨觉得，虽然没有明确具体时间，但毕竟客户答应参观了，就又开始出另一手牌。

宋主任站起身，说：“杨经理，关于调研、出方案确实也需要，不过最近我们会比较多，人员估计不好保证，要不等等再看吧！”

小杨也站了起来，热切地看着宋主任，说：“好！宋主任，我知道您工作特别忙，就不再打扰您了。关于参观我们随时可以安排，需要调研的话，请您提前告诉我！”

宋主任走到沙发前面，伸出手说：“好，有事我再联系你。”

小杨握着宋主任的手，小声说："宋主任，今天中午有空吗，一起吃个便饭吧，我开车了。"

"不了，我们中午休息时间很短。"宋主任看着自己的脚面说。

"那晚上怎么样？"小杨仍不放弃。

"晚上我家里有点儿事，你别客气了。"宋主任边说边向门口移动。

小杨见两次都没有成功，只好说："那好吧，宋主任，我们先回去，下次我再给您打电话！"

这时宋主任已走到门口，我们也已站在门口。

小杨说："宋主任请留步，再见！"

"嗯。"宋主任果然留步，顺势挥了挥手。

刚坐回车里，小杨就像变魔术般地拎出瓶矿泉水，一口气咕咚咕咚灌了半瓶，然后抹抹嘴角，朝我笑了笑，说："今天的交流还行吧？"

我看着他，问："你是指哪方面？"

小杨把水放回去说："这个宋主任其实挺难约的，今天能够拜访他就是成功！再说这次和他探讨了案例和方案，交流了采购和库存管理的具体流程和需求，特别是让他了解了我们公司在这个行业的实力，我觉得效果还行！"看得出，小杨沉浸在自己的世界里。

说完，小杨发动了车子，挂挡前行出了蓝科大门。

我看着前方没说话。说实话，小杨的这次拜访，在很多销售看来已经很不错了，即使是一般水平，也没什么致命的问题。

但在我看来，不仅问题是致命的，而且后果也是很严重的。我隐约有种感觉，下次想再约宋主任已经很难了，除非其他公司让宋主任更失望。

小杨见我没说话，慢慢冷静下来，问："老寒，现场你也看到了，我们一般都是这么做销售的，你说有什么问题吗？"

我想了想说："我也说不好。不过我确实想问你几个问题。"

听说要问他问题，小杨一边专注地开车，一边专注地听着。

我问："你说宋主任为什么会见你呢？"

"为什么见我？当然是因为项目的事啊，我们是业内知名的大公司，有他们想要的解决方案。"小杨目不转睛地望着前方。

我没理会，继续问："那你觉得蓝科的核心需求是什么？"

"当然是采购和库存，还有供应商管理，这都是宋主任提的，我们也都探讨过了。我觉得，他们应该上一整套系统来管理包括采购、库存、生产和销售在内的全部业务，这样的系统太有价值了。"小杨不以为然。

我沉默了一下，见小杨没再补充，长出了口气，接着问："那宋主任的个人需求是什么呢？"

"他啊，一个信息中心主任，无非就是想借助项目提升自己在公司的地位，有机会也争取些个人利益，或者做完项目掌握一套信息化实施方法，为将来跳槽积累资本。"小杨确实碰到过很多这样的信息中心主任。

小杨对项目和宋主任如此有信心，我也就没必要再问下去了，便换了个方向："小杨，在刚才的拜访中，你说了多少句话，宋主任说了多少句话？"

"谁还记着自己说了多少句话啊，反正宋主任提到的样板客户、实施经验、业务需求什么的，我们都谈到了，还介绍了应用案例。我真希望能引导他建立选型标准！"小杨希望能够"控制"这个项目。

"嗯……"我没说话，靠在车座上闭目养神。

小杨见我不说话了，接着说："我觉得公司销售人员对产品和业务的知识掌握得太少了，大家应该多学习，这样才能成为一个专业销售。销售人员要学会帮助客户梳理需求，引导需求，甚至创造需求，那才是真正的顾问式销售高手！”

小杨说得没错，当年我确实也是这样过来的，靠行业和专业知识与客户对话，引导并创造客户需求，深谙本山大叔《卖拐》之道。事实证明这个方法是有效的，也签过很多单子。自从金盆洗手退隐江湖之后，我开始闭门思过，回顾自己做过的、看到的、知道的关于销售的点点滴滴，直到现在我才隐隐感觉到，我有的项目为什么做不下来，甚至是怎么丢掉的。

专业知识，呵呵，真是成也萧何、败也萧何。

后来小杨说了一路，谈了很多对系统的理解、对业务的理解，以及他在销售中是如何应用这些知识来帮助客户想明白的……我默默地听着，时不时“嗯”一声作为回复。

回来已经中午了。小杨的热情邀请被我拒绝了，我知道他下午还要去拜访另一家客户，中午吃饭的时间估计也就半小时，我不想扰乱他的工作安排，更不想影响他拜访客户的效率。

就在我下车后关车门时，顺便问了句：“你感觉再约宋主任，他会再见你吗？”

“应该会，他已经同意了，说随后联系！”小杨自信地笑了笑。

我也朝他笑着点了点头，然后砰一声关上车门。

望着小杨的车飞驰而去，顿时有一种失落感，我不再拿枪战斗了，可有多少小杨还拼杀在一线！看着他们如此辛苦，还是这样的现场表现，甚至有可能随时触礁沉没，怎么才能帮帮他们呢。

想了想，我掏出电话，拨通了我认识的一位世外高人的电话：“你能不能帮我约一下蓝科信息中心的宋主任，我想和他聊聊。”

晚上和蓝科宋主任的见面是在一家咖啡馆。

宋主任和我那朋友一起推门进来时，我已经在那里了。宋主任远远地看见我，有些诧异，转头看着我的朋友说：“这不是……”

我朋友笑着说：“不是谁啊？”

“我们白天……”宋主任亮出右手掌，在我和他之间来回比划了比划。

我笑了笑说：“不好意思啊，宋主任，今天白天得罪了，见谅，见谅！”

刚说完，我那朋友紧接着说：“这是老寒，我多年的至交。术业无攻，游手好闲，整天泡坛闲聊度日。”

我握着宋主任的手，打着哈哈：“哪像老赖啊，自由人不说，还担着和谐企商关系的大任！”我这位朋友在业界小有名气，关系网也很发达，我们都叫他“老赖”。

入座后，我开门见山地说：“宋主任，这次请您来，是想聊聊你对那些销售的感受。”

宋主任听了有些奇怪：“什么，对销售的感受？我可没什么销售经验。”

“销售主要是沟通，您在企业中做到这个位置，每天都面临那么多的沟通，一定是高手。我最近在研究销售与客户的沟通，很有意思。如果您能从客户的角度说说您的感受，指导我们怎么才能做得更好，那么对双方都会很有帮助！”我觉得有必要让宋主任知道我们沟通的目的和意义。

“哦，这样啊，那倒是可以闲聊。”宋主任很给面子。

我说：“宋主任，首先，您答应了今天与小杨的见面，当时是怎么考虑的呢?”

宋主任见是这个问题，有些茫然，喝了口水说：“这个不太好说。之前小杨几次给我打电话，都说要拜访我，我也一直没有答应，因为我根本不知道为什么要见他。其实我们确实有一个信息化项目要做，这是公司的决定。后来我之所以答应见他，一是因为我今天确实有些闲暇时间，二是因为他是 ABC 公司的，他们或许可以在这个项目上帮到我们。”

我微笑着冲宋主任点了点头。

宋主任接着说："当时我的期望还是很高的。ABC 公司是业内的大公司，确实很有实力。我是很希望请 ABC 来帮我们分析一下，看看我们应该怎么做。"

"那怎么从同行案例开始谈呢？"我问。

宋主任有些异样的感觉，说："那只是随口一问。说实话，我当时也不知道小杨是不是可靠。再说小杨约我的时候，一直说他们有很丰富的行业经验，做过很多项目，希望能有机会为我们提供服务。我想有些问题可以见面谈，就答应了他来见面。"

"嗯。"我点点头，前倾上身看着老宋。

"其实这个事情公司已经讨论了将近一年，现在有些细节还没有确定。虽然领导有不同的意见，公司还是确定下来要试点实施，由我牵头来完成前期规划。这是个创新项目，目前市场上供应商还没有成型的应用，要针对性地设计方案，因为我们要实现供应商一卡通！"宋主任直接说出了他的想法。

我心里暗吃了一惊，接着问："咱们要上供应商一卡通，您怎么在今天的拜访中没有告诉小杨呢？"害得我们小杨精心准备那么久，结果还没搞到客户的需求。

宋主任明白我的意思，他说："小杨也没有给我机会说啊！你当时也在，他基本上就没问过我，而只是在介绍自己的行业案例、自己的公司、自己的方案，觉得他们的方案可以解决所有的问题。而我只关注蓝科公司的一卡通怎么搞！"

我接着问："宋主任，他在现场的话，你有多少听进去了，又有多少记住了？"

宋主任想了想说："他现场说的话，应该说绝大多数对我来讲都没用，他给我讲了半天企业物流，跟我们想要的没有任何关系。如果给个百分比，我觉得可能只有 10％对我来讲还有一点点价值。"

“您是在什么时候开始失去耐心的呢?”虽然知道他一直就没什么耐心，我还是想把问题挑明。

宋主任说：“其实小杨开口介绍他们重视电子行业，积累了丰富的经验时，也就是开始正式会谈小杨一张嘴时，我就准备挑选信息了。”记得那时候，宋主任开始欣赏小杨的领带和衬衣。

“您是什么时候不想再听下去的呢?”我问。

“就在要给你们倒水的时候，我看他喋喋不休、口干舌燥，肯定渴了。”其实宋主任那时就已经想结束谈话了，因为小杨谈的并不是他关心的一卡通，他听了半天，确实也没听到一些对他有用的信息。

我喝了口水，沉默了一下，问：“如果他下次再约您，您会见他吗?”

宋主任想了想，说：“看情况吧。我有很多重要的事情要做，还有很多家厂商要约见。”

我听到这句话的时候，不知道小杨是不是正在积极准备明天对另一家客户的拜访。

5. 帕萨特和君威

那晚和宋主任的交流，让我很震惊。

其实小杨的表现在很多人看来还是不错的，小杨掌握着专业的知识和技巧，还能够将客户所在行业的案例情况、方案的价值向客户进行全方位的展现，并且小杨也没表现得像是在强力推销自己的产品。但没想到宋主任竟然是那样一个感觉，问题究竟出在哪里呢?

就在和小杨拜访完宋主任的第二天中午，我的手机嗡嗡响起，拿起一看来电显示竟是小朱。

“老寒，方便吗?”小朱在那头弱弱地问。

“哦，我在办公室，什么事?”小朱平时很少找我，找我肯定有事。

“我遇到麻烦了，想跟您请教请教！”小朱在那头声音不大，但回音不小，感觉像是在楼梯间的安全通道。现在许多公司都不允许抽烟，那些嗜烟族都去楼梯间的安全通道解决问题。

我觉得小朱很可爱，他要解决什么问题呢？我有个习惯，电话响起，看到来电显示的对方姓名，就在脑子里迅速判断一下，这个人找我可能会是什么事，一般会在几秒钟内想出三种以上的可能。这次小朱遇到麻烦，难道是他碰到了大项目不知道怎么做，还是在公司和领导、同事之间碰到什么麻烦了，或者想问怎么追他看中的一个女孩儿……

“跟我客气啥，说吧！”我试图让小朱谨慎的心态放松下来。

小朱无奈地说：“那我就不客气了。我这两天找到一个商机：一家比较大的 IT 经销商叫飞达科贸，光在北京就有好几个分销店，还做系统集成的项目。他们可能想搞个商务处理信息系统。现在的问题是，我几次约他们总经理，都被拒绝了！”

约不到客户的不仅是小朱，很多做了几年的销售也经常碰到这个问题。

我问他：“你怎么约的？”

小朱说：“我就是给他们公司打电话，说我们是专门做信息系统的，有能力帮助他们建立商务处理信息系统，希望能够见面交流一下。可每次对方不是说出差了，就是说最近比较忙，反正就是不见我，我也不知道为什么。”

我又问他：“你都做过什么努力？”

“唉，别提了，我直接陌生拜访过，一般到前台就问我是干什么的，有没有预约，问几句就被拦下了。前台还是挺难突破的。”小朱好像为突破前台伤透了脑筋。前台、秘书总成为销售拜访过程中的拦路虎。那句话不假，“阎王好见，小鬼难缠。”小朱碰到难缠的前台也很正常。这确实是一个比较初级，又不得不突破的问题。

我想了想，又问："你觉得客户为什么不见你呢？"

"可能是他们不知道我们的实力和价值吧！话说回来，不见面，怎么知道我们公司什么样，怎么知道我们的方案能带来什么价值呢？"小朱大有英雄无用武之地的感慨。

小朱的问题，我没有办法直接回答。

我觉得小朱和昨天拜访客户的小杨，都有很重要的问题没有想好，那就是——到底为什么要去拜访客户？

好多人说"这还用说，拜访客户就是为了赢得客户的认可""拜访客户是为了让他支持我""拜访客户是为了赢单"……是的，前面说过"请客户上楼"才会签单。但难道我们去拜访客户，客户就会跟我们上楼吗？我们怎样才能请客户上楼呢？

我突然想到另一件事，于是问小朱："对了，小朱，你女朋友的事情怎么样了？"

"唉，哪壶不开提哪壶，销售做成这样，还找什么女朋友，谁能看上我啊！"小朱这样一说，更灰心了。

听说做月老和媒婆可以积德，我很想做小朱的月老，可惜我手头没有能够介绍给他的女孩儿。授人以鱼，不如授人以渔。虽然我既没鱼也没渔，但毕竟是个过来人，说不定在哪方面就能帮上小朱。于是我和他说："小朱啊，要不找个机会聊聊怎么追女孩儿？"

"还追女孩儿呢，先想办法见到飞达科贸的总经理再说吧！"小朱好像很明白：事业是爱情的基础，男人因拥有世界而拥有女人，女人因拥有男人而拥有世界。没有事业的男人，谈起爱情来好像也不硬气。

"小朱，男人要爱情、事业两不误！"我鼓舞他。

"老寒啊，你觉得我们为什么要去拜访客户呢？"小朱突然问我。

这一问竟然把我问住了，看来，有必要再和大家好好聊聊这个话题了。

“这样吧，你通知他们四个，老地方！”

两天的时间确实不长。但就在这短短的两天之内，小杨和小朱在他们的项目上让我看到了很有意思的事情：小杨忙得不亦乐乎地和客户交流，结果却是客户不想再见到他；而小朱则根本找不到交流的机会。为此，几个兄弟又聚在一起了。

小马、小牛、小熊那三个兄弟觉得多此一举，小杨也感觉没什么必要，只有小朱对此次小聚充满了期待。小朱是带着问题来的，他现在是希望亡羊补牢，而小杨、小熊、小马则是我行我素，小牛自己觉得做关系型营销如鱼得水，研讨这些对他来讲真是班门弄斧。

“老寒，这次聊点儿啥？”小马首先发问。他略显得有些急躁，或许觉得聊天耽误了他做拜访客户的准备，他还有很多工作要做。

“这次想和大家探讨一个看似无聊，但很重要的话题——我们到底为什么拜访客户。”我直入话题。

小熊慢腾腾地说：“为什么拜访？上次不是说了吗？‘请客户上楼’嘛！”说完有点儿不耐烦地双手交叉一抱，靠在椅背上。

“小熊说得没错。可客户为什么同意见我们呢？”我又问大家。

小杨接过话说：“因为我们是大公司，我们有他们想要的解决方案啊！”

“他们真的需要解决方案吗？如果真的需要，又为什么需要呢？”我问。

小牛也感觉有些无聊，不以为然地说：“就是因为有需求，要解决问题呗！”

“不错，一定是客户有需求才会购买。那么，我们想过没有，客户为什么会有需求呢？”我又追问。这个问题问完，我可以沉默了。

大家彼此面面相觑，这次没有人再接话了。

沉默片刻之后，小杨说：“我觉得这个问题有点儿无聊，客户当然会有需求了，只不过是他们有时候不知道自己有需求而已！”

旁边一句话没说的小朱一脸茫然地看着我。

我打开笔记本上一幅宝马车的广告图片，蓝天白云下一辆宝马车飞驰在高速路上，越发衬托得宝马车高贵典雅。我问大家："你们看到这个图片，想起了什么？"

"宝马！"小朱脱口而出。

我微笑着点点头，没有接话。大家开始你一言我一语地说起来。

"昂贵！"

"身份！"

"尊贵！"

"比奔驰内敛！"

"速度！"

"舒适！"

"我的奋斗目标！"

"我的理想！"

"我想到了蓝天白云！"

"放松！"

…………

我问大家："还有呢？"

"代步工具！"

"费油！"

"保养贵！"

"维修贵！"

"我买不起！"

"是啊，即使买得起，我能不能养得起！"

…………

我笑着说："看到这个图片，大家能有这么多的联想，并且每个人的认知也不相同。假如现在有个汽车销售商向你推销这款宝马，你会买吗?”

“开玩笑，当然不会！这样的销售也太笨了，连目标客户都找不对!”小杨笑着说。

“如果销售商告诉你，现在这款车一折销售，在你购买能力范围之内，你会买吗?”我问。

小牛想了想，说：“可能会买，虽然买了养不起，可转手卖给别人也能挣不少钱呢!”

我接着小牛的话说：“至少你不是自己开，对吗？假如现在卖汽车的销售拼命给你介绍这款车的性能、舒适感，告诉你这款车代表的是尊贵和身份，你会感兴趣吗?”

小牛没有说话，而是轻轻地摇摇头。

我看大家没有说话，接着把小杨所在的 ABC 公司的 LOGO 打开，问：“大家看到这个图片，又想到了什么呢?”大家又活跃起来。

“工作!”

“业绩指标!”

“压力!”

“我的收入!”

“奖金!”

“在这样的企业工作，感觉自己是个‘白骨精’，白领骨干加精英!”

…………

我又问：“刚才说的，都是站在每个人自己的角度。如果我们站在客户的角度，客户看到这个 LOGO 会想到什么呢?”

“高新技术企业!”

“管理软件!”

“信息化!”

“能够解决客户的问题!”

“服务及时!”

“价格高!”

“技术先进!”

“能够优化管理流程!”

“降低成本!”

“提高效率!”

“知名度高!”

…………

大家的看法五花八门，并没有统一的、共同的认知。等大家说得差不多了，我说：“好了，看到一个宝马的图片，我们想到了二十多种印象。看到ABC公司一个简单的LOGO，又有这么多种认知。我想问，你知道客户听到或看到ABC公司的时候，头脑中的第一反应是什么吗?”

小朱看看小马，又看看小杨，说：“可能是我们的服务不够及时吧?”

小马说：“客户肯定想，如果能够便宜一些就更好了!”

小牛也开口说道：“客户想到的，是做出政绩，或者是挣钱的工具!”

“既然大家看到这个都会有几十种印象或认知，那么，客户具体是怎么想的，他们的期望是什么，我们怎么知道的?”我问大家。

“猜的呗!”小熊脱口而出。

“这是根据经验判断的，什么样的客户有什么样的需求和想法，我碰到的比较多了，有时候可以推测出来。”小杨说。

其实这时候，大家已经开始有些心虚了。

我又问：“当客户同意见我们，在繁杂的工作中留出宝贵的时间来和我们交流的时候，我们知道他在想什么吗?”

小杨皱起眉，抿着嘴，轻轻地摇了摇头，大家也陷入了一片沉寂。

“我给大家讲个真实的故事……”我说。

我的岳父退休后一直在家闲居。两个月前的一天，我的岳母突然跟我和爱人无意中说起岳父想买辆车。我和爱人相互看了看，会心地一笑。我们早就发现，岳父在退休之前就开始用单位的车练习，让他的司机教他。那段时间我们每次开车回去，他都要亲自开上几把。难怪当时如此努力练习，原来是为这个计划做准备。

我的爱人说：“好啊，好啊，早该买了，大力支持！”

岳母说：“不用你们支持，我们自己有钱，你们当好参谋就行了。”

我对岳父说：“爸，买吧，买了车出个门也方便。”

我的爱人说：“就是，将来还可以帮我们接送孩子！”

岳父笑了笑：“那还真是我想做的事！”我的爱人是独女，岳父对外孙女儿疼爱有加。

我问：“爸，你看上什么车了?”

岳父说了句：“帕萨特 1.8T 不错！”

我知道大众系列的车是很不错的，并且那是一款非常经典的车，现在出的新领驭也挺好。记得当年我有一次和一家代理商去拜访客户，开的就是那车，高速路上飞奔到 180 迈仍然特别稳，那感觉不错。

我脑子里闪过那几个场景之后，立即回应说：“好啊，爸，从下周咱们就开始去转 4S 店！”

从那开始，我们踏上了选车的历程。

第一次去的是上海大众的 4S 店。

一进门，店里的销售看见我们，走上来说：“你好，看车啊！”

我说：“嗯，随便看看！”

我正说着，岳父就走到一辆帕萨特 1.8T 旁边开始转着欣赏。我陪着岳父转了转之后，转身向旁边的一辆途安 1.8T 走去。朋友向我推荐过这款车，这款车因为座位高，坐上去视线比较好，无论是开还是坐都比较舒服，并且这车的最高版本有七个座，如果家里出去旅游，我们家三人加上姥爷姥姥、爷爷奶奶，正好可以坐下。

我看着在帕萨特旁边转悠的岳父，轻声说："爸，你看这车宽宽大大的，视线也好，坐着也舒服……"

销售在旁边说："这款车卖得挺好的！"

岳父跟着我转了一圈，看了看，没吱声。

销售茫然地看了看我。我看看岳父，也没说话。岳父又走到帕萨特旁边，指着相邻的两辆车问销售："这两款有什么区别？"

销售说："这两款车都是帕萨特 1.8T，左边这个是手动基本款，右边那个是手动豪华版。"

我见销售没有直接回答岳父的问题，紧接着追问销售："这两款的主要区别是什么？"

销售回答说："哦，主要区别啊，就是豪华版带天窗、皮座椅、电动调节、桃木内饰，还带 6 碟连放、定速巡航……"

岳父皱着眉头听了一会儿，问："那有什么用？"

我连忙解释说："比如说，有电动座椅调节，就不用手拧那个座椅调位置了，一按那个按钮，就会自动地前后移动，包括靠背的角度，对咱们来讲，主要用的就这个。"

岳父点点头："哦，就是省点儿劲呗。价格有什么区别呢？"

销售说："这两辆车差两万。豪华版是十九万八千八，可以赠送一个 3G 上网电脑，如果不要电脑可以便宜四千；基础版是十七万八千八。"

我又问销售："如果全办下来呢？"

销售说："豪华款大约二十二万元，基本款不到二十万元。"

岳父点点头，说："走吧，今天也就先看看，了解了解。"

等从营业厅出来，我问岳父，"爸，你感觉怎么样？"

岳父说："我觉得豪华版没必要，就是多个天窗、电动调节，别的也没什么。”

我说：“爸，咱买就买个带天窗的，感觉亮堂，你看咱现在这车就带天窗。”

岳父说：“不行，那就超过二十万元了，这次买车不能超过二十万元！”

怪不得岳父觉得基本款也可以，原来他心中有自己的预算。

“爸，钱不是问题，超出二十万元的，我们出！”我说。

之后，我吞吞吐吐地说：“我看的那辆途安……”

岳父打断我说：“怎么看怎么不像个车！小轿车才像车！”

在回家的路上，我突然想起来，公司最近连续买了几辆车都是别克系列的，那车坐着挺舒服，感觉也挺气派。何况我现在开的也是别克系，除了油耗大点儿，舒适度和安全性都很好。前面就是别克的 4S 店，何不去转转，反正看看又不要钱。

想到这里，我说：“爸，现在时间还早，咱们再去随便转转吧！”

“看看就看看吧，多比较比较也没有坏处。”岳父同意了我的建议。我一打方向盘，直接转向了别克 4S 店。

通用别克的店面做得就是比上海大众气派。我们进去后，立即被几款豪华亮丽的车吸引了。销售走上来说：“您好，看车吗？”

不看车来你们这儿干什么！这是我的第一反应。回头转念一想，其实这个问题也不算错。如果我是来找朋友的或是顺路进来上个厕所啥的，他上来就拉着我们介绍他们的车，岂不碰一鼻子灰？

“嗯。这是哪一款？”我指着一辆流线型、动感十足的红色样车问。

销售说：“哦，你真有眼光，这是我们的新款——君威 2.0L 豪华版。”我被这辆车吸引了，不禁围着多看了好几眼，这时才想起是陪岳父来的。当我扭头找岳父时，发现他已经不在我身边了。找了半天，发现他正在一辆黑色的君越旁边转悠。

“爸，您感觉怎么样?”我走过去问。

“贵!”岳父回答了一个字。

销售一听岳父说贵，急忙解释说：“这是一款商务用车，那款君威 2.0L 才十九万九千九，不算贵了。”

“也是哦，和帕萨特豪华版也就差一千一！您觉得这几款车和帕萨特比怎么样?”我又问岳父。

“嗯，这车确实比帕萨特大气、漂亮!”岳父说。

我感觉岳父能够有这个印象，已经很不容易了。不顾旁边一直跟着我们的销售，我转身回来拉开那辆红色君威的前门，自言自语：“这车门感觉就是厚重，手感不错!”转头又和岳父说：“您进去坐坐，感受一下!”

“坐坐就坐坐!”岳父抬腿坐进驾驶座感觉了一下，四处看了看说：“这车就是显高档!”

我们从通用别克出来的时候，已经临近中午十二点了。在回去的路上，我问岳父：“爸，帕萨特和别克君威这两款车，你更看好哪一款?”

“还是帕萨特!”岳父没有犹豫。

“爸，您看上哪个咱们就买哪个，钱不是问题。我说了，超过二十万元的部分，我们出!”我怕岳父是担心预算。

“谁出还不一样啊，都是咱家的钱!”岳父说完双手十指交叉放在后脑，仰面往后座上靠去，右脚踝架在左腿膝盖上。

我知道岳父这种肢体语言，表示他有自己成熟甚至坚定的想法，别人很难说服。

讲到这里，我突然停下来，问大家：“你们说，老人为什么要买车?”

“买车当然是为了开，出门方便嘛!”小朱听得入神，脱口而出。

“买车是为了接送你的女儿上学。”小杨跟着说。

“以前上班的时候有车坐，现在退休了没车坐了，感觉不习惯!”小马说。

“其实，买车是想追求一种有品质的生活!”小牛的见解总是高过别人一层。

我看了看大家，接着问：“那为什么一定要买帕萨特呢?”

“因为不想超过二十万元，预算的问题!”小杨接话说。

“因为帕萨特是黑色小轿车，正好符合你岳父对车的定义!”小熊自作聪明。

“不是啊，黑色小轿车多了，为什么是帕萨特呢?”小牛略带思考地自问。

“对啊，是不是他以前上班的时候，坐的也是帕萨特啊?”小杨问。

大家迷惑着，等我给出答案。

我说：“是，他以前上班坐的就是帕萨特。”

“那不就得了，肯定是想开自己熟悉的!”小熊下结论。

我闭着嘴，笑着看了看小熊，然后摇摇头。

“那是为什么啊，你就别兜圈子了!”小熊有些着急了。

“那好，我告诉你们我岳父为什么买车，又为什么一定要买帕萨特……”我接着讲那个故事。

几天后，我在岳父家吃饭，无意中问岳父：“爸，关于车，您考虑得怎么样了?”

岳父随口说：“咱们还得再多看看，看好就买。”

我适时地抛出了我考虑了很久的问题：“您是怎么想起买车的?”

岳母瞥了岳父一眼，然后边吃边说：“他早就想着买车了!”

我听完皱着眉头看着岳母，没有接话。

吃完饭收拾碗筷的时候，我在厨房又把同样的问题问了岳母一遍。岳母说：“在咱们那儿，各局领导坐的车基本上都是帕萨特

1.8T。好多局长退休了买车，90%以上都买帕萨特。”

> 我们只知道客户购买的表面原因是那些看上去众所周知的理由。而客户购买的背后，内心深处还有某种诉求、感觉和期望！相比产品和方案的特性、优势和价值，真正主导客户采购的是内心深处的感觉，并由此衍生的具体需求！

而且，岳父买了车也只是在市内开一开而已。比起我们开车的频度、追求的速度和驾驶感不同，老人买车要的就是代步、安全、方便，甚至气派并经济。

这些原因和需求，如果不问，没人告诉我。

那些卖车的销售更不会知道！他们只知道介绍这个车有什么性能，安全性、操控性、省油，甚至铝合金轮毂、风险系数、定速巡航等那些专业的名词。他们或许想到了买车可以让生活更便捷，提高生活质量，但他们不会有人知道我们到底为什么买车！影响我们买的原因和依据到底是什么！

不仅没有考虑客户为什么买车，而且那些销售甚至连“谁开、主要干什么用、什么时候开、经常跑城市还是高速”这些基本问题都没搞清楚。难怪他们喋喋不休地介绍，我们根本不感兴趣，可以说一句也没听进去，他说得越多越快，越感觉像噪声。

6. 客户为什么买

我问大家：“你们知道为什么买车了吗?”

“哦，那不是因为这个车有多好，而是因为客户有购买的需求。”小朱回答。

小牛想了想，慢慢地说：“哦，这个买车的理由，不是我们看起来的理由，也不是我们自以为是的理由，而是他自己的理由！”

大家慢慢有感觉了，我又抛出一个问题：“小熊，你前段时间不是买了个电视吗?在买电视之前有没有一个大体的想法呢?”

“想法，什么想法?”小熊不解地问我。

我解释说：“比如说，你要买平面直角还是液晶的，准备买多大的，准备花多少钱，有没有一个预期呢?”

“有啊!”小熊说。

“那你怎么会有那些预期呢?”我追问。

小熊想了想，说：“我家客厅比较小，放个大的不合适，所以最好壁挂；看电视的沙发离墙比较近，所以不宜超过 37 英寸。还有，我们就想拿出四千块钱来买，因为我们没钱，嘿嘿……”

“那你去国美或苏宁，销售是怎么向你介绍的呢?”相信我这个问题一问，大家马上就对答案有了直接的联想，因为差不多每个人都经历过。

“欢迎光临！之后就开始介绍一些功能。”小熊眼睛斜向右下角，说明他正在努力回忆。

我问他：“你当时感兴趣吗?”

小熊摇摇头，说：“我当时皱着眉，选择性地听了一些。”

我又问：“如果促销员指着一台 45 英寸的电视和你说，现在搞促销，这台价格非常优惠。你会买吗?”

小熊又摇摇头，说：“我怕买了对眼睛不好。”

“所以，买车也好，买电视也好，都是因为自己的理由而产生了购买的想法，做出决定也是源于自己的理由，并不是销售人员说得有多好，或者产品和方案有多么好，价格有多么低，对吗?”我说。

大家微微点头，表示认同。

“或许是那个品牌的电视，正好和小熊的想法碰对了，满足了他的要求。”小杨补充着。

“没错，人们购买是在寻找哪个商品能够满足自己的要求，绝大多数是碰巧撞上的，并非销售人员捕捉到了客户的需求或购买的理由。”我顺势补充了几句。

大家几乎忘记了点头，目不转睛地看着我。

“购买的理由不是凭空想象出来的，而是因为某个变化或某个事件发生，导致我们有了想改变现状的想法，是吗？”我问。

> 外界环境的变化，导致必须通过改变来应对变化，这种改变就是行动和购买的原动力！

小朱紧跟着说：“对对，就像小熊要买电视，可能是因为新房子刚装修好，或者是原来的电视太旧了，或者是要给老人买，或者是要买第二台放卧室，或者有其他的原因……反正是有什么变化导致了购买的动机！”

小朱挠了挠头，问：“有了变化就会形成购买？又是怎么决定买哪个呢？”

没想到小朱居然问出了这么有水平的一个问题。

“这样吧，我举个例子。小朱，你早晨起床的时候，设闹钟吗？”我问。

“有时候设，怎么了？”小朱问。

“当你睡得正香的时候，突然被闹钟吵醒了，第一反应是什么？”我问。

小朱想了一下，说：“我的第一反应，困啊，怎么又该起床了！”

“接下来呢？”我问。

“接下来，我就想把闹钟关了，再睡会儿。”小朱想也没想。

“好，就在你睡得正香的时候，闹钟响了。这是一个外来的信号。你接收这个信号之后，首先是被吵醒，你会意识到——到点儿了，该起床了。对吧？”我问。

“嗯。”小朱哼了一声。

“这个就是变化，时间的变化，闹钟这个外在信息的变化。你在接收这个变化的信息之后，意识到该起床了。这是第一步。”我说。

“第一步？还有第二步吗？”小朱不解地问。

“对啊，还有第二步。你在闹钟响过之后，第一反应是困，接着你在朦朦胧胧中会想什么？”我问。

小朱琢磨了一下，说：“哦，这个啊。我会慢慢意识到，再不起床，上班就会迟到，要被扣五十块钱；或者约了重要的客户，迟到可就不好了……”

“对，你就会发散地想‘是什么决定了你要起床’‘如果不想起床会怎么样’，对吧？”我说。

“嗯。”小朱回应。

我笑了，说：“所以，你就会决定再困也要爬起来，采取行动——起床。对吧？”

“嗯。”小朱说。

“其实这里有这样几个过程：第一，闹钟响起，小朱被刺激醒，意识到该起床了；第二，很困，不想起，但琢磨来琢磨去，如果不起会有比较严重的后果；第三，决定起床。这就是你的思维意识做出决定的三个过程！”我说。

这个例子是很简单的，但人的意识、思维形成决定的过程是一样的。心理学家吉尔福德在他的《人类智能的本性》中有所论述。

首先，人们被外在变化或信息刺激，结合个人的动机，形成基于客观的认知。就像小朱听到闹钟，意识到是起床的时间了；小熊装修完新房，发现原来的电视太小、太旧，需要买台新的。这属于人类的“认识性思考”，是看清自己的客观处境、产生改变现状的意识或冲动。

接下来，就是理性地思考怎么办，考虑各种可能，即“怎么样才能改变”“都有哪些选择”，这是“发散性思考”阶段。比如，小朱在朦朦胧胧中想起还是不起，起会怎么样，不起会怎么样；小熊买电视，是买个平面直角还是液晶的，要买多大的。这是形成行动标准或解决方案标准的过程。

> 人的行动或决定，都源于自己的原始动机，是结合自己的价值观和主观评估标准，形成行动的行为准则，从而决定自己的行动。决定源于动机，取决于价值的判断，这就是客户做出决定的过程！

最后，在很多符合“标准”的方案里，选择最符合他的要求和标准的，也就是“优选过程”“聚敛过程”，并据此做出最后的选择和行动。比如，小朱最后决定起床，小熊在反复比较衡量之后掏钱购买。这是选择方案，做出决定的过程。

很多销售经常围绕客户“选择哪个”做工作，直接抛出产品或方案的特点和优势，希望客户选择他的产品或方案，而没有关注前面“为什么要买”、“都要考虑哪些标准”，不知道客户真正的关注点在哪里。这时候的介绍和推销，就像乱枪打鸟，完全靠运气。

“客户到底为什么购买?”小朱想把话总结出来，记到本子上。

“客户购买源于自己的认知，对自己要改变什么、期望获得什么、希望采取什么行动的认知，是客户的‘概念’。”我解释说。

> 概念是客户的认知与期望，是对处境和变化的感知，是对现实的认知与看法，是一种内心的感受、愿景和想法。
>
> 概念是客户想要实现什么、解决什么、避免什么，有时候是无法清晰表达的，是不断变化的。只有对方提供的方案符合了他的概念，他才会做出决定。

“客户的概念?”小杨对这个名词有些不解。

“对！概念！”我说，“概念是一种内心主观的感受、愿景和想法。就像小熊买电视装在家里，搂着老婆看电视的温馨，或者买车之后的优越感，或者买房之后有家的归属感，而不只是‘电视是看的’‘车是开的’‘房子是住的’那么简单。客户的概念就是客户想要‘实现什么、解决什么或避免什么’。其实大家购买的理由都可以用这个来概括，这是个人的内心想法以及对需求和选择标准的认知。”

“概念是客户个人的内心动机呢？还是具体的需求呢？还是选择

的标准呢？”小杨问。

我说：“概念是一个很广泛的定义，包括了主观的多层意识和思考。无论是动机、深入思考，还是头脑中的标准、期待采取的行动，客户所有主观认知都属于概念的范畴。概念包括内心深处的感觉，以及可以明确说出来的需求。其实我们在销售中，只要是客户的认知、客户所想的事情，就会影响客户的决定和决策，就是销售需要去关注的！”

“这话对！”小牛很认同。

我接着说：“世界上唯一不变的就是变化，而概念源于处境的变化和自己的感受，所以客户的概念是不断变化的。我们每次去拜访客户，客户的概念都可能和上次有所不同！”

“这和客户的决策有什么关系？”小朱问。

我想了想，说：“就像小熊买电视，很明显，只有对方提供的产品或方案符合了他的概念，他才会做出决定；否则，他就会对产品或方案提出各种质疑。”

“那我们以前不知道客户的概念，就向客户推荐产品和方案，岂不真成了没头的苍蝇到处乱撞。即使碰对了，也是瞎猫碰到了死耗子。”小朱略有所悟。

“也不全是，也可能是客户拿着他的概念作为标准来挑选供应商，而供应商不知道客户为什么选择，只有‘被选择’的份儿！”小牛说。

小杨点点头，说：“看来，我们为什么拜访，先要搞清楚客户为什么购买。”

“小杨，先前去拜访的蓝科宋主任，你知道他的概念是什么吗？他想实现什么、解决什么、避免什么呢？”我见小杨有所感悟，便问他。

小杨想了想，说：“我想可能是希望借助信息化的手段，加强采购和库存管理，从而为企业降低成本吧！”小杨把大拇指握在掌心。大拇指代表人的自信，看得出小杨心虚了。

“这是你的概念，还是宋主任的概念？”我盯着小杨的眼睛问。

“我觉得……”小杨一脸无奈地看着我。

我说：“概念是客户个人的，不是我们的，更不是我们臆断的！”

小杨说：“其实，我真不知道宋主任为什么要做这个系统。蓝科做这个系统可能要降低成本或加强采购控制，宋主任必定会对这个事情有自己的想法和态度。但他自己认为的具体需求是什么呢？他个人借助这个项目究竟想实现、解决、避免什么呢？”小杨陷入了沉思。

这已经是销售中更深一个层次的问题了。

聊了半天枯燥的理论，应该放松一下了。

我转头问小朱：“小朱，你觉得女孩儿为什么要找男朋友呢？”

大家一听这个话题，来了劲头，开始你一言、我一语。

“因为她不想单身了！”

“因为她老大不小了，再不找就从‘圣女’变‘剩女’了！”

“可能是因为她妈妈逼着她找，老人想早点抱外孙儿！”

“还有可能追她的人太多，想找一个结束被人追求的生活……”

“很简单地说，为结婚呗！”

“不一定哦，有些女孩子找男朋友，不一定是要结婚的哦……”

大家哈哈大笑。

笑声把小杨的思绪从宋主任身上拉了回来，他轻轻地说：“莫非也是因为她个人的概念，一种感觉、一种希望、一种愿景？”

小熊略解女人心，说：“那个女孩儿肯定有自己的想法，或逃离现实生活的某种苦恼，或实现内心深处的美好愿景，要不怎么说‘哪个少女不怀春’呢？女孩子一旦怀了春，比怀了孩子还麻烦！”

大家一片呵呵坏笑。

"是啊，女孩儿为什么要找男朋友呢？"小朱口中念念有词。

小牛说话了："老寒，你问得有问题！既然概念是个人的，你又问女孩儿为什么找男朋友，你问的是哪个女孩儿？不针对具体哪个人，怎么回答她为什么找男朋友？"

"是啊，可能每个女孩儿找男朋友的动机都是不一样的，她的概念也是不同的！"小马跟着帮腔。

"对啊，不可能有两个女孩儿找男朋友的原因是完全相同的。"小杨也说。

"就是，女孩儿喜欢的男人标准也都不一样啊！"小熊梗着脖子，好不容易有机会攻击我。

我会心地笑了，冲大家点头说："你们说的都对！概念是每个人的，没有具体的人，我们就无法说清楚概念是什么。既然我们不能回答女孩儿为什么要找男朋友，那么，我们可以回答客户为什么采购吗？"

大家你看看我，我看看你，慢慢回过味儿来——又中了老寒的诡计！

一听说客户有需求，销售就跑过去交流、调研、出方案，号称是在满足客户的需求。不用说两家不同的客户，就算是同一家企业两个不同的人，对这个项目的概念也很可能是不一样的。又怎么能够真正满足客户的需求呢？

以前说"以客户为中心"，能够做到"以客户的业务需求为中心"就已经很不简单了。这次还要以客户的"概念"为中心，那岂不是件更难的事情？可是如果忽略了个人的概念，满足不了个人对需求的认知，满足不了个人的原动力，即使再有价值，那又怎么样？

"唉，这么看，我以前的销售太幼稚了！"小杨感叹了一句。

小熊拍着小朱的肩膀说："小朱，看来你得找一个目标练练手了，要不成了光说不练的假把式。晚上千条路，早晨磨豆腐，怎么改变你目前的单身生活?”

小朱表情严肃，没应声。

7. 到底是谁行动

“老寒，客户总给我们一堆需求让我们满足，调研、出方案都得针对客户的需求。那么，你说客户的业务需求是源于客户的概念吗?”小杨又若有所思地问。

是啊，客户提出的需求和客户的概念会是什么关系呢?

我沉默了一会儿，脑子高速运转，然后一字一句地说：“我觉得，客户说出来的业务需求，是表，是果；而客户个人想要实现、解决或避免什么的想法，是里，是因。有时候我们满足了客户的业务需求，但客户仍然不选择我们，很可能是因为我们没有考虑到客户需求背后的概念。只有满足了客户个人的概念，客户才会有行动!”我说。

“这么说，客户行动是因为他个人的概念，而不是业务需求?”小杨又问。

“一般情况下，业务需求是客户实现概念的土壤，满足业务需求的同时还要满足他个人的概念，做到这一点，客户才会行动!”我补充了一句。

小牛想了想，说：“那岂不是我们每次拜访，都要确认客户有所行动?”

小熊紧跟着说：“是啊，我们总是拜访，客户就是不行动，原来是没冲击到他的概念啊！下次我拜访前得想想，客户想实现、解决或避免什么，抓住客户的心，他才会把单子给我!”

“总得讲个过程吧，你怎么上来就想签单?”小牛说。

“呵呵，签单确实是一个过程。我们每次拜访客户，就是要帮助客户向他的目标行动，让客户在满足自己概念的同时，为我们双赢的合作做出行动承诺。这个行动承诺，不是一下子就能达到签单的目的，而是一步一步来！”我说。

“行动承诺?”小杨问。

我说：“对，每次拜访都要获得客户的行动承诺！客户多次行动承诺兑现的最终结果就是和我们签单！”

“什么是行动承诺啊?”小朱追问。

“行动承诺是客户为满足概念，同时推进项目进程而向我们做出的行动保证。行动承诺既要满足客户的概念，又要符合我们项目销售成功的推进步骤，应该是双赢的，”我想了想，接着说，“比如说吧，像蓝科的宋主任，或大家手里正在做的其他项目，我们每次拜访客户后，希望客户做出的行动承诺是什么呢?”

“给他留个好印象！”

“让他认可我的方案！”

“让他支持我！”

“让他同意做我的内线！”

“让他下次愿意见我！”

…………

我笑了笑，又想起了女孩儿的话题：“比如，小朱追求一个漂亮的女孩儿，小朱说‘你做我女朋友吧’，那个女孩儿说‘好吧’。那她就真成小朱的女朋友了吗?”

“不一定哦，女孩子的谎言比男孩子还要多，如果她爱你可能会说你‘讨厌’……”小熊蛮有经验，“再说了，嘴上说是，可连拉手都不让，连 KISS 都不让，是女朋友吗?”

我又问：“如果你和那女孩儿说‘我特别爱你，嫁给我吧’，那个女孩儿说‘好吧’，她真的会嫁给你吗？怎么证明?”

小杨说：“如果她真要嫁给我，得征求她父母的同意，带我去见她的父母!”

小马也说：“她得拿着户口本跟我去民政局登记，要不怎么算嫁给我呢?”

“也就是说，对方必须做出动作、采取行动，才算真正同意了，对吗？客户也一样，只有做出具体的动作才代表他愿意跟我们‘上楼’。”我看了看纷纷点头的大家，继续说：“在我理解来看，客户的行动承诺要满足以下标准——

首先，是客户的具体动作吗？我们经常遇到有的客户说‘嗯，你们的方案不错，先放这儿吧，有情况我会和你们联系’或者‘嗯，你们很有实力，这点我们很认可’，但客户根本没有承诺具体的动作。所以，光动嘴说说不算，必须有动作，并且要是具体的动作。

其次，是现实、合理的吗？小朱碰到一个女孩儿，假如问对方‘你可以做我的女朋友吗’？对方回答说‘不要说女朋友，我和你结婚都行’！不把小朱吓着才怪！现实、合理有三个具体标准：一是客户职责权限范围内的。让一个信息主管给你确定应用需求，或者让业务部门帮你确定服务器的配置，或者让一个小科长直接和我们签单，他们有这权力吗？二是客户能力所及的。比如，一个底层小科员说‘放心吧，明天我安排董事长来听我们汇报’，或者让一个信息中心主任认可我们的业务解决方案，让他把这个方案汇报给决策委员会，是他能力所及的吗？三是我们销售流程范围内且现阶段应该做的。比如在项目的前期，连方案都没交流过，客户说‘你们报个价格吧，只要报在这个范围之内，我们明天就签单。’没交流过就直接签单，这符合销售流程吗?

还有，行动承诺一定源于客户的概念。如果不是源于概念并满足个人需求，那就很有可能是个陷阱。我们明明知道某个人反对项目，项目实施后他很可能被削权或排挤掉。他一定很反对我们，可他仍然说‘你做个方案给我，方案如果合适，我就安排参观样板客户’。这是他内心的真实想法吗？

所以，行动承诺是客户的具体动作，是现实合理的，权限范围内、流程阶段内、能力所及的，是满足客户概念和个人利益的，是需要客户投入时间和精力去做的具体事情，并且是推进项目进程的。只有满足这些才可以说是行动承诺！”

小朱在本子上记了一大片。

小杨把手放在下巴附近，食指顶着两唇之间，一边思考一边说：“我遇到的客户经常说‘价格再降低 10%，就会和你签约’。这些带条件的承诺，条件满足不了承诺也就无效。看来，这也不是真正的行动承诺！”

“我发现，之前大家的理解有问题，”小牛不紧不慢地说，“刚才我们列举的那些，都是从销售的角度要求客户，而不是从客户的角度和概念出发，并不是客户为满足自己的概念而要采取的行动！”

“对！”我很认同小牛的说法，“行动承诺一定是源于客户的概念和个人利益，如果是源于销售的概念，出于销售自己的目的而没有考虑客户的概念，客户往往会拒绝！”

小朱说：“不一定吧，那多难啊！”

小马说：“如果每次拜访不能获得客户的行动承诺，那我们干吗去了？”

“行动承诺就是让客户上楼嘛！几个台阶走上来就签单啦！”小杨显得很兴奋。

> 行动承诺是客户为满足概念，同时推进项目而向我们做出的行动保证。行动承诺是客户的具体动作，是现实合理的，权限范围内、流程阶段内、能力所及的。它源于客户概念和个人利益，是客户投入时间和精力去做的具体事情。它能够推进项目进程。

小熊有些郁闷，如果要求他每次拜访都获得客户的行动承诺，那他岂不完蛋了？想到这里，他面有难色地说：“我们每次拜访都要得到客户的一个行动承诺吗？”

“你们说呢?”我看看大家。

“如果觉得难，你可以把台阶做得跨度小一些嘛!”小杨理解得比较透彻。

“对！我们可以把客户从开始到签单一个完整的采购过程，分解成他们多个具体的动作，我们每次拜访可以完成一个大进程，也可以完成一个小进程！拜访客户之前要做好获得客户某个行动承诺的计划!”我坚定地说。

“我们可以准备，可客户会答应吗?”小朱还有些顾虑。

小朱的担心是有道理的。

以前，很多销售每次拜访客户或许会有个大概的目标，但并不是很清晰，何况那些目标更多是从“销售的角度”去要求客户，很少站在客户的角度去想“他们为什么要做这个事情”。

现在知道了要让客户行动，会不会在拜访中一直惦记着那个“行动承诺”，而忽略了客户的真实态度和想法呢?会不会因为一个行动承诺而变本加厉地“胁迫”客户呢?可是话又说回来了，没有这个拜访的目标，我们又为什么要拜访呢?

答案是肯定的，必须有行动承诺！至于怎么避免过于关注行动承诺而忽略客户的认知，这正是后面要谈到的。

“就是，要是客户不答应呢?”小熊见我没说话，追问了一句。

我笑了，反问：“这个问题很好！你觉得是什么原因呢?”

“……”小熊没想到我会反问他，一愣，说不出话来。

“莫非他不愿意?”小杨回答。

“为什么不愿意?”我又问。

小朱看着他的本子，说：“可能是他做不到的?或是权限或能力达不到的?”

“跟他的概念不相关?他只觉得我们是在求他帮我们，而看不到对自己的价值?”小杨边想边说。

我点点头："有可能。"

小朱问："那怎么办？"

我说："现在，只能说有两个办法，第一，在制定行动承诺时仔细分析、反复琢磨，看是不是源于客户的概念、满足客户的个人利益。第二，针对一次拜访可以设定一个最佳的行动承诺、一个最低的行动承诺，多做准备。客户不给承诺时，除了继续探索客户顾虑的深层原因，也可以降低行动承诺的标准和要求……"

"两个？"小熊问。

"两个，一个最好的，一个最差的。如果再多，说明你没想明白要干嘛！"我笑着说。

小牛在旁边点点头："知止而后有定。知道目标是什么，才能明白怎么行动。把客户的行动承诺作为拜访的目标，这个很重要！"

"所以，以后拜访完客户，不要说我们做了什么，而要说客户将要做什么！"我说。

除了小熊有些压力外，大家还都有些兴奋。

片刻之后，小朱冷静下来，若有所思："行动承诺是一厢情愿，先不说客户答应不答应，能不能见到客户还不好说呢！"

8. 怎么预约客户

小朱的担心不无道理。约不到客户是非常普遍的现象，即使做了几年的销售也有同样的挑战。有的办公楼甚至还贴上了"拒绝推销""推销员禁止入内"的告示，前台一听是销售的电话就像躲瘟神一样。什么原因呢？销售总怪客户难约、不愿意见销售，是谁造成的呢？

多年销售的乙方经历让我形成了惯性思维。可是从我现在采购课程做甲方的感觉和经验来看，有时候真不愿意见那些培训公司，而宁愿躲在办公室里自己清静一会儿。

想到这儿，我问："想过吗，客户为什么不愿意见我们呢?"

"谁知道，忙呗。"小马说。

"感觉浪费时间。"

"他没需求，不需要我们的产品。"

"觉得我们在向他推销!"

"觉得跟我们见面没有价值!"

"或许感觉对他没有任何帮助。"

"莫非讨厌我?"

…………

听大家你一言我一语，我想了一会儿，说："客户都很忙，他们每天要处理很多事，要开很多会，或许有很多下属、客户或供应商还要找他。可是客户为什么愿意推掉那些重要的事情来和我们见面呢?"

"是啊，为什么呢?"小朱也想不明白。

"可能需要我们的产品。"小马抢先发言。

"肯定想从我们这儿得到点儿什么。"小熊慢悠悠地说。

"可能觉得我们能够满足他的概念。"小杨边思考边说。

小牛歪着头听了会儿，下结论般地说："客户和我们见面一定有他的期望，这个期望很可能和他的概念有关!"

通过前面的讨论，大家已经知道概念的重要性了。如果客户没有概念，就没有变化的动机和可能，也就不会购买。大家已经开始把客户见我们的理由，不自觉地与客户的概念关联起来了。

我转头问小杨："你觉得蓝科的宋主任为什么要见我们呢?"

小杨的脸腾地红了，他这次没有再说"可能是"，也没有再说"我觉得"，而是说："宋主任应该有他的概念。"

"知道他的概念是什么吗?"我又补了一枪。

小杨摇摇头。

“宋主任同意见我们，是因为你们行业经验丰富这个特点本身，还是宋主任觉得这一特点符合了他的概念呢？”我问。

小朱好奇地问：“有什么不一样吗？”

我说：“当然不一样！我们公司行业经验丰富，是我们自己的事，跟客户没什么关系，就这个特点来说没有任何价值。如果宋主任找个经验丰富的公司，是希望给他提供一些如何保障项目顺利实施的建议，那么这个特点就开始产生价值了。只有我们的优势和特点与客户的概念相关联的时候，才是真正的优势和特点，否则就什么都不是！”

“哦。”小朱抬头望着斜上方，迷茫地思考着。

小牛说：“你是说，客户见我们的理由不是因为我们的理由，而是因为客户的理由？”

“没错！”我想了想，接着说，“我们约见客户的理由，不是我们觉得客户应该见我们的理由，而是客户眼中的理由。这个‘有效约见理由’，一定是和客户的概念和个人利益相关的，对他来讲是重要和紧急的。”

每个人总是关注自己最关注的事情。在他们看来，自己关注的才是当下最重要和最紧急的。约见理由只有冲击到客户当下最关注的事情，约见成功的概率才会更高。

小牛插嘴说：“是的，客户最烦那种整天说自己多好、能帮助客户解决什么问题的销售，好像客户就应该和他们见面，不跟他们见面就外行一样。销售那种自以为是的感觉，让客户很不爽！”

我看了看大家，说：“小牛说得很对，应了那句话‘别拿自己当回事’！还有，约见客户的时候，必须把这次见面的理由准确地表达出来，并且要清晰、简洁、完整，而且最好说明见面对我们自己有什么好处。”

小朱在旁边出声了，“为什么还要说对我们有什么好处呢？”

> 有效约见理由是客户眼中的理由。客户见我们的理由，与客户的概念和个人利益相关，在客户看来是重要和紧急的。这个理由是可以明确陈述的，表达要清晰、简单、完整，同时要表达出我的“诉求”，这样才符合双赢。

我看着小朱：“想想看，我们和客户见面总说这件事情对他多好多好，我是怎样帮助他的，客户感觉是舒服了，是不是也可能会有担心呢？”

“什么担心？”小熊问。

小杨说：“可能……可能对你的动机有太多的猜测，这家伙到底想干什么，无非就是来销售的！”

“没错！大家还知道那句话吗，无事献殷勤……”我慢慢地说。

“非奸即盗！”小熊脱口而出。

“是啊，客户虽然心里清楚你想销售，但还是会猜测你的动机到底是什么。倒不如我们自己说明白，这样也能体现‘双赢’！”小马也若有所思地说。

我接着说：“同时，表达要清晰、简洁、完整，客户一下子就能明白是什么意思。如果我们不能简洁地表达清楚，而是用了很多关联词，排列了一堆理由，说明我们自己都没想清楚。”

小杨想了想，说：“那我要是约宋主任的话，说‘宋主任，希望在下周三上午九点与您见面，沟通一下关于项目实施风险的问题’。可以吗？”

“我觉得可以这样说：宋主任，您上次提到希望有经验丰富的实施团队来控制项目风险，希望能够在下周三上午九点与您当面交流一下，以便您对实施的风险控制做到心中有数，我们也能更清楚地知道如何配合您。怎么样？”小朱也练习了起来。

“好多了！”小牛说。

我笑了笑说：“是好多了。另外，我们约见的理由可以用‘PPP’句式。”

“PPP?”小杨有些好奇。

“就是目的（Purpose）、过程（Process）、收益（Payoff）的简称!”我说。

“什么意思?”小杨问。

“比如，你要跟客户说明这次拜访的目的，说明为什么要进行这次见面；要跟客户说清楚这次拜访怎么进行，沟通过程安排是什么样的；你还要说这次和客户会面对彼此有什么好处和收益。这样就是一个比较完整的约见理由了！我们再按照这样的方法，重新组织一下刚才的约见理由……”

小杨想了想，慢悠悠地一边梳理一边说：“那按你的‘3P’理论，是不是这样说，‘宋主任，今天希望针对蓝科项目就您关心的实施风险控制做个交流（第一个P)。主要想听听您认为的风险有哪些，如何才能有效地规避这些风险，以及需要我们怎么配合（第二个P)。这样既能让您有效控制风险，也能让我们有所准备（第三个P)!”小杨对沟通的目的、过程、收益都有了描述，感觉有条理多了。

> 客户有效约见理由的PPP表达：
>
> 目的（Purpose），我们为什么要见面；过程（Process），我们将如何进行；收益（Payoff），我们在一起这些时间，对彼此有什么好处。

“嗯，没想到你这‘3P’挺溜的，哈哈!”小朱禁不住笑了起来。

“关键是要冲击客户的概念和关注点，要关注对方认为重要的事情，这样对方才有可能推掉其他重要的事情和你见面!”我强调说。

“有了这‘3P’，客户就知道这次会面要谈什么、怎么谈了，也知道这件事情对双方的意义了，还显得咱们挺为对方着想的，不错!”小杨感觉不错。

“见面还要费心思准备约见理由……”小朱嘟囔着。

小牛笑了：“你这家伙，知道什么叫‘约会’不，约会约会，先‘约’再‘会’。”

小朱不服地问："那要没'约'直接'会'了呢？"

"你小子有那命吗，让你'会'上？"小熊嘲笑小朱，大家也跟着乐了起来。

我喝了口水，慢悠悠地说："给大家讲个真实的拜访经历吧！有次应一家机构申请，我和销售一起拜访客户的董事长。在董事长办公室坐下，销售介绍我说'这是我们集团的专家'，然后就不说话了。我刚开口说'您好'，客户看了看我，扭头问那个销售'你们做什么的专家'？销售说'信息化管理专家'。客户说'哦，是搞计算机的吧，那玩意儿我不懂'，然后指着旁边倒水的美女秘书说'我们李主任计算机挺熟的，打个文件什么的都是她处理，你们有什么事情和她讲吧，我还有个会，就这样'！没等我说话就走了！"

"哈哈，肯定是看你长得年轻，还拿个专家的名头出来忽悠！"小牛笑着说。

"那美女秘书长得不赖吧？"小熊关切地问。

"这问题在你！怎么不施展十八般武艺，用尽浑身解数搞定那个董事长呢？看来还是你水平太凹了！"小杨跟着说。

小朱笑呵呵地说："呵呵，想不到老寒也有被挂的时候！"

我看了看大家，说："没错，我确实被挂了，可能因为我水平不行。但从销售的角度来看，存在什么问题呢？"

小马紧接着说："客户根本不知道你是谁，来干嘛的！"

小杨也说："好像根本不知道见面的目的是什么……"

"肯定是销售觉得你厉害，只要让你见到董事长就有机会搞定，他的任务就是带你见面，然后就全靠你搞定了。就是不知道他怎么约上董事长的……"小朱好像曾经这样挂过他的老大，皱着眉慢慢地说。

小朱说得没错，当时确实是那个销售拉着我去堵董事长办公室的门才见到的。

“有些销售经常用这种方法忽悠自己的老大，特别是老大压指标压得紧的时候，就这么安排一两个总经理让老大见见，然后老大就老实了！”小牛看了看小熊，知道小熊没少这么干。

小杨右手抚摸着下巴，作思考状：“有老寒的问题，不过主要问题还在销售！”

我笑了笑说：“好，我再和大家分享一个我的亲身经历，这次我是当甲方。”

“有位朋友引荐给我一位做培训的顾问，其实就是个销售，总给我打电话‘您什么时候方便我去拜访您’‘您一定要抽时间，我想去拜访您’。我觉得没必要，因为我感觉不需要他们的课。

“有一次，他说‘您哪天有时间，我们北京公司的副总想去拜访您’。我想了想，高人必有高见，再说我也没其他什么事，就答应了，并主动提醒说‘你准备一下沟通的内容’。

“那天，北京公司的副总如约而至，交换名片并寒暄几句之后，我说‘欢迎，请坐’。那个销售和副总坐在那里看着我，我也坐在那里看着他们。我在等对方开场，对方也在等我开场，当时有些尴尬。

“对视几十秒钟后，我又看了看那位销售，他有点儿不好意思地朝我笑了笑。见此情形，我只能以主人的身份说‘×总是哪里人啊’。副总说‘我是××人’。我说‘不像，不像，看您身材魁梧，浓眉大眼，像北方人’。副总说‘是啊，他们也说我像北方人’。我问‘来北方多长时间了’。他说‘时间不长，我们北京公司成立不久’……”

“怎么扯起家常了？老寒做甲方，挺会暖场！”小熊呵呵笑了。

小杨点点头：“如果这时候老寒提问，会谈的局面恐怕就被老寒控制了！”

“关键是老寒也不知道要谈什么！”小马说。

我说：“不仅我不知道，好像他们自己也不知道要讲什么。幸好，他们没有喋喋不休地介绍他们的公司和方案，要不我就彻底没心思听了。”

小朱歪头看了看旁边，然后说：“你提醒销售准备一下沟通内容，他不仅没告诉你，自己也没准备，结果谁都不知道谈什么、会面的目的是什么。”

“如果提前能给双方沟通建立一个目标、一个预期，大家知道要谈什么、要达到什么效果，表明他很重视这次沟通，是有备而来的，你对他的印象会不会好些呢?”小杨说。

我点点头。

“大家都知道要谈什么，还可以缩短拜访时间，提高拜访效率!”小马很勤奋，总希望能提高效率。

小牛开始说话了：“大家说得都不错，有效的约见理由框定了我们与客户会谈的内容与目标，有了双方会面的期望值，就可以提高拜访的效率。其实这也就帮客户节省了他的时间，更体现了我们对客户的重视!”

“是啊，就像我们都不愿意答应保险推销员的约见，很多客户都不愿意花费时间见一些无聊的销售，宁可自己闲会儿。有这样的感觉吗?”我问大家。

“有!”几个人同时说。

> 为什么要有“有效的约见理由”？客户知道会谈的真正目的；建立双方沟通的预期效果；表示我们重视并且有备而来；缩短拜访时间，提高拜访效率；可以帮助客户节省时间；客户可以有所准备，如人员，场地等；显得更专业，增加客户的信任。

小杨紧接着说：“其实，我曾在拜访前给客户发过类似的函，特别是一些正式交流，这样可以确认沟通的具体时间、参加的人员、场地，甚至投影仪由谁准备都说清楚，也能让客户有所准备。”

“我发现，销售要想赢得客户的好感，必须学会尊重客户，尊重客户的时间，尊重客户的感觉，尊重客户的想法！”半天不说话的小朱突然说。

“要真能这样做，我们和客户虽未见面，却先增添了几分好感！”小杨感受很深。

“所以说，专业不专业，没见面就体现了！”我跟着说。

小熊也兴奋地说：“以后约女孩子，不能光往身上喷香水了，还要考虑怎么约、短信怎么发。人虽未到，先让她想念着。是吧，小朱！”

大家听完又哈哈大笑，小朱也跟着呵呵傻乐。

我看看表，不早了，说：“好了，我们今天都聊了些什么呢？”

“概念，你岳父买车、小熊买电视，概念是客户因外界变化而内心产生的感受、愿景、想法，是他想要实现什么、解决什么、避免什么的想法，是客户采取行动的动力！”小杨总结说。

“客户的行动承诺，是客户为满足概念而向我们做出的行动保证，同时又要符合我们项目销售成功的推进步骤。对客户和我们来讲，客户的行动承诺应该是双赢的！客户的行动承诺是客户的具体动作，是现实合理的、权限范围内的、流程阶段内的、能力所及的，一定是源于客户的概念和个人利益做出的，并且他得消耗时间和成本来做。”小朱拿着本子一句一句念道。

“还有刚才说的有效约见理由，是从客户的角度看，客户和我们见面的理由。这个理由是冲击客户概念的，是明确陈述、简洁表达、体现双赢的！”小马也不甘示弱。

“嗯，这就是‘信任五环’的第一环——‘拜访准备’！知道了还不算，明天开始要用啊！”我鼓励大家。

大家纷纷起身时，小朱独自嘟囔了句：“飞达总经理到底怎么约啊？”

小朱嘟囔着，不情愿地站起身来。

等人散尽，我低声问小朱："怎么，有什么问题？"

"问题倒没什么，不过……老寒，你讲得头头是道，可具体怎么做啊？"小朱还是有些摸不着门道。

我没说话，和小朱走出茶馆，走到了大街上。

那天，北京的天气很好，晚上都能看到星星。

夏末秋初，空气中已夹杂着丝丝凉意，微风吹在身上多少有些惬意。

小朱也感觉到外面的空气和房间里的大有不同，做了几个深呼吸，然后又做了几个扩胸运动，说："要想签单，就得让客户跟我上楼。我每次拜访完客户就得有行动承诺，要想约到客户就得找到有效的约见理由，要找到有效的约见理由就必须得知道客户的概念。可我现在真的不知道飞达总经理的概念是什么啊！"

我扭头看了看小朱，这小伙子说话这么有逻辑，不简单！好记性就是不如烂笔头，做了半天笔记，又爱思考，是棵好苗子！

我扶着他的肩膀说："走吧，溜达一会儿。不知道客户的概念，也正常，因为你还没见过他。我们试着想想，你觉得此时此刻飞达总经理在想什么呢？"

"我哪儿知道！"小朱觉得我在逗他。

我说："其实飞达总经理此时此刻想的事可能会很多，我们确实不知道。不过可以假想一下，像他这样一个电子贸易公司的总经理，经营公司有什么目标，又会遇到什么问题呢？"

小朱说："当然是多挣钱啊！"

"怎么才能多挣钱呢？"我问。

"多拿一些大项目，和供应商搞好关系，争取进价低点儿，或者争取个好的付款条件，店面销售的货物盘算清楚，别压太多在手里……"小朱眯起眼睛，掰着手指一条一条地数着。直到他说不上来了，才扭头看着我征求我的意见。

我冲他笑了笑："那你的方案能在哪些方面帮上他呢?"

"客户管理、供应商管理、项目管理、物资管理……好多都能帮上他，可他关心哪个呢?"小朱还是有些疑虑。

"客户的概念，是他可能希望借助某些方法，帮他实现目标、解决问题或满足某些需求。客户的概念是他当下最关注的。"我给小朱开小灶。

"哦……"小朱抬头望着星空，作深邃思考状。

"小朱，当你在考虑这个问题的时候，已经比没有思考和准备好多了！对于不知道客户概念的首次拜访，除了从客户内部其他人那里得知，还可以通过客户的职位背景、同行业同岗位角色遇到的问题等这些带有共性的'概念'临时假设。虽然不精准，但相对朝天放空枪来讲，已经聚焦多了!"我说。

"嗯，没有积累，很难知道什么客户有什么概念。"小朱觉得经验很重要。

"用心积累就行。还有，可以找一些熟悉这行的朋友去了解一下。总之，我们要把事情考虑在前面。不过不要忘了，概念是个人的，没有任何两个人有一样的概念。我们可以先把推测的概念作为约见和准备的'引子'，但真正面对客户时，一定要探索和确认，不要把这个假设的'引子'作为'药方'。"

"哦，你的意思是说，我们推测的概念只是'引子'，真正起作用的还是'药方'，是客户真正的概念?"小朱有些明白。

"嗯！你再想想，飞达总经理的概念可能会是什么?"我说。

小朱低头沉思片刻，抬头看着我说："我想问问我一个朋友，他在一家科贸公司做过，看看他们老总都有什么目标，希望解决什么问题，应该就能找到'引子'了！对了……可行动承诺怎么确定呢?"

前面不远处路口明明是个红灯，可一辆汽车却快速冲过。夜深了，车都不讲规矩。他或许是幸运的，没出什么事，也没被拍下来。

可做销售不行，什么时候都不能越雷池一步，还是那句话“出来混，迟早是要还的”，要想签单，就得一步一步来。

我说：“先想想，如果你第一次拜访飞达总经理，最好的行动承诺可能是什么，最差的又是什么?”

小朱一边轻轻地挠后脑勺，一边看着自己抬起来的胳膊肘，拼命思考：“按你这么说，我期望的最好的行动承诺就是安排我调研他们的业务部门；最差的行动承诺就是他介绍一个下面的人给我，并且下次他还愿意见我!”

“可以啊！如果能再设定一个时间的话，就更好了!”我鼓励小朱。

“呵呵，”小朱有些不好意思，憨笑了两声，“设计‘有效约见理由’也挺难的呀!”

我顺势问他，“你怎么想的?”

小朱慢悠悠地说：“这个……我想说‘希望就飞达公司提高采购、订货、发货准确性，减少存货积压的问题，在某某时间与您进行半小时的交流’。可以吗?”

“可以啊!”我点点头。

“不过，有个事我还没考虑清楚……”小朱的问题层出不穷。

“怎么了?”

小朱嘿嘿一笑说：“也没啥，就想问问用什么方式把这个理由传递过去?”

小朱这个问题很好。我反问：“都有什么方式可用?”

“打电话、发短信、发邮件、发传真、快递正式信函或致电秘书转达……”小朱边想边说。

“如果是多人正式拜访或方案汇报会，你会用什么?”

“可能用邮件、传真或正式信函比较好。”小朱回答。

“如果销售团队拜访一人或多人呢?”我问。

“哦，那可能用电话、短信、邮件、秘书转达……”小朱说。

“这四种有什么区别吗？”我又问。

“我们都习惯电话预约，这个最方便。不过不知道对方接电话方不方便，可能正忙别的事，随口答应下来，随后又忘记了或者含含糊糊。短信倒能说明白，可总觉得有什么不妥，说不出来……”小朱边说边看着我。

“嗯，有位领导跟我说过，短信属于比较私密的方式，特别是和客户不太熟的时候，用短信会让对方感觉自己的秘密空间被侵犯了。所以我很少给陌生人发短信，除非打两遍电话没人接或无法接通，那样的话也会在短信中说‘刚才给您打电话未能接通……’有的客户很讲这个！”我和小朱分享。

小朱说：“那坏了，我以前动不动就给客户发短信，不管熟不熟……”

“呵呵，除了电话和短信，其他呢？”我又问。

“我觉得邮件挺好的，可以字斟句酌，表达精准，还有据可查。现在很多老总都有处理邮件的习惯，即使再打个电话过去，也不显得那么突兀了。秘书传达嘛，恐怕是最难办到的了。秘书每天要过滤掉很多没用的信息和预约，他们搞不好很容易被老板批，所以很小心。要能突破一个秘书，那倒不错。”小朱言之凿凿，没想到思考和认识还挺深入。

“嗯，那你是不是有结果了？”我反问小朱。

“我还是先发个邮件吧！想办法找找那个总经理的名片，或者通过什么渠道找到他的邮箱。看来这两天的任务不轻啊！”小朱感叹。

将近十二点了，空气越发有点凉了。

小朱今天收获很大，兴奋中有些不舍，忽然转身对我说：“老寒，我想过两天去拜访飞达总经理，你能和我一起去吗？”

“又不是相亲，我跟你去干嘛？”我笑着说。

第3章

提问引发思考

9. 小朱陌拜总经理

今年北京的秋天，蓝天白云比往年多了一些，从办公室眺望，西边的山上一片墨绿，空气格外清爽。从销售一线撤下来，肩头没有了节节高升的业绩指标，也不用整天裹着西装皮鞋在水泥丛林间穿梭，像个磕头机似的到处挖掘商机，或全国各地跑得脚后跟踢后脑勺，有空闲穿着便装，悠然自得地观山赏秋了。

正望着墨绿的远山，享受着初秋凉爽的小风，电话突然响起。

我懒洋洋地走过去，抄起电话："你好！"

"好什么啊！"那头接得很快，是小牛的声音。

我被吓了一跳，刚想问，那头又说话了："老寒，前几天小朱叫你一起去飞达，你没答应？"

我犹豫了一下，说："怎么了？"

"他磨我两天了，非得让我请你，要是我请不来，我就得跟他去！我自己还忙不过来呢！"小牛又气又冤。

没想到，小朱挺会用资源！

"那你就和他去吧，茫茫人海，相遇是莫大的缘分！"我笑着劝小牛。

小牛生气地说："得了吧，要平时我也就去了，可你前几天概念、行动承诺、约见理由什么的给大家挖了那么多坑，去了咋整啊，要去你去！"

“哦，什么时间啊？”我问。

小牛很快回答说：“明天上午。”

我看了看日程表，除了观山赏景、上网发帖也没什么重要安排，就说：“那好吧。”

“怎么，你还真去啊？”小牛不解地说。

“去就去吧！记得十年前曾实施过一家电器流通企业，后来一直做工业，没再接触过商贸了，去学学人家的生意经！”我说。

小牛这次接话没那么快，开始有些支吾：“那……我一起去，行不？”

第二天是周二。

我下楼时，小朱早已经候着了。

雪白的长袖衬衣，皮鞋擦得锃亮，笔记本包的带子长得打晃，为了不让包滑下来，右肩不由得高出左肩一截。估计白骨精们的脊椎就是被这么折磨坏的。

时间不长，小牛开着黑色马六来了，我们纷纷钻进车里。

“小朱今天要去相亲啊？”小牛见面就开玩笑。

小朱不好意思地说：“这个客户对我太重要了，再不签个像样的单子，没法儿交差了！”说完转向我：“老寒，谢谢啊！”

“说正事吧，”我呵呵笑了两声，“飞达什么背景，你怎么约到总经理的？”

小朱一本正经：“我了解过，飞达在业内还是不错的，主要以批发和零售 IT 机器设备为主，几乎没什么利润了，有几家比较大的长期客户。那几家客户要什么他们就卖什么，要及时询价、比价、下单，因为品种太多，很容易乱。听说他们想转型做系统集成，那样的单子利润高，做一个是一个！”

小牛一听，不太认同：“系统集成都快做烂了，怎么还往里挤呢？”

小朱没理小牛，接着说：“他们总经理姓龚，叫龚海川……”

“你姓朱，他姓龚，你们倒是一家，哈哈!”小牛忍不住笑了。

小朱说：“但愿有缘吧！听说这个龚总以前在中关村摆摊出身，凭借多年的辛苦打拼才做到现在，很不容易。他想控制好现在的运营，服务好老客户，让他有更多的精力去开拓二三线城市的集成项目!”

“嗯！你这‘引子’听起来不错!”我默默地点点头，“你准备和他怎么谈?”

小朱翻出自己的大黑皮本，说：“我也想了，想先看看他对项目的想法，然后给他我们的资料和案例，告诉他我们可以帮他实现目标，争取安排业务部门调研。”

听小朱说完，我扭头看着窗外。今天没有了那天的蓝天白云和明媚阳光，天空有些阴霾。

对小朱而言，他说的并没错。

有些路只有自己走过才会有体会。人生没有近路。

飞达公司在中关村大街与北三环交叉口的一座高楼里，能在这里租办公场所，看得出飞达和那些中关村的小店还是不太一样的。我们三人出了电梯向右拐，“飞达科贸”的 LOGO 像蓝色飞翔的大雁，飞舞在硕大的玻璃门上。里面是宽大的接待台，一个小姑娘站在那里不知道鼓捣着什么，只露出半个脑袋。

无疑，小朱有些紧张。

小朱停下脚步，出神地盯着那个玻璃门好像在思考着什么，或许他是在想飞达科贸总经理龚海川的概念，或许他是在想通过这次拜访希望获得的龚总的行动承诺是什么，或许他在回忆昨天准备好的那套说辞，总之没有推门进去的意思。

小牛也感觉到了小朱的异常，扭头问他：“怎么了小朱，不想进去了?”

“谁说的，我在想见了龚总怎么说。”小朱又做了两次深呼吸，推开玻璃门走了进去。

前台见来了人，抬头看的同时连忙站起来，说：“您好，请问您找谁?”

小朱一下怔住了。

“嘿!”小牛看了几眼前台，私下捅捅我。

小牛一招呼，我也有些意外，这个前台女孩儿怎么这么眼熟呢?

“您、您好！我找一下龚总!”小朱吞吞吐吐地说。

“请问您是哪个公司的，预约了吗?”前台往里面看了一眼，转脸问小朱。我这才发现这女孩儿扎了个马尾辫。

小朱定了定气，坚定之余有些信心不足地说：“我们是XYZ公司的，已经和龚总约好了。”小朱说话时看着马尾辫，脸上微微泛红。

“请稍等。”马尾辫伸出玉白的嫩手，抓起电话拨了几个数字。

“龚总，有三位XYZ公司的找您……嗯，好!”说完，挂了电话闪身出来，伸出胳膊右掌向上说：“请跟我来!”

小朱跟在马尾辫后面，右手紧紧地把电脑包夹在屁股右侧，免得走起路来咣当咣当砸屁股。比起马尾辫的纤纤细腰和婀娜身姿，小朱相形见绌。看着小朱的背影我特别想笑，这小子好像不知道怎么走路了。

龚总的办公室在办公区最里面，一大块磨砂玻璃墙与外面的工位区隔开来。龚总办公室里最醒目的是一幅很大的装裱精美的书法——“海纳百川”。老板桌后面的龚总四十岁左右的样子，并不像其他老板一样挺着大肚子，而是消瘦中透露出一股精明。

“您好，龚总，我是XYZ公司的小朱，通过邮件和电话与您联系过!”小朱自我介绍完，低头从电脑包里翻出名片夹，抽出一张递给龚总。

龚总从皮座上站起身来，接过小朱的名片看了两眼，随手从桌子上拿出几张自己的名片，分发给我们，说：“你好，坐吧！”然后和我们一起坐在了沙发上。

入座之后，小朱率先开口了：“龚总，非常荣幸见到您，感谢您在百忙之中抽出时间与我们沟通！”

龚总两条浓密的眉毛向上挑了挑，笑了笑，没说话。

小朱见龚总没说话，心里有些没底，急忙接着说：“龚总，我们XYZ 公司是专门做管理信息化的。听说咱们飞达科贸想上一套系统来管理咱们的业务，是这样吗？”

“嗯。”龚总微笑着点了下头，然后把右腿架到左腿上，仰面靠在沙发背上。

见龚总还没说话的意思，小朱更担心了，壮着胆儿问：“龚总，这次咱们希望上什么系统，管理哪些业务呢？”

龚总一点一点地用手指戳着沙发扶手，开始说话了：“飞达发展到现在，规模也大了，有必要用信息化的手段来管理，毕竟我一个人的脑子记不了那么多东西，再说这也是一个趋势！”

小朱趁机赶紧说：“龚总真是有远见，有战略眼光！信息化是企业管理的必经之路，现在很多企业发展到一定程度，都需要借助信息化的工具来进行管理，像咱们这种商业流通企业尤其需要。”

龚总听完呵呵一笑，说：“我可没考虑那么长远。”说完看了看小朱。

小朱见龚总没接着说，怕要冷场，赶紧又问：“龚总，您关于这次信息化的建设，咱们会选择哪些部门开始实施呢？”

小朱问完，我吓了一跳，需求还没弄清楚，怎么就问从哪儿开始实施呢？

“我比较关心你们能够帮我解决哪些问题。”龚总目光坚定，正色说道。

龚总的这句话寓意深远，关于这个问题，或许龚总也不清楚怎么搞，或许他已经有了初步的想法。而很明显，小朱问从哪儿实施，或许不是龚总现在考虑的主要问题，但这正是小朱最关心的。

很显然，小朱的几次探索都没有得到有价值的信息，也没有得到期望的答案。龚总的每句回答都有言外之意，可小朱并没能抓住。我心里暗暗为小朱叫了一声苦。龚总的这次提问，应该就是这次拜访的转折点了。

小朱一听龚总问他能够解决哪些问题，马上来了精神，因为有些话是小朱参加产品培训时要求背过的："龚总，我们 XYZ 公司专注于企业信息化建设，致力于帮助客户成功。对于咱们这种商贸企业，我们专门有一个商品流通行业解决方案，方案基于优化资源、提升管理的理念，以物流、资金流、信息流同步畅通为特征，首先建立并规范产品基础数据，通过先进的采购、销售、库存和财务管理功能构建企业的最佳业务流程，合理配置企业资源，提高企业的核心竞争能力和市场应变能力，改善企业对客户的服务水平和质量，提高客户对企业的满意度和忠诚度……"

龚总扭头看了一眼墙上的时钟，然后回头看了看自己的办公桌，才慢慢转过头来看了看小朱。

小朱也感觉到了龚总的心神已经游离，赶紧停住，看了看我和小牛。我紧抿双唇朝小朱笑了笑。小朱突然回想起了什么，幡然醒悟，话锋一转："龚总，其实解决方案什么样无所谓，每家公司有每家公司的特点，不知道您希望借助这套系统实现什么呢?"

龚总有些乏味地开口了："你们 XYZ 是大公司，应该做过很多的客户。你觉得我们应该解决哪些问题呢?"

这一问，倒把小朱问愣了，明显有考小朱的意思。

愣过之后，被逼无奈，小朱只好使出销售最常用的招数——送资料!

"龚总，我们公司确实做了很多同类型的客户。您看，在这份资料上有全国很知名的一家电脑经销 MALL，使用的就是我们的产品和服务。在这个案例里，解决的问题、带来的管理价值，写得很清楚。”小朱打开案例集，指着其中一页给龚总看。

龚总接过来快速浏览了一眼，迅速哗啦哗啦地翻过，轻轻放在扶手上，用鼻子轻轻出了口长气。

小朱见龚总并未对资料产生深厚的兴趣，额头冒出一层细汗，紧接着说：“龚总，您看您什么时间方便，我们可以安排您到那家公司去现场参观一下！”

“我最近比较忙，参观就先不用安排了！”龚总说完挪了挪屁股。

“哦，那……”小朱挠了挠头，他已经没招了。

小朱突然记起了那个叫“概念”的东西，来时在车上还说过，连忙扭过头跟龚总说：“龚总，有个事我不知道当讲不当讲。”

小朱这么一说，龚总也怔了怔：“哦，什么事，说吧！”

“我曾经有个朋友以前也在中关村批发电子设备，后来他发现这块利润有些低了，总希望寻找新突破，于是锁定了二三线城市的系统集成项目。当时运营的店面和服务的客户不能丢，还要花大把时间和精力去开发新项目，这样一来他的精力明显不够了。于是，他就用了一套我们的系统，把原有的店面业务和项目管理起来，可以很方便地查看每天店面的经营情况和原来业务的运转情况……”小朱说这些的时候，明显地感觉到底气不足。

我有一种不祥的预感。

小朱的话也可能是对的，但是不是龚总当下考虑的呢？如果真的是这样，会不会重新激发龚总的兴趣呢？再说被一个毛头小子猜中心思，他会怎么想呢？如果不是这样，小朱的这段话会不会是今天的谢幕之作呢？

听着听着，龚总轻轻点点头，说：“大家日子都不好过。”

小朱见龚总终于点头了，稍稍松了口气，赶紧说：“就是，龚总，现在信息化就是竞争力，不搞信息化是等死。您看我的朋友能够通过一套系统运营他的企业，相信龚总可以比他做得更好！”

龚总脸上会心的笑容瞬间即逝，挑了挑眉毛，沉默着没说话。

小朱突然想起了行动承诺，见龚总没有说话的打算，这样冷场也不是办法，上身向前倾了倾说：“龚总，您看咱们下一步怎么安排，是我们先进行一个方案交流呢，还是我们针对咱们的业务部门安排一个调研？”

“你们的软件要多少钱？”龚总突然问。

小朱经常被问到这个问题，说法已经不用经过大脑，张嘴就来：“龚总，咱们用的模块、站点不一样，实施范围大小不同，价格都会不一样的，关键看我们有什么样的需求。您看是不是先安排一个调研，由我们来给咱们出个针对性的方案？”

性格豪爽的龚总不仅没有得到答案，还被这种弱智回答绕来绕去，看得出很是不爽。他歪歪脑袋，转转脖子，问：“你们公司的服务有保证吗？”

“龚总，我们公司的服务是通过 ISO 9002 认证的，有标准的服务流程体系，完全可以保障！”小朱胸有成竹地回答。

“嗯。”龚总抬手看了看表，稍等了一下，说：“这样吧，我一会儿还约了个客户，咱们今天就先这样。关于这个项目，我再考虑一下！”

“哦……那好吧！”小朱犹豫了一下，但他也没有更好的应对之策，便缓缓地站起身说：“龚总，感谢您和我们交流这么长时间，您看下步的调研……”他仍然锲而不舍。

“再说吧，资料先放这儿！”龚总站起了身。

小朱赶紧说：“那好，龚总，随后我再与您联系。您有事，我们先回去了！”

“好！”龚总说了这次拜访中最干脆的一个字。

10. 推销胁迫症

从飞达出来还不到十点半，小朱非要请我们吃饭。小牛迫不及待地拉着我问："哎，老寒，看见那个前台了吗？"

"那么大个活人，能看不见啊……"我应了句。

小牛神秘兮兮地说："我怎么觉得眼熟啊？"

"你是不是见着漂亮妹妹就眼熟啊？"小朱没好气地说。

小朱的口气有些不对劲儿，我看看小朱，他的脸有些红，又看看一脸坏笑的小牛，忽然觉得好像在哪儿见过马尾辫。

"那次吃饺子，窗户外头，小朱看了流哈喇子那个！"小牛提醒我。

"哦，还真是她。原来世界这么小啊！"我感叹着，顺手拍了拍小朱说："小朱啊，这个项目好好做，金钱美女双丰收啊！"

小朱一脸丧气地说："得了吧，还金钱美女呢。都怪你，弄出个什么概念、什么行动承诺，搞得我都不会拜访了，要不效果肯定比这好！你那套东西瞎掰行，根本不实用！不说了，先找地方吃饭！"

飞达楼下不远有家湘菜馆，来用餐的大部分是写字楼的白领们。

"你感觉今天的拜访怎么样？"挑了个靠窗的位置坐下后，我问小朱。

小朱喝了口水，叹着气说："唉，准备了半天，龚总好像没概念啊！而且一和他要行动承诺，他就推三阻四的。要不是我给他介绍那些方案和案例，说不定他什么也记不住！"

"他记住你的方案和案例了吗？"小牛问。

"反正他是听进去了。"小朱不服气地说。

这是个很严重的问题，人人都觉得对方应该听自己说话，很少有人去想对方想听什么。特别是销售，当我们刚冲进客户的办公室时，其实自己什么都不了解。真正的武林高手都是见招拆招，但有些销售就学会了雨点一样的王八拳。

小牛也觉察到了什么，一本正经地问：“对了，小朱，你觉得那些方案和案例针对他有用吗？”

“当然，公司就是这么教的！这叫销售话术，见什么客户说什么话，还让我们一句一句背，见客户要能说出来！说不上来公司会批评我们，说我们做销售连知识都不懂。现在说出来了，你们又指责我说得不对，还让不让人混了？”小朱无奈中有些反感。

“这个项目上不上、怎么上，是你决定还是龚总决定？”我问小朱。

“当然是龚总决定！”小朱有些心不在焉。

“既然是龚总决定，我们就必须按照龚总的思路来，不能按照我们的想法来。既然是客户决定购买，那么就不能忽略客户的认知和决策的形成过程。人们总是习惯按照自己的认知和思维习惯考虑问题，很少把自己完全放下，站在对方角度去想问题。其实人和人的差别就在这里！”我开始有些明白，同样工作在一起的销售们，业绩的差距怎么就那么大呢？

今天小朱被折磨得郁闷了，真不想再打击他。可认识的过程、行动改变的过程本来就是痛苦的，就算浴火重生吧。

小朱口里还在磨叨：“概念，鬼才知道龚总的概念是什么！”

“不知道客户的概念，你推销的就是货架上的商品，等着客户来挑！不知道客户的概念，就等着低头走路撞上个美女，然后娶她当老婆，是吧？”小牛知道概念的重要性，给小朱泼了瓢冷水。

我看小朱挺可怜的，话锋一转：“对了，小朱，你还记得你用什么理由约见的客户吗？”

小朱白了我一眼，没说话。他好像忘了用什么理由约见的龚总。

“其实龚总刚开始的沟通还是有诚意的，估计是你的约见理由发挥了作用。”我必须赞美一下小朱，给他找回一点自信。人特别需要被认可和赞美，何况年轻的小朱。

小朱阴沉的脸上艰难地挤出一点笑容，随即又消失了。

我看了看小朱，慢慢地说：“只不过是你今天的沟通，没有跟你的约见理由很好地对应起来。或许客户同意见你，正是因为你约见的理由听上去不错。”

龚总答应和小朱见面，一定跟小朱的约见理由有直接关系，可能那个理由引起了龚总的兴趣，或引发了龚总更多的思考，甚至龚总在见小朱之前已经在脑子里做了什么准备。可是小朱见面的过程，为什么和那个约见理由脱节了呢？客户会不会有被骗的感觉呢？

“就是，你跟客户谈的内容又不针对约见理由，客户肯定感觉受骗了，他会想——完了，又来个推销的。”小牛见缝插针。

小朱以前拜访客户可能没什么明确的期望，也没办法衡量效果，只能靠感觉。这次龚总能给他这么长时间、听他讲了那么一大套，如果放在以前，他肯定觉得很成功了。但如今整出概念、约见理由、行动承诺这几个东西，真把可爱的小朱害惨了。

小朱开口了：“其实，我今天很关注龚总的概念，还跟他要了两次行动承诺，可他就是不理，我有什么办法？”

“不是两次，是三次！”小牛强调说。

“怎么是三次呢？”小朱不服。

“除了方案交流、安排调研，你不是还邀请他参观样板客户吗？”小牛说完看了我一眼。

小朱没吱声，低头看着自己的茶杯。

“你说，龚总为什么就不能按我们的计划向前走，问题到底出在哪儿了呢？”低头思考了半天，小朱自言自语。

我看看小牛，小牛摇摇头，一脸无奈。

“既然这样，咱就回顾一下你的这次拜访！”我这一说，他俩抬起头来看着我。小朱把胳膊肘支在桌子上，用手托着沉沉的脑袋，脸也被挤变了形。

“先说开场。你是不是经常喜欢开场感谢客户与我们的沟通呢?”我问。

小朱瞥了一眼小牛，说：“是吧，这是商务用语，大家都这么说。”

“在我看来，真正的沟通是彼此价值的互换，不存在谁感谢谁，当然这礼节值得肯定。”我无法对这样一个问题下结论，猫有猫路，鼠有鼠洞，不可同一。

开场的目的不仅仅是客气，而是要拉近双方的心理距离，让客户感觉你是一个值得交流的人。要是客户忐忑不安地和你聊下去，就像蒙住眼睛向前走一样。

“你一上来就介绍你是 XYZ 公司的，还说是专门做信息化的，紧接着又问龚总是不是想上一套管理系统。按说这个封闭问题很好，不过，你觉得这么问的作用和意义在哪里，又给客户什么感觉呢?”我看着他俩。

小牛说：“嗯，这么说给人感觉你就是销售，急着问对方是不是想买。”

我未置可否，这其中的味道，只能让他们自己品味了。

我接着说：“小朱接下来的问题非常好，‘龚总，这次咱们希望上什么系统，管理哪些业务呢?’这问题确实不错，因为这可能是龚总关注和思考的事情。所以，你得到的回报是龚总说了一段信息很丰富、很有价值的话。”

小朱点点头，当时龚总确实说了公司大了，自己脑子记不了那么多东西了什么的话，说明龚总还是有想法的。

“其实问题就出在小朱接话太快了。你紧接着就 PMP（拍马屁），这让龚总觉得你很初级、很浮躁。你知道他们公司怎么大了吗？他脑子记不住什么东西了?”我没给小朱留面子。

小朱一愣，然后木然地摇了摇头。

“之后就有些偏了，你并不知道龚总为什么要上系统，转而就问他会选择哪些部门开始实施。正是这个问题，成了整个拜访的转折点。”我回想暗暗为小朱叫的那声苦。

也正是从那时开始，龚总和小朱产生了心理距离，开始不信任小朱了，后面一堆的质疑式问题可以证明。比如，当小朱问龚总“希望解决哪些问题”时，龚总说：“你们是大公司，你觉得我应该解决哪些呢？”再如，后来小朱送出资料，请龚总参观样板客户，遭到了龚总的直接回绝。

“你是说小朱的沟通有问题？”小牛也有些不解地问。

“总体来说，我觉得小朱提的问题还是不够聚焦，太发散。关键是总从自己关注的事情问对方，而极少去谈对方关注的内容。你可以想想，你的那些问题，有几个是源于龚总的概念，有几个是源于自己的概念？”

“这……”小朱无语了，他确实没想过。

回想起来，小朱谈的很多东西都是源于他销售的目的，企图让客户根据他的概念去行动，可客户会为了他的概念去行动吗？忽略客户的概念和认知，推着客户往前走，客户会顺从吗？不会拒绝和抗拒吗？

> 人的意识和关注是一种管状视线。在沟通过程中，每个人的潜意识里都只关注自己关注的事情，对别人关注的事情不感兴趣。
>
> 这是人的利己性决定的。

人与人沟通是两个人的意识在交流，每个人只关注自己关注的事情，这是人的利己性所决定的。一谈到对方意识里的东西，对方就会相应地做出反应，就想多说一些他的东西。如果只谈我们自己意识里关注的东西，没关注对方的兴趣点，对方就不感兴趣，几乎不会去关注。

销售要做的，就是更多地去关注客户的意识和认知。因为客户的意识和认知决定了他们的态度和行动，而他们的态度和行动决定了销售的成败。

人的这种反应，其实给销售创造了很多机会。因为客户会对自己关注的事情感兴趣，总是不自主地做出反应，抑制不住想多说话。而我们的销售不仅问不到对方的兴趣点，即使客户兴奋地抛出他们的关注点，销售也往往听不到、抓不住。问和听都是问题，更谈不上关注了。

想到这里，我慢慢地对小朱说："问题怎么样先不说，你也没认真听，几次急着抢话让龚总感觉很不爽，失去了沟通的耐心。"

"我抢话了？不是怕冷场嘛！"小朱无力地反驳。

小牛说："你确实抢了，好几次呢！"

"可是我后面也探索他的概念了啊！"小朱说。

"你是提到了，讲故事的方式也挺好，只不过……"我看着小朱，真不忍心再说下去。今天他是彻底倒在我的屠刀下了。转念又想，让他倒在我的刀下，总比倒在客户刀下强多了。

"只不过什么？"小朱瞪着眼睛问。

"只不过龚总说'大家日子都不好过'的时候，你又开始忽悠了，还说什么'信息化就是竞争力，不搞信息化是等死'。你觉得龚总会怎么想？"我的话说得可能有些重。

小朱脸色极其难看，像是又被狠狠地捅了一刀。

"其实后面的'你们的软件多少钱''你们公司的服务有保证吗'都已经是质疑性问题了。在龚总问这话之前，或许你就应该结束拜访了。"我一点儿情面也没给小朱留。

小牛有些看不下去了，扭头问我："老寒，你怎么评价这次拜访？"

我呵呵一笑，头轻轻地摇了一下，说："如果今天不来拜访，或许龚总还对 XYZ 公司抱有希望……"说完，我扭头看着窗外人来人往，现在已经将近十一点半了。过不了多久，午休用餐的白领们就会像蜜蜂一样涌出那栋大楼。

小朱看我没什么动静，趴在桌子上来回拨弄手机，他的脸色确实很难看。小牛眼睛有些深邃，望着窗外发呆。

“如果说，”过了一会儿，我开口了，“如果说能够重来一次，我们可以比这次做得好吗？”

小朱摇摇头说：“本来我还有点儿自信，知道怎么拜访客户。照你这一说，这话也不行，那话也不对，怎么着才行呢？重来一次我还是不知道怎么弄。”

“你不知道什么？”我正面看着小朱，再一次追问。

“拜访是为了签单，要签单客户就得行动，行动需要有承诺，要让客户做出承诺就得把握住客户的概念。没有客户的概念，一切就无从谈起。可关键问题是，我怎么才能搞准龚总的概念啊？”

“饿死了，点菜吧，边吃边聊！”小牛一边回头向服务员招手，一边催促大家。

“我来碗面条就行！”小朱仍有气无力地在拨弄着桌子上的手机。

小牛眼睛一瞪：“干嘛，你请客就让大家吃面条啊，不行！”

小朱长叹了口气，从桌子上拿起手机随便按了几下，估计是在看时间，随即靠在椅背上耷拉着脑袋。

见小朱这副德性，小牛笑着说：“这小子，你怎么就不明白啊？今天中午好好请请老寒，说不定能给你支招呢！”说完扭头冲我挤挤眼睛。

我被小牛无赖的样子逗乐了：“这和吃饭没关系！小朱是个纯情少男，小牛你别老逗人家了。”

小牛点完菜，大家略微有了点精神。

我知道小朱和小牛都有困惑。但菜不上来，我就坚决不说话。现在大家太需要外来东西刺激一下了，哪怕是水煮花生米。

好不容易上菜了。我想了想，问："现在的问题，是不是拜访过程中无法探索到客户的概念，不了解客户的概念也就获得不了客户的行动承诺？"

"嗯。"小朱默默点头。

"其实，我们很少知道客户真正的概念是什么。即使我们上次知道了，客户也很可能在这段时间里接受了什么新的信息，或受到某种外在冲击，使他的概念发生了变化。这很正常。也就是说，我们拜访客户时往往不知道对方的概念。"我说。

"这不和猜宝、下赌注一样嘛，那怎么办？"小朱好奇地问。

我说："其实除了客户的概念，我们不知道的东西可能还有很多。比如，客户是个什么角色，他在这个项目中起什么作用，还有哪些人会参与决策，客户的决策流程是怎样的，等等，这些都是我们未知的信息，而其中任何一条信息，都能让销售石沉大海，葬身鱼腹。"正说话间，服务员端上来一大盘红扑扑的剁椒鱼头。

小牛看了眼鱼头说："来，边吃边聊。"然后用筷子拨开那些红辣椒，"你说的这些我们都知道，现在的问题是，我们应该怎么做！"

"有太多未知，就像蒙着眼睛冲进了敌军阵营，知道自己在干什么吗？"抛出问题后，我翻开鱼鳃，开始找肉吃。

小朱看看小牛，又看看我，等着答案。

我没吱声。

小牛说："销售见客户，更多的是拼命给客户介绍自己的方案和产品……"

"是的。一份调查显示，在销售与客户见面的一小时里，有 31 分钟在介绍自己的公司和方案，再次强调我们的优势用去 8 分钟，向客户提问用了 9 分钟，客户说话的时间只有 12 分钟。你们算算，销售和客户说话各占了多少？"我问。

小朱脑子快，想了一下说："客户说 12 分钟，也就是 20％的时间；销售说话占了80%的时间!”

“嗯，在拜访客户的时间里，销售说话占了80%的时间，而客户说话只占了20%的时间。销售或许在没说话的20%的时间里，还在回味自己说过的话，‘我刚才说得怎么那么精彩’‘我刚才说得太有水平了’……”这是一个普遍的现象，很多销售都是这样的。

“哈哈!”小牛不由地笑了。

我没有笑，接着说：“销售说的那些话，有多少是对方想听的?”

“那你的意思，见客户就别说话了?”小朱有些不服。

“要说，要说有用的话。”我说。

“营销培训的老师说过，我们必须控制会谈的局面。如果会谈出轨了，局面失控了，我们还怎么做销售呢?”小朱辩解道。

小牛也跟着说：“是啊，做销售，不就是让客户知道我们的方案和优势，从而选择我们吗?”

“客户想让销售多说话吗?”我问完看着他们，“销售多说话，有时候是怕冷场，所以拼命地说自己熟悉和有把握的内容，因为说那些用不着做计划，知道什么说什么，想到什么说什么。”

小朱无言以对。

“有的销售特别害怕听客户说话，因为客户一说话就是提问，一被提问就被动了。之所以拼命给客户灌东西，无非是害怕听到拒绝。”我说。

> 销售喜欢多说话的原因：
> 想控制会谈的局面，想让客户知道我们的方案和优势，怕冷场，不用做计划，以为客户希望销售多讲，担心客户提问，害怕听到客户的拒绝……

小朱说：“是那么回事。可如果不这么办，又能怎么着呢?”

“你们有没有遇到过这种情况：逛商场时旁边突然有人拉住你说，‘大哥，看看这鞋油吧，最新技术的，增亮防水防尘的，来，我给你擦擦试试!’一般情况下，你会买吗?你什么感觉?”我问。

“我比较烦他们，很少买。”小朱坦言。

“假如你家里缺某个东西，恰恰那天在火车站被一个推销的拉住，偏要给你介绍这个东西多好多好，你会买吗?”我又问。

“要买我自己会买，用不着他们强行给我推销。”小牛也积极回应。

我看看他们说：“其实我们发现，人们喜欢购买，但讨厌被推销。想想买保险就知道了，我从来不跟给我推销保险的人买，自己觉得什么时候需要了，会找一个不使劲推销的人去买。作为买方，多数人很是厌恶那些试图控制或勉强自己成交的销售，不是吗？当你急需一个东西时，对方出高价逼你成交，或制造出紧张气氛控制你成交时，你的心里极不爽。就像我们买房子，明明知道他还有很多房子没有卖出去，那些销售却说‘就这一套了，你不买明天就没了’。我们那时就很不爽，感觉被他们胁迫了。如果不是自己看上了那套房子，冲着那些卖楼的才不买呢!”

> 当销售强行推销时，客户会感觉到一种胁迫和压力，他们会认为本来属于自己的决策权被剥夺了。人们喜欢购买，但讨厌被推销，甚至厌恶那些试图控制自己的销售。人们更愿意从诚恳、有能力、尊重他们选择权的销售那里购买。

小牛听完连忙说：“对，对，那种感觉让我真不爽！可惜没有办法，谁让人家是强势群体，掌握资源呢!”

“可销售却不一样，客户有很多选择。如果让客户有了那种被控制或被胁迫的感觉，真的就很麻烦了。客户有自己的概念和认知，客户还没有告诉我们他的想法，销售就强行告诉客户‘你需要我们的产品，我们的产品能够帮你解决问题’，客户会怎么想?”我说完，小牛和小朱四目相觑，若有所思。

“所以，大多数人不喜欢别人告诉他‘你需要什么’‘你应该怎么做’。如果这话是从销售嘴里说出来的，就更让人不爽了。在客户看来，他们的‘独立思考权’和‘购买权’被剥夺了!”我用了更重的词形容。

小朱有些疑惑地说："那你的意思是说，给客户介绍我们的解决方案是在强行向客户推销，甚至是在胁迫客户成交？"

我摇摇头说："也不全是。但在没有了解客户的真实想法时，强行推荐我们的产品和方案，其实就是强迫客户认同和购买。客户会想'你的产品好与不好，跟我有什么关系'。当然，也有些比较懂的或具备专业能力的客户，主动用他自己心中的标准衡量我们不断抛出的方案，这种情况不超过10%——是他们会买，而不是销售会卖！更多的人有可能感觉销售在替他们做决定，加上销售又是油嘴滑舌不可靠的形象……"

"现在的客户真难伺候，当爷供着都不行！"小朱气愤地说。

"不是客户难伺候，这是人之常情。人们总是相信自己的感觉，特别是采购这种事情，往往根据情绪和情感做出判断和决定，然后寻找逻辑和证据来进行论证。这样一来，客户的感觉就很重要了。客户总是愿意和他们喜欢的人做生意。这是因为人的内心深处都有一种原始的、潜在的需求，那就是他们的想法和行为被认可，感觉到他们自己有价值并被尊重，包括他们对事物的认知和选择的权利。谁能让对方感觉到他在我们面前很重要，他就会认为我们有魅力，也就愿意和我们打交道。这是人的心理和人性决定的。"我盯着小朱和小牛说。

"照你说的，介绍方案是胁迫客户成交，还违背了人性，那你的意思是咱们就别做销售啦？"小朱真的感觉没招了。

"当然不是！我们要做的不是销售，而是放弃推销，和客户一起采购！"我说。

11. 开场激发兴趣

"和客户一起采购？"小朱没脾气了，"不会又和概念有关吧？到底怎么才能知道客户的概念呢？”

小牛说：“不知道就问啊！”

“对，问问题，这才是获得客户概念的杀手锏！”我说。

小朱问：“问谁？问客户吗？”

“有什么不妥吗？”我问。

“客户笑话我怎么办？”小朱有些担心。

我看了看小朱，说：“很多事情我们以为知道，其实我们真的不知道。我们犯的错误，不是因为我们不知道，而是自以为知道！”

小牛连忙点头，“我突然想起了那首歌，‘咱们的世界这样大，事情如此多，你我都说完全明白事实的真相，其实听到的也就是个传说……’”

确实，我们往往是在根据自己猜测的客户想法做销售，有着太多的假设。人人都以为知道事实的真相，却都是自己推测和臆断出来的，世间大道如此，何况销售呢？

“用自己的认知判断客户的认知，忽略了对方的真实想法，这就叫臆断！臆断是销售中的大忌！”我说。

“臆断……”小牛默默地点点头，他知道自己为此付出过什么代价。

“臆断也有碰对的时候吧？”小朱觉得乱枪打鸟也能撞上，很多销售都是这么做的。

“是。可是从客户的角度来说，如果客户感觉他的想法和概念没有清晰地告诉我们，我们给的任何方案不用说都是无效的。想想看，我们找家装公司装修房子、去服装店订制西服，你还没说想要什么样的，售货员就给你推荐，你接受的可能性有多大？”我举了生活中的例子。

小牛和小朱点点头，貌似信服。

跟我前几年一样，小牛觉得销售是门艺术，是在实战中拼杀出来的，那些技巧和规律都是扯淡的事。如果再把每句话怎么说、每个眼神怎么用都编排好，就失去了生活的乐趣。我以前也这么想，直到我近来反思销售，才发现很多新人想提升自己的技能，还是需要掌握一些规律性的东西的，省得在不断撞墙中去反省、感悟。其实很多规律前人早就总结好了，包括中国传统的道和当代西方的术。

小牛猛地想起了什么，问："对了，老寒，问问题谁都不外行，张嘴就来。你怎么看呢？"

我笑着说："你的这个问题很好！问问题可是门大学问！人与人相处本质上就是沟通，语言的、肢体的、心灵的，而提问是沟通的关键。"

"怎么问？"小朱问。

"想知道怎么问，就要考虑为什么问，问什么样的问题，"我说，"你觉得，什么样的问题是好问题？"

"开放式问题？"小朱疑惑。

我笑了笑，不算错，但不准确："好问题要引发对方思考，冲击对方的关注点和潜意识！"

"可我们问了客户就会回答吗？"小朱认为上来就问，感觉很不舒服，也担心客户不会回答。

小朱的担心很有道理，这也是很多销售有顾虑不敢问的原因。当销售出现在客户面前，特别是第一次见面，客户很可能出于自我安全保护会有一种陌生感，会下意识地想——这家伙是谁？他是干吗的？他到底想干什么？

"你算谁啊，凭什么回答你！明显客户还不相信你！"小牛说。

"所以，我们要有一个合理的自我介绍。除了让客户知道你是谁，还要激发客户的兴趣，让他愿意和你谈下去。"我说。

"自我介绍还不容易，我是 XYZ 公司的小朱，很高兴认识您！"小朱顺口就来。

“那又怎么样？与客户何干？”我反问。

小朱挠了挠头，无言以对。

“万事开头难，自我介绍可不简单，想要让客户内心对我们少些防卫就更难了。”我看着他们说。

“有什么好方法？”小朱问。

“自我介绍有几个关键点，你是谁，做什么工作，有什么经历，做过什么跟客户相关的事情。介绍做过什么跟客户相关的事情，也就是在借助自己的经验赢得客户暂时的信任。这种情况下，客户有时候甚至会好奇，‘我们以前接触过吗？在什么地方见过吗？’为了避免这种情况，可以说‘我们之前没有讲过话’或‘我们之前在××地方见过面’，用来排除客户对你的顾虑和陌生感，而把精力转移到谈话的内容上来。”我说。

“嗯，否则客户就会纠结你到底哪儿来的……”小牛点点头。

> 人类源于古代的群居动物，群居性决定了人喜欢与同种类型的人打交道，包括共同的关注点、经历和感受。人内心深处是孤独的，希望被理解和认可。让对方感觉被尊重和关注，或者谈及共同的兴趣，会拉近彼此之间的心理距离。人们喜欢那些像他们自己的人。

“还有，通过之前对客户概念的推测，可以列举一些客户可能关注的话题，以激发客户的兴趣，或者结合同类企业、相同岗位的人在业务上遇到的问题，说明自己曾解决过类似的问题，树立自己的专业形象。这些是激起客户兴趣的有效方法，会让客户觉得你不是很外行，或许跟你的交流会对他有所帮助。”我说。

“嗯，有时候我也用。尽可能找熟人推荐一下，会好得多！”小牛分享了自己的方法。

“对，熟人推荐可以帮助我们与对方建立信任关系。如果有条件，当然可以用一下。”我说。

小朱有些担心地说：“那样自我介绍会不会太长了呢？”

“老寒，你给举个例子，我们感觉一下!”小牛逼我出招。

我想了想，说：“这样吧，我模拟一下和某企业经营副总会面时我的自我介绍。‘赵总你好，我是张三，在UVW公司工作八年，一直从事冶金行业物流方面的管理流程咨询。我在去年冶金行业年会上见过您。××钢铁公司的田总建议我和您联系。因为钢铁行业的铁矿粉和煤属于散装物料，连续进出，采购过程中计量、质检、结算等流程非常复杂，过程中因种种原因经常发生一些损失。我们和田总一起解决了这个问题，田总很满意，所以他推荐我和您联系。不知道您对这个问题是不是也感兴趣?’怎么样?”

“不错，听着挺专业，从自我介绍到业务探讨转得也挺自然。”小朱点点头。

“一口气说完吗?”小朱问。

我笑了，“当然不是，过程中要注意和客户点头，观察客户的反应，切忌自我陶醉地表演!”

人是利己的，关心自己的事情。当见到一个陌生面孔或接到一个陌生电话时，虽然客户很关注自己关注的问题，但此时因感觉被“入侵”而内心充满防卫，“面前这个怪物是谁，他来干吗”，这个困惑成了客户当下最关注的，胜过他关注的其他问题。合理的自我介绍，说明你是谁，表明来意，恰是在关注客户当下最关注的问题。

使用“客户可能关注的话题”时，客户心理还处于防卫状态，双方还未建立信任关系，所以直接指出客户存在的问题，可能会让客户感觉不舒服甚至反感。另外，要注意措辞，可以举第三方的例子，也可列举客户可能的目标而非存在的问题，以降低客户的防卫甚至抵触心理。

使用“他人推荐”时，要注意推荐的那个人及其所在的企业在客户心目中的地位和形象。推荐的人最好是双方都认识的，尽量避免客户瞧不起或有矛盾甚至是对头的人。虽然这种情况那人也不会推荐，但还是要留意。

自我介绍时要特别注意，不要让客户感觉是在“自我彰显”“自我炫耀”，也不要说“我都做过，我都懂”，“你们这点儿问题小菜一碟，根本算不了什么”，而是要站在客户的角度，讲自己的经验、成功案例可能会给他带来什么帮助，并且要始终注意客户的感受。

自我介绍要站在客户的角度，用自己的专业形象、专业经验和能力、诚恳的态度去激发客户继续交流的兴趣，拉近双方的心理距离，并赢得客户暂时的信任，以便于之后双方敞开心扉地交流。

“除了自我介绍，是不是先说些客套话，寒暄一下？”小朱问。

“你觉得呢？”我反问。

“我觉得有必要，上来就谈正事让人觉得有些放不开，甚至让人感觉很功利！”小牛说。

人在观察和倾听的时候，意识会留意对方说的话和比较明显的行为，而剩下的被潜意识注意到。由于潜意识注意到了一切，它的影响力比意识更强大，所以人是通过他人的行而非言做出判断的。如果刻意地营造融洽的氛围，无论伪装得多好，都让人有一种不真实的感觉，还是要以真我与人相处。

我想了想，说：“有道理。但是，如果是陌生拜访，彼此心理距离还比较远，寒暄会给对方什么感觉？”

“反正不太自然，扯无关话题可能让客户感觉无聊、浪费时间，甚至有侵犯隐私的感觉。”小朱说。

我点点头，“嗯，陌拜中寒暄弄不好会让对方的防卫心理加重。自我介绍比寒暄更重要。如果双方比较熟了，可以寒暄一下……”

小朱赶紧说：“这我知道，‘今天天气很好’‘您今天的衣服真漂亮’什么的，反正就是忽悠！”

我曾这么“被寒暄”过，不痛不痒的，感觉多此一举。有次我跟一个销售去拜访客户，销售寒暄说“你今天气色很好啊”，客户回答“嗯，天气不错”……

想到这里，我问小朱，“你觉得寒暄是吹捧吗?”

“不行吗?”小朱有些敏感。

我说：“不是不行，怎么能让对方感觉更好呢?”

“这……”小朱也不知道，“你说呢?”

“我觉得，可以谈对方可能感兴趣的话题。比如，最近对方家里正在装修，或是孩子正准备考学，这类话题对方往往不太反感，甚至一谈就收不住。”我追忆自己的经历和感受。

“嗯。”小牛比较有感触。

“还可以留心观察‘此时此地’，比如客户办公室里的装饰、植物、摆件什么的。客户用了心的事情，一般不拒绝被提及。”我说。

“那得眼观六路，还不能贼眉鼠眼。”小朱接话说。

“还有，客户的办公桌或书柜里经常会摆放一些水晶杯、合影照片什么的，那些都应该是对方引以为豪的话题。甚至有一次一个客户还从他的抽屉里翻出一个市级人大代表证给我看，当时他那种感觉很是享受!”我借题小发挥了一下，“除此之外，客户的工作成就、业绩特长，还有就是客户关心的新闻、当下的热点话题，都可以作为暖场的话题。”

“哦，寒暄还有这么多门道!”小朱以前没觉得。

“暖场最好变成问题抛给对方，让对方开口说话。别你说完，对方嘿嘿一乐就完事了。暖场是用开放式还是封闭式问题?”我问。

能用“是”或“不是”判断或选择的属于封闭类问题。开放式问题多采用开放式，让客户多说。口乃心之门户，口开则心动。

暖场类问题：

- 从对方感兴趣的话题开始；
- 从对此时此地的观察、评论开始；
- 从对方的业绩和特长开始；
- 寻找共同的兴趣点或熟人；
- 客户关心的新闻；
- 问开放式问题，而非吹捧。

“暖场是必需的吗?”小朱问。

“我不这么认为。客套和寒暄不是每次拜访都要使用的，要根据具体场景和情况而定。如果客套和寒暄可以让双方感觉更舒服，让气氛更融洽，为什么不用呢？但它只是拜访的开始，目的是拉近双方的心理距离，并不是销售必需的方式。客户对沟通有期望，寒暄要简短，尽早切入沟通的主题。我们的时间宝贵，客户的时间更宝贵，”我又说，“而且我认为，在国人比较讲面子、爱寒暄的情况下，见面永远无法离开这样的话题，而对于专业的拜访这也是有效的补充。”

> 人既有社会性（群居性），希望被认可和尊重；又有独立性（安全需求），抗拒外来的变化和控制。销售因被客户认同而被接纳，因为差异和不同而被选择。
>
> 先同后异，先跟后带，即先关注对方以被认同，再呈现自己的观点。
>
> 先秦著作《战国策》中记载的公元前 265 年“触龙说赵太后”的故事，正是此理的应用典范。

“唉，怎么才能拉近和客户的心理距离呢?”小朱很愁。

“刚才说的‘自我介绍’和‘暖场’，目的不都是拉近心理距离吗?”小牛说。

“我知道，可我觉得……”小朱不好意思地摇摇头，“老寒，有没有更好的办法?”

我笑了，说：“办法是有，不过要先回答几个问题!”

“可以啊!”小朱把头一抬。

“去拜访客户的时候，你关心什么?”我问。

“我关心拜访的效果……”

“那是你关心的事，还是客户关心的事?”我问。

“……好像是我关心的吧。”小朱有些不好意思。

“客户在关心什么?”

“应该……他关心自己的事！对，他的概念!”

“客户更关心你的事，还是更关心他自己的事?”我追问。

“肯定是他自己的事。”

“你觉得客户希望你关心什么?”我问。

“哦，应该希望我关注他关心的事。”小朱有些明白了，每个人都关注自己关注的，销售关注自己，就容易忽略客户。

“当你关注客户关心的事情时，客户会觉得你在尊重他，不是吗?”我说，“所以，有没有一种办法，让客户感受到我们在拜访的时候，是在关注他的事情呢?”

“可怎么表达呢?”小朱明白道理，但不知道应该怎么做。

既然已经统一了思想，就可以拿出方法采取行动了。

我说:“其实很简单，有一种很好用的方法，用了以后能让对方心头一暖，甚至被感动。”

“什么方法?”小朱急切地问。

“比如说，‘小朱，你现在特别想知道这招是什么，我一直在想怎么让你更有效地掌握’，你觉得呢?”我问。

“对!”

“我这么说，你感觉怎么样?”我问他。

“着急！更着急想知道!”

“你没觉得老寒很够意思吗?”小牛提醒小朱。

“当然够意思!”小朱笑了笑。

我也笑了，说:“其实这就是我要介绍给你的招数。”

“啊?”小朱傻眼了。

“你看，我现在是站在对方的角度，在考虑对方当下最关注的事情，对吗?”我说。

“那倒是!”

“这一招叫‘心灵共振’，让对方因为你关心他而感觉心头一振或是心头一暖，从而拉近双方的心理距离。”其实我们都有过这样的经历，比如自己生病在床难受的时候，对方一句轻轻的问候就足以让我们心头暖暖的。

“具体怎么用啊？”小朱就想要现成的招数。

我很理解小朱的想法，说：“你想想，客户刚一见到我们的时候，在想什么呢？”

“什么？”小朱问。

我说：“会不会是在想‘为什么要见你呢’‘准备谈什么呢’？”

“很可能。”小牛率先认同。

“所以只要一句话，‘我在来的路上还在想，您最关心什么呢？’或者‘我在来的路上还在想，您希望咱们谈些什么呢？’代表你已经站在客户的角度，关心他的事情！”

> 心灵共振：
>
> 站在客户的角度，考虑客户当下最关注的问题，以适当的方式表达你的关注。
>
> “我在来的路上还在想，这次见面您最关注哪些问题呢？”
>
> “我在来的路上还在想，您希望我帮您做些什么呢？”
>
> 可以准备客户关注的问题清单。

“哦，‘我在来的路上还在想……’‘我昨晚睡不着的时候还在想……’说明我在为客户着想！”小朱感觉这句话虽然简单，但角度确实不一样。

小牛听得很认真，不住地点头。

“老寒，其实我一直在想，还有没有更好的方式能够拉近双方的心理距离？”小朱突然问我。

“还有嘛……”我下意识地脱口而出。紧接着明白过来，小朱是在试验我。

小朱呵呵笑了。

“你别笑，还真有！”我说。

“什么啊？”小朱问。

“问题清单！很有杀伤力！就是把客户可能关心的问题，写在一张清单上交给客户。客户会因为你费那么大心思关注他而对你产生好感，甚至感动！”我说。

记得几年前，我曾使用过这个方法。那次我去拜访一位钢铁公司的总经理，之前刚和附近一家钢铁企业签完合同，便把那家企业最想解决的五个问题及原因分析打印在一张 A4 纸带在身上。见了总经理之后，我说，附近一家公司刚和我们签订了合同，这是他们希望解决的问题，我不知道您现在最关心的问题是什么，是不是也同样想解决这些问题，然后递上那张纸。总经理看完很认同，笑得也很真诚。之后的几周里，我们很快签了合同。那几个问题是上一家客户告诉我的，是客户真实存在的，而不是我臆断的。

“嗯，刚才说的‘自我介绍’‘暖场类问题’‘心灵共振’几个方法，包括那个问题清单，听上去应该比较好用！回头我也试试！”小牛说。

“对，要了解概念就要问好问题。刚才说的如何与客户建立短暂的信任关系，如何打开客户的心扉，如何让客户有兴趣和我们交流下去，是为探索客户的概念而做的准备，比起上来就问要有效果。”我说。

“哦。那接下来应该怎么和客户谈呢？”小朱好奇地问。

12. 确认增加好感

“关于怎么和客户谈，我先给大家讲个小故事。”我回想起一个真实的经历。

我们曾经请一位老师做过两期营销培训，课程很精彩。几个事业部总经理听完后，便向老师表示希望单独为他们事业部再讲一期。大约过了三个月，那位老师给我打电话，寒暄过后……

“有个事业部希望再做一场培训，和我谈过价格。”

“我知道。”

“他们希望价格上有更大的优惠。”

“是吗？”

“是的。其实上次的价格已经很优惠了。经过考虑，基于长期合作，价格方面我们愿意做较大让步！”

“您最近和他们联系过吗?”

“还没有，希望您能够帮忙。”

“老师，是您帮我们打开了复杂销售之门，非常感谢！由此说来，我们已经是长期合作伙伴了！”

“对，已经是长期合作伙伴了！”

“不瞒您说，听过您的课后，我们又学习了原版课程，并结合公司实际集中一百天研发了自己的精品课程。到目前为止，已经完成了全国十八场一千多名营销人员的轮训，其中也包括这个事业部。”

“哦，那……那效果怎么样?”

“从大家的反馈和评价来看，效果超出预期，还不错！”

“是吗……”

“不过，是您帮我们打开了这扇门，非常感谢！今年下半年将重点突破销售技巧课程，到时邀请您为我们讲课！”

“我非常乐意！价格方面我们会给予最大的优惠！”

“没关系，您给的价格已经很优惠了！”

…………

小朱忍不住插嘴：“你们太不够意思了，这不忽悠老师吗?”

我无奈地摇了摇头。

“呵呵，咱们不也常主动献殷勤，对方不领情吗?”小牛苦笑了两声，看看小朱，“就像小朱邀请龚总参观样板客户，谁不知道这个环节很重要？那么轻易就抛出去了。”

“那是没把握好需求！”小朱不服气。

“那是不了解情况就急着出牌！”小牛反驳。

可能不了解情况，也可能了解情况，但时过境迁了。我看着小朱说：“即使我们知道客户的概念，但上次拜访和这次拜访，客户的概念难道不会变化吗?”

小朱看看我说:“你是说,可能不一样了?”

“当然可能,一切事物都处在不断变化的过程中。说不定这段时间里客户遇到什么新情况,比如重点转移了、有了新需求,或者和竞争对手谈过,概念就变了!”小牛说。

“对,像刚才讲的,那个老师以为培训还没做……”我说,“拿今天上午来说吧,你约好龚总之后到见面之前的这段时间里,龚总会不会把这件事委托给哪个朋友,或是听了谁的建议已经定下来了?”

“有可能。那怎么办?”小朱愣愣地问。

“假如你去洗澡,是不是‘咕咚’一下就跳进浴池?”我问。

小朱摇摇头:“当然不会,一般都先伸手试试水温或者用脚尖感觉一下!”

“为什么?”我问。

“怕烫,先适应一下。”小朱说。

“嗯。再有,在酒吧看到有个漂亮女孩儿一个人喝酒,你是不是直接过去,坐在旁边和她闲扯?”我问。

“嗯……这方面我没经验。不过直接坐那儿,万一他男朋友去厕所了,回来看见揍我一顿怎么办?还是要先问问‘你是一个人吗’‘我可以坐这儿吗’之类的话。”小朱边想边说。

“同样的道理,和客户沟通,你是不是‘咕咚’一下子‘跳下去’侃侃而谈呢?”我问。

小牛说:“应该先确认一下!就像刚才那位老师,应该先问一句‘咱们那个培训还没搞吗’‘那些事业部还希望做那个培训吗’。就差这一句话,结果搞得自己没面子了!”

“没错,沟通之前一定要先确认,就像先试水温一样,问个‘确认类问题’!”我觉得这个比喻很形象。

“确认什么?”小朱问。

“先要确认是不是按原计划进行，客户是不是预留了时间。如果客户心不在焉或为别的事心急如焚，能沟通好才怪!”我说。

“也是。手头正有事，朋友电话里不紧不慢地闲扯，我心里那个烦，恨不得直接挂了，要直接说我正有事又怕伤了朋友面子。”小朱也来了感觉。

“客户要是这感觉就麻烦了，下次就别想再见到他了！客户每天都很忙，或者急着开会赶材料，或者处理业务，或者急着接孩子放学。咱们上来就谈销售的事，那不仅是放空枪，更是给自己树敌!”我说。

销售能说的话就那么多，优势说一个少一个，沟通之前一定要确认客户是否在状态。沟通就像无线电，发射和接收必须要在同一频率上。

“对了，正式沟通之前的确认类问题，要与之前的约见理由相关。别搞得约见理由一回事，上来谈的却风马牛不相及。就像今天见龚总，开始问个确认类问题，‘龚总，利用半小时和您沟通一下飞达科贸如何更好地控制业务运营，减少您事务性工作的同时加强管理与监控，让您有更多的精力考虑公司的发展。您看方便吗?’这么一问，龚总至少知道了你要干嘛。”我说。

“他要说‘不方便’呢?”小朱觉得这么问风险挺大。

这个问题问得好。我想了想说：“早来的坏消息是好消息。拒绝你是好事，客户至少和你说真话！好多销售怕被拒绝，甚至把处理拒绝当成对自我的挑战，不把南墙撞个窟窿不甘心，那不叫执着，叫傻！关键是这种情况会引起对方的反感，销售越用力，对方越反感。

“如果客户说时间不方便，可以试着问一下什么时间方便。客户不一定是真的拒绝你，可能是当时确实有更紧急的事要处理，或者其他什么原因。

“如果有冲击客户概念的约见理由，客户同意后一般不会再有异议。即使客户有异议，也不好意思直接说。所以，更要通过确认让客户表达他希望沟通的内容。”

> 当我们和对方确认时，对方会感觉受到了尊重。他的认知、态度、想法被关注和重视，他就会感觉他在我们面前很重要。

我接着说：“光一个确认类问题还不够，要不断确认。”

“不断确认？确认什么？”小朱问。

“确认我们所掌握的信息是准确的。比如，上次谈到的话题、已经了解的业务的现状和需求、项目的状态、客户的概念、决策流程等，要确认我们获得的信息的真实性和及时性。”我说。

有太多这样的案例，之前和客户聊得很好，需求谈得很清楚，回去精心准备了一大堆的方案，下次上场就直接讲。有时候方案都讲了大半天了，客户终于忍不住说“这个地方有点变化”“我们原来考虑不太充分，觉得还是那样更好一些”。客户很无辜，销售很无奈。销售应该感激客户，客户说出来比不说好。

“是啊，最善变的就是人心。面对企业内部斗来斗去的那么多人，说不定谁什么时候就变了。确认双方信息对等很重要！”小牛有感而发。

销售要多确认。

开场确认沟通的时间，确认客户能专注地沟通，确认沟通的主题和内容，确认我们所了解和掌握的信息。沟通过程中，不断地确认客户的需求和想法，不断地夯实自己掌握的信息基础，只有这样才能捕捉到最精准的信息。

> 确认类问题：目的是确认当前信息，包括客户的概念、现状与需求、项目状态等的准确性；发现当前信息的偏差。在切入正式话题，呈现方案之前，总结或确认想法，供继续深入讨论时使用。
>
> 使用现在、当前、仍然、还、继续等关键词。确认当下的状况，要使用关键词和封闭类问题。

所以在切入正式话题前，呈现方案或产品前，总结对方的观点和想法准备延伸或讨论时，最好有个习惯性的总结和确认。“咱们公司很关注维修成本，是吗”“你说的是要实现库存管理信息化，而暂时不考虑与生产的衔接，是吗”“我理解刚才您说的是……是吗”。

会确认是一个人走向成熟的标志。

有些嘴上没毛的家伙，话听到一半就“知道、知道”，一蹿老远了！

销售问确认类问题，能让自己更安全。

“老寒，确认要注意什么？”小牛问。

“三点，确认的是当下此时此地的信息和状况，使用关键词突出重点，封闭式问题便于得到肯定或否定的答案！”我肯定地说。

13. 提问引发思考

“还是捕捉不到客户的概念。”小朱仍然疑惑。

“事因难能，所以可贵。捕捉到客户的概念，绝不是问一两个问题就能完成的。只有知道客户为什么买，我们才能开始卖。问，只不过是第一步。”我说。

小牛说：“接下来呢？”

“要帮助客户达成目标，实现销售，我们还需要知道什么？”我问。

小牛说：“客户的概念、决策流程、谁会参与、下一步安排、会有什么变化……太多了！”

“需要了解的信息很多，是吧？”我再次确认。

“嗯。”小朱说。

“继续问！问想要知道的各种信息，问‘信息类问题’。拿开遮挡在眼前的那块黑布，看到事情的真相！”我说。

“又冒出个‘信息类问题’?”小朱随口说。

“是，用‘信息类问题’了解各种新信息，这是获取客户概念的开始。比如，客户想实现的目标是什么，现状是什么样的，客户希望怎么样。”

销售很多时候不愿意问，总觉得不让客户张嘴，自己说出来直接切中要害，那是“我懂你”“我专业”，那是“真功夫”!

事实真的是这样吗?

如果客户不和我们分享他的想法，他会真的购买吗?如果不了解客户的想法，我们的方案在客户看来会有效吗?我们买东西都有这样的经历，当我们说出自己的想法和意见时，说明才真正开始具有购买意向。如果销售连我们的意见都不听，我们会信任他吗?会因为销售说的原因而购买吗?再怎么专业，能比客户更懂客户的业务吗?再怎么懂，能比客户更懂他自己的想法吗?这是在自以为是地碰运气。

“有时候我们还真提不出好问题!”小牛感叹道。

我看了看小朱，想起他问飞达科贸龚总的问题：龚总，这次咱们希望上什么系统，管理哪些业务呢?龚总，您关于这次信息化的建设，会选择哪些部门开始实施呢?龚总，其实解决方案什么样无所谓，每家公司都有自己的特点，不知道您希望借助这套系统实现什么呢?

我问小朱：“你问龚总的那三个问题就是信息类问题，因为你想获得信息，效果怎么样?”

“不怎么样，龚总都不愿意回答。”小朱有些无奈。

“他为什么不愿意回答?”我问。

“谁知道，可能是他没想清楚吧。”

“嗯。小朱，你什么时候结婚啊?”我突然问。

小朱一愣，看看我说：“你说啥呢，我连女朋友都没有，问我什么时候结婚，鬼才知道！”

“那你会选谁做女朋友呢？”我又问。

小朱更摸不着头脑：“没事吧你？我怎么知道选择谁做女朋友！”

“其实，找谁无所谓，天涯何处无芳草！关键你要想好找女朋友干吗！”我又笑了。

小牛乐了：“还能干吗？过日子呗！”

是啊，找个女朋友干吗呢？做家务、烧火做饭、洗衣服、照顾老人、关灯说话、养活孩子、心灵的归属、温暖的港湾……可真正触动小朱结婚的原因是什么呢？

“所以，小朱问龚总的三个问题很好，可是龚总为什么不回答呢？就好像我刚才问你的问题，你怎么不回答呢？”我问小朱。

“关键是我不知道怎么回答！”小朱争辩说。

“那不得了！你的问题，龚总知道怎么回答吗？”

小朱好像有些明白。

“所以，信息类问题不是直接问‘你买什么，买多少，什么时候买’这类客户也不知道的问题。这都是站在销售的角度问的，并不是站在客户的角度问的。这么一问，客户就会觉得你想推销什么，在他眼里，你就是个急着卖东西的推销员！”这是我的看法。

“那怎么问呢？”小牛问。

“忘记自己的产品和方案，站在客户的角度来问。把自己换位假想成客户，这时候客户可能关心什么，就问客户什么。”我说。

“挺难理解。”小朱说。

“小朱，你现在的生活怎么样啊？”我突然问。

小朱一愣，说：“什么怎么样啊？”

我微笑着，没有说话。

“就那样呗，租的还是那间房，自己住得也挺随便。虽然有些脏乱差吧，男人谁不是那样！”小朱随口说。

“那你平时吃饭怎么吃?”

“早饭煎饼果子或肉夹馍，午饭在公司或者外面随便吃点儿，晚上吃盒饭，简单!”小朱对答如流。

“老这么吃，舒服吗? 对身体有什么影响吗?”

“……”

“你的衣服谁洗?”

“自己洗。”

“什么时候洗?”

“周末呗! 有时候躺着真懒得起来，没办法!”

“哦，你对现在的生活状态并不满意，可以这么理解吗?”

“还谈什么生活状态，日子能混下去就不错了!”

“如果你累了一天，回家推开门，有人给你做好了可口的饭菜，闻到香喷喷的味道，你一整天的疲惫感立即消失大半，还有个美女体贴地看着你，吃完饭一起收拾卫生，温情脉脉地说说话，那日子感觉怎么样?”

“那日子，可遇不可求!”小牛打断我。

“小朱，我有个表妹现在单身，她擅长做饭菜，挺体贴人的，想见见吗?”我说。

小牛忍不住笑了:“老寒，原来你在‘销售’表妹啊!”

小朱有些不自然，他有些当真:“不会吧，涮我!”

“不涮你，你怎么能有感觉! 我问你什么时候结婚、找什么样的女朋友，你不知道怎么回答。可刚才的对话，你感觉怎么样?”

“还行吧，我倒也没怎么防备。”小朱说。

“所以问具体问题，了解客户信息，从他的现状、处境或期望问起，千万不能过于直接和生硬。具体的问题客户才好回答，也更接近于客户的概念。像‘您对信息化的期望是什么’‘您现在有什么困难或问题吗’这类泛泛的问题，往往得不到答案。”

“具体?”小朱总是问那些泛泛的问题。

“咱们做个测试吧!”我说。

“好啊!”

“请在十秒钟之内,说出尽可能多的‘白色’的东西,开始!”我说。

小朱和小牛翻了翻眼,疑惑地问:“白色的?”

“对,你能想到的所有白色的东西,任何东西!”我说。

大家四下望望,皱着眉头想了起来。

过了五六秒。

小朱慢慢地说:“白云、白色的车、白衬衣……”

小牛也跟着列举出了三四种。

我笑了笑,又说:“我们再做一遍。这次,请在十秒钟之内说出尽可能多的‘冰箱里’的白色的东西,开始!”

小朱想了一下,说:“酸奶、豆腐……还有冰块、隔层……”

“怎么了?”小牛问。

“你们觉得这两次有什么不一样?”我问。

“第二次反应更快,想出来的可能也更多一些。”

“是什么原因呢?”我又问。

“第二次思考的范围集中,更聚焦,能想出来的东西就更多一些。”小朱说。

我笑了:“那我们是问客户‘您对信息化的期望是什么’‘您现在有什么困难或问题吗’,还是问一些针对他的具体业务、具体处境的问题呢?”

“嗯,我们问‘您对信息化的期望是什么’时,客户往往会说‘这方面你们是专家,你来告诉我应该怎么做’!”小朱回答。

“客户一时不知道从哪儿下手,不能聚焦地思考,还是要问具体的问题!”小牛总结。

“除了问具体的问题，还要通过开放式问题了解客户的现状、处境和期望，顺着客户的回答继续深入，获得更多、更具体的信息，”我说，“客户意识里最重要、最紧急的问题是他最关注的。信息类问题就是为了获得销售不知道的那些客户最关注的信息。”

“举个例子？”小朱看着我。

“比如，你去拜访一个信息中心主任，可以问‘李主任，您考虑优化公司的服务器，是出于什么原因呢’‘赵总，您最关注供应商的哪些能力和资质呢’等，既不太泛泛，又不限制客户思考和表达的问题。”我说。

“哦，这样啊。”小朱说。

我们都知道“4W1H”，也就是 Who（谁）、What（什么）、When（何时）、Where（哪里）、How（如何、多少、怎么样），这些都是信息类问题。使用信息类问题有三个关键点：第一是站在客户角度，而不是站在销售角度的问题；第二是针对具体业务或情境，而不是那种泛泛的问题；第三是开放式问题，让客户多开口说话，只有客户开口才有机会获得更多信息，从而获得客户的概念。

“什么时候使用？”小朱又问。

“一般在确认之后，想获得一些具体信息、鼓励客户积极思考和探索，或者确认时客户说‘不’之后，只要是我们不知道的、有疑问的，都可以用‘信息类问题’来探索客户。”我说。

“我真不知道问什么问题合适。”小朱说。

> 信息类问题是为了探索理性的事实，了解个人意识中已知的结论。它应是站在客户角度的问题，针对具体业务或情境的问题、开放式的问题，目的是了解客户的概念和需求，扩展当前信息，找出缺失的信息。
>
> 它是在鼓励客户探索、引发客户思考，或者对方回答“不”之后的跟进，具有获得缺失信息或澄清信息的作用。

“问问题要看对象，客户底层的业务人员更关注手头的事务性工作，中层关注未来两三个月或半年要做的重要事情，而高层更关注未来一到三年，关注公司价值观、使命和战略，需要纵观全局的能力去了解趋势、做出准确的预测和明智的决策，所以问题因人而异。”确实是这样，如果我们和高层谈具体操作的问题，高层会说“这个你和信息中心李科长谈吧”“这个你去找经营部王部长了解吧”，结果我们擅长谈什么，就被派到关心那个话题的人那里，导致“物以类聚，人以群分”。

> 人们有惯性思维，按“我认为”的方式做出推测和判断。当推测发生失误、遇到意外时，注意力就会不自觉地被吸引到使我们惊讶的事情上来。突破惯性思维的问题，会让人感到惊讶，从而引起关注。

“客户真的愿意被问吗？”小朱转了转眼睛，突然问我。

“看怎么问。我们以为客户不愿意被问，其实只要给客户机会，他们一般都很愿意说。客户说得越多，对销售越有利，销售可以得到更多有用的信息。”

“问问题是门大学问啊！”小朱不禁感叹。

“问客户我们不知道的事情，客户知道答案吗？”小牛不太清楚。

“你觉得呢？”我反问。

小牛慢慢说：“我觉得，问了客户张嘴就能回答的问题，显得我们没什么水平。但要问客户不知道答案的，是不是有点儿为难他？”

“要看是不是从对方的关注点出发，人都喜欢谈及自己关注的事情。对了，还记得什么是好问题吗？”我又问。

> 客户通过互联网可以更便捷地获得所需要的各种信息，问“都知道”的问题可能会让客户感觉沟通没有价值。除了问让客户“感觉到被关注”的问题，也要准备能引发客户思考并有启发性的问题，从而让客户感觉到沟通的价值。这需要销售具有丰富的知识和行业经验。

“引发对方思考的问题！”小朱抢答。

“先求同，后存异。先问客户关注的、或许知道答案的问题，会让客户感觉到被尊重。再问客户关注但没有清晰答案的问题，从而引发客户思考，客户可能就会顺着你的问题延伸思考，发现一些自己以前没关注的领域或没想到的事情。让客户更多地思考，并跟销售分享思考所得，这才是双方建立信任关系的开始，交浅不言深。”

很多销售容易犯一个很严重的错误，就是自作聪明地用问题把客户引向自己的产品、方案或者某项优势，迫不及待地想让客户走到自己的产品和方案上来。客户没有我们想象的那么无知，我们也没有自以为的那么聪明。不知道客户的概念，就必须不断了解和探索。

“你是说也可以问一些客户没有答案的问题？”小牛问。

“没答案的问题，客户会回答吗？他会感兴趣吗？”小朱问。

这个问题很有道理。

销售提出适当的问题后，客户一般都愿意讲自己最关注的事情。如果客户没有最关注的问题或不愿意讲太多，怎么办呢？

销售如果只问客户意料之中的问题，客户难免会感觉乏味并失去兴趣。如果只问客户意料之外的问题，客户可能会感觉那些跟他没什么关系，更不愿意去关注。那么，问什么样的问题，客户才有兴趣去关注，愿意去思考呢？

人的思维过程是信息获取、加工，并形成自己的认知和决定的过程。在这个过程中，人们是基于自己的知识、经验和逻辑得出结论。

意料之外的问题，是指给客户思考输入新信息，或在客户思考的逻辑中多一些不同角度的建议，引起客户的关注和思考。

这时候，客户或者是从他的概念和关注点谈起，或者是从以前忽略了根本没注意到的“意料之外”的事，细一思考又是“情理之中”的事谈起。

“嗯，通过提问，让客户自己意识到事实和原先以为的不太一样，就有了反差。有反差客户就会有反应，有反应才会更关注、更感兴趣，从而带来思考。”我解释说。

试图让客户关注他没关注的，这是把双刃剑。

美国人乔治·洛温施坦(George Loewenstein)在1994年提出“知识缺口导致痛苦”的“缺口理论”。人想知道一些事却无法实现时，会觉得像长了不得不抓的痒疮。要消除这种痛苦就得把知识缺口填满。在积累信息的过程中，注意力会越来越集中在不知道的东西上。使用缺口理论的前提是“我们有能力指出别人不了解的东西”。

有时候销售人员容易“自以为”具备了“指出客户不了解的东西”的能力，从自己的认知出发，而忽略了客户的认知，这让客户很不舒服。所以，必须先关注客户的关注点，用开放的问题探索，请客户多分享自己的关注点。如果客户没有兴趣，可以再用第三方的故事、其他客户的案例等来提出客户可能忽略的关注点，征询客户的意见。

想到这里，我接着说：“除非你是一个行业专家，比客户更清楚行业发展的趋势、问题产生的原因和解决方法，否则很难比客户还懂客户。所以，就刚入门的销售来讲，要针对想了解的信息，针对客户的现状、想法、期望设计问题。”

提出让客户关注和反思的问题，是对销售最大的挑战。

“确实比较难，专业的人可以问出专业的问题。像我们这些刚入门没什么经验的销售，先别光想着告诉客户什么、光想着引导客户思维，先了解客户关心的是什么吧！”小朱说。

“对！一个人专业不专业，不在于你说什么，而在于你问什么！”我说。

“站在客户角度问客户最关注的针对具体业务或情境的开放式问题……”小朱好像知道了他问龚总的问题有什么不妥，略显得有些兴奋，冷不丁地问我：“老寒，你说的表妹，真的还是假的？”

14. 态度决定一切

小朱突然问起“表妹”，让我哭笑不得，难道小朱真上心了？

“耐不住寂寞了！”小牛调侃小朱。

“以你的小人之心，度我的君子之腹！”小朱说。

小朱这话让我一激灵，这不正是我们销售中常犯的错误吗？我们反复强调“客户的概念”，可为什么总拿自己的认知去判断对方的想法呢？就像小朱，一个人自己吃盒饭、洗衣服，他的态度和想法是什么呢？没有搞清楚小朱的态度，直接抛出“表妹”，他会感兴趣吗？到底是哪个原因让他感兴趣呢？

通过“信息类问题”探索到的信息是客观的，是客户开诚布公地说出来的，是表象。态度决定一切。同样的方案带来的变化，源于个人追求和价值倾向的不同。态度不同，决定了不同的行动。态度正是客户决策的根本原因！

“老寒，说到找女朋友，你也发呆啦？”小牛坏坏地笑了笑。

“我在想，小朱找女朋友取决于他的态度，而他的态度决定了他的选择和行动！”我说。

小牛抬起头：“你是说，态度不同导致结果不同。客户购买与否源于他的态度，而不是产品本身？”

“对啊，客户想要实现、解决、避免什么，是个人的动机和态度决定的！个人的动机和态度是概念的核心和原动力！”我有些兴奋。

小朱搞不明白：“客户购买不是因为产品，而是因为他的态度？”

“你是因为女人能洗衣、做饭、生孩子而结婚，还是因为不想一个人孤单生活而结婚？”我问。

“如果两者选其一，我选后者。我不想一个人无依无靠地生活。自己发烧了浑身酸痛地躺在床上，连下楼买药的力气也没有，那种感觉你们有过吗？”小朱眼圈有些发红。

“不好意思，在你动情的时候，还拿你当例子。不过只有这样，你才体会更深！你的意思是不希望自己一个人生活无依无靠，对吗？”我问。

小朱点点头。

“小牛，你的看法呢？”我问。

“我呀，巴不得一个人！潇洒自在，没人在耳边磨叨……”小牛说。

果然，态度的形成源于处境。小朱一个人的处境决定了他想找女朋友，小牛因为结了婚饱受“磨难”，反而羡慕一个人的生活。不同的动机和价值观，形成了截然不同的态度！

> 人们谈客观事实时更容易放松、没有压力；在谈自己的观点和态度时容易紧张、有压力，警惕性会提高。当被告知、被指使、被命令时，人们会产生抵触情绪甚至抗拒；当指导别人、被祈使、被需要时，人们会产生积极情绪，变得主动。因此，多使用祈使句会提高提问效果。

态度是主观的想法，是个人的得失和感受。

“即使处境和需求相同，不同的态度和动机也会导致不同的行动。”我轻声地说。

“这也能问吗？”小朱略有顾虑地说，“问客户个人的态度，客户会说吗？”

小朱的担心是有道理的。很多人看来，在中国的社会环境里，大家都愿意说些表面、无关痛痒的话，说一些众所周知的东西，而不愿意说出自己真实的态度和看法，好像说真话的代价非常惨重。即使分析问题和不足，也更愿意说出很多“客观”的理由而不愿承认自己的不足。

事实并非如此，因为我有切身感受。我做甲方时，常常感受到工作的压力，如果发现哪个销售有能力又愿意帮我，我就会把真实想法如实告诉他，特别希望他能了解我的想法，得到他的配合和帮助。因为我有压力，必须寻求帮助。

“其实，如果你态度诚恳地关注对方，客户会很愿意谈论他的态度。如果有机会，他还会滔滔不绝。”我说。

“嗯，那得聊得来。”小牛有心得。

“可这怎么问啊？难道问‘这件事儿您怎么看’‘您怎么考虑’‘您感觉怎么样’？”小朱问。

“可以啊，了解客户个人的感觉或顾虑，这么问就行。别告诉我连征求看法都不会了！”陷入某种思维，可能会忘掉最基本的方法。

小朱又问：“和客户聊他的感受，谈个人之间的感觉，还是销售吗？”

“不关注客户的感受，就无法知道客户决策的动力和真正原因。如果在和客户探讨他的处境和需求时，客户觉得自己的个人感受对销售很重要，他同时也就感受到了销售对他的尊重。”我说。

人不可能没有态度和想法。对于那些只讲“基本事实”的人，征询他的态度就更重要了，不仅会让客户打开话匣子，销售还会得到很多意想不到的信息。客户和我们分享个人的看法时，已经开始信任我们。

“这是个人的，对吗？”小朱问。

我点点头。

“这和马斯洛需求层次理论有什么关系？”小牛问。

“马斯洛需求层次理论”，是心理学家亚伯拉罕·马斯洛（Abraham Maslow）在 1954 年提出的，研究的是什么能够激起人的动力。该理论认为人的需求分为：

自我实现需求：开发自己的潜能、自我实现、事业登上巅峰；尊重需求：获得尊重、让自己有竞争力、不断提升自我、实现独立、争取社会地位；归属需求：爱情、家庭、朋友、友爱；安全需求：个人保护、安全、稳定；生理需求：饥饿、口渴、身体舒适。

“你对马斯洛需求层次怎么理解？”我问。

小朱抢着说：“我知道！人的需求源于最基本的生存需求和安全，然后是被尊重认可，直到自我实现。人实现了底层需求，才会向上追求更高层次的需求。”

“是吗，如果这样的话，世界上就不会有饿死的艺术家了，没有归属就不希望得到尊重?”我反问。

“好像也不是……”小朱挠挠头。

如此看来，这种层次的划分不是很严谨，至少有人在理解和应用上有偏差。这些个人的需求，很可能是交叉的，甚至是同步的!

“很多人觉得，人都是先满足底层需要，才会向上追求。这是我们自己的主观臆断，而不是对方的想法。当我们把这种推测告诉对方时，他会感觉很不舒服。”销售和客户的心理距离再度拉远!

有一次我们引进一门课，那个卖培训的销售跟我说“你是不是希望让公司更认可你呢”“是不是想让大家学习课程之后对你更刮目相看呢”“是不是想让领导对你的工作更满意呢”，我听到这些非常反感!我的个人需求或许涉及、包括这些，但这些不是激发我的最大动力!

人往往源于自己的个人利益做出行动。

自私一些地说，我希望借助学习这类课程，把带给公司的“结果”和带给我个人的“赢”有效地结合起来，既有效完成公司销售能力体系建设和能力提升的既定任务，又能让自己对销售的理解和认知更加体系化，进一步提升自己的能力。何况，态度不一定是个人需求，个人需求也不一定能说出来。态度往往源于某种内在的需求或动机。

“当那个销售‘臆断’并‘指出’这样的个人诉求时，如果是你，你有什么感觉?”我问。

“嗯，是不舒服。”小朱点点头。

“自作聪明!”小牛说，

“那我们在做销售时，是不是总以为客户就是想‘被公司认可’‘加强控制权’‘获得别人尊重’‘保住自己的位置’‘工作更轻松’，甚至‘谋求点儿个人利益’呢? 这是客户的真实想法，还是销售的臆断呢?”我问。

每个人的感受和内心想法，只有自己才知道! 很多销售却根据自己的臆断或自认为的“人之常情”，根据自己的“经验”判断客户想要什么，不加探索也不加确认，就直接下招出手，为对方下了定论，甚至直接用上了“不阳光”的手段。销售为此付出的代价，只有经历过的人才知道！

“还是要征询客户个人的想法和态度！”小牛说。

“哦……”小朱缓缓地点点头，“获得客户的态度之后，是不是也应该再确认一下呢？”小朱问。

“没错！”大家吃得差不多了，我向服务员挥挥手，“服务员，结账！”

小朱连忙说：“我来，我来！”

“小朱，还记得今天聊了几类问题吗？”我问。

小朱边掏钱边说：“记得，‘暖场类问题’先破冰，‘确认类问题’试水温，‘信息类问题’拨云见日，‘态度类问题’探索客户概念的核心，对吧！”

> 态度类问题用于探索客户的态度，探询客户主观、感性的个人感受或得失，发现其价值取向或动机。是为了获得客户的态度、感觉、顾虑和期望，发掘未找出的问题。态度类问题在我们需要了解客户的感受、了解客户对他人感受的看法、了解真正问题所在时使用。销售可以用“干什么”了解态度，用“怎么办”了解情感，用“哪一个”了解观点，用“描述”了解反应。

利用小朱说话的时间，我已经掏钱递给服务员。

小牛说：“让老寒掏了吧！等把飞达签下来，你请客！”

大家拿包起身，刚要出门，小牛喊了声“嗨嗨，你们看！”

顺着小牛指的方向看去，餐厅最里面的小方桌，一个梳着马尾辫的女孩儿正在埋头吃饭。

15. 情人还是棋子

小牛发现了马尾辫。

小朱看也没看，“赶紧走吧，走吧！”说完轻瞄了一眼，半推着我们出了门。

“那不是飞达的前台吗?”小牛提示我。

“是吗，小朱?”我看向小朱。

“好像是吧，”小朱随口而出，“总问我干嘛?”阳光下小朱的脸有些潮红。

“小朱，抓住机会!”我说。

“什么机会啊……”小朱小声地说。

“别忘了，你在做飞达的项目！做销售别光看女孩儿，还要想着你的项目!”我提醒小朱。

“我的项目？你是说她……”小朱有些醒悟。

“如果说龚总是飞达项目里的‘帅’，你不觉得前台或秘书就是‘士’吗?”我说。“士”、“相”是“帅”的守护者，有很多销售都被他们挡在外面。

“就她?”

“对啊，‘士’也可能是司机、保姆，不都是能接近决策者的人吗?”我启发小朱。

小朱迟疑了，不知道马尾辫到底是自己的梦中情人，还是飞达项目的一颗棋子。

“说得对，抓住机会!”小牛也鼓舞小朱。

小朱很犹豫，就像小孩儿想偷糖吃，知道吃糖坏牙，弄不好还可能挨打，可含在嘴里一丝丝甜蜜的感觉总让人惦记。

“小朱，今天拜访龚总并不顺利，必须抓住其他的切入点。这个前台应该是机会!”我鼓励他。

“一会儿人家吃完了，赶紧吧!”小牛催他。

小朱支支吾吾地说：“怎么和她说呢?”

“瞧你现在的智商！想想咱们刚才聊啥了?”小牛说。

我说：“小朱，我问你几个问题。”

小朱点了点头，目光坚定地看着我。

“如果她理你，是她的需要，还是你的需要？”

“现在是我的需要。”

“怎么变成她的需要？”

小朱的眼神迷茫了。

我又问：“你接近她的目的是什么，希望获得什么行动承诺？她的概念是什么，可能关心什么？”

小朱眼睛瞄向右下方，可能在回忆；片刻又瞄向左上方，可能在想办法。

“好，如果你想到了她可能关心什么，给她个理你的理由，她凭什么理你？”

小朱眉头紧锁，嘴巴紧闭。

“你准备怎么破冰，怎么试水温，怎么用信息类问题拨云见日？”我说得比较慢，“最后，怎么了解她的看法和态度……”

“有了想法就赶紧去吧！”我拍拍小朱的肩膀。

小朱想了一下，咬咬牙，转身钻进饭馆。

小牛伸着脖子透过玻璃窗往里瞧。

“过来抽支烟！”我不想让小牛在窗外往里张望。

我们一边喷云吐雾，一边欣赏着来往的Office Lady，发现大部分都是Office Aunt！

时间不长，小朱疾步钻了出来。

“怎么样？”小牛迎上去关切地问。

小朱低着头，羞涩中掩饰不住一丝丝的兴奋，说：“赶紧走吧，下午还得拜访客户呢！”

“感觉怎么样？”刚一坐进车里，我就扭头问小朱。虽然大家很关心结果，但这时小朱也是迷迷糊糊。不能问具体情况，先来个态度类问题。

小朱迷茫地看着窗外："没什么不好……"

"有什么收获？"我追问了一句。

"她叫小悠，刚来飞达时间不长。"小朱从"棋子"的角度回答。

"她都告诉你叫小悠啦！"我故作意外状。

"怎么搭讪的？"小牛迫不及待地追问。

这个问题很可能让小朱退缩，我急忙说："你问了什么'暖场问题'？"

"我就说，这么巧，刚拜访完龚总就在这儿碰上你了！"小朱不紧不慢地说。

"她说什么？"小牛问。

"她没说什么，淡淡地一笑，点了点头。"小朱开始讲他们见面的过程……

"我叫小朱，你是一个人吗？"

"嗯。"马尾辫轻轻地应了一声，然后看着小朱。

在小朱看来，这样一个确认类问题让对方进入了沟通状态。

"怎么这么晚才来吃饭？"

"哦，处理了些事情，有些晚了，你有事吗？"

"这么辛苦啊，要是飞达的系统做好了，龚总就不至于那么劳累，你也可以轻松些！"小朱知道，回答不好很容易被拒。这种小公司的前台往往兼做行政或商务工作，这么说既在谈事，又暗示他有点儿怜香惜玉。

"龚总最近确实很累。哦，你们吃了吗？"马尾辫回应。

"刚吃完！我朋友说'快看，有个美女'，一看是你，就来跟你打个招呼！"

马尾辫笑笑，淡淡的红晕爬上白皙的脸庞，心头闪过瞬间愉悦。

…………

"接下来呢？"我问小朱。

"瞎聊了几句。"小朱跟舔了蜜一样，按捺不住兴奋。

"见她的目标达到了吗？"我问。

"还行。"小朱说。

"她给了你什么行动承诺？"小牛问。

"下周三我给她打电话，她告诉我龚总在不在公司。"

"这是你最初的想法吗？"我问。

"不是。我想要她的手机号。"

"亏你想得出来！"小牛随口说。

"小牛，你觉得小朱这次沟通效果怎么样？"我转头问小牛。

"以小朱的水平，已经很不错了！"小牛说。

"怎么不错了？"我对小牛的评价很感兴趣。

"感觉吧！暖场还行，提到了两人都认识的龚总，显得不那么生疏。问她是不是一个人是在确认，找话题而已。"小牛说。

"哼！"小朱用鼻子回应了一声。

"'怎么这么晚才来吃饭'是信息类问题，好像挺关心人家。她无意透露了点儿有价值的信息——因为处理一些事情。你推测她是为了处理公司的事情，所以她说'龚总确实很累'就是成果，找到双方的共同观点了。"小牛接着说。

"有道理！"我感觉，这应该是小朱提前考虑好的。

"你还忽悠她，还'我朋友说，快看有个美女'……"小牛揶揄小朱。

我点点头，片刻沉默之后，说："这次不错，至少没被拒绝。你能知道她叫小悠，她答应接电话并告诉你信息，这就是成果啊！"

"呵呵。"小朱露出了久违的憨笑。

"小朱啊，这小悠不仅对项目重要，对你也很重要啊！"小牛逗小朱。

"对了，她结婚了吗？有没有男朋友？"我也跟着逗小朱。

第 4 章

倾听了解概念

16. 无所不知的小杨

北京的秋天，老天爷高兴点儿，就格外清爽透亮，早晨透过单褂的小风像清凉油，在胳膊上刮起一层鸡皮疙瘩，但穿了外套，中午又得脱下来搭在胳膊弯里，把衬衣袖子撸起来；也有时候老天爷不太高兴，不知道谁惹了他，阴沉着脸一片晦气，夹杂着气雾像蒙了一层纱，人们的心情也跟着暗淡无光，整个人打不起精神。

小杨听说我跟小朱去了飞达，又开小灶，又请吃饭，心里很不平衡。更让他心情暗淡的，除了阴霾的天气，还有他手头的蓝科。

上次见过宋主任之后，小杨努力保持着联系，前几天还请宋主任参加了 ABC 公司的市场活动，可宋主任就是不冷不热，让小杨很没办法。也许是被小杨的不懈努力和辛苦感动了，宋主任终于同意安排小杨拜访负责经营的陶部长。

小杨这次非要我再和他一起去不可，用他的话说“上次拜访感觉很不错，可宋主任不冷不热，后来你分析得很有道理。这次非常重要，我心里没底，说什么也得跟我去”!

下午两点，那辆车没精打采地停在那儿，看上去像阴霾的天气一样沉闷。

“昨天没睡好?”一上车，我发现小杨满脸倦意，后面还坐着小马。

小杨打了个哈欠，用手拍了拍嘴，说：“唉，国庆节一上班，公司就发起冲刺总动员，要求今年必须完成任务，指标分解到人头，我还被多加了三十万元！搞得天天晚上开会过漏斗，年底公司可能大调整，还要随时准备找岗位，没有轻松日子喽！”

“人在江湖飘，谁能不挨刀，这叫阅历！”我随口说。

“年年指标不见底，城头变幻大王旗！”小杨的车开始奋力向前奔跑。

> 销售面对压力时，自我调节和激励很重要。抱怨不会让人更积极，只有正确地面对困难和挑战，培养积极的人生态度，才能激发销售的斗志。

“唐僧师徒去西天，取的是经吗？真正的经在路上，九九八十一难才是无字真经！大家都得经历，慢慢来吧！”磨难和经历就是无字真经。

“老寒，听说你给小牛和小朱开了小灶？”小马在后座上叫嚣。

“哪有，顺便的事！”

“谈什么了？”小杨问。

“提问，提出好的问题。”我随口说。

小朱已经把那天聊的内容全都告诉了小杨和小马。小杨感觉自己懂得多、客户见得多，是优势，但没觉得问有多重要，“我们以前也常问，只不过没这么系统地问。你觉得问问题要注意什么？”

自从和大家聊起“五环”，这帮家伙也学会了问。小杨这个问题让我开动脑筋想了起来，一幕幕真实的拜访场景浮现眼前。

> 人在问问题时，内心有对这个问题答案的预期，或者不清晰的想法。一般人听到问题之后，只想到了回答问题本身，而不去想对方为什么这么问，提问者背后的目的是什么。这是人的本能反应，也是人的潜意识决定的。

“要搞清楚为什么问问题，不只是显得我们有多专业，关键是要获得有价值的信息，充分了解客户的想法。同时，提问时要注意倾听，才能获得信息和理解！”我说。

“那是！”小杨不以为然。

我看了一眼小杨：“其实，很多

人提问时，自己心里有答案，就等着客户说出来，然后把听到的和自己心中的答案做比较。”

“那怎么了？”小马疑惑地问。

“客户在问我们的时候，他的心里已经预设了答案。我们听到问题之后，并没想客户为什么会问这个问题。但他这么问，一定有他的某种目的，是想知道什么或验证什么。其实，这是人之常情！”我说，“所以，销售提问的时候，要把自己脑子里预设的答案放下，专注地倾听客户的回答，别光想着自己的想法，听得心不在焉。也就是说，提问时不要预测客户的答案！”

小杨点点头，脑子在想着什么。

“有时候我们做了充分的准备，准备了很多的问题。抛出一个问题，客户还没说几句或稍有停顿，我们马上就又问下一个问题。这种雨点似的问题，会让客户有压力感，就像挨了机关枪，感觉被审问一样。也就是说，问完不要着急问下一个问题！”

他俩默不作声。

“最后，提问是为了接收信息，而不是讨论答案。客户说完，和客户确认你听到的和理解的信息，再用‘态度类问题’征求客户的看法，这样可能会获得更多有效的信息！”

“哦，这么复杂！”沉默了一会儿，小马说。

“对了，小杨，这次拜访蓝科陶部长，你都做了什么准备啊？”我问。

“按你上次说的准备的。”

“概念？”

“嗯。陶部长的概念，我感觉是希望借助系统降低采购成本、加强采购控制，以此来强化他的控制力度，提升个人政绩。说不定这么一控制，掌握在采购员手里的供应商就会直接向他上贡。”

“他们不是要上一卡通吗？”我想起了老宋的话。

“目标都差不多，我再问问。”小杨回了句。

“嗯。期望获得什么行动承诺?”

“希望他能尽快推进立项，认可我们的解决方案，最好能向总经理推荐我们，最低也得和老宋说句‘他们的方案可以’，别再拿方案制造障碍。”小杨对答如流，确实做过准备。

“他要什么?”我问。

“采购管理一卡通啊!”

我没有搭话。

车外，高楼孤单地矗立在雾气中，自信而坚挺，雾气绕开它向远处延伸。

过了一会儿，我问小杨：“有效的约见理由呢?”

“我已经传达了。希望今天上午就陶部长关心的采购管理问题做一个深入沟通，以便能够设计合理的方案和实施计划，帮他实现管理目标。”

小马在后面说：“小杨还准备了一些问题!”

“你想练习提问?”我有些惊讶，对喋喋不休的小杨来说，提问是个极大的挑战。

“怎么了，小瞧我!”小杨呵呵一笑，“别看没赶上听你讲，我也会思考，什么时候用、怎么用、用哪几类问题，我都准备好了!”

“没想到!”我真怕误人子弟。

“这次你就瞧好了!”小杨自信地说。

蓝科，还是那两根柱子和半截墙，还是那座方方正正的四层办公楼，还是楼前流水潺潺的假山，但青苔已不如原先的青绿了。

陶部长的办公室在三楼，上楼梯一拐弯就是。

宋主任带着我们进去的时候，陶部长正从一大堆文件中伸出脑袋和半条胳膊，冲着一个站在桌前的人比划着，那人手里攥着几张纸。

陶部长看上去近五十岁，与蓝科简洁的大门、明快的四层楼以及年轻的蓝科很不相称。他鼻子上架了副金边眼镜，脸上爬了几条皱纹，没有半点儿手握购销大权、肥头大耳、大腹便便的样子，更难想象这个典型保守派的形象能对信息化感兴趣。

见我们进来，陶部长盯着那人说："这次先这样。下不为例啊!"然后接过那人手里的纸，抄起一支笔狂舞，又丢给那人。那人双手接过，诺诺地点头倒退了几步，转身，和我们客气地点点头，夹着两腿走了出去。

"很忙啊!"宋主任和陶部长打招呼。

"嗨，可不是吗，那堆烂事!"陶部长站起来说。

宋主任笑了笑说："这不嘛，上次和您说的系统的事儿，ABC 公司想跟你了解了解情况……"

小杨听到宋主任介绍自己，赶紧从西服上衣掏出名片，弯腰弓背双手递上去，热情地说："陶部长您好，我是 ABC 公司的小杨，很高兴认识您!"

陶部长单手接过，另一只手把眼镜抬到眉毛高度，目光从眼镜下边钻了出来在名片上停留了一会儿，嘴里说着："好，好，好!"

宋主任见小杨和陶部长接上了头，便说："陶部长，我去处理点事儿，要不，你们先聊着?"

"行!"陶部长干脆地应了一句。

宋主任转身向外走去。陶部长发现小杨像刚才那家伙一样站在办公桌前，便伸手从桌上拿了张名片，递给小杨。

小杨满脸堆笑地接过来看了看，插进名片夹，塞回口袋，说："陶部长，您真是太忙了!"

"是啊，坐吧!"陶部长冲小杨身后的沙发示意了一下，自己慢慢坐回文件堆里。

"呀，陶部长，您这幅字儿很棒啊，清俊刚劲又不失飘逸，这是哪位大家的墨宝呢?”小杨指着陶部长墙上的一幅书法，惊讶中带些忽悠。或许小杨没了解到陶部长有什么兴趣点，勉强从现场的观察中寻找暖场的话题。

“这个啊，算不上什么大家，一位朋友给写的。”陶部长回头看了一眼，笑了笑，眼角露出些许皱纹。或许陶部长想起了朋友送字的情景，或许挂上后有很多人提起过，都对他的修养另眼相看。

小杨紧接着问：“哦，陶部长喜欢书法啊?”

陶部长顿了一下，说：“哦，说不上。”

“陶部长，我看您很忙。是这样的，估计宋主任和您说了，今天希望利用半小时的时间，和您沟通一下关于咱们公司的供应商一卡通管理，以便明确项目的关键需求，特别是陶部长的一些要求和想法。这样我们能更有针对性地制定解决方案。您看可以吗?”小杨没再理会前面的话题，用一个开场确认直切主题。

陶部长收缩的脸开始有些松动，点了一下头，说：“可以啊，这事儿讨论得太久了，早该动了!”

“那好，陶部长，现在咱们供应商是怎么管理的?”小杨直接抛出一个开放式的信息类问题。

唯一不足的是这个问题问得太广了，可能让陶部长没法直接回答，就像问客户“您对信息化有什么期望吗”“您对实施怎么看”一样，不针对具体场景和具体事件，很难说是一个好问题。不过小杨能战胜自己推销的冲动，先不提自己的公司和产品，而是问出这样的问题，已经很不容易了。

陶部长没有回答，皱起眉，表情略显严肃，好像在思考从哪儿说起。

小杨见陶部长面露难色，担心陶部长不回答或是不好回答，接着问：“在我看来，供应商的管理分为供应商基础信息管理、业务处理和查询。我的意思是说，这些基本信息和业务处理，现在是手工管理还是计算机管理呢？”

“嗯，现在是手工管理。”陶部长淡淡地回答了一句。

“在手工管理过程中有什么问题吗？”小杨刚问完，按捺不住自己的想法，接着说，“比如说，供应商档案信息的完整性，是不是有些采购员自己掌握着不上报，或者供货信息和结算信息查不到？”

“嗯，你说的情况倒也有，查起来确实不方便……”陶部长略带迟疑。

小杨觉得问问题真好，客户真的会把需求告诉我们！

小杨立即进行确认：“陶部长，您是说，您也认为现在查询起来不方便，是吗？”

陶部长轻轻点了一下头，紧闭着嘴没有说话。

既然客户承认确实有这样的问题，先解决掉再说！

小杨立即在脑海里检索这方面的知识，然后开始介绍：“陶部长，既然这样，我们的方案一定会帮您解决这些问题。我们的一卡通方案，首先会把供应商的档案全部录入系统，没有进入系统的供应商甚至不能处理业务，这样就保证了供应商信息的完整性。另外，我们的业务处理系统是很全面、很灵活的，能够根据企业需要，定义各种业务类型，比如计划采购、紧急采购、代管库、试用什么的，甚至包括结算信息；还支持灵活的查询，所有的信息可以根据您的需求，以您习惯看的报表格式生成报表……”

陶部长轻轻点点头，上身慢慢仰靠在皮椅上，眯起眼看着小杨。

小杨说着说着，突然想起来还没问态度类问题，忽略客户的态度就抓不到客户概念的核心，怎么把这么重要的事忘了呢？唉，听起来道理都对，可真正一行动起来，又是老样子，习惯真的好难改变！

小杨停顿了一下，问：“陶部长，关于手工处理所带来的问题，包括您刚才说的查询不方便的情况，您是怎么看的呢？”

陶部长看了小杨三四秒钟，不紧不慢地说："这个问题确实存在，有时候查起来确实不方便，信息也收集不全。明明供应商送了货，就是给不了钱，财务说没有收到入库单，供应商肯定不高兴。长此以往，那些优质的供应商会感觉我们内部管理太乱了……"

"对，对，您说得太对了！"小杨听到陶部长说了这么多，非常兴奋。陶部长能有这样的认识，特别是自己承认存在的问题，还告诉了他这些问题导致的潜在损失，这岂不是传说中的掏心窝子嘛！

小杨兴奋得两眼冒光，看着陶部长说："陶部长，您能认识这么透彻，真让我们敬佩！在实施中，我们一定把这个问题作为重点来解决！"

小杨觉得，客户告诉他了，客户承认了，他的收获太大了！

看来问问题真是个好办法！

小杨突然想起了他准备要的行动承诺，没有获得客户的行动承诺，就是一个无效的拜访。这个得有，这个真得有。

小杨看着陶部长说："您刚才提到了对一卡通项目的需求和想法，您看接下来是不是安排个调研，把现在的供应商管理现状做个分析，制定一个解决方案呢？"

陶部长阴着脸，好像在思考。

这时候小杨的感觉不再那么美妙，开始有些担心，陶部长会答应吗？

"调研很必要，迟早要做。不过现在正是旺季，各部门也很忙。这样吧，具体情况你再和宋主任商量，也可以先搞个方案我们看看。"陶部长回应。

"好的，没问题，我们回去马上准备一个方案！"小杨想也没想，干脆地领了家庭作业，准备回家完成，再交给客户检查。

转念一想，不对啊，他并没获得客户的行动承诺，反倒是自己做出了承诺！小杨转转眼睛，想到想要的最低的行动承诺，说："陶部长，您看是不是给咱们经营部的人先介绍一下我们的方案，您来组织一下？”

“等方案出来以后吧！”陶部长挺直上身，双手按在椅子扶手上，两只胳膊向外扎起，一副随时准备站起来的样子。

“哦……”小杨也感觉陶部长想结束谈话，便开始收场，“刚才我们探讨了一下供应商管理存在的问题，主要是供应商信息不集中、业务处理不共享，您也谈到由此带来的种种损失和风险，我们的一卡通方案将重点解决这些问题。接下来，我们回去设计一个方案，下周和您确定交流方案的时间，您看可以吗？”

“行，行，那今天就不多留你们了！有什么问题再说吧，好吧！”陶部长率先站起了身。

小杨也随之站起身来，伸出手说：“再次感谢陶部长百忙之中抽出时间交流，我们一定把在这个行业的经验和蓝科充分共享！”

“好。”陶部长抖了抖小杨握着的手，然后收了回去。

17. 陶部长竟然骗我

从陶部长办公室出来，又到了宋主任办公室门口。

小杨在敞开的门上敲了一下，直接进去说：“宋主任，谢谢啊！”

“怎么，谈完了？”宋主任有些惊奇地问。

“嗯，完了！”

“怎么样？”

“不错，陶部长的关键需求我们已经了解了！”

“哦？”

“陶部长让我回去做个方案，然后安排时间讲一下！”

“那你们好好准备一下。”

“好，这您放心！”

“对了，陶部长有没有说这个系统要给供应商用?”

“是的，一卡通就是给供应商用的!”

“嗯……”

“那宋主任，我们回去好好准备方案。您看晚上方便不，一起坐坐……”

“不了，今天家里有事!”宋主任说。

从宋主任办公室出来，我们刚要上车，看到一辆灰色马六停在大门口，下来个穿深色西服的家伙，钻进了旁边的门卫室。

“赶紧上车!”我说。

大家迅速钻进车里，小杨关切地问：“怎么了?”

我盯着门卫的方向，说：“你们看!”

那辆马六还停在那里，过了两三分钟，穿西服的家伙钻出门卫室，朝前挥了挥手。那辆车“吱”一下直奔楼前的停车位，在离我们有三四个车位的地方停下，又钻出了两个穿西服的人，拿着电脑包。他们推开楼门钻了进去。

“他们是干吗的？莫非……”小杨盯着他们，一字一顿地说。

“也和这个项目有关系?”小马磨叨了句。

“说不好。”我觉得这时候来的，西服和不离手的电脑包，难免想到IT。

“来了也没用!”小杨随口说。

一路上，小杨高兴得像是冬天里的一把火：“老寒，你别说，拜访客户做不做准备，就是不一样!”

“怎么不一样?”我问。

“那些问题啊！这一问，你看客户多配合，承认了关键需求，还明确让我们出方案!”

“嗯……”

“是啊，比上来就介绍自己的方案好多了，起码客户和你互动了。不过……老寒，你觉得有什么不足吗?”小马隐约感觉到了什么。

小马都这么问，让我很意外。我反问小马：“你觉得呢?”

“我也说不出来，就是感觉陶部长说得不像心里话……”

“怎么会，不会吧?他说的需求很普遍啊，很多客户确实是这样的啊?”小杨没那感觉。

“那倒是。不过陶部长也这么认为吗?”小马和小杨探讨。

“当然啦，他不是说了吗?供应商信息不集中导致他的控制权不够，再加上业务处理信息分散，经常影响给供应商付款，长此以往优质供应商流失，对他这个经营部长也有影响……”小杨得意地显摆他的收获。

我默默地听着，未置可否。

等小杨说得差不多了，我才问：“这些是你说的，还是陶部长说的?”

“当然是客户说的，客户承认了的!”小杨不以为然。

小马听出些门道：“老寒问的是，这几句话是你说出来的，还是陶部长说出来的?”

“客户承认就得了呗，这是事实啊，谁说的有什么不一样吗?”

“嗯……”我轻轻回应。

“再说了，他还让我出方案呢!”小杨尽力地自我鼓励。

“是他要的，还是你主动给的?”我问。

“需求搞清楚了，接下来不就是提交方案吗?”

“搞清了吗?”

“……”小杨有些心虚。他也感觉到这些需求都是他知道的，陶部长个人的概念好像还是没搞到。

“这样给出去的方案，你觉得他会看吗?”

“……”

“小杨，你还记得最后宋主任问你的那句话吗?”

“哪句?”

“宋主任问‘陶部长有没有说这个系统要给供应商用’，那是什么意思?”我问小杨。

小杨皱着眉头没说话。

“再有，陶部长一见面就说了句‘这事儿讨论得太久了，早该动了’，太久是多久? 他们为什么讨论这么久? 究竟在讨论什么? 你说的那些需求，难道客户不知道吗?”

小杨像只气球松了口，开始一点点漏气。

车里一片寂静，显得轮胎与马路摩擦的声音出奇地大。这时的五环还算通畅，憋坏了的那些车终于能活动活动筋骨了。

“莫非，这老家伙骗我?”小杨有些迟疑。

大家都没有说话。

我盯着路上的车，担心小杨分神。

“真是在骗我!”小杨冷不丁拍了下方向盘，“老子整天这么辛苦，都是这帮客户支使的，连夜加班写完方案，他们根本不看，诚心耍老子!”

小马劝小杨说：“哪有那么极端，我们以前用这方法，不也拿下了不少客户!”

“有时候不是我们会卖，而是客户会买!”我说。

小马探身说：“问题出在哪儿呢!”

“就是，老寒，你帮我分析分析!”小杨火气慢慢降了下来，开始回归理性思考。

“嗯，可以看看你们之间的对话……”我靠在座椅上，闭眼回想当时的情境。

最开始是宋主任和陶部长的对话，总体来说小杨表现得比较专业，无论是外在形象，还是走路和站立的姿势。唯一值得探讨的，可能是宋主任刚和陶部长提到 ABC 公司，当时并没有正式介绍小杨，小杨就急不可待地掏出名片冲上去，从而打断了宋主任的介绍。

如果小杨没有打断宋主任的话，宋主任会怎么介绍 ABC 公司，怎么介绍小杨，怎么说起这次沟通的目的，会不会顺便提一下自己的想法和安排呢？宋主任同意带小杨去见陶部长，一定有宋主任的理由。

有人提倡销售要有狼性，咬住对方不撒嘴，不给对方任何喘息之机。但不给对方半点儿说话的机会，总以为咬住就是你的，真是这样吗？

“对了，小杨，你觉得宋主任为什么不和你们一起聊呢，而是等你和陶部长刚换完名片就走了？”我也有些疑惑，很多时候，负责人巴不得跟着听听。

“可能宋主任太忙了吧！”小杨回答。

我没有说话。

“莫非，这里头有什么玄机？”小马问。

“玄机说不上，我总觉得有些微妙，莫非宋主任想回避你们的沟通？”我说。

“不会吧？他回避什么？”小杨不解。

“宋主任在场，是不是陶部长有些话不好说啊？项目迟迟没能上，他们的意见不一致？”我想了想说。信息部门和业务部门好像天生就是一对矛盾体，往往面和心不和。

“还是从开始说起吧，你们说这些我不太明白！”小马思路跟不上。

“那好，我们从现场开始，从小杨的几类问题开始吧！”我说，“小杨用陶部长墙上的那幅字开场，说明注意暖场了。这个点抓得还可以，好像陶部长不再是冷冰冰的防卫状态了。”这值得肯定。

“因为之前知道的信息太少，只能现场观察了。我一进门就在用余光寻找激活点。”小杨有些得意。

同时我也担心，像这种陌生拜访，寒暄是不是上策，给客户的感觉到底怎么样，是不是合理的自我介绍更合适些呢？说不好，或许也得看对方的性格吧。或许小杨也可以提前从蓝科公司的网站了解一些采购和销售方面的情况和业绩，并作为开场。

“嗯，这个暖场类问题不错，但也有美中不足……”我反复回味。

“是问题不好，还是话题不好？”小杨问。

“这两点都挺好。唯一不好的就是听到陶部长说‘算不上什么大家，一位朋友给写的’之后，你紧接着下了个结论‘陶部长喜欢书法啊’。”

“怎么了？”

“陶部长回答时，你觉得他脑海里浮现的是朋友送他字画的场景呢，还是在想自己把字画挂在这儿以后不少人觉得他有修养呢，还是在想‘这个人真无聊’呢？他是在想跟他自己有关的场景，还是跟你有关的事情？”

“这……说不好。”

“要是有人突然说‘小杨，你今天的领带很漂亮’‘你今天的西服真帅’，你第一反应是什么呢？”我问。

“第一反应可能是马上联想起来，这条领带在哪儿买的，谁送我的，或是上次打这条领带时的情形。”

“你没觉得他无聊？”

“这倒没有。”

“那陶部长呢？”

“你的意思是说，陶部长很可能也在想他关于这幅字的事？”

我没说话。

“那我有什么错误吗？”

“可能客户正在回忆他自己的经历时，你匆忙接话，让他脑子迅速调整回现实状态。对常人来讲，这是件很痛苦的事。”

“那怎么办？”

“为什么那么着急接话呢？如果你不接话，陶部长可能会说出什么来呢？”如果小杨不那么着急接话，可能陶部长会把话题再展开一些，或者会为此次沟通定调，或者谈起其他什么话题。

“哦……”

“你还下了一个‘陶部长喜欢书法’的结论，这句话让陶部长只能呵呵笑笑，他很难说喜欢或不喜欢，没办法回答。面对结论性的观点，虽然没什么话说，但他一定有自己的看法或感觉，或对你的结论，或对你的人。”

“有这么严重？”小杨没觉得怎么样。

“那怎么办？”小马问。

“可能再问个开放式问题比较好，让客户释放完被勾起来的感觉。如果客户不想说，他往往会沉默，这时候就可以转到主题上。”

“那感觉多不好！”小杨说。

“那也比你给人家下结论强。”小马说。

“所以，对于暖场类问题：第一，你接话太快，根本没给客户反应和想象的时间；第二，给客户下结论，反而让客户无话可说。”

“嗯。”小杨感觉虽然不完美，但也没犯什么错。他觉得这次拜访找不到什么明显的错误，就是感觉陶部长那个老家伙太滑头了。

“接下来，小杨问了一个很好的开场确认类问题……”正是那个问题，让陶部长对沟通产生了兴趣。

事实验证了好问题的标准，那就是能得到有用的信息，比如陶部长接下来的回答。

“那是，你不知道，我为那个开场确认类问题，准备了半个多小时呢！”小杨的尾巴有些往上翘。

“所以，你得到了回报啊，陶部长说‘可以啊，这事儿讨论得太久了，早该动了’，多有价值！”

“有价值？”

“你看，陶部长觉得早就应该上，‘讨论得太久了’。刚才咱们说了，他们可能讨论什么，和谁讨论，为什么要讨论，大家对什么有不同意见，这都是继续问下去的好话题啊，可你怎么接着问的？”我问。

“我问他现在怎么管理，是想了解现状，这是信息类问题啊！”

“你觉得陶部长说‘讨论得太久了’，是有意的，还是无意的？有意的就不说了。如果是无意的，更能反映他当下的潜意识，会不会有什么背景原因呢？”

“那该怎么问啊？”

“或许，你可以问他‘哦？是什么原因讨论了这么久呢’，或者问‘是什么让您觉得早就该动了’。即使他没给你这些弦外之音，你也可以问‘陶部长，您考虑上供应商一卡通管理是出于什么原因呢’。这些问题都不错。当然，你问他现状，也不是不行。”没有对与错，只有更合适。

小杨叹了口气：“唉，问了现状问题，陶部长根本就不回答！”

我沉默了。

“当时他那么严肃，他要再不说话，岂不冷场了……”小杨想了想，得意地说，“所以，我抛一个引子提示他一下，问他是手工管理还是计算机管理。”

“问题就出在你这个提示上！”我一直觉得，这可能是小杨最大的问题，总以为自己什么都知道，客户什么都不知道。

“不可能！我一提示，陶部长才有的答案。”小杨不服。

我看了看小杨，问：“我问你，陶部长为什么同意见你，是他想了解你的产品和方案吗？”

“对啊!”小杨回答。

小马轻声说:“不全是吧,他应该有自己的概念。”

小杨的表情发生了细微的变化。

“好,你觉得问了‘现在供应商怎么管’之后,陶部长在想怎么回答,还是在想你为什么问?”

“都有可能!”

“有人挥手向你的脑袋拍过来,你的第一反应是抬手挡住,还是思考他为什么打你?”

“当然是挡住了,那是下意识!”小杨说。

我看着小杨说:“当我们面对突如其来的变化时,第一反应是自己,而不是别人,这就是人的本能。就像子弹飞来,第一反应是躲开,除非是一个把挡子弹训练成条件反射的保镖。”

“那怎么了?”小马不解地看着我。

> 人们更关注问题和答案,而不是为什么会有这个问题,这是受外界信息刺激之后的第一反应。

“听到问题,第一反应往往是问题的答案,而不是你为什么问这个问题,除非他对你有很强的防卫心理。而暖场破冰就是要化解开这种防卫心理。我们也是一样,客户问我们时,我们第一反应也是回答问题,而不是考虑客户为什么这么问。人都是这样的思考和行为模式,这是本性!”问出来的都是冰山上面的,冰山下面还有更多的东西。

“你是说,我问完客户,在没有防备心理的情况下,客户在想他心中的答案?”小杨好像明白点儿。

“如果你的问题是他关注的、冲击他概念的,是他正在考虑的事情,他的第一反应是思考答案。”这是好问题的标准。

“你的意思是说,陶部长正在思考的时候,我的提问打断了他的思考?”小杨眉头紧锁。

“是！这就是开放式问题和封闭式问题的区别，开放式问题鼓励客户探索和发散思考，封闭式问题限定客户的思考。”

小杨沉默了。

小杨觉得，给客户提示会显得他更专业。

现在看来，客户思考才能让自己更清楚对方的概念。

“陶部长回答‘手工管理’之后，我问‘感觉有什么问题’，你觉得怎么样？”小杨往下追忆。

“征求客户的看法，还可以。只不过这是在你限定客户思维之后，针对你的概念——‘手工管理’和‘计算机管理’问的，而不是针对陶部长的概念。”

“不会吧，你不是说客户听到问题，第一反应是思考答案吗？”小杨问。

“你给他思考的时间了吗？没有丝毫停顿就又开始限定范围、暗示答案了。这是你认为的问题，还是陶部长思考的问题？”这是“有知识”的人常犯的错误。

小杨又沉默了。

“陶部长是承认了，‘查起来确实不方便……’可‘确实’这个词有什么特殊含义呢？”我又问。

小马吸了口凉气：“嗯，‘确实’像在承认，又好像还有更关键的，‘确实……不过……’”

一片沉寂。

过了一会儿，我说：“也不怪小杨。销售好不容易得到客户点头承认，恨不得马上抓在手里，就怕再缩回去。接下来，快速跟进的确认，再一次打断了客户的思考，甚至是打断了客户的话！你确认时，陶部长回应了吗？”

当时陶部长确实没有回应，只是紧闭着嘴轻轻地点了一下头。紧闭着嘴，从肢体语言来讲，是在努力抑制自己说话的冲动，不想与他人分享自己的想法。

小杨意识到了，慢慢地说：“都知道多听少说，可到了那时候，真是管不住自己!”

我很理解，都是这样过来的，何况我现在还有这毛病。

小杨很没面子，自己觉得表现挺好，居然是把自己的概念强加给客户了。

“我给陶部长讲的业务系统的特点，还有灵活的功能，你觉得陶部长听进去了吗?”小杨又问。

“跟他的概念有关吗?”

客户有时候也希望了解更多，他们会主动在销售的话里找对自己有用的信息。但那种情况很少，客户更希望听到他关注的内容。而客户在没有分享自己概念的情况下，接收到的有效信息不超过销售所说的 10%。

当销售介绍自己的产品和方案，特别是这些内容与客户的概念没有关系时，客户第一反应就是不想听，时间长一点就会烦，就有打断的冲动，或者开始忙自己的事，或者找个理由逃离现场。

我回想起陶部长的肢体语言，问小杨：“对方仰面靠在椅子上，眯着眼睛看你，你觉得他在想什么?”我敢断定，那不是在倾听自己感兴趣的话题。

虽然搞得陶部长没什么兴趣，但是关键时刻“问”又发挥威力了。

特别是小杨征询陶部长态度时，局面开始有些转机。

“小杨，你问了一个态度类问题，很有价值。”或许当时小杨也感觉到不妙了。

“嗯，那次回答确实有些价值!”当时陶部长讲了很多具体的情况，比如供应商送了货给不出钱，比如优质供应商流失。

我陷入沉思。

当时小杨听到陶部长说了那么多，又按捺不住，“对，对”地打断了陶部长。小杨即使不打断，前面的问题给了太多的限定或引导，加上总是急着接话，或许这也是陶部长应付小杨，而不是陶部长的真实概念。

关键是小杨还要作为重点来解决！

“老寒，我的承诺类问题怎么样？”小杨想找回点儿面子。

“不怎么样呗！”我如果给他面子，就是害他。

“这还不怎么样？”小杨嗔叫着。

我想了想，说：“这个问题有些复杂。首先，你了解到陶部长的概念了吗？行动承诺源于客户的概念吗？其次，你的行动承诺在他看来，是你想做的事情，还是他想做的事情？最后，客户没看到你的什么优势，他有行动的理由吗？所以，即使准备了问题，如果不能了解到客户的概念，行动承诺就无从谈起！”

小杨面色凝重地开着车。

如果这就摧毁了小杨的自信，算便宜他了。

“陶部长说‘调研很必要，迟早要做’，说明他坚定地支持这个项目，可他让你再和宋主任沟通，是什么意思？”

“推了呗！”

我笑了笑。

小杨转念一想：“不对啊，他为什么还跟我要方案呢？”

“是他要了吗？是你说先出个方案，他说‘也可以’！”

“唉，照你这么说，一无是处了！”小马在旁边说。

“靠！”小杨猛地拍了下方向盘。

我笑了笑说：“其实，你的拜访总结得很到位，真的很到位！”

“那有什么用，那老家伙竟然骗我！”小杨狠狠地说。

我摇摇头，说：“是客户骗你，还是你逼着客户骗你？”

小杨看了我一眼。

“你以为客户不想说真话吗？你给他机会了吗？”

18. 提问操纵症

就像被泼了瓢冷水，天气一下子凉了下来。

小杨拜访完陶部长，心情也和天气一样阴凉、暗淡。受点打击不算什么，关键是在这张迷惑的大网上，任凭怎么挣扎，也找不到出口，这让他最郁闷。

“再和大家小聚一下吧！”小马跟我说。他目睹了小杨拜访陶部长，以及听我解剖麻雀似的分析了整个惨案，对结果近乎震惊。他以前如此勤奋，真不知道逼着客户说了多少假话。

秋天的傍晚逃得特别快，像撤离投标失败现场的销售，带着几分寒意，“嗖”一下就从白昼变成了黑夜。

华灯初上的茶馆里显得冷清、沉闷。

小杨和小马来得早，身上带了几股寒风。最后慢悠悠推门进来的是小熊。

小杨直接开口：“老寒啊，我还是想不通，你说陶部长怎么骗我呢？”

“不是说了吗？你逼着客户骗你的！”小马记忆犹新。

小牛好奇地问：“是吗，小杨还有这本事？”

大家的目光都转向小杨，小杨有些尴尬。

“小杨，你向陶部长提问时，心里有没有答案或你期望的答案？”我一直在思考这个问题。

“反正我觉得那是我该问的。”小杨回答。

“我们为什么提问呢？大家有没有这种感觉，当我们提问时，心中总有自己的困惑或自己期望的答案，希望从对方的回答中得到肯定或验证自己的想法，是吗？”

小杨想了一下，缓缓点头。

提问者脑子里有个谜团，或者是部分不清晰的答案，他或许在等着拿答案和他的想法做对比，而忽略了对方回答的本意。

“大家都是根据自己的困惑提出问题，并没放下自己固有的想法去真正倾听，而只听自己想听的，关注自己想要的，也就是说经常忽略对方的真正看法！”每个人都是这样。

“你的意思是，我们没有真正放下自己固有的想法？”小牛问。

我点点头：“对，没真正放下！这可能是我们提问的最大问题，总是拿着自己的想法在验证，甚至预设了答案，在那儿等着客户回答。一旦得不到自己期望的回答，就又顺着自己的思路问下一个问题，完全忽略了客户的真正想法。”

小杨说：“不该这样吗？我们以前培训都是这么说的，通过提问引发客户的思考，让客户回到我们的答案上来，引导和控制客户的想法！”

“没错，在很多培训和书中都希望客户按着销售的思路往下想，从而让客户的思维行驶到销售的轨道上来。那是真正的提问吗？我们的提问，到底是为了什么？”我又问。

“不是为了引发客户思考，改变客户认知吗？”小朱问。

“改变客户认知？呵呵，引导客户思考是对的。不过注意，问题抛出去以后，一定不要急着得到你的答案，否则那就成了企图操纵客户的小把戏！”我郑重地说。

“啊？”小杨不解。

“问问题不是想得到有用的信息、了解对方的真正想法吗？”我反问。

一片沉默。

“有人说‘永远不要问不知道答案的问题’。在他们看来，提问是想把我们的观点，变成问题的方式强行推销给客户，引导客户按销售的想法去思考，强迫客户承认什么，或试图操纵客户的答案！那会不会忽略了客户的真正想法？这还能算是真正的提问吗？”

这种情况经常发生，看似很专业的问题引发了客户的思考，客户回答出了我们期望的答案，显得我们很专业、很聪明，我们就开始洋洋得意。人从内心深处不希望被操纵、被控制，被束缚的本能反应是反抗。即使对方的想法和我们预期的答案一致，但在他看来，也不愿意跳进我们早已设好的圈套，否则会觉得自己很愚蠢。

“那你的意思呢？”小牛追问。

“这是在自作聪明。难道客户傻吗？这是销售想操纵客户，是销售主导的提问和沟通！强迫客户谈销售感兴趣的话题，而忽略客户真正关心的内容，你觉得有什么危险？”很多销售的提问就像雨天捧着蜡烛前进，恐怕突如其来的一阵风把那一点希望之火熄灭。

“销售不是源于自己的需求提问吗？”小朱也很困惑。

“不是不考虑销售的需求，但至少要针对客户的概念，应该是双赢的提问。关键问题是问完之后，我们处于什么状态。”

“也知道要听，道理都懂，到时候就又忘了……”小牛感觉知易行难。

> 沟通的意义在于对方的回应。沟通不是由提问者操控，而是由倾听者操控。你可以说，但对方不一定听。你能控制谈话过程，而对方能控制谈话效果。

“对，认真倾听！其实客户和销售一样，从本能和潜意识里只关注他关注的。客户谈的也是源于他自己的概念！”

“可偏离了主题，失控了，怎么办？”小杨也有这个担心。

“为什么要控制呢，谈他的概念不正是你想要的吗？”我问。

“我想想……”小杨歪着头琢磨。

小牛想了想说：“你是说要放下自己的想法，放下自己期望的答案，专注地听客户说，就能应对失控的意外？那不是传说中的‘无招胜有招’吗?”

“对！得到的信息越意外，越能帮你搞清楚客户的概念！不在你控制下的沟通，才是最有效的!”我有些兴奋。

> 沟通是两个人的意识在互动。每个人都根据自己的意识进行沟通，话题与自己意识中的关注点有联系，就有兴趣并做出积极反应；如果是对方的兴趣点而自己不关注时，就不在意或者感到乏味。

小杨若有所思：“难道我们以前的提问都是在操纵客户？是在‘强迫’客户回答我们期望的答案？我们越强迫，客户越抵触!”

大家找到感觉了！

“没错！客户抵触的时候，虽然看上去慈眉善目，但是心里已经对你不感兴趣，甚至很抗拒了。这时候，你就感觉双方的沟通像是在爬山，越向上越艰难；或者感觉一切都很顺畅，对客户内心的抵触没感觉，而等待客户最后一刻的报复；或者客户找出种种借口结束谈话，甚至突然起身拂袖而去……”

小杨有点明白了：“陶部长说的根本不是真心话，而是我期望的答案。一旦不是我关注的话题，就被我打压回去了，所以他也只有应付了事?”

“客户往往不是一开始就敞开心扉，他也在观察你，会透露一些他感兴趣的信息给你，看你的反应，真话一直埋在心里，直到他觉得你值得信任了才会全部说出来！而往往客户一透露他的想法，销售就被激发，迫不及待地回答！这就导致客户不会和你说真话!”有时候，我作为甲方很想告诉销售人员实情，但虽然我反复强调，销售还在按自己的思路接话、提问，搞得我很郁闷。

“那该怎么办?”小朱慌了神。

“不要问你有答案的问题!”不是说不要预测答案，而是放下自己的答案去倾听。

“有没有答案不要紧，关键是问完以后要倾听!”小杨补充了一句。

只有倾听才能捕捉到更准确的信息，才能做出清晰、及时的判断，才能抓住客户的概念。

“小熊，问你个问题吧！”我说。

“嗯。”小熊憨憨地看着我。

“听说你是个泡 MM 高手，你觉得在女人看来，男人什么时候最有魅力？”我笑着问。

“这……”小熊有些发懵。

“自信的时候吗？”小朱弱弱地问。

“不是，女人觉得自信就是自我，过于自信就是自大。女人最讨厌自大的男人！”小熊说。

“也不全是，女人还是欣赏有点自信的男人。”小牛反驳。

“那是什么？”小朱很感兴趣。

“谁让女人的虚荣心得到满足，她就觉得这个男人有魅力。女孩儿觉得男人掏钱的时候最帅！”小牛说。

“女人的虚荣只是物质上的吗？”我问。

“还有心理上的！女人最关注情感，女人觉得男人有魅力，是因为她被这个男人关注的时候，这个男人满足了她情感的需要！”小熊说。

“对，女人是感性思维的动物，最看重情感，这种情感源于被关注。”我说。

“给女人什么，都不如给她们关注！”小熊活跃了。

“女人靠感觉判断人，在对方自信程度和社会成就基础上，会根据别人对她的关注程度判断对方。”我说。和女人不同，男人更需要赞赏，对成就、地位、养家能力的赞赏。

“怎么关注？”小朱问。

“要想吸引女人，就不要在她面前喋喋不休地讲自己如何如何，而是要关注她。她说话的时候，完全被她这个人俘获，为她说的每个字着迷。”我说。

“有时候听女人说话是种煎熬，挺遭罪的!”小牛做痛苦状。

小熊接着说：“那还不够，得像热恋中的情人一样，凝视着对方的眼睛，连你的汗毛都要被正在说话的女人完全迷住!”说完，小熊含情脉脉地凝视着小牛，全身散发出一种磁力。

小熊的眼神，逗得大家笑翻了天。小朱笑得直擦眼泪。

“小熊，你做单子都这么看客户大姐?”小杨取笑小熊。

“这招也能用在女客户身上!”一语点醒梦中人，小马也上道了。

我赶紧说：“哎，我说，这可不是让你们去吸引女客户的，出了事我可不管!”

“那讨论女人干嘛?”

大家正在兴头上，火候刚好，我话锋一转：“还记得客户靠什么决策来着?”

“靠感性决策!”小朱最好学。

“客户是感性决策，寻找理性依据加以证明，”我说，“客户的感性决策和女人的感情需求相似。”

“搞客户等于搞女人?”小熊惊呼。

“说那么难听，那叫赢得女人心!”小牛笑眯眯地说。

“感性决策正如女人的感情，是一种感觉、一种直觉。客户考察、对比、理性分析之后，最终决策那一刻是因为回忆起某个场景或想起某种感觉!”这是个人在思考和做出决定时的情形。

“那就把客户当女人?”小马觉得如果客户知道我们这么说，肯定鄙视我们。

“不是把客户当女人，而是用女人的思维模式理解客户的决策过程!”我说。

小朱晃晃脑袋说：“客户的感觉源于销售对他们的关注？关注和倾听会让客户感觉我们很有魅力?”

“小朱，这可对你找女朋友有用啊！”小牛笑着说。

小朱一听，脸上泛起潮红。

19. 冲动是魔鬼

“关注就是倾听吗？”小马问。

“关注不只是倾听，但全身心地倾听一定是关注！”我说。

“投入地倾听，对方感觉到他的话对你很重要，感觉到被你重视，那不也是关注和尊重吗？”小杨说。

“倾听谁不会啊！”小马不以为然。

我笑着说：“竖起耳朵听很容易，谁都能听到客户说话。可真的是在倾听吗？”

“不是吗？”小马有些不服。

“你提问之后，有没有想过客户会说什么？”我问。

“想过啊，这是提问之前必须要想好的！问题抛出去，客户可能会有哪几种回答，针对每一种回答我应该怎么应对，这是销售的基本功啊！”小杨抢着说。他总是根据客户的情况设计问题，客户怎么说他都心中有数，常常对答如流。

我笑了笑，当年我也是这样。说什么之前，考虑好对方可能会有什么反应，并针对各种可能做好充分的准备。

“老寒说你问题抛出去之后，不是说提问之前！”小牛提醒。

小朱感觉不对劲儿：“怎么了，难道这也算‘提问操纵症’？”

“关键要看什么问题，源于谁的概念在问。还有，问完之后怎么倾听！”我说。

小朱说：“听话听音儿，时刻准备发现客户话里有价值的信息，用心捕捉。”

“嗯，问完问题之后，如果你总想让客户说出你期望的答案，这时候你的心是被什么占据着呢?”我问。

片刻沉默之后，小杨说：“你是说，如果总想着我的答案或总惦记着我希望的答案，就听不出客户表达的真正意思?”

“嗯，至少注意力没放在对方的话上，而是在你自己的心思上，你在选择性地听!”我看看大家，接着说，“想自己的事情，很可能忽略客户说话的本意。即使你听到了，你也只听到了你关注的，忽略了你没想得到的信息，甚至曲解了客户的原意。而那些信息，对你来讲可能才是最重要的!”

应验了那句话：人提出问题的时候，心中总有自己的困惑或预期的答案，总是关注着自己关注的事情，客户听的时候也是一样。

小杨皱起眉头，仔细回忆以前和客户沟通的场景。

“其实，很多销售问完问题，都知道客户会说什么。那些傻瓜问题对销售是折磨，对客户也是折磨。销售总在想‘哼，他说什么我都知道，这个我可比他专业’，好像客户总逃不出我们的手掌心。想想看，你这么想的时候，是在倾听吗?”

“唉，也是！有时候问完了，就等着客户说我想听的答案，何况那个问题还有明显的暗示和倾向，真……”小杨叹了口气。

“有时候，客户还正说着，我的思绪被他哪句话勾引，浮想联翩，早就不知道想哪儿去了……”我们都有这种经历，听到客户的某个关键词或某句话时，脑海里顿时浮现出一个个场景，然后顺着这些场景不断联想，客户后来说什么根本没听进去。

小杨挠挠头：“唉，这情况真有！我拜访客户的时候，别说客户引起联想，刚一见面我脑子里就浮现出一幅场景，开始按我想象的场景、顺着我的思路往下说。客户说话的时候，我基本上都是在想象那个场景，挑一些有用的东西，填补到那幅图里去，他说他的，我想我的……”有知识、懂业务的人，经常是这样。

“对啊，而客户脑海里的场景什么样呢?”我问。

小朱一笑：“呵呵，不会客户脑子里也有一幅场景吧？”

小牛右手捂在嘴上，看着水杯像是在想着什么。

> 人和人都是一样的，只关注自己关注的事情，只对自己感兴趣的事情感兴趣。销售是这样，客户也是这样。

不用想，这种情况谁都有过。

双方沟通的时候，客户脑子里肯定也有一个场景，他也在挑选他觉得有用的东西！

销售向客户提问的时候，只想着自己关注的答案，就像手电筒射出的那束光，只能看见那束光里的东西，此外都不是他关注的范围，也看不到。

客户也一样，也有自己的困惑和期望，也只关注自己的事情，也拿着一个手电筒，黑暗中射出一束光，那就是他关注的范围。

销售和客户，每人拿一个手电筒对面而站，只有两束光都照到的地方，才能同时引起两个人的兴趣。否则，虽然人在对面，却貌合神离，甚至各怀鬼胎！

“哦，我说怎么总是鸡同鸭讲呢？”小朱恍然大悟。

“跟你说话，才觉得是鸡同鸭讲呢！”小牛看看小朱，笑了。

小杨觉得不对劲儿：“老寒，要是客户说的不对怎么办？”

“你怎么知道他说的不对？”我反问他。

“明摆着他说的就不靠谱。就算是实话，可他理解偏了，还觉得自己挺对！”小杨说。

我看着小杨的眼睛，问：“他说的对与错，标准答案在哪儿？”

“我知道啊，我心里跟明镜儿似的！”小杨脱口而出，眼神中透着坚定和执着。

> 有一种心理偏见叫“肯定的陷阱”，它是指我们努力想证明自己的观点，而非找出自己观点中的错误之处。

“那是谁的答案？”我问。

“标准答案！”小杨说。

“从哪儿来的？”我问。

“我心里清楚……”小杨本来声调很高，说到“清楚”两字的时候突然低了下来，把后面的话咽回了肚子里。

大家用空洞的眼神看着我，看我无情地撕扯着小杨的自尊。

我笑了笑说：“其实这很正常！从人性本身来讲，每个人都是用自己的眼光和价值观评价别人。只可惜我们是销售，要想做好销售，就要挑战“自我”这一人之本性。”

小朱说：“销售是经常把对方的话和自己心中的答案做比较。”

“反过来看，客户也经常把销售所说的话和他们心中的答案做比较，以此来评判销售的对与错、好与坏！”小牛说。

客户也好，销售也好，都是正常人。

从这个角度看，一切似乎也没那么复杂了。

“可是，我们懂得信息化，在这个领域比客户专业。有时候听着那些官话、套话，还有明明是错的还自以为是的话，我真难受！我最不爱听的就是客户说自己的人员水平差、管理基础薄弱，不正是因为人员水平差、管理基础薄弱才要提升管理手段吗？他说的根本就不是那么回事！明摆着搪塞我！”小杨回想起来历历在目，感触颇深。

“那你就找理由说服他？”我问。

“要不怎么着？任他胡咧咧？”小杨挺着胸脯说。

“结果呢？”我问。

“……”小杨挺着的胸脯缩了回去。

> 人们都有一种想修正别人错误的心理。一听别人说错了就想立即纠正，说出自己认为正确的答案，否则会觉得非常痛苦。

不用说，结果往往是销售败北。即使客户当时嘴软了，不再说什么了，那也是懒得再纠缠下去了。其实大多数人的内心，一直在抗拒销售的话。

“当客户说的根本不是那么回事儿的时候，你觉得他这么想可不行，必须告诉他正确的答案，甚至认为他说的问题你都解决过，你特别想告诉他怎么做。这是在倾听吗？”我问大家。

内心产生疑虑，就会有一种厌烦的情绪，随之而来的就是打断的冲动。

“是啊，那时候我实在听不下去了，抑制不住地打断他……”小杨想起那种抓狂的感觉。

小杨觉得，要是他知道个什么事儿，不让他说出来，简直比绑住手脚还痛苦。提到他知道的事，不仅不让说，还要听对方错误的观点，看着别人自以为是地坚持、用胜利的眼神得意地看着他的时候，比杀了他还难受！

一般人都抑制不住那种冲动——打断对方的冲动。

我说：“小杨，还记得人性本能的冲动吗？人接收到外界信息时，第一反应是想起和自己有关的事情，从自己的角度做出反应。你打断对方的冲动不怪你，谁都是这样。”

“对啊，对啊！别人一说我知道的事，我就抑制不住地想说，不让说就特别不舒服！”小朱急忙说。

小牛看看他：“没错，就像你现在的表现！”

小朱愣了愣神，脸蹭一下红了。

“这是人性本能的冲动，客户也一样。销售如果放纵自己的冲动，就会忽略客户的冲动。销售是什么，就是在和客户互相冲动的过程中，看谁能抑制住自己去关注对方，谁就胜利了。客户抑制住自己的冲动，就能任意摆布销售。”

“无欲则刚。”小牛冒了一句。

“这太难了！”小杨眉头紧皱。

“销售如果能够抑制住自己的冲动，去迎合客户的冲动，那就厉害了！”我说。

销售是修身，更是修心，修炼一种放下执着、放下冲动、让自己心态平和的境界。

“冲动是魔鬼！”小朱不由感叹道。

20. 沙漠求生心态

大家的气场开始有些变化。

每个人都在回想自己拜访客户时，那种无处不在的冲动和打断，那种满怀信心地等着给客户破谜开悟，还有当时自己脑子里无尽的浮想联翩。

“老寒，销售爱说话的冲动，都被训练成本能了。怎么克服啊？”小牛问。

这问题确实不好解决。少不更事的年轻人，就是有这股冲劲儿，恰恰这股冲劲儿正是他们拼搏的资本。这不仅和年龄有关系，还和性格、经历有关系。

“抑制人性本能的冲动，确实非常难，要修身养性。”我随口回应。

“有什么好办法？”小朱问。

心病还需心药医。要想克服冲动，还只能从内心化解，外力解决不了问题。所以，倾听第一个要准备的就是“心态”！

“倒空自己！”我说。

“倒空？”小朱不明白。

“就是空杯。倾听的良好心态，首先要停下手中所有的事，不要‘一边……一边……’那给对方的感觉真的很不好。就像小时候看见阿姨一边打毛衣一边聊天，总感觉她们好像心不在焉，都担心一不小心把手扎了！”我说。

“是啊，有时候我在上面讲方案，看见客户在下面摆弄手机或叠纸玩儿，我郁闷无比！”小杨也有切身感受。

小杨刚说完，低头按手机的小熊抬起头来不好意思地笑了笑。

“和客户交流的时候，转笔的习惯也会给对方留下不好的印象?”小朱探头探脑地问。

“对，停下手中所有的事情，才是倾听的开始。转笔、扒拉手机、卷纸角等零星的小动作，都会给人不被关注的感觉，要尽量避免。”一个真正成熟的销售，是从点点滴滴的小习惯开始养成的。

“然后呢?”小朱又问。

“放下手里的东西，然后就是放下脑子和心里的东西!”我说。

小牛说话了：“嗯，就是所谓的‘空杯心态’，把自己脑子里和内心的东西全部倒空，这样才能装进更多的东西。海纳百川，谷生万物，都在一个‘空’字!”

小杨说：“道理都懂，说起来容易，做起来难。”

就好像历经沧桑的人放下自己的辉煌历程，低头默默无闻地和众人一样。真正的知情者心藏实情闭口不谈，却要看着对方陶醉在自认为的真理中，自以为懂业务的销售低头承认他不如客户懂。没有一定的修炼和定力，很难做到空杯。

“空杯心态就是放下固有想法，倒空自己去听客户的，这才叫倾听，对吧!”小朱问。

“没错，除了固有的想法，还要倒空自己预设的答案。问题一旦抛出，就不要再想客户可能会说什么，会给出什么答案，否则除了自己预想的答案本身，将一无所获!”我说。

小杨挠了挠头，满脸愁容：“老寒，你说停下手中所有的事，这个我认同。不过要放下自己的固有想法、不预设答案，我觉得很难。我们毕竟是销售啊，难道要忘掉自己想销售产品吗?”

“这个问题非常好! 放下，是为了更好地拿起来。倒空，是为了装进更多的东西。现在我们还不知道客户在想什么，不知道客户的概念，目标怎么实现呢? 在了解概念的阶段，是提问后的倾听，不是拜访的全部，自然有你拿起来的时候！”我解释说。

当我们放下自己，发现得到的是整个世界。

小朱又问：“老寒，关于倾听的心态，除了刚才说的专注、停下手中所有的事、放下自己固有的想法、不预设答案、空杯之外，还有什么更好的方法吗？”

“你记得够全的啊！其实也没什么更好的方法，那是一种心理状态、一种意识，只能自己不断提醒自己。”我说。

我突然想起了什么，说：“其实，在倾听的时候，我们可以想象自己是走在无际的沙漠中，没有食物，没有水，自己一无所有，分不清方向……”

“那不完了！”小熊插了句。

“听着，冲动是魔鬼！”小朱吼了一句。

我笑了笑：“小熊说得没错，我们一无所有，就要完了。我们唯一的生存机会，就是在日落之前找到水源。水源在哪里呢？我们不可能知道。”

我停顿了一下，说：“在无际的沙漠中要想找到水源，必须关注周围任何一点变化，全神贯注，用心去感受、去发现到底哪儿有水。”

“哪儿有水，鬼知道！”小杨自言自语。

“和客户的沟通，每次的倾听，都是在无垠的沙漠中旅行，没有携带任何食物和水。而救命的水源就隐藏在客户的每一句话里，甚至隐藏在客户的每一个动作、每一个手势、每一个眼神里……”

小朱似有所悟：“客户的话里透露的信息，就像在荒漠中寻找的水源，我们永远不知道在哪里，必须用心去发现！”

“没有携带任何食物和水，不想自己的产品和知识？”小杨一直舍不得他那些专业知识，以及那些知识带来的一股股说话的冲动。

小牛沉着脸说：“客户心里想什么，只有他自己知道。沙漠里哪里有水，只有沙漠知道，沙漠里的人不知道。朝着自己以为的方向走得越远，越容易迷失方向，错失真正的水源。拜访准备的时候可以想尽各种可能，一旦倾听就要放弃一切猜测和幻想，全神贯注随时准备发现‘沙漠里的水源’!”

小牛这家伙不愧是关系老手，阅人无数，有些深不可测了。

21. 回应激活思维

真的猛士，敢于直面惨淡的人生，敢于正视淋漓的鲜血！何况，销售本来就是这样一份苦差事。如果不抑制自己本能的冲动，不摆脱推销胁迫症、提问操纵症，整天豪情万丈地自我表演，那我们就只是销售舞台上的小丑，上演着一场叫作“推销”的闹剧，必将因冲动受到惩罚。

“提出好的问题，抑制住想说的冲动，掏空自己用心倾听……”小杨说。

小熊说：“光讲人性、脑子和心态了，怎么也得讲点儿实际技巧吧?”

“嗯，现在就开始，”我想了想说，“对了，小时候在村里，看过那些花会吗？踩高跷啊，舞狮子啊，划旱船啊……”

“看过。”小朱来自农村，心底深藏着儿时的回忆。

“有没有觉得看的人越多，叫好的声越大，表演的越来劲?”我问。

“对啊，大家连着一喊‘翻一个、翻一个’，他们就来劲儿了，肯定给你翻!”小朱有些兴奋。

小熊不服气：“那怎么了，现在舞台上的明星挥着手，下面一大堆人跟着节奏叫唤，他在台上蹿来蹿去跟打了鸡血似的，不也一样吗!”

“这和倾听有关系吗?”小杨不明白。

“如果观众默默地看表演，不出一点儿声响，会怎么样呢?”我问。

“没人叫好，他们耍得也没劲!”小朱说。

“嗯，要是没掌声和欢呼声，他们应该会挺失落的。”小熊也说。

“有些表演需要观众的互动。如果观众没有回应，演员自说自话，那将是一场非常失败的表演。观众的回应对演员来说就像兴奋剂，能激发他们的表现欲!”我说。

“是这个道理!”小牛点点头。

“客户说、我们听的时候，客户也不希望自我陶醉地自说自话，他会根据对我们的信任程度，一点点地说出来。如果没有合理回应，不能激发他继续说下去，他就会自觉没趣，心门也就默默地关上了。”我说。

曾经一场效果非常好的培训，当时虽然非常累，但看到大家渴望答案的眼神、及时的回应和互动，我被激发出了最大的潜能，感觉那是发挥最好的一次!

我看看小杨：“小杨，你晚上和老婆吵架，你老婆抱怨不停，而你却在床上埋着头一声不吭。有没有发现，你越是不吭声，她就越来气，最后直接伸脚把你蹬床底下了!”

“还跟一句‘你倒是说话啊’!”小马补充了句。

大家听完呵呵笑了。

说话时得到对方的回应，会感觉被倾听和被关注。

“没有回应，说话人就不知道你是不是在听、是不是理解了。更重要的是，没有回应就感觉没有被尊重，感觉在对牛弹琴。这时候客户会说实话、给你有价值的信息吗?”我说。

“那么如何回应客户呢?”小朱问。

“你们说呢?”我问。

大家你看看我，我看看你，没人说话。

“知道我在问什么吗?”我又问。

还是没人吱声。

“嗯。”好不容易，小马才哼了一声。

“小马这就叫回应!”我说。

销售和顾问曾经有过这种感觉，很多时候自己在上面讲得要吐血，听众居然没有回应，那种感觉怎一个郁闷了得!

“嗯一下就算回应啊?”小杨觉得太简单了。

“对啊，嗯一下至少给对方返回了个信号，说明你在听!”简单的技巧用处大。

“照你这么说，‘啊’一下也算?”小朱问。

我说：“对啊，还有哪些类似的呢?”

“是!”

“哦!”

“没错!”

“明白!”

“好啊!”

…………

大家纷纷哼哼哈哈起来。

我笑了：“还有呢?”

“真的吗?”

“原来是这样!”

“说说看!”

“哦，是吗?”

…………

大家被我的问题激活了。

“老寒，这么回应过于简单了吧!”小杨不禁问我。

“这是最简单的回应，一般多是倾听时的本能回应。没有倾听就不会有这种最真实、最原始的回应。记得有位同事，别人说话时他总是不住地‘啊，啊，啊’一直回应，但明显和对方说话的节奏不一致，还特别快。这给人感觉‘他听得不耐烦了，我说的他都懂了，他真的不想再听下去了’。所以，每次和他说话都很痛苦，让我很不舒服……”

“哦，我也遇到过一个！”小杨迫不及待地说。

“有同感吗？”小牛问。

“确实是，一和他说话就特别累，感觉跟他说什么都没用。后来我索性不说了，让他尽管说，说完就让他走。”小杨说。

“所以，不要小看‘哼哼哈哈’。就像听国粹京剧，你知道什么时候叫好吗？票友叫好都是有门道的！和客户谈话时的回应，也是有门道的！”我觉得回应真是门学问。

“什么时候回应合适？”小朱问得很让我崩溃。

我想了想：“如果客户说出一些带关键词的重要信息或说了自己的态度看着你，就可以给他回应。还有一些回应，听到有价值的信息，顺着继续和客户深入讨论下去！”

“能说具体点儿吗？”小朱问。

我说：“像你刚才问我这句话，就是很有价值的回应！”

小朱一愣神。

“这是‘追踪式回应’。当听到客户说到了某些关键信息，针对那些信息进行追踪和深入发掘，让客户讲得更透彻，就是‘追踪式回应’。比如‘你能讲具体点儿吗’‘你能举个例子吗’‘你能给我讲讲当时的具体情形吗’，这些都是‘无我’的倾听回应！”

“这不就是问问题吗？”小马说。

“和问问题相比，‘追踪式回应’是就客户的话题和内容继续扩展，不是岔开话题！”我说。

回应是把双刃剑，回应不好会把话题引到销售关注的问题上来，所以要始终注意尊重客户的思维。

“还可以通过‘征求看法式回应’探索对方的想法，更好地了解他的态度和概念。比如‘您是怎么想的’‘您怎么看’‘您觉得怎么样’。这时候他们很可能说出自己的真实想法!”我说。

“哦？有这作用?”小杨问我。

“嗯，客户有时候说的只是一些公开的、表面的信息，这么回应可以让他把潜台词说出来，还能帮他拓展思维。”每个人说话时，脑子里都有隐含的影像，没办法一下说出来，这时候就需要思考的时间。

“还有吗?”小朱拿着笔记本记个不停。

“第三类叫‘极限式回应’，也是用来征求客户看法的。与‘征求看法式回应’不同，这是问客户‘最’的问题。”我看着大家有些茫然的眼神，突然问：“小朱，你现在用什么手机?”

小朱一愣，说：“我现在用的是 HP6515!”

“不错啊，它有什么特点?”我又问。

“哪儿不错啊，水货！也没什么明显特点，就是一个小电脑，能看电子书、股票，上 MSN 和 QQ，还能处理文档，收发邮件，功能挺全的!”

“你最喜欢它的哪个功能?”

小朱稍有停顿，说，“键盘！手感好，特别是输入法不错。怎么了?”

“最不喜欢它什么?”

“块头有些大，装着不方便。”

我笑了，看看大家说：“刚才小朱介绍手机有那么多功能，但我不能判断哪个功能最吸引他。当我问‘最喜欢什么’时，没想到他最喜欢的竟然是键盘!”

“对，对，我们做交流、调研时，客户总是发散地讲出很多问题，提出很多要求。如果用一下‘极限式回应’，或许他就能明确最关心、最顾虑的问题是什么，也能帮助客户发现最关键的需求!”小杨有些明白了。

“没错，寻找到‘最’的问题，这才是客户真正的关注点。”我点点头。

“也能帮客户拓展思路，让他思考得更深入、更聚焦!”小牛抬头望着天花板，自言自语。

“不过，要强调基于客户的思维和话题!”我确实有些担心，回应具有挑战性和危险性，因为回应本身就是提问。销售必须全心投入地倾听，用同理心跟着客户思考，进入客户的思维路线和场景，这样才能得心应手。抛出不着边际的“极限式问题”，会让客户摸不着头脑。

“还有‘魔法师回应’，这就要功力了!”我又抛出一个回应。

“魔法师回应?”小朱问。

“在和客户交流时，客户往往会说‘这个不现实’‘那个不好办’什么的，比如我们问现在成本管理怎么样、怎么进行精细成本管理时，客户可能会说‘精细成本管理不好实现，因为生产成本数据无法及时统计’。这时候问一句‘如果数据可以及时、全面统计的话，您希望成本精细到什么程度’，这就是在帮客户移开限制他思维的障碍，引导他突破思维桎梏，进行发散性思维，进行更深入的思考和探索!”

“我们要像魔法师一样，帮客户移开限制他思维的障碍?”小朱好奇地问。

“嗯，用假设拓展客户的思维。”小牛说。

小朱慢慢点点头，看了看本子上记的，抬头问：“老寒，除了‘追踪式回应’‘征求看法式回应’‘极限式回应’‘魔法师回应’，还有吗?”

“这些用好已经很不简单了！”我说。

小牛说：“如果客户真能按这些回应进行思考，沟通效果一定超乎想象！”

“其实不难，前提是抑制自己说话的冲动，倒空自己，顺着客户的话题和思路往下走，让他感觉是在被倾听和关注！把这些问题作为客户的‘思维助推器’，帮我们更好地了解客户的想法。”我再次强调。

“有了观众的呼声，演员在舞台上表演会更加投入，客户的心里话也会如滔滔江水，连绵不绝！”小杨得意地幻想拜访效果。

我及时泼了瓢冷水：“别得意，这才到哪儿！光有欢呼还不行，还要有掌声，还要跟着节奏挥舞双手，还要欢呼雀跃，那才更有效果！”

“在客户那儿又蹦又跳？”小朱好奇地问。

我笑了：“我说的是肢体语言！”

22. 巧用肢体语言

“肢体语言？”小熊听说肢体语言能洞察人的内心世界，来了劲儿。

“对了，你觉得远古人类没有语言，靠什么交流呢？”我问。

小熊想了想，说：“比比划划，挤眉弄眼，哼哼啊啊……”

“跟动物园的猴子差不多！”小朱补充说。

“人类对肢体语言的研究，已经成为沟通和心理学的一部分。因为‘人的进化源于动物’，人虽是一种高级动物，但脱离不了动物的本性。”我说。

“西方人也真是，总把自己当动物研究！”小牛不屑地说。

我非常认同小牛的话，也非常反感总拿动物研究人。我发现：

东方传统文化中的“道”博大精深，是智慧的高度浓缩，无所不含，无所不指，不经过实践是体会不到的。而西方的“术”，总企图把最深刻的“道”简单直白地总结出来。事实证明，西方的科学研究再怎么发展，也没能脱离“道”这个大规律。

想到这里，我说：“境由心造，相由心生。肢体语言源于人与人之间的信息交流，源于彼此的心灵感应！”

“你说那些算卦的也是察言观色？”小杨瞪着眼睛问。

“至少是很重要的信息源，你的每个动作、每次握拳、每次皱眉、每次舔嘴唇、每次咽口水，还有说话的语音、语调、语气等，都向对方传达了你内心深处的想法。”在中国传统文化里，这是一门博大精深的学问！很多书都讲到识人术，如曾国藩的《冰鉴》、刘绍的《人物志》，还有林林总总很多的相术传书。

“真是一门大学问！”小朱感叹。

“我们都听说过，在人们面对面的谈话中，身体语言发送的信息占到信息总量的55%，语调发送的信息占到38%，而语言内容本身只占全部信息的7%。有时候见到一个人，他还没开口，就能感觉到某种情绪和氛围，其实就是我们常说的‘气场’！”销售应该有切身感受，无论是拜访，或是给几十人讲方案，还是当着几百人演讲，都能感受到这种气场。

“这你得多讲讲！”小朱觉得这东西挺玄乎的。

“说起肢体语言，写一本书都讲不完。今天只谈我们在倾听时用到的，如何通过肢体语言激发对方更多的思考和回答，获得更多有用的信息。”我说。

“从哪儿开始？”小杨急切地问。

“首先是坐姿，”见小熊仰面靠在椅背上，我说，“从坐姿来判断在座的，谁在倾听，谁没倾听。”

大家相互看看，小熊仰面靠在椅背上，小牛坐得比较直，小马胳膊支着桌子、托着下巴，小杨双手垫在胸和桌子之间、上身探向前方，小朱在做笔记。

“除了小熊都在听吧。”小朱童言无忌。

“哼！”小熊回应了一下，坐直了。

“身体倾向说话的人，才是倾听的姿势。”小朱参加过礼仪培训。

“微微前倾，让对方感觉被关注。过于前倾会让对方有压力感。”我说。

“除了上身前倾，其他呢？”小杨问。

“从下往上说吧，先说腿和脚。”我说。

从下肢到上肢，从胳膊和手到头和脸，越往上肢体语言越丰富，越往下越简单。但是，越往下离大脑越远，越不容易受意识支配，越能透露内心的真实想法。

“腿和脚应该怎么着啊？”小朱问。

“不知道应该怎么样，就先看看不应该怎么样！客户说话时，如果我们跷着二郎腿，会给对方什么感觉呢？”我问。

小朱把右腿架在左腿上，感觉了一下，说：“不以为然，自以为是？”

“嗯，所以要避免跷二郎腿，这是一种防卫姿态。”我说。

“防卫？在桌子下面，客户又看不到！”小朱说。

“人的身体和意识是相辅相成的，身体封闭时，心也是封闭的；身体打开放松时，心也是开放的。虽然对方看不到，但你潜意识里会把自己置于封闭的状态，很难听进对方的话。打开心，要先从打开身体开始！”身体和内心就是阴阳，身体外在表现是阳，内心世界就是阴。

“如果客户下意识地跷起二郎腿，说明他内心也是封闭的？”小杨举一反三。

“一般是这样，也不是绝对。要结合语境连贯地看，也要看个人习惯，”我解释了一下，接着说，“如果感觉跷二郎腿不好，还有更不好的……”

“什么?”小牛追问。

“我们所说的‘四字腿’，就是右脚踝放在左腿膝盖上，小腿平架在面前。”我描述说。

小熊往后挪了挪，把右脚架在左腿上，感觉了一下，不解地问：“这怎么就是防卫呢?”

“横在面前的腿就像你与对方的界线，让人有隔离感。你是不是想起了‘横刀立马’? 这不仅是防卫，而且很坚定，内心对你的意见很敌视、很反抗!”我解释说。

“嗯，好像是! 有时候拜访信息中心主任，和他们谈技术，他们有时候就这个姿势，还仰面靠在沙发上，一脸的固执和不屑，真让人郁闷!”小杨像是想起了谁。

“所以，我们倾听时不要这么做。另外，双腿别叉得太开，不雅观。”很多销售不注意这些细节，给客户的感觉不好。客户对销售的感觉和这些细节有关系。

小牛点了点头：“大家还是比较注意的，有意识地控制自己的肢体动作，争取表现出一种专业的形象，给客户留下专业和尊重他的感觉。”

“我相信。不过有个问题要注意，腿脚千万别哆嗦，哆嗦会让人心烦。”看着拼命哆嗦的那哥们儿，时间长了我就感觉要犯心脏病。

小熊乐了：“哈哈，你说的‘哆嗦穷’吧!”

“没感觉到就算了，一旦感觉到，想把注意力移开都难，真想上去给他按住!”小马也很痛苦。

“说话时一直哆嗦腿，不仅看上去心不在焉，还让人觉得你自以为是。我以前偶尔也哆嗦，后来每次发现就强行忍住，虽然很别扭，但忍几次就改回来了，关键是要有这个意识!”我说。

“哦，那跟客户交流时腿脚应该怎么放呢?”小朱问。

小牛接话说：“其实大家都有感觉，少跷腿、少交叉、少哆嗦就行了……”

“对！这些就像无线电波，掌握了密码的人才能破译出来，但人本能都有接收能力，感觉正是源于这种传递。我们想在沟通中给客户感觉，先要从发射自己的无线电波开始!”我说。

“这无线电波很重要！你刚才只说了坐姿和腿脚，那上半身呢?”小马追问。

“上半身就更复杂了!”我说，“小马，你觉得人身上肢体语言最丰富的是哪里?”

“可能是手势、面部表情，还有……”小马奋力思考。

“先说胳膊和手吧!”我说。

“胳膊交叉也是防卫，对吗，老寒?”小朱问。

“嗯。人和哺乳动物一样，咽喉和肚子是最薄弱的地方，当感觉到外界有危险或遇到不同类动物时，会本能地抱胸收缩。后来延伸到防卫心态，观点不同时都会抱胸。所以，倾听时抱胸给人感觉你是在防卫。”我说。

“这大家应该都知道!”小杨自信地说。

我笑了：“我相信。大家很少直接抱胸，但有些动作和抱胸类似……”

“什么啊?”小朱问。

“比如双手相握放在腹部，两条胳膊形成一个闭环，不就像道屏障吗?”我问。

“嗯，是这么回事。那么，那些背着双手、挺胸叠肚的家伙，暴露出自己最薄弱的部位，就是一种自信的表现了?”小牛。

“不是吗?”我反问。

小牛闭着嘴点点头。

“说到手，倾听的人紧握双手或交叉十指，传达的是拘谨、焦虑的信号或是消极、否定的态度。所以，倾听时尽可能不要双手紧握或十指交叉，那会让对方感觉很不爽！”

“这也不行，那也不好，两手总不能自然下垂吧?”小熊感觉无趣。

“那就浪费了资源！”我说。

“哦?”小熊没想到。

“难道还有什么妙用?”小朱问。

“我们倾听的时候，手经常会放在什么地方?”我说完顺势观察大家。

小朱看见小杨把手放在太阳穴附近，像在努力思考，说：“是不是太阳穴?”

“那是在思考，还是在倾听呢?”我问。

“倾听时手应该是在嘴和下巴附近吧！”小牛说。

我笑了：“大家感觉一下！”

大家纷纷摸着自己的下巴，点点头，“嗯，有道理！”

“手放在嘴和下巴附近，是在一边倾听一边思考。放在嘴和下巴的不同位置，也有细微差别。手指放在嘴唇之间，是感觉到了压力，内心在寻求一种安全感。如果拇指食指分开摸下巴两侧，一般是思考对方建议的同时，也在总结自己的结论。”我对此手势经常观察和应用，屡试不爽。

“客户也这样吗?”小杨问。

“当然！如果你说的时候客户抚摸下巴，说明他在思考你的话，甚至在考虑如何做出决定。接下来的手势就很重要了。之后如果客户交叉双臂和双腿，或仰面靠着椅子，很可能要提出反对意见，这时候要及时征求他的意见；之后如果客户双臂舒展，身体前倾，或又拿起建议书翻看什么的，很可能会给出肯定意见。”在我的销售拜访和方案讲解过程中，曾经有无数人做过这样的动作，回想起来历历在目。

小朱想了想，问："老寒，那我们倾听时，就把手放在下巴附近吧？"

"这至少表示你在关注地倾听。如果想表示一边听、一边思考，你可以把手放在下巴和脸颊附近，竖起食指轻轻地贴在脸上。"我曾试过多次，无论是客户还是领导，总能换来关注的目光和肯定的微笑。

"一个手势还挺复杂！"小马感叹。

"以后听别人说话时，就摸下巴了！"小朱坚定地说。

"也不一定，还有更好的方式……"我说。

"啊？"

"很多销售老手见客户时，手里都带什么？带着黑皮的笔记本！边听边记，给对方的感觉是你一直在记录，好像他的话非常有价值。这更能激发对方说话的欲望。初级销售和高级销售的区别，就是高级销售拿笔记本，随时准备记录；而初级销售拿的是宣传资料，随时准备塞给客户。"我说。

大家歪着头想了一下，尴尬地笑了笑。

"我觉得脸部表情更丰富。"小朱说。

"是！脸上最引人注目的就是眼睛了。眼睛是心灵的窗户，心里想什么，眼神都能带出来。"我说。

小牛深有感触地说："眼神确实很复杂！"

"那就搞简单些。我们倾听时应该看着哪儿呢？"我问。

"看对方的脸。"小杨回答。

"脸的什么地方？"我问。

"啊？有什么不一样吗？"小杨问。

"如果一直盯着对方的嘴看，对方会不会不自然？他甚至担心牙上是不是有菜叶……”我说。

大家嘿嘿一笑。

“那应该看哪儿?”小朱问。

“给你三个选择：一，眉毛以上；二，眉毛和嘴之间；三，嘴巴以下!”我说。

“当然是眉毛和嘴之间啊!”小杨抢答。

“为什么不能看额头呢?”小朱问。

“注视对方额头时，对方会感觉到敌视或权利的威严，会有被威逼和胁迫的感觉，不仅气氛变得更严肃了，还想让‘讨厌的人’立刻闭嘴。想想电影海报《终结者》什么样，就那感觉！再有，如果我们总盯着对方嘴以下，特别是女同志……”

大家嘿嘿坏笑，这帮家伙!

“所以，一般要看着对方的眼睛。但不能盯着，可以在左眼和右眼之间移动一下，或偶尔看下附近区域，再回到眼神交流。最好要面带善意的微笑。”

“嗯，我喜欢笑!”这是小朱的强项。

小牛来劲儿了，问小朱，“你会笑吗?”

“笑谁不会?”小朱不屑地说。

小牛笑了："瞧你那皮笑肉不笑的样儿!"

小朱转头问我，“老寒，我笑得不标准?”

看着小朱，我好无语。

我说:“一百个人，有一百种笑法。不过有一点，笑得真诚不真诚，可以看眼角有没有细纹。如果不真诚，眼角就没有细纹，只会在嘴的周围，看起来就有些假。还有，笑的时候尽可能别紧闭嘴唇……”

“为什么?”小朱问。

“紧闭双唇，表示压抑住想说话的冲动，或隐藏某个不为人知的秘密，不想与对方分享自己的想法!”我说。

“做人难，做销售更难，笑也得小心。”小熊觉得没必要。

我说：“这都是人的本能。如果我们注意了，就能带来意想不到的收获。特别是倾听的时候，我们一直在给对方发送信号，比说话还有效。这是心灵的沟通！”

“老寒，除了目光和微笑，还有呢？”小朱总想更多地汲取。

“有啊！绝招都留最后！”我说。

“那是什么？”

“那就是——点头！”我说。

小朱说：“哦，这个啊，知道！”

“越简单的越复杂。你知道怎么点头吗？”我问小朱。

“该怎么点就怎么点呗，本能嘛！”小朱回答。

我摇了摇头：“潜意识不应该点头的时候点头，那才是真功夫！点头可以激发说话人的表达欲望，也在推动对方思考。你知道点头一般要点几次，什么频率吗？”

小朱皱着眉：“啊？”

“几次啊？”小杨听着也新鲜。

“一般三到五次，大约一秒一次，缓缓地点。如果一秒五次，试一下什么感觉？”我说。

小杨点得像鸡啄米，引来一片笑声。

“怎么样？”我问。

“像说‘明白了，明白了’‘听得不耐烦了’！”小杨笑着说。

“哥几个，假如我们在倾听的时候，上身前倾，手摸下巴，面带微笑，看着对方，一下下轻轻点着头，传达着关注、顺从和鼓励的信号，对方会是什么感觉呢？”

大家纷纷做出如上动作，我顿时感到从未有过的被尊重的感觉。

“做得挺标准啊！”我笑着说，“看在大家这么尊重我的份儿上，再给大家招儿更厉害的！”

“什么啊？”小朱迫不及待地问。

23. 心临其境

“这招儿可深奥喽！”我打个马虎眼儿。

“深奥？”小牛问。

我想了想，岔开话题：“对了，你们有没有遇到过这种情况，几个一岁多的小孩儿在一起，如果有一个小孩儿哭，别的小孩儿也会跟着哭，最后哭成一片？”

“有啊，怎么了？”小牛问。

“还有，两岁多的小孩儿，看到别人摔倒了，自己会下意识地扶住一个东西，或扑到大人怀里寻求安全感；看到别人的手划破了，会把自己的手放到嘴里。这都是下意识的本能反应，留意过吗？”我问。

“好像有印象。”小牛说。

我看着小牛，说：“据说，小孩子会把摔倒、划破手的人当成自己，这是把自己放到了同样的场景中，所以才会有这样的反应。这是源于人的一种本能，叫同理心。人与人之间有同理心，产生共鸣，这是沟通的极致！”

“同理心？”小朱问。

“对，同理心。虽然这个名词源于西方的心理学，实际上中国古人早就总结出来了。”我说。

小牛没想到能从老祖宗那里找到出处，“是吗？”

“是。《论语·卫灵公》中记载，子贡问孔子‘你能给我一个字，让我可以受用终生吗’。你猜孔子给了他一个什么字？”我卖了个关子。

“什么字？”小朱下意识地问。

“孔子说‘其恕乎’，给了一个‘恕’字，还说‘己所不欲，勿施于人’。这话不就是说要将心比心吗?”我说。

小牛想起了什么，说：“没错，推己及人，如人之心，故为恕。曾子说‘夫子之道，忠恕而已矣’，高度概括了孔子文化的核心思想，‘忠恕’成为儒家处理人际关系的基本原则！所以，‘恕’是真正站在对方的角度思考问题，就是同理心！”

小朱感觉有些酸腐，问：“这和倾听有什么关系?”

“客户内心有自己的想法。他说的时候，我们要用心去体会他的处境，想象他可能是因为什么动机，才会有这样的看法、想法和态度。这样才能理解对方的想法，才能理解他的态度和行为。”

“不就是理解客户的话吗?”小熊不耐烦地问。

我说：“小熊，我很理解你的想法，我曾经也这么想。后来谈肢体语言说到沟通的‘631’，信息的传达，六成通过肢体语言，三成通过语音语调，只有一成通过语句本身。这才发现，倾听要感受信息内涵，而不是信息本身！”

“信息内涵和信息本身有什么区别?”小朱问。

“很好的问题。‘所说事实本身＋说话人的情绪＝他所表达信息的内涵’。听话听音儿，不是听‘话’本身，要把对方说的话和他的情绪、肢体语言等结合起来，用心感悟和体会。”我解释说。

“你的意思是‘身临其境’?”小牛问。

“不单是‘身临其境’，还要‘心临其境’。不仅要真正明白他说的是什么，还要按照对方的思维，去考虑他为什么这么想，是基于哪些信息、源于什么动机、通过怎样的思维、如何得到这个结论。这样才能真正明白他的内心世界！”我知道这有些难。

“销售不仅要学相学，还要学心理学，真是复杂！”小熊感叹。

“之所以这样，因为人是群居动物，物以类聚，人以群分。人的内心深处是孤独的，每个人内心深处都渴望被理解。谁能理解他，他就能和谁产生共鸣，那种共鸣是任何外在物质和利益都无法取代的！当今世界如此浮躁，就是因为每个人都拿自己的态度和价值观去评价别人，彼此之间太缺乏理解了！”

小牛知道那些赢下的大单，都是由于和客户彼此相互“理解”，在价值观层面达成了共识。倾听也好，销售也好，同理心很重要。

“理解确实很重要，不光是理解客户的业务那么简单，还要理解是什么原因让他这么想，他的思维过程是什么，太厉害了！”小杨一番感叹，之后又转头问：“老寒，你说的同理心和同情心是什么关系？”

“同理心的重点在理解，表现的是一种尊重，尊重对方的思维方式，理解对方的思维过程和结果，侧重于思维逻辑。而同情心是我们被对方的情感打动，表现的是一种怜悯之心，重在对情感的同情和共同感受。人们渴望被理解，但一般不希望被同情。因为人们认为被同情的往往是弱者，客户不希望你把他当成弱者。”

同理心并不是同情心，我们要做的是理解客户的想法。只有设身处地、将心比心，客户才会感觉你是一个可以交心、值得信任的人。

小马若有所悟：“假如理解了，可我的观点和他的不一样怎么办？”

小牛也说：“是啊，理解可以，但让我完全按他的想法办，那怎么行？”

“就是，客户要说‘我们现在没钱，原来的也能凑合用，暂时不需要’，如果我理解了他的想法，那我是不是应该安静地走开啊？”小杨问。

我点点头，没说话。

“就是啊，理解越多，偏离自己的销售目标越远！”小朱无奈地摇摇头。

我问：“我们理解对方的目的是什么？”

“不是为了影响和改变他吗?”小杨说。

“要想影响别人，先得让别人影响自己，放下自己才能真正理解!”我说。

小熊不服气地说:“理解了又怎么样，他不接受我的想法，还是达不到我的目的!”

“其实，理解不代表认同，理解和认同是两回事。这就好比你老婆花钱买衣服了，女人爱花钱，爱买衣服，你能理解吧？可你认同吗？不一定认同！只有理解，双方才有沟通的基础，而不是一上来就直接把自己的观点强加给对方。所以，理解只是开始，并不是终点。从沟通与倾听来讲，努力站在对方角度思考问题、了解对方的想法，这才是心与心的对话。”

能够做到理解的人很少，完全认同的几乎没有。没有哪两个人的思维和价值观完全一样。理解的目的是让彼此互相了解更深，从而找到更多的共通点。

“听起来容易，做起来难啊!”小朱觉得修炼尚浅。

“事因难能，所以可贵!”小牛补充了一句。

“所以，古往今来，圣贤大德，都讲修身养性，修的就是人原始的本能冲动。只有控制自己，把握自己，享有内心的平静，才能抵御外来的力量!”销售也好，为人处世也好，都是相通的!

“果然深奥!”小牛说。

我看了看大家说:“看到了吧，从倾听看我们以前的拜访，就知道效果怎么样了。其实倾听也分为几个层次——

第一个层次是听而不闻，听到也如耳边风，一心只想着自己要说的话，固执地坚守着自己内心的想法，一点儿也听不进去。

第二个层次是心不在焉，‘嗯……是……对对对……’只是虚应着。

第三个层次是听我想听，只选择自己想听的话，还是以自己脑子里的思维框架为主。

第四个层次是专注地听，对方说的每句话都进了自己的大脑，是不是真正理解了，知不知道对方为什么这么说，不一定。

第五个层次是将心比心，这才是倾听的最高层次，完全把自己的固有思维放下，随着对方的思维和意念而动，理解对方为什么这么说、这么想，一般人很难做到。

前四类倾听，都摆脱不了自己，都是为了操纵对方而倾听，会让对方感觉不舒服。将心比心不是简单地回应，而是为了理解，通过沟通探索对方的观念、感受和内心世界。这才是心与心的沟通。”

“哦，我越来越觉得，销售真不是人干的！”小朱想想挺发怵。

小牛说：“站在客户的角度，全身心地去理解对方的处境和想法，用同理心和他一起寻找解决问题的方法，这比把自己的东西强加给客户强多了！”

“老寒，倾听是不是可以告一段落了？”小杨问。

我摇摇头，说：“倾听是个没有尽头的话题。再说了，你们不是还想要更厉害的招数吗？现在是出杀手锏的时候了！”

“杀手锏？”小杨更加好奇。

24. 沉默是金

“还有杀手锏？”小朱追问。

我笑而不答，看着大家。

大家互相看看，猜不出我葫芦里卖的什么药。如果能够做到倾空自己、合理回应、肢体语言、同理心，就已经是倾听中的高高手了，莫非还真有一招绝杀的不传之功，帮助我们成为武林至尊？

一阵沉默之后，小熊也坐直了上身，关切地看着我。

我问大家：“一个销售会提问，你们觉得他怎么样？”

“很不错了！”小朱率先回答。

“至少放弃了自己的推销，开始关注客户的想法了。”小杨跟着说。

我点点头，又问：“如果拜访客户，准备了很多好的问题，问完之后，我们通常会怎么做？”

“倾听啊！”小熊说。

“如果客户没有反应呢？”我问。

小牛想了想，说：“嗯，这也是我们所担心的问题……”

“客户没什么反应，我们特别心虚，因为怕冷场，对吗？”我问。

大家点点头。

我说：“我观察过很多销售，他们有时候一分钟之内能向客户提五个问题！”

“多问问题不是好事吗？”小熊心不在焉地说。

“我们还是放不下自己脑子里的东西。大多数情况下，问完问题后只停顿一秒，紧接着就解释自己为什么提这个问题，或者把自己预设的答案也一股脑儿地说出来让客户选择或确认，或者自问自答，或者提出下一个问题，还有的开始表达一些其他的观点和评论。对吗？”我问大家。

小马说：“这可以理解，毕竟大家都是销售，都想告诉客户更多……”

“或许问题就出在这个‘更多’上！”小牛陷入了沉思。

小牛说得很有道理。

每个人提出问题时，脑子里都有一些想法，或是对答案的某种预期，或是一个不太清晰的概念，而提出问题之后，盘旋在脑海的还是自己那些东西。销售是这样，客户也是这样，这是人的一种本能。

倾听要倒空自己，有多少销售能够修炼到这种境界呢？大部分销售，不仅不能倒空，那些东西还会跳出来作祟，那种冲动让销售无法自我控制。当我们的兴趣点受到外界的信息刺激时，那些东西就想往外蹦，挡都挡不住。所以，在得到客户一些回答之后，我们会迫不及待地应答，或者展开讨论，甚至评论对方的答案。

包括小朱在内，很多销售一听客户说什么，马上接话说“对、对、对”“您说得太对了”“您能这么认为太好了”“您说的我明白”，甚至在客户说话的过程中，都按捺不住自己的冲动打断客户，或者直接抢话。

虽然知道要放弃推销，知道要关注客户需求、要从客户的角度考虑问题，虽然放弃了“机关枪”式喋喋不休的呈现，但取而代之的是“机关枪”式的发问，同样不给客户以喘息之机，更无暇顾及客户脑子里的概念。

小牛沉思许久，慢慢地说：“老寒说的让我想起一个问题，如果只给客户一两秒，就希望他给我们答案，怎么能保证客户进行了充分的思考呢？那他给的会是什么样的答案呢？”

“……”小杨话到嘴边，却不知道怎么说了。

我接着说：“同样的道理，如果我们只用一两秒倾听和分析，紧接着就问下一个问题，我们自己对这个答案又有多少思考呢？又怎么能听明白客户的话呢？”

小朱想起了自己和龚总抢话的场景，吐了吐舌头，缩成了一团。

小马说：“养成这样的习惯，也不能怪我们。很多营销培训，还有很多高人都说过，冷场就意味着拜访的失败，我们要保持沟通的状态，不要给客户反应和思考的时间，要控制他们的想法和意识，让他们‘一直往前走，别往两边看’，直到最后签单！”

“对啊，确实有人说过，只要我们的嘴在动，我们就在控制着销售进程，一旦说话慢了下来，就失去了控制权，客户就很有可能要溜走，”小杨也怨气横生地说，“谁知道你的‘信任五环’都是反的！”

真正能最终操控拜访局面的，不是滔滔不绝的那个人，而是那个真正倾听的人，那个用心观察和琢磨对方的人。

“对了，老寒，你说的杀手锏到底是什么？”小朱揪出刚才的问题。

“好吧，给大家讲一个真实的故事。”我说。

为了开发销售精品课程，我们需要引进国际最先进的营销理念和模型。OPQ 公司是全球顶级的方案营销公司之一，我们有机会在会议室接待了 OPQ 公司的亚太区老总。

寒暄入座之后，亚太区老总开口问了一句话：“是什么变化让你们想起了找 OPQ？”

我们想了想，说：“我们今年要加强专业化销售能力的建设……”

说完后，那位亚太区老总并没有马上接话，而是竖起食指放在右脸上，中指和拇指抵住下巴，眉头稍皱，目光深邃地看着我们，这是典型的倾听、思考的肢体语言。

见对方没有反应，我们才发现自己的答案根本就不是答案，而是一句废话。

我们不好意思地笑了笑，思索片刻之后，说：“哦，是这样的！我们公司早些年是以产品为中心的销售，七八年前开始转型方案销售，大家也有了一些实践经验。现在公司的战略定位是为客户的长期经营服务，需要客户经理具备专业的销售能力……”

说完，那位老总还是没说话，还是那副认真倾听的姿势。我们有些疑惑地看了看老总的翻译，那翻译冲我们笑着点了点头，意思是说“他已经听到了”。

可听到了为什么还没反应呢？

我们内部几个人相互看了看，以为说得还不够清晰具体，又接着说：“七八年前，在我们从产品销售向方案销售的转型阶段，曾请一家公司做过方案销售的培训。这些年又陆续做了很多专业的销售培训，自己也开发过一些。但总感觉销售无法探索到客户关心的真正需求，也听不懂客户的话，提供的也都是标准的行业方案。虽然呈现得很好，但不知道是不是满足了客户的真正需求。请贵公司来，就是想了解贵公司能够提供什么样的培训和服务，帮我们解决这些问题……”

等我们把“概念”悉数抛出之后，那位老总面带笑容地说了句：“OK！”

“这老总真厉害！一个问题就问出了你们的概念！”小朱感叹。

“要不人家当老总呢！”小杨说。

我又问大家：“你们发现这位老总用了什么招数？”

“提出了一个好问题！”小朱说。

我点点头。

小朱说得不错，那位老总的“是什么变化让你们想起了找OPQ”是一个很好的问题，既是开放性的，又是针对“我们找OPQ”的具体情形。他没问“是什么变化让你们想做营销培训”，问的是“是什么变化让你们想起了找 OPQ”；也没问“什么原因”，问的是“什么变化”。这个变化是针对具体事件环境和管理方面的变化，“变化”是形成个人“概念”的源头。

“还有，他在你们说完以后，并没直接回答，也没直接呈现，还在倾听……”小牛说出了关键点。

“没错！正是这位老总的沉默，给了我们极深的印象。他也因为保持沉默，得到了我们的概念！”我回想起这次经历，就好像在宇宙中发现了一颗新的恒星。

“沉默？”小朱怀疑自己的耳朵，和客户交流，客户回答了问题之后，销售怎么有胆量沉默呢？

我坚定地点点头：“是的，沉默！销售在问完问题之后，即使客户不回答，销售也不要急着说话。那段时间客户正在思考销售提出的问题，正在考虑如何回答。那段时间通常有三到四秒。你们回忆一下，是不是这种情况？”

我看着大家。停顿了三四秒，小朱和小杨同时“嗯”了一声。

我还是没说话。

又过了三四秒，小杨说：“客户是需要三四秒来听明白我们的问题，然后思考，再形成自己的答案。这三四秒就算沉默吗？”

我说：“这当然算沉默，不过还不是杀手锏！”

“还不是？”小朱更纳闷了。

“你想想，在我们说出答案之后，那位老总做了什么？”我问。

“什么也没做，没说话，而是采用倾听的肢体语言，继续沉默！”小牛回答。

“对！提出问题，听到我们的回答之后，那位老总做的就是保持倾听的状态，再次沉默。这时候我们虽然有片刻的惊讶，但马上开始思考的是我们刚才的答案，然后又把答案进行了再次细化。这正是这位老总的过人之处，得到回答之后，继续保持沉默！”

“得到答案还沉默？”小朱惊讶了。

“没错！正是他的继续沉默，才得到了意想不到的答案，直接挖到了我们的概念。”我说。

小杨皱起眉，有些不解地问：“老寒，你说这是怎么回事？他竟然敢在得到答案之后，继续保持沉默？”

小杨的疑惑是有道理的。在常人看来，这是不可理解的。

一般情况下，我们得到答案之后，就会迫不及待地接话，而那位老总却敢于沉默，并且还收到了意想不到的效果！

“沉默是非常厉害的招数。销售人员提问之后，先要有三四秒的沉默，客户才会回答。很多销售连这三四秒的思考时间都不给客户，问完稍一停顿，马上又开始提问。这时候一定要忍住，保持沉默，等待客户的思考和回答。客户说出他的答案之后，才是最关键的环节。我们听到答案先不要急着接话或问下一个问题，而是要思考他的问题，同时做出倾听的肢体语言，再沉默三到四秒，或者轻轻地点头，一秒一下，一下，两下，三下，四下。这时候客户就又开始说话了！”我亮出绝招。

大家听得很认真，同时思考着。

我解释说：“其实这个招数并不难，过程就是销售提问—沉默三四秒—客户第一次回答—再沉默三四秒—客户的细化回答。这一招就是‘沉默是金’！”

很多销售拜访客户时，都嫌进度不够快，总希望尽快把该说的话说完。而在这样“快节奏”的过程中，大家往往没有思考的时间，也不能听明白。

如果连续使用这样的沉默，并不会影响拜访的进度，而是给了客户和自己更多的思考时间。正是因为有了更多的时间去思考，我们才会获得更准确、更有价值的信息。

所以，销售在拜访中，不是应该加快速度，而是应该慢下来！

“沉默是金，听起来很有挑战啊！”小牛觉得有难度。

“我如果问完了，客户就是没反应，怎么办？”小杨有些担心。

“当然，问完问题不是让你干瞪着客户，而是要用肢体语言和对方交流。比如点头，上身前倾，与对方进行眼神交流，把手放在下巴附近做出思考状。客户因为你的好问题，再加上这些非语言信息的刺激，就会针对问题展开思考。”我说。

“如果停顿了三四秒，客户还没反应呢？”小朱担心地问。

“如果还没反应，很可能是我们的问题不够好或者客户没听懂。这时候可以稍微解释一下‘我这么问的目的是……’‘我希望能更多地了解……’，把问题关注面拓宽或提示思考方向。”我解释说。

“我没太明白，沉默怎么能帮我们倾听呢？”小熊问。

“客户在思考的时候，我们沉默，他就没有机关枪式的提问所带来的压力。礼貌地给客户思考时间，会增加他心理的舒适程度，便于他更容易地做出回应。客户进行更多的思考，就可以更清晰有效地组织答案。这也会增加他被尊重的感觉。”我解释说。

“没想到，我们的沉默能让客户舒服！”小朱不禁感叹。

我说：“让客户舒服了，回报无穷。经过了充分的思考，客户的回答会更加深思熟虑，而不是那些敷衍之词。这也会鼓励客户思考以前忽略的事情，他会觉得是你的提问起了作用……”

从心理学的角度来看，当我们给对方更多的思考时间，让对方放纵思绪、畅所欲言的时候，他们会觉得自己在我们面前很重要。

沉默不可怕，我们沉默时客户在思考。

很多有价值的问题，也都是在沉默之后才提出来的。

“还有，沉默还能让客户的困惑增加，他提出的问题可能也会多起来，并且很多都是我们忽略或没想到的！随着客户的思考和问题的增加，他们更关注自己的处境和解决方法。”我说。

小朱挠挠头，他没试过，甚至有些不敢去试。

要落实到行动上，就必须挑战自己、突破自己的心魔才可以。

成年人改变习惯并不容易。人们坚信已经知道的东西，往往从已有知识框架和经历做出判断。成年人改变习惯更在乎实用性，他们要知道改变对自己有何意义。所以，要想让大家改变和行动，就必须要有一个冲击概念的理由，否则为什么要改变呢？

我说：“沉默的时候，我们自己也有了更多时间思考，除了能用同理心理解对方的思维过程，还能捕捉弦外之音，组织有效的问题引发客户的思考，拓展信息！”

“这倒是！”小杨点点头。

“所以，销售提问—销售沉默—客户回答—销售再沉默—客户再回答，这个‘沉默是金’正是获得客户概念的杀手锏。”我说。

“真有这么神奇？”小熊也有些心动。

“用得好的话，更神奇！这两段沉默，能让客户对我们的问题进行拓展和深化，继而转移到客户的关注点和焦点上，那才是客户真正的概念！”我讲了此招的绝妙之处。

“沉默，沉默，以后我就沉默了！”小朱自言自语。

“不在沉默中爆发，就在沉默中灭亡……”小熊说。

“不是爆发，也不是灭亡，而是在沉默中思考！”小杨说。

这正是我的担心所在。

我一直担心，大家学会了提问就一个劲儿地问，就会得“提问操纵症”，就会“机关枪式提问”，不顾一切地把问题抛给客户，而不会倾听。

我也担心，大家学会了倾听，一旦从客户的话里听到自己关注或感兴趣的信息，就控制不住自己，按捺不住说话的冲动打断客户。

我更担心大家学会了沉默，极力抑制自己的冲动，结果变成一潭死水。

超级沟通到底应该是什么样的？

我思考了一下，说：“好的沟通，首先必须要有冲击对方概念的好问题。有了好问题，还要学会倾听，学会‘沉默是金’，给双方思考的时间。这才是思想与思想的对话，才算是超级沟通！”

“也对，没有好问题，直接沉默有点儿傻！”小朱笑着说。

我突然想起了个话题，看着小熊说：“小熊啊，假如你昨晚凌晨两点才回家，你老婆问‘昨晚干吗去了’。你怎么说？”

“就说‘加班开会了啊’，我们晚上经常加班分析项目的！”小熊回答。

“如果这时候，你老婆并没像平时一样说‘骗谁啊你’，而是面带微笑地看着你，你有什么反应？”我问。

小熊愣了一下，说：“她可能不信！我会说‘唉，后来和领导一起吃了个饭，边吃边讨论项目的事！’这也很正常。”

“嗯，如果你老婆今天反常，没像以前一样说‘吃饭吃到这么晚，谁信啊’，而是继续沉默，闭着嘴笑着看你，你怎么办?”我问。

小熊脸上掠过一丝不易察觉的紧张，说：“哦? 莫非她知道什么了? 我可能说‘吃完饭喝茶去了’……”

“如果她还笑着保持沉默呢?”我继续问。

“那可真够让我心虚的了，难道哪个哥们儿出卖了我?”小熊两点多回家，不是混夜场就是洗澡去了，那些事儿做销售的都知道。

小牛忍不住笑了。

“嗯，这就是‘沉默是金’的威力啊!”小杨边笑边说。

“也是。如果我一说什么她就反驳，说明她什么也不知道。可她问完我之后一直笑着沉默，我还真有些心虚，呵呵!”小熊脸有些红了。

“大家可以实践一下‘沉默是金’，抛出一个好的问题，然后保持沉默，注意倾听，配合肢体语言，相信你会有意想不到的收获! 我很多朋友都试过，结果五花八门，只有自己亲自试过才知道!”向大家建议后，我又分享了一个真实的故事。

有个学员吃完晚饭，跟她老公坐在沙发上看电视时，轻轻地说：“老公，都好久没回我们家了!”

她老公看着电视，随便应了句：“咱们不是上班忙嘛!”

听到她老公这么说，她没有直接暴跳起来，而是默不作声地坐在那里。

她老公发现她今天出奇地安静，感觉有些不对。转过头来，发现她正默默地看着他，顿时觉得刚才的回答太随意了，便一本正经地说：“我最近确实比较忙，你也总加班，等找机会回去一次吧!”

她仍然沉默，看着她老公。

她老公觉得她是不是有什么心事，想了想说：“要不下周末吧，别安排其他的事，一起回你家看看!”

她仍然沉默。

她老公觉得问题好像比较严重，又跟了一句：“这次回去给老人买件衣服，多带些东西……”

这就是沉默带来的回报！

小朱听完说：“有意思。”

我笑了笑，又讲了一个故事。

上次还有个学员，学了“沉默是金”，回家也试了试。

他老婆那天晚上正好出去吃饭。等他老婆回家后，他冲着他老婆问：“今晚去哪儿吃饭了？”

他老婆听他这么问，好奇地打量了他一会儿，说了句：“有病！”

大家听完哈哈大笑。

笑过之后，我问大家：“你们说为什么他老婆说他‘有病’呢？”

“因为他太反常了？”小杨问。

“是不是他老婆已经告诉过他去哪儿吃饭了？”小朱说。

“表情怪异？”小马问。

“是不是……他的问题问得不好？”小牛最后说。

我同意小牛的观点。很可能是他问得有问题，类似问“你吃了吗”这样的问题，是不是能引发对方的思考呢？或者他问的语气、环境欠妥，语气过于直接生硬，让对方感觉到被威胁。

没有好问题，即使沉默，也不能得到好结果。

“超级沟通＝好的提问＋沉默是金！”我坚定地说。

大家纷纷点点头。

小朱好像又想到了什么，弱弱地问：“这个超级沟通术果然厉害！不过，提问和倾听肯定管用吗？如果客户什么也不说，或者根本就没概念，那该怎么办？”

25. 点燃二踢脚

提问之后，客户不回答或者客户也没答案，怎么办呢？

小朱的这个问题很好，这是很多销售人员的困惑。

“你觉得客户为什么不回答呢？”我问。

“不是好问题？”

“客户不信任呗！”

“有概念不说是因为不信任我，那要是没概念呢？”小朱无奈地说。

我曾经也很困惑。

当时我还是一名志得意满的销售，一个自信十足的推销者，特别是参加了顾问式销售培训之后，又学习了业务知识，对客户的业务流程自以为倒背如流，对业务细节自恃比客户还懂！每次讲方案，客户都瞪着眼睛好奇地看着我，“好像还挺懂我们似的”。那时候能感觉到，我讲的小故事和业务场景完全可以打动客户，客户的问题都在我的大包袱中，只要抖一抖，就能打中客户的痛处。

现在想想，那时的行业方案列举了行业十大问题，总有几个是客户关心的问题。就像抛下一张大网，冲着可能有鱼的地方一捞，多少总能捞到几条。其实还是在碰运气，只不过得手概率高些罢了。

换个角度来看，我们信心十足地表现出一副“我懂你”“我知道怎么回事”“你们无非就这些管理漏洞”的架势，客户内心深处除了一点认同之外，更多是不得已面对自己身上的问题。把自己的问题摆在桌面上谈，就像当着外人脱掉衣服做检查，感觉很不爽，甚至有种被推销的感觉，想要抵制或反抗。

后来才发现，真正的销售高手通过提问引发客户的思考，从而让客户自己想出解决方案。“能不能问出专业的问题”成了衡量一个销售或顾问是否专业的标准，而不是“能不能讲专业的方案”。

“客户没概念，问不出东西，怎么办呢？”小朱不禁感叹。

如果客户没概念，销售推荐方案又有什么用呢？

直接看产品或许会激发客户的兴趣，但概率很小，因为他觉得已经不错了，不需要改变什么！直接推销更没用！

我扭头问小朱："你小时候放过'二踢脚'吗?"

"放过啊，现在还放呢!"小朱说。

二踢脚是一种炮仗，竖着放在地上，点着之后"嘣"一声便蹿了上去，在高空"啪"一声巨响，四方回音阵阵，碎屑如雪花般飘落。童年的欢愉妙不可言。

我琢磨了一会儿，问："我们能不能给客户放'二踢脚'呢?"

"啊?"小朱不太明白。

"你看，'二踢脚'第一响在地上，有基础和支撑，可以看成是客户对客观现状和处境的描述。"我说。

"那第二响呢?"小朱问。

"第二响在空中，是自由地释放，属于第一响的延续，可以看成是客户对现状的想法和态度。这是决定客户做出改变的关键。所以，这第二响能蹿出多高，决定了客户改变现状意愿的强烈程度。"我说。

小杨反应过来："第一响是客户的现状，是事实，第二响是客户的想法，是期望。两响之间的距离就是客户对期望和现状之间的差距，是吗?"小杨的理解很到位。

没有差距就没有购买。

两响之间的距离就是腾空的高度，决定着炮的效果。对"现状"与"期望"认知之间的差距，就是客户改变的原动力，也就是客户"实现什么、解决什么、避免什么"的概念。差距越大，动力越大！

我说："如果想帮助客户找到概念，帮助客户认清现状、建立期望，就点'二踢脚'!"

小牛说话了："这说法挺有创意！其实销售根本不擅长放'二踢脚'，而擅长放'鞭炮'，一连串问题'噼里啪啦'响个不停，一阵嘈杂之后，还有股火药味儿。"

“哈哈，是那感觉！”小熊觉得小牛说得挺形象。

“这么看来，要引发客户的关注和思考，‘二踢脚’的效果肯定比‘鞭炮’更震撼！”小杨说。

“其实‘二踢脚问题’也简单，就是问一个现状问题，然后征求客户的看法和期望，两个问题关联着问。”我解释说。

“给举个例子吧！”小朱说。

“比如，见到生产和设备主管可以问‘现在公司设备的非计划停工情况怎么样’，客户一般会回答他知道的客观信息。如果他不说，你沉默之后可以再问‘您希望把它控制在什么范围’。又如，见到财务主管可以问‘现在月末计算成本需要多长时间’‘您希望多长时间完成’。第一问都是引导客户认清现状，第二问都是了解客户的期望。”我举例说。

“原来是一个信息类问题关联一个态度类问题啊！”小马回应。

“就这意思，让客户认识现状，再了解他的期望。”我说。

小杨想了一下，说：“好像并不太难啊！”

小牛看着小杨说：“不难？我看不一定！虽然都是问题，问谁什么样的问题，可就大有讲头了！”

“对！‘二踢脚’的大小不一样，种类也不同。这要根据对方不同的职位、不同的角色、不同的关注点来提问，要看对方是谁、他的兴趣点可能在哪儿。这些决定了这个炮放得合适不合适。”我觉得，这要求销售要具备一些专业知识，比如客户的组织结构和业务关系、客户在企业中的地位和管理角色、客户可能的目标和困惑等。同样的炮，放给不同的人，效果肯定不一样。

“放‘二踢脚’必须找结实的平地，把炮放稳，这样才有后坐力，不至于跑偏。所以，要选对地方，看是不是结实、平稳、安全！”我说。

“选对地方？”小朱问。

“问题一定是客户可能的‘关注点’，客户可能感兴趣、愿意去谈的！”这最能体现销售的水平。

“是啊，看来只有好好学习客户的业务和管理知识，才能了解客户关心什么……”小朱觉得自己的差距越来越大了。

小朱谈到了业务和管理知识，这是客户认识现状的基础，产生期望的源泉。虽然每个人的想法不同，但他们都离不开自己的“业务环境”，总有一些共性和规律可循。

我想起自己的经历，给大家介绍：“其实也不难。我们每年拜访那么多客户，甚至每天都能见到。如果每见一个客户，就了解他所处的岗位，对哪些问题感兴趣、关心什么，日积月累，时间长了就能汇总整理出一本‘点炮秘籍’。以后见到类似岗位的人，就知道他们可能的兴趣点在哪儿。遇到客户没有概念的时候，就可以在同样的地点放个‘二踢脚’……”

小杨说：“公司也经常帮销售整理，哪些部门有什么管理问题，哪些角色关注什么问题，做成‘二踢脚’。但不能上来就说‘你有这些问题，我们是这样给你解决的’，那还是在推销！”

“对！同时，放‘二踢脚’时，要注意周围有没有小孩儿、老人或路人，否则很危险。也就是说，在提问时，要确认客户在沟通状态，在允许‘被提问’的状态。千万别乘人不备，更别吓人一跳。”我提醒大家要记得确认，让客户有心理准备。

“突然放个炮吓人一跳，那是人品问题！”小朱说。

我笑了笑，又问：“小熊，你小时候有没有横着放过？”

“横着？哦，那时候还小，觉得横着放好玩儿……”小熊也不回避。

“没安好心眼儿吧？”小牛问。

“嗯，看见骑自行车的或者看见女孩儿，横着冲着他们放一个，吓他们一跳！”小熊有些兴奋。

“人品问题先不谈。‘二踢脚问题’横着放是什么效果？”我说。

“到处乱窜！”小朱说。

“还有呢？”我问。

“第一响和第二响都在地上，都是问客户现状问题，没有了解客户的看法和期望。”小杨回答。

“所以，只有竖着放，才能得到客户对‘现实’和‘期望’认知的差距，才是面向客户概念的问题！”我补充说。

小牛点点头：“嗯，有差距才是‘二踢脚’！”

“所以，‘二踢脚’要竖直放，问‘一条直线’上的问题。否则就跑偏了。比如，刚问了‘A 的现状’，接着问的却是‘对 B 的期望’，就好像问‘杨总，公司现在采购计划的按时完成率是多少’和‘您希望库存资金占用控制到多少’。问题中的业务现状和期望没有直接关系，也就达不到‘二踢脚’的效果！”我强调。

“好东西，不错！见客户就放‘二踢脚’了！”小朱高兴地说。

我摇摇头：“也不是见客户就放！”

“那什么时候放？”小朱问。

“客户有概念不用放‘二踢脚’，只要有效提问、倾听就可以了。所以，要在‘二踢脚问题’之前，先通过一个信息类问题探索客户的概念。如果客户没有概念或者概念不清晰，就可以在他可能的‘关注点’和‘概念’上竖上一个‘二踢脚’。”我说。

讲了新招就忘了已有的招数，告诉大家“二踢脚”，见了客户就“嘣、嘣”乱放，也不管客户有没有概念，这正是我担心的。

“老寒，关于‘二踢脚问题’，还有什么要注意的吗？”小杨问。

这个问题引发了我的思考。

我想了一会儿，说：“放‘二踢脚’的时候，没有第一响永远不会有第二响，不通过现状去引燃客户的看法和想法，那是让客户空想（响）。还有，销售的目的是听‘响’，不要替客户‘响’，要听客户的，倾听！”

“又是倾听！”讲了一晚上，小熊头有些大了。

我很理解小熊的感受。

这些内功心法，不像手法那样可以在拜访现场指出来，必须让大家自己去悟。

“还记得怎么倾听吗？”我问大家。

小朱哗啦哗啦向前翻了几页笔记本，说：“倾听，要掏空自己，抑制自己说话的冲动，像沙漠中寻找水源一样，时刻准备发现有价值的信息；要进行合理回应，基于客户的回答使用‘思维助推器’，多用探索式询问；注意倾听的肢体语言；要有同理心；还有个‘沉默是金’，两次沉默；如果客户没有概念，可以放‘二踢脚’……”

大家慢慢地点着头。

小杨突然问我：“老寒，倾听就是信任五环的第二环吗？”

“不是吧，还有提问呢？”小朱疑惑地看着我。

我笑了笑，说：“第一环是‘拜访准备’。之后我们讲了很多提问和倾听的要点。为什么要提问和倾听呢？”

“不是为了了解客户的概念吗？”小杨问。

“可以了解到客户的概念了吗？”我问。

小杨没回答，他有些担心。有时候道理听起来都对，做起来却完全是另一回事！特别是涉及大家已有的习惯、涉及人性本能的冲动时，改变起来肯定不容易。

小朱等不及了：“老寒，信任五环的第二环到底是什么？”

“没有概念就没有一切。通过‘好的提问’加上‘沉默是金’，建立超级沟通，了解客户的概念，这就是信任五环的第二环——了解概念！”我笑着说。

大家面面相觑，说起来竟这么简单。

回头想想，做起来可真是不容易！

看看表，已经深夜十二点多了。今晚从七点开始，居然聊了五个多小时，结果只说了一件事——倾听！

“不早了，收工吧！”我说。

“哦，回去得消化消化！”小朱合上笔记本，伸了个懒腰。

坐了一晚上，身体都僵了，大家纷纷站起来伸懒腰、打哈欠。

我正做伸展运动，小杨走过来：“老寒，你还得跟我去趟蓝科！”

“说了这么多，你自己也试试呗！”我鼓励他。

“我也想试试，又怕用不好出什么问题。你在，我心里踏实些。”小杨说。

“小杨说得有道理！老寒，再去飞达，你也得跟我一起去，不能只帮小杨不帮我啊！”小朱也极力争取。

这俩家伙，当着大家面儿争取，让我怎么说？

第 5 章
呈现差异优势

26. 趟雷敢死队

一场秋雨一层凉。

周五快下班的时候，憋了许久的秋雨，像刚丢了苦心经营的大单后销售的泪水，稀里哗啦淌了下来。

暮色中，远处模糊的远山被秋雨肆意地蹂躏着，还没退色的绿树虽然被浇得透心凉，但依然坚强地挺立着，近处窗户玻璃被拍得噼里啪啦直响，我不禁打了一个寒噤。做销售的哥们儿不正像这些远山，正被无尽的痛苦蹂躏着，又像这些树和这窗户一样扛着没有尽头的业绩压力，动辄被领导噼里啪啦训得无可奈何。

做销售虽然看起来外面光鲜，挣钱无数，潇洒自在，但是一旦干了这一行就无法自拔，业绩压力、尔虞我诈、勾心斗角总是如影相随。尽管这样，还要在客户面前强装笑颜。深夜辗转无法入睡的时候，那种对未来的迷茫，那种时刻侵袭内心的苦楚，只有自己能够感受。真洗手不干吧，没混出个样子，又有些不甘心。

小朱是这样，小杨也是这样，相信那些靠销售谋生的兄弟们都是这样。

小杨上次和蓝科陶部长的沟通很不顺利，结果逼着陶部长给他留了家庭作业——出个方案。小杨本来就像被秋雨打了一样，可偏又在出门的时候碰到了几个穿西服、拿电脑包的竞争对手！他的心情像极了这鬼天气，还没来得及下几场秋雨，竞争对手就像冬雪一样急匆匆杀来，抢秋的光阴，一下子把他带进了寒冬。

小杨不禁感叹，虽说销售没有冬天，但暖春的感觉就像海市蜃楼，美妙而又缥缈，春天在哪里呢！

当我把自己裹得严严地从寒风中钻进粥屋的时候，小杨已经坐在一个角落，两手塞在裤兜里，跺着双脚取暖。

“老寒，这儿呢！”小杨把手从兜里抽出来挥了两下，以示欢迎和感谢。

“这鬼天气，说冷就冷了！”我解开外套，摘下围脖搭在椅子上。

小杨伸手给我倒了杯热水，说：“不好意思啊，大冷天还叫你出来！”

“没事，有人请喝粥，我喜欢！”我呵呵一笑。

小杨讪讪地笑了笑。

“说吧，怎么样了？”我单刀直入。

“那几个家伙真是 DEF 的，又碰上他们了！”小杨说的 DEF 公司，是他们 ABC 无处不在的影子，地地道道的模仿者，好像总在追赶，可总也追不上。

“那又怎么样，怕他们？”我把水杯端在嘴边刚要喝，抬头看了眼小杨问道。

小杨挺了下脖子，说：“怕他们，笑话！就会用那些下三烂手段，不是高承诺就是报低价，再不就用钱砸，真敢出招！碰上他们，主要是腻歪！”

我笑了笑，没接话。

“听说他们上来就安排客户去南方参观，都是旅游胜地！”小杨担心地说。

“哦？上来就参观，那不是你常用的手段吗？”我揶揄了他一下。

小杨脸一红，呵呵一笑，沉默了。

“客户怎么看？”我问。

“看什么?”小杨不解。

“DEF 公司啊!”我说。

小杨摇摇头，目光有些茫然。

进屋待了一会儿，暖和了些，整个人也放松了下来。我感觉小杨的担心，好像就是因为多了 DEF 的掺和，其他倒没什么。

“你现在最大的担心是什么?”我问了个“极限式回应”的问题。在对方没有想法，或没有思考方向的时候，这类问题可以让他找到当前最重要的关注点。

“我最大的担心就是被 DEF 拿走!”小杨的回答近似废话。

可能是因为我的问题没有针对具体场景，让他没办法回答。

“嗯，我很理解你的担心，我做销售的时候也经常遇到这种情况!”我先表示了同情，表达理解可以让我们的对话更加坦诚，又问:“如果不考虑 DEF，你现在最大的担心是什么?”我又使出了“魔法师回应”，把 DEF 的干扰移开，以鼓励小杨深入思考。

小杨想了想，说:“如果不考虑 DEF，我最担心的就是不知道怎么下手!”

“嗯!”我轻轻地一秒一下点着头。

片刻沉寂之后，小杨说:“你看，上次见过信息中心宋主任，没留下什么太好的印象，陶部长的拜访结果又是那样，都搞砸了，又不能直接跨过他们去找领导，现在真不知道该怎么办!”

“除了这些人，还会有谁参与呢?”我问。

“还有……”小杨努力地思考着，“除了宋主任、陶部长、总经理之外，还能有谁呢?采购部?陶部长管的就是采购。使用部门?也是陶部长他们使用。还会有谁呢?”小杨自言自语，怎么也跳不出那个圈。

“客户到底要建个什么系统?”我问小杨。

“一卡通啊!”小杨觉得这个很明确。

“谁用?”我又问。

“客户啊，蓝科公司。”小杨好奇地瞪着我，不知道我是什么意思。

我盯着他，一字一句地问：“还记得吗，上次拜访完陶部长去见宋主任，他问了你一句什么话?”

小杨斜着眼想了半天，说：“他问‘陶部长有没有说上这个系统要给供应商用’……”

我笑着点点头，没说话。

小杨想了半天，慢慢地说：“你的意思是说，供应商使用这个系统，我应该关注这些‘局外的’使用者?”

“这不是我说的，是你说的!”我鼓励小杨。

小杨脸上闪过短暂的兴奋，随即暗淡了下来：“那又怎么样，我又不能去做供应商的工作，让他们来支持我!”

“你总想让别人帮你，为什么不想怎么帮他们呢?”我问。

小杨低头想了一下，慢慢抬起头说：“想让我去帮助供应商，这太难了吧?”

“陶部长做这个项目，他期望的到底是什么?”

“用起来，见到效果啊!”小杨说。

“陶部长要想把系统建设好、用起来，最大的挑战是什么呢?”

“要想用起来，最大的挑战应该是改变现有流程和习惯，改变他们自己的业务处理习惯，还有就是供应商用不用……”小杨说。

我看着小杨，问：“你可以在哪些方面帮陶部长呢?”

小杨看着我，好像发现了什么，过了一会儿说：“我可以对供应商现有业务流程做个调研，从他们的角度了解一下对现有流程的看法，觉得哪些地方不够好，了解一下供应商的概念！如果有机会，再把系统好处介绍介绍，相信陶部长对这工作应该很感兴趣!”

“嗯，了解供应商的‘概念’！不过要先征求宋主任和陶部长的意见！”我提醒小杨。

既然是给供应商使用，供应商是一定要被调研的，也不知道蓝科做了没有。回头想想，陶部长说“这事儿讨论得太久了”是什么意思，他们究竟还在担心什么呢？

小杨做销售还是缺少总体观和大局观，只是在看某个点上一些关键人物，没有看整个面。这种情况下行动越迅速，技巧越到位，越有可能犯错误，甚至造成无法挽回的损失。行动之前，如果不知道哪条路可以成功，就先搞清楚哪条路上有危险，不能只是碰运气，保命比立功重要。

“你觉得蓝科项目，还会有谁参与决策？”我问。

小杨挠了挠头，他一直没搞明白：“从目前来看，应该有宋主任、陶部长，再往上就是总经理，往下，陶部长手下有个管采购的齐科长，宋主任手下管这块儿的是小王。其他应该没谁了吧！对了，按刚才说的，供应商算使用者，就看有什么影响了。”

我和小杨的感觉差不多。第一次去蓝科，简洁的大门和办公楼，干净整齐的办公环境，感觉蓝科不像有些企业那么复杂。在蓝科的组织结构中没见几个“副总”，看来是部长负责制。

“预算谁负责呢？”我问。

“可能是宋主任，嗯，也可能是陶部长……”小杨有些困惑。

“预算有所有权、使用权、审批权、执行权一说。”我说。

“嗯。所有权肯定是股东会的。陶部长可能有使用权，总经理有审批权，财务部有执行权，动每一笔钱都要参与啊！”小杨之前没觉得这么复杂。

我想了想，说：“销售要面对的除了人，就是事。这些都是用钱串起来的，钱又是权的载体。所以，人要花钱，花钱办事，事成就得有权，权又管着人和钱！”

“哦……”小杨被“人”、“事”、“钱”、“权”搞得有些晕。

“所以，先要搞清楚哪些人参与这件事!”我说。

小杨点点头。这非常重要，识别出的人越多，销售越安全。

“除了有哪些人，你知道决策的流程吗?”我问。

小杨愣愣地说：“就是宋主任负责组织联络，汇总陶部长他们提出来的需求，用那些需求筛选供应商，然后进入方案汇报和评审阶段，再让各家报价，或招标，或议标，或比价，最后确定一家供应商……”

“你确认蓝科也是这样吗?”我问。

“这……不太确定。”小杨摇摇头。

客户都会有自己的决策流程。有时候销售可以协助客户设计流程、提出建议，有时候只能跟着走。好的销售，更多是和客户一起商量。

“你把客户的决策流程清晰地画出来，什么时间，谁决定什么、审批什么，谁拿的什么意见，谁听谁的，谁最后拍板!”我知道，这对小杨来说有些困难，不过要是没这个，销售就像蒙着眼睛过独木桥。

“哦!”小杨闷闷地应了一声，这也是他往往拿不准的地方。项目经常到半路就走不下去了，也不知道卡在哪儿。

项目走不下去有两种情况：要么找了这个人，不知道下一步找谁，要么这个人就没有通过，是他在这儿拖着你，或故意卡着你。根本原因还是没有捕捉到这个人的概念，没给这个人一个充足的理由，让他去完成他自己要做的事情，而是销售始终企图让他去做销售做的事!

“还有个很关键的问题，你知道这些人的概念吗?”我盯着小杨问。

小杨几近崩溃!

他真的不清楚，接触多次的宋主任和陶部长的概念都还没搞清楚，更别说没接触过的人了。搞不清他们的概念，他们就不会帮小杨。即使帮也是他们自己看到了价值，这种概率和走在大街上碰到一个愿意嫁给你的美女差不多！

“销售离不开概念这东西！”我想了想说，“决策流程是条线，把每个人的概念串在一起，就是一条美丽的珍珠宝石项链！关键是既要看到奇珍异宝，还要找到那根绳子！”

小杨意识到，如果下定决心，很快就会有突破。

他皱着眉头想了想，说：“除了要搞清楚参与的人员、采购流程、每个人的概念，还有呢？”

“搞清这三个东西已经很不容易了。还要了解各种可能发生的变化，比如可能的角色变化、职位变化，甚至组织变化！”我反复强调，很多销售往往忽略这种变化，并为此付出了惨重的代价。

“还有呢？”小杨问。

“还有就是竞争情况了。不是说让你过于关注竞争对手，至少要知道他们接触了谁、做了什么，关键要知道对客户的概念有什么影响！”

竞争对手做什么不重要，关键是客户怎么看，竞争对手所作所为对客户有什么影响。有时候竞争对手瞎出牌，要是跟着对手跑，自己也瞎了。也有很多高手经常用障眼法迷惑对方，如果过于关注对手，说不定就上了他们的当。一切竞争的化解之术，就是盯住客户，盯住客户的概念。

“还有呢？”小杨生怕遗漏什么。

我呵呵一笑，说：“这就要问你自己了，你觉得还需要知道什么，‘还有什么能影响签单’，这是一个成功销售应该经常问自己的！”

小杨皱着眉说：“嗯，这得好好想想……”

我笑着没说话。

他又说：“我还要知道‘蓝科选我的理由是什么’！”

“说得好！主语是蓝科，不是你，不是‘我怎么样才能让蓝科选中’。这两句话的含义大不一样。祝贺你，你已经开始转变了！”我笑着说。

小杨不好意思地笑了笑：“得了，别笑话我了。刚才一说，蓝科参与决策的人不知道，决策流程不知道，他们的概念不知道，竞争情况也不知道，什么都不知道，我还做销售呢！”

“很正常啊！如果你都知道了，就没必要做销售了。每个不知道的信息，对销售来说都是随时会爆炸的‘雷’，看不见这些‘雷’，毫不犹豫地往里冲，结果被炸得粉身碎骨。”

“是啊，以前根本不知道自己不知道！”小杨说。

“销售就活在‘雷区’，身边到处都是随时会炸的‘雷’！”我说。

“以前做销售，脑袋上系根红绳，写上‘趟雷敢死队’，英勇地冲进去，结果就成烈士了！”小杨自惭形秽地开玩笑。

“从不知道自己不知道，到知道自己不知道，已经在成长了。”我说。

很多新手就是这样，不知道如何做销售，“不知道”自己“不知道”什么，一副无知者无畏的架势。

真正开始销售的生活后才发现，自己“不知道”的东西太多了，开始“知道”自己“不知道”，满是困惑，甚至没有信心面对。

等磨砺的时间长了，形成一些下意识的招数，小试牛刀，发现结果竟然出乎意料，甚至有些欣喜，这时他们“不知道”自己已经“知道”的东西。

真正的高手“知道”自己“知道”什么，招发于心，随心所欲，游刃有余。

小杨现在是“知道”自己“不知道”的时候。

“老寒，我接下来准备一个调研供应商的计划，征求一下宋主任和陶部长的意见，你看怎么样？”小杨问。

“看他们的概念吧!”我随口说。

小杨眉头一皱，没再说话。

27. 魏部长的笑

潮湿阴冷的空气笼罩着大地，但丝毫没有阻挡销售奔波的脚步。他们内心迸发的激情，融化了落在肩头的雪花和冰凌。

办公室里，手机铃声急促响起，我懒懒地拎起电话。

“喂，老寒，我今天和宋主任在电话里聊过了!”小杨按捺不住心中的兴奋。

“哦?”

“还别说，我在电话里用五环技巧问了宋主任几个问题，没想他说了半个多小时!”

“不错啊!”

“是! 我问他一卡通项目讨论了这么久是什么原因，他说这是蓝科的内部问题，陶部长想改革，企管不同意!”小杨说。

“哦?”情况果然复杂。

“你知道除了宋主任、陶部长，还有谁参与这个项目吗?”小杨这么说，明摆着知道答案，不到两秒钟，他就兴奋地说：“是企管部的魏部长，听说他和陶部长意见不一致!”

“你接触过这个魏部长吗?”我问。

“还没有。不过和宋主任说了想调研供应商的想法，他觉得也好，让我问问陶部长的意见。”小杨说。

这宋主任，够滑的!

夹在陶部长和魏部长中间，也不发表意见，什么都让小杨自己找，很典型!

“你找陶部长了?”我追问。

小杨迫不及待地说："和陶部长电话里说了一下，先对上次表示了感谢，然后说制作方案时总感觉缺点什么，所以想找几家供应商交流一下，或许还能帮他了解供应商的需求和想法，也便于方案制作和实施！"

"他什么意见？"

"没想到他对这个做法很赞同，说能想到这一步，看得出来是用了心的，不过……"小杨迟疑了一下，"不过他说要调研的话，可以从蓝科内部开始，让我找宋主任安排……"

我呵呵一笑，陶部长又把皮球踢给了宋主任！

这帮人，心眼多得像蜂窝煤！

谁是主角呢？

"你猜宋主任怎么说？"小杨打断了我的思绪，完全陶醉在自己的世界里。

"怎么说？"

"宋主任说，既然这样，就让我去见一下企管部的魏部长，他给安排！"小杨像得了什么嘉奖。

确实，取得这样的进展，是小杨的进步。

"老寒，这次见魏部长，一起去呗！"小杨亮出底牌。

这小杨，知道琢磨客户的概念，怎么就不考虑我的概念呢？要想拉我怎么也得找个理由吧！我稍迟疑了一下，问："什么时候？"

"下午两点！"小杨说。

我觉得蓝科项目很有意思，这个老魏能跟主管经营的老陶过招，肯定有道行。虽然做销售多年，见过不少客户，但这个魏部长勾起了我的兴趣。再说我也不能脱离客户、脱离销售，所以，在理论联系实际，密切联系群众的思想指导下，我答应了小杨。

"吃完饭门口见。"我挂上电话，眯着眼睛想象下午可能出现的情况。

可能因为天冷，大街上没了溜食儿的闲人。

小杨的车停在那儿，格外孤独和冷清。

我钻进车里，顿时感觉一阵温暖。小杨脸蛋红扑扑的，不知道是因为有空调，还是因为要见魏部长心情大好。

“老寒，你别说，我发现销售技巧可以弥补策略的不足！”小杨沾沾自喜。

“怎么讲呢？”

小杨得意地说：“你看，我就试了试提问和倾听，结果知道了有个魏部长，之前哪儿知道还有他啊！”

“嗯。等你拿下蓝科，我听听你是如何甩掉 DEF 的！”我给小杨降了降温。

果然，小杨脸上的红光褪去一些。

我看他恢复了常态，便问：“这次见魏部长做了什么准备啊？”

小杨眉头一皱，舔舔嘴唇：“我准备了。只不过没写，在脑子里呢！”

“说说看！”

小杨想了想说：“魏部长负责企管，目前来看他应该不会使用系统，应该是参与把关的，不关心具体功能。最好的行动承诺，希望他能一起和陶部长听我们讲方案，最低也得提几条要求，概念嘛……还需要了解。”

“问题准备好了？”

“准备好了！”小杨立即回答，“我还准备了倾听、沉默，呵呵！”

看着小杨满怀信心，我却乐不起来，想了一下，问：“约见理由呢？”

“宋主任带我们去，不用约见！”小杨说。

“约见理由除了约见，还要用在开场确认！”我说。

“哦，我也想了。你看这样行不，希望了解一下魏部长关于蓝科供应商管理的看法，共同探讨一下方案的可行性，看如果项目启动应该注意什么，以便配合好魏部长的企管工作！”小杨边想边说，好不容易才理顺。

我突然感觉这个理由不是特别理想，说不清有什么不妥，反正给对方感觉有些牵强。

小杨嘴巴紧闭，目光坚定，做好了大战前的准备。

我和小杨来到宋主任的办公室，宋主任招呼应承多了些自然。

有些人，只要不太伤他面子或得罪他，多混混自然就熟了。他们从不主动给人难堪，山不转水转，这正是国人的圆滑之处。

魏部长的办公室在三楼阳面。

往里紧挨着的那间，挂着块牌子——总经理室。

魏部长的这间办公室虽然和陶部长的大小相当，但感觉完全不同。进门左侧靠墙，竟然是个水族鱼缸，几条锦鲤悠然自得，形成了一个不大的屏风。里面，深咖啡色办公台和书柜被擦得一尘不染，办公桌边上还有两棵绿植，枝枝蔓蔓地团在一起，一片生机盎然的样子。要不是魏部长坐在那儿，还真以为错进了总经理的办公室。

魏部长坐在办公桌后面，一手捧着茶杯，一手捏着份文件正埋头看着。我们一进门，他的脑袋顺势抬起，脸上立即露出了慈祥的笑容，张嘴说道：“哟，宋主任，来啦，快请，快请！”

“魏部长，打扰啦！”宋主任也不见外。

“哪里，哪里，都是工作嘛！”魏部长脸上始终保持着微笑。

“是啊，上午和您说的那事儿，有家厂商想跟您聊聊，”说完半转身指着小杨，“这就是 ABC 的杨经理，他们是专门做供应商管理信息化的！”

小杨顺势朝魏部长了笑了笑，掏出早就备好的名片，递上去说：“您好，魏部长！”握手之后，面带微笑看着魏部长。

魏部长看了眼小杨的名片，笑着说：“哦，欢迎，欢迎！欢迎专业的厂商为我们服务啊!”

小杨忍住没说话，再次把目光投向宋主任。

宋主任见小杨看他，明白了其中的用意，便接过话题：“魏部长，是这样的，前期讨论的供应商一卡通，公司让我联系一些专业厂商，听听他们的建议，然后再确定后续方案。ABC 杨经理他们很谨慎，对蓝科也很重视，这次来是想专门听听您的想法!”

魏部长仍然笑不离脸：“呵呵，这个，我外行，要向你们学习啊!”说完看看宋主任，又看看小杨，指着沙发说：“坐吧，坐吧!”

宋主任好像暂时也没有离开的意思，而是与小杨和我靠近了沙发。宋主任找了靠门最近的位置坐下。

屁股还没坐稳，小杨就开口了：“魏部长这屋，青树绿水，春意盎然啊！特别是听魏部长一说话，让我感觉特别亲切!”说完脸上也堆上了笑。

魏部长好像天生就是笑脸，配合小杨的话，把头向右上方甩了一下，“哈哈”笑出两声。

小杨这是在破冰，缓解一下刚见面的这种陌生的关系压力。但他没使用问题，而是寒暄。虽然没有使用问题，这么随口一说，感觉也不那么做作。看来暖场类问题的使用要因时、因事、因境、因人。

魏部长继续笑眯眯地看着小杨，轻轻地点了点头，没有接话。

小杨又看了一眼宋主任，宋主任也在看着他，便开始说：“魏部长，很荣幸能见到您。我在 ABC 工作了四年多了，前两年主要是做咨询和实施。ABC 是专门为客户提供信息化解决方案的，在电子行业也有一些经验，希望能帮助电子行业的客户实现规范、高效的管理，这是我本人和公司的一些情况。”小杨面带微笑，看着魏部长，说完点了下头。

魏部长听完，笑着轻轻点了下头，示意听到了。

不知道魏部长在想什么。

在我看来，小杨这样说还算合理。初次见面，让对方知道“你是谁”，比上来就说“我能帮你”要好。话说回来，小杨能忍住不夸夸其谈他的公司和产品，已经是很大的进步了。

停顿一下之后，小杨又说：“魏部长，今天希望占用您大约半小时的时间，就蓝科的供应商管理做个交流，以便确定方案的可行性。我们想先听听您的想法，您觉得哪些方面应该加强，咱们再一起探讨一下怎么才能加强，以确定关键点。这样既能把您的管理思想融入系统中加以贯彻，也能提高我们方案制作的针对性和有效性。您看可以吗?”小杨说完，咽了口唾沫。

这个开场确认，看得出来让小杨很费劲，好像总憋着一口气。但他说话的速度并不快，在每个关键句之间也都略有停顿，同时在观察魏部长的反应。

魏部长听着，眼睛眯得越来越细，看得出来，他听进去了，在想着什么。

等小杨问完“您看这样可以吗”的时候，魏部长的眼睛慢慢睁开，笑着点点头说：“可以啊!”

旁边的宋主任眼睛瞪大了，盯着小杨，感觉小杨像换了个人。

看得出，小杨这个开场确认类问题用得不错！魏部长肯定的回答是一方面，这种问题多数情况下都能得到肯定的回答，关键给对方的感受不一样，让对方感觉你是一个有条理、有准备、尊重对方的人。

小杨看了我一眼。从他的眼睛里，我读到了他对自己的表现也比较满意，他的信心又开始往上蹿。陶醉的时候，恰恰是危险的开始。

小杨开始发问了：“魏部长，听宋主任说蓝科准备对采购和供应商管理进行优化，是什么原因让蓝科想要优化呢?”

魏部长听完又是一笑，说：“哈哈，按说采购和供应商的事，归经营部管，你应该去问经营部，他们最清楚。我现在只负责企管这块儿！”

小杨满怀信心的期待，换来的竟是这个答案，不由地吃了一惊，太出乎他的意料了！刚才魏部长还说“可以”呢，怎么翻脸就不认账了？

小杨刚想张嘴说话，突然想起了沉默，生生把到嘴边的话咽了回去，前倾上身，面带微笑看着魏部长。

魏部长见小杨没有说话，还在看着他，嘿嘿笑了几声。

已经四秒了，这笑面虎还没有说话。

就这样沉默了一会儿，小杨终于熬不住了，仓促地说了句：“我的意思是说，从企管的角度，您对这个系统有什么想法和期望呢？”

“哦，没什么想法，也没什么期望，我就是服务好业务部门！”魏部长一副公平、公正、公开的架势，然后又笑着说：“对了，你们是专家，你们应该多提提合理化建议啊！”练成这招笑面虎，绝非一日之功。

小杨顿时懵了！

他无法招架魏部长的化骨绵掌，被搞得六神无主。

小杨心里想，虽然我们确实很懂，可怎么给他提建议呢？直接说方案吗？不行！还不知道魏部长什么态度呢！再问吗？都问到这个程度了，还能怎么问？提问，提问，问了就这效果！小杨很纠结。实在不行，先应付着忽悠一下吧。

败下阵来的小杨正了正神儿，重新开口了：“呵呵。魏部长，虽然我们做过一些企业，也积累了一点点经验，但各家都有各家的实际情况。在您面前，我们可不敢称什么专家，再懂也没您懂啊！蓝科的业务，还得向您多请教！”

魏部长听这话笑得更开了，咧着嘴说：“呵，你谦虚了。大家都希望企业越来越好!”

“对，都希望越来越好！魏部长，您看，在采购和供应商的方面，您希望怎么做才能更好呢?”小杨的这个问题抓得很及时。

“怎么做？我觉得越简单越好，别把简单的事情搞复杂!”魏部长说。

小杨随口接话说：“是啊，简单些好！我们的系统就是让业务操作更简单的!”

我看了一眼小杨，呵呵，又要说“我们”?

这时候，宋主任突然站起来，说：“呀，对了，我手头还有个事。这样吧，魏部长，你们先聊着，回头咱再碰!”

“好，好!”魏部长抬了抬头，朝宋主任示意了一下。

宋主任转身离开。

小杨又回过头来看着魏部长，他觉得这哪是销售，简直是煎熬，像被架在火上烤。

他想倾听，也想用同理心，把自己的思维努力地融入到魏部长的思维过程，可无论是年龄还是阅历，总感觉自己脑子赶不上魏部长，不知道他葫芦里卖的什么药。

宋主任不合时宜地离去，更让小杨有精神分裂的感觉，怎么也调整不好状态。

魏部长看了看小杨，又看看自己的桌子，依然呵呵笑着。

就这样沉默了一会儿，幸好小杨记起魏部长刚才的话，又琢磨了琢磨，便问：“魏部长，刚才您说别把简单的事情搞复杂，这简单指的是……”

魏部长咧着嘴，说：“呵呵，也没什么。采购就那点儿事，供应商不就那些嘛，现在管得也挺好，没必要上什么卡管理。你说供货单位把卡换来换去，搞乱了，不更麻烦吗?”

“魏部长，每个卡给供应商，可以使用密码加密，也可以用生物识别技术，搞不乱的！”小杨一听说魏部长有这样的担心，觉得太幼稚了，怎么会这么想呢，这是最基本的功能。

小杨一说话，魏部长像接受了什么指令，立即闭上了嘴，边微笑边看着小杨。

魏部长一没动静，小杨突然意识到，坏了，老毛病又犯了！

客户不说话，着急，客户一说话，更着急！一说到自己最专业的加密技术，那话就自己从嘴角溜出来了！怎么就不知道沉默呢！

小杨不露声色地自责着，低头想了几秒，抬起头看着魏部长，问：“魏部长，您的担心我理解，很多企业也都有过这样的担心。除了担心他们换来换去，您还有什么担心吗？”

魏部长脸上闪过一丝难以察觉的意外，随之瞬间僵持，紧接着又变回微笑的模样，说：“也没什么，都知道信息化可以帮助规范管理。不过管理这个东西，可不是信息化能够解决的！”

要是以前，小杨一听说信息化解决不了管理问题，那可有一大堆说服的理由。什么“信息技术是手段，服务的就是管理”“您的管理思想，我们用技术手段帮您落地”等，这些话一出，必定又给客户的嘴上贴了封条。

小杨没有马上接话，紧闭着嘴，咬着牙，强忍着说话的冲动，一边静静地看着魏部长，一边慢慢地点头。

沉默了一下，魏部长接着说：“你看，美国的武器先进吧？他再先进怎么样，还是斗不过中国人的脑袋！有些事儿，可以靠技术手段，有些事儿，还是要靠人！”

听到这里，我隐约感觉到魏部长这家伙在想什么了。

可他担心的那些“靠人”来判断的事儿是什么呢？

小杨定了定心气，用了一个合理回应：“比如说呢？”

“呵呵。比如说，现在我们要给两家供货单位付款了。假如用了那个什么卡，规定只能先付给第一家，第二家得在后头排着。可是现有的钱给第一家不够，给第二家又用不了，你说怎么办？还有，如果第二家这次供货的质量特别好，合作历史也好于第一家，你说是先给第一家，还是第二家?”魏部长看着小杨，好像在将小杨的军。

这时候，小杨说什么都是错，他能做的，就是保持沉默，再配合一点皱眉就更好了。

“当然啦，按说这事儿用不着我操心了，可我以前管采购的时候，没少为这个费心啊!”魏部长感叹了一句。

小杨听完，扭头看看我，眼神极其复杂。

我也没想到魏部长能说出这句话，而且还是主动说的！这或许就是沉默的价值！小杨也被这个信息刺激了，既惊喜、兴奋，又有些担心，他觉得这个魏部长更不好对付了。

要是魏部长真的做过采购，他和陶部长关系怎么样呢？按说前后任……可这魏部长为什么要和小杨说这番话呢?

“魏部长，您是内行，找到您，我算是找到老师了!”小杨心情复杂，思路也失控，说出了这么一句话。这句话并没有延续魏部长的思路，而是掺杂了小杨的想法，说的是他关心的事情，他“做销售”“做成单”的冲动又冒头了。听起来是恭维，实际主语是“我”，“找到你，我的销售可就有机会了!”

魏部长摆摆手，说：“我算什么老师，搞 IT，你们是老师!”

小杨也感觉到了有什么不妥，迅速调整思路，接着问：“魏部长，除了您刚才的担心，还有哪些?”

魏部长皱眉想了想，说：“其实我这些担心也是多余的。关键这不光是经营部的问题，还要牵涉到财务部、生产车间，他们之间扯皮，最终都会扯到企管上来!”

小杨有些明白魏部长的初衷了，是怕扯皮连累到他吗?

如果真是这样，魏部长又期望什么呢?

“魏部长，您是担心将来用了一卡通，很多业务不能按系统规定的流程走，因此带来很大的协调和管理成本，是吗？”小杨问了一个确认类问题。

“嗨，也没什么，我倒没那么担心。”魏部长顺口回应。

小杨正想怎么征求魏部长的态度，魏部长看了看沉思的小杨，笑着问：“对了，你们做过我们这样的企业吗？”

“做过！”小杨下意识地回答。

“都做过哪些啊？”魏部长开始问。他知道，谁发问，谁就掌握了沟通的主动权。

“我们做过不少同行业的客户，比如上海的海硅光电、深圳的凌海电子、台资企业普宏光电，还包括著名的韩资企业朝飞仪表、日资企业日硅电子……”小杨开始如数家珍，恢复了往日的风采。

魏部长迟疑了一下，打断小杨：“北方的做过吗？”

“做过，北京的也有。”小杨没有迟疑。

“哦？”魏部长反应。

小杨觉得魏部长感兴趣，或许他想了解更多呢，感觉一两句话说不清楚，便使出了销售惯用的招数：“魏部长，您方便的话，我们可以安排您到做过的企业去参观！”

“嗯。”魏部长未置可否。

小杨趁机追杀，“您看什么时候方便，我安排一下。下周怎么样？”

“这个嘛，我最近事情比较多，估计不好安排。再说，这个事儿主要是陶部长和宋主任他们负责，到时候请他们参观就行了。”魏部长又打起了太极。

眼看到手的机会又要溜走，小杨着急地说：“要不这样也行，我们安排一下做过类似项目的顾问，专门针对您关心的问题做个交流，您看怎么样？”

“我还是那话，主要是业务部门的事，和他们多交流吧！”魏部长总是一副不相干、一种想推出去的感觉。

“哦……”小杨的子弹打完了，不知道还能用什么招数。

想了想，他不得已地从包里掏出了公司的方案说明和案例集，站起来递给魏部长说：“魏部长，这是我们做过的一些同行企业的情况，供您参考！”

魏部长伸出一只手接了过去，翻了两下，嘴里说着：“好，好，我有时间看看。”说完，把资料放在一边，又抬头问小杨：“你们和其他公司相比，有什么优势啊？”

小杨一听这话，吓出一身冷汗，莫非魏部长还了解其他公司？

“这个嘛……”小杨迟疑了一下，公司的销售工具中曾经提过一些和竞争对手的对比，从好几方面列举了 ABC 公司的优势，便接着说，“魏部长，ABC 是国内较早从事企业信息化的公司，是行业内最有实力的厂商，曾经连续五年获得行业评选市场份额第一。目前无论是设备的稳定性，还是技术的架构都是一流的，客户群也是最庞大的。正是因为有服务过这么多客户的经验，可以为企业提供更好的实施服务保障。还有，我们的人员流动性也是最小的……”

说到这里，小杨心里开始有些发虚了。他感觉到，这些和魏部长的概念好像没什么关系。再看看魏部长，经典的笑容又挂到了脸上。

“你们同行业的竞争对手都有谁啊？”魏部长随口问。

小杨觉得，魏部长能够主动问到有谁，脑子里应该有某个公司的影子，莫非魏部长知道哪家公司？不会是 DEF 吧？他这么问，好像还有着什么预期的答案。

想到这里，小杨想了解魏部长脑子里那个谜团或预期的答案，但没设计好问题，竟然迷迷糊糊直接反问魏部长：“魏部长，您觉得还有哪些公司能做呢？”

“呵呵，这我说不上来。我是在问你啊！”魏部长把球踢回来，说完看着小杨，明摆着不愿意和小杨分享他的想法。

“要说优势，和竞争对手相比，我们更关注客户的需求，更关注客户希望解决哪些问题!”不愧是有点儿经验，小杨的回答让我也吃了一惊。

“哈哈哈!”魏部长爽快地笑出声，那声音小杨听起来有些瘆人。

这时候，小杨想起了这次拜访要获得的行动承诺，接着说:“魏部长，您刚才讲了对系统的担心，也提到了您的期望。您看接下来，是不是由我们从企管的角度组织一次调研，从咱蓝科各部门开始，包括相关的业务部门，也可以考虑调研几家蓝科的供应商，然后出个解决方案讨论一下。您觉得怎么样?”

魏部长食指和中指轮流轻轻敲着桌子，说:“这事啊，后面具体的安排你和宋主任他们沟通就行了，我就是一个服务部门!”

“那……”小杨没想到魏部长拒绝得这么干脆和委婉，没办法，又抛出了最低的行动承诺，“那魏部长，您看是不是可以安排一个企管部的人，让我了解一下相关业务的管理制度和流程呢?”小杨觉得，既然魏部长几乎和他说出了自己的概念，这应该是可以的吧!

“这事儿，要征求陶部长和公司的意见！这样吧，还是以陶部长他们为主，好吧!”魏部长再现油条风范。

小杨看看我，觉得应该收场了，清了清嗓子，说:“魏部长，刚才向您请教了蓝科的一些情况，特别是了解了您对这个项目的一些担心和期望。这样吧，看您时间，方便的时候，我们可以请您到同行企业去参观一下，如果您有什么需要，我们也可以随时安排专家跟您沟通……”

“好，好，好!”魏部长笑着应承。

“后续的调研我再和宋主任、陶部长他们沟通，等调研计划出来之后，还要请您多多指导!”小杨希望留得青山在，随时有柴烧。

“没问题!”魏部长随口说。

“我们的方案汇报的时候，一定请魏部长现场多多指导啊!”小杨把后续的各种可能的机会，都提前做了铺垫。

“应该的！”魏部长欠起屁股，准备随时站起来。

小杨率先站起来，说：“那感谢魏部长了，随后再来拜访您！”

魏部长也站了起来，哈哈笑了几声，顺势挤出个字：“好！”

小杨眼神极其复杂地看了我一眼，眼神中有些欣喜，有些遗憾，还有些迷茫。

28. 为什么不承诺

“陶部长、魏部长、宋主任……”刚上车，小杨磨磨叨叨。

“嘟囔什么呢？”我问。

小杨轻轻摇了摇头：“没想到，这么个小项目，还挺复杂！”

我笑了笑，没接话。

复杂是必然的！

引起企业组织流程变化的项目，肯定牵扯方方面面，怎么可能一两个人就定了呢？

从古至今，传统和变化的撞击、革新与保守的斗争从来没停止过！技术飞速发展，市场不断变化，企业要变革，而人的潜意识拒绝变化，每个人只关注自己的利益。这种“变化”与“抗拒”的博弈愈演愈烈！而世界，就在“变革”与“保守”的博弈中均衡地前进着。看到这些，蓝科项目的复杂也就不足为怪了。看不到这些，就像黏在蜘蛛网上的苍蝇，再挣扎也难突破。

如果是我操盘，我会怎么下手呢？

车已驶出了蓝科大门。

小杨没感觉到我的沉默与思考，他一直在回味，突然随口问：“老寒，你觉得这次拜访怎么样？”

小杨这么问，他觉得他的这次拜访还是超出预期的，毕竟知道了那么多信息！他一定在期待我对他的肯定！

回想起来，小杨已经意识到要努力控制自己的冲动，已经试着放下自己脑子里的东西，关注客户的想法了，效果也有目共睹。

可拜访之外，他并没形成一种习惯。这时如果他征求一下我对项目操作的看法，我很可能会给他支支招儿，这是我当下正在思考的。而他问的，总是他自己关心的事情，不去琢磨对方在想什么。可见，思维模式的改变和习惯的养成，不是简单的事。

"什么怎么样？"我问。

"在您教导下，有没有进步啊？"小杨说。

我点点头："有啊，当然有！"

小杨呵呵一笑。

提起进步，我第一反应是魏部长那张笑脸，还有就是他说的"没用""搞复杂""找陶部长"，再有就是小杨的纠结、发懵和往日的风采，这是我记忆里最深刻的。

这时候小杨让我讲他的进步，我不得不痛苦地重新整理思绪。我想了一下，说："你的暖场和自我介绍不错，开场确认也挺好。总体感觉，你的提问和倾听还挺有效的！"

"嗯，我觉得也是！"小杨的话就在嘴边。

"你今天最大的收获是什么？"我问小杨。

小杨想也没想："提问加倾听，了解了魏部长的概念！"

> 人与人之间的沟通是两个意识流在沟通，自己关注的、正在思考的事，可以脱口而出，对方关注而自己不关注的，要努力聚焦才能勉强应答。

"嗯。"我回应了一下，随之沉默。

片刻之后，小杨说："他已经把担心的事告诉我了！要是以前，我肯定上来就介绍，逼着客户听，直到他见缝插针地挑几句毛病，说不定还会挑衅。现在不一样了，通过询问和倾听，让客户多说，还借助‘思维助推器’跟踪他的思维，所以了解了他的概念！”

“有收获就好！”我随口回应了一句。在我看来，面对魏部长这样的老油条，小杨能得到这些信息，已经很不容易了。

“不过，有时候他说的我都知道，他说的不对也不能解释和反驳，到了嘴边的话咽回去，憋得我真难受！”小杨讪讪地说。

我扭头看着窗外，没搭话。

小杨见我没说话，意识到自己有些过于得意，也不知道往下再说什么。

“你拜访魏部长的目的是什么？希望获得的行动承诺是什么？”我问了一个很现实的问题。

“哦……”小杨突然意识到这次拜访的不足，“本来想请他和陶部长一起听我们讲方案，或者安排一下对企管的调研……”

我皱着眉头，表情严肃。

“可魏部长这老油条，总打太极，不愿意露面，更别说参观客户了！”小杨有些无奈。

“你觉得是什么原因呢？”

“不知道。按说他也说了他的概念，担心供应商使用系统会出现新的漏洞，也担心其他几个部门扯皮把他卷进去，看那意思，他好像不愿意掺和这事儿。”小杨连想带猜。

“那些真的是他的概念吗？”

“应该是吧……”小杨觉得，这次拜访最大的收获就是这些信息。

“可他为什么推来推去呢？”

“他怕麻烦？想躲清静？”小杨推测。

“有证据吗？”

“他不是说怕扯皮扯到企管上来吗？看他坐办公室多清闲啊！”小杨说。

“想清闲，干吗还要掺和这个项目？还告诉你他以前管过采购，什么目的呢?”我提出疑问，引发小杨思考。

“也是！莫非有什么企图?”小杨也好奇。

“他的企图也属于概念。第一次拜访，你能知道他概念的冰山一角，已经不错了！初次拜访很难了解到完整的概念。你想想，魏部长不听方案，不调研，不参观，不愿意做任何事儿，你觉得是什么原因呢?”我先肯定，后提问。

小杨觉得这好像不是概念的问题。既然魏部长掺和，一定还有什么其他的想法。这魏部长也是，既然有想法，就找一家公司一起玩儿，这样才能达到目的。

“魏部长为什么不给承诺呢?”小杨想不明白。

我笑了，问:“突然提到竞争对手，什么意思呢?”

“是啊，他为什么问有什么优势呢? 莫非……”这是小杨最担心的。

小杨感觉，可能魏部长已经和 DEF 接触过了，并且不止一次。

莫非 DEF 是从这儿下手的?

魏部长主动问竞争情况，不是好信号。要么是他被小杨的自信和推销搞烦了，专门抬出对手揭对方的短儿，借力打力、借刀杀人是他们的惯用招数；要么是他真的已经率先对另一家公司有了某种认知。话说回来，按魏部长的油条水平，如果真的被竞争对手搞定了，他会主动问起竞争，把自己暴露出来吗? 或许，这也不是个坏消息。

无论如何，早来的坏消息就是好消息!

这一切，小杨接下来都要一一搞清楚。

“在魏部长看来，ABC 和对手到底有什么不一样?”我问了个尖锐的问题。

“不一样的多了。DEF 和 ABC 比哪是一个量级的? 无论论产值、论规模，还是论客户数，哪一点能和 ABC 比！他们也就是用些卑劣手段……”小杨提到 DEF 很不屑。

销售常碰到的宿敌也就那几个，整天赤膊相见，彼此你死我活杀红了眼，提到对手有种下意识的亢奋和斗志，就像两只不分胜负的公鸡奓起羽毛。公司的竞争成了个人恩怨，融进了血液，可怜的销售！

小杨虽然感触没那么深，但也曾栽在 DEF 手里。对这种几乎单单都见的对手，公司专门做了对比和话术，一套一套的，成了口头禅。

“我是问，在魏部长看来，他眼中你们和竞争对手有什么不一样！”我强调着刚才的问题。

小杨这才意识到，犹豫了一下，说：“在魏部长看来……或许是我们的经验吧，要不就是实力，反正不是价格！”

“魏部长关心什么，他需要什么样的优势?”

“不就……”小杨突然倒吸一口凉气，到了嘴边的话，跟着凉气被一起咽了回去。

那种不安和畏惧，又开始慢慢侵袭小杨的内心。是啊，即使知道了客户的概念，不知道怎么针对概念说出自己的优势，就算说出来了，对方也不认可，还是没用。真是顽疾无良医！

冬天的到来，不仅夹杂着雨雪和寒冷，还有消失殆尽的绿色。

小杨的冬天，不仅在蓝科项目中又撞上了老对手 DEF，还陷入了顽疾无良医的境地！

29. 有啥不一样

了解到客户的概念却不知道该怎么应对，小杨彻底郁闷了，闷闷不乐地开着车。

“我现在越来越怕拜访客户了……”小杨怨声载道。

“不至于吧?”我笑着说。

“太难受了!”小杨打了一把方向盘拐进便道，到公司了，“今天你得给我说明白，要不以后还怎么干销售啊!”

看着愁眉苦脸的小杨，真有些于心不忍，都是被我搞的。我看看表，想了一下说:“好吧，去我办公室!”

刚下车，我口袋里的手机嗡嗡响起来，是小朱。

“哎，小朱。”我接通应了一声。

“老寒，忙吗?”小朱问。

“还行。”

“方便不？和你说个事儿!”小朱确认了一下。

“方便，说吧!”

小朱急促地说:“还是飞达的事儿，想跟你请教呢!”

“别说请教。怎么了?”

“在公司吗？要不找你当面说吧!”小朱说。

我看了眼小杨，说:“哦，也行吧。小杨在我这儿……”我没说和小杨刚从蓝科回来。

“那正好，一块儿帮我分析分析。”小朱觉得难得两人都在，他觉得小杨经验比他丰富多了。

“到我办公室吧。”我说。

小杨迷茫地望着窗外积雪蜿蜒的远山，说:“还是你好，在这儿看看书、上上网，不用扛业绩，还有景儿看，哪像我们，整天被压得喘不过气来!”

“有什么不一样吗?”不是第一次听到这话了，还有人说我找了个舒服的地方养老了，我都一笑而过。

小杨没想到我这么问:“当然不一样了，你多舒服!”

小杨觉得这是个清闲的地方，可不知道我像他这年纪的时候，也曾经早晨五点踩着没脚的大雪去见客户，也曾经为项目愁得彻夜无眠，也经常凌晨三点还在分析第二天的商务怎么谈。

小杨这么想也不怪他，每个人当下的处境和动机是决定概念的根源。

“让你来干我这活儿，你愿意吗？”我问。

“愿意啊！可又没那道行！”小杨自嘲加惋惜。

我笑了：“呵呵，其实我来的时候，也有领导说没什么意思，让我负责一块儿业务。我有我的理由，你知道是什么吗？”

“什么啊？”小杨瞪着眼睛。

“天机不可泄露！”我神秘地笑了笑，说，“反正我有我的理由！”

小杨被业绩压得喘不过气来，整天被客户搞得极度郁闷，这是他的现状，所以他眼里我这份工作就是清闲、没压力。换个带着兄弟冲锋陷阵的事业部老大，他们也觉得这就是养老的！面对差不多的职责和待遇，决定每个人怎么看的，不是职责和待遇本身，而是每个人的概念！

“你是怎么想的？”小杨问。

“你是说我怎么愿意干这工作吧，这个，保密！”我卖了个关子，“其实这和魏部长为什么不愿意给行动承诺，一个道理！”

“是，每个人的决定，都源于自己的概念。”小杨说。

这时候，门被推开一条缝，小朱露出脑袋冲我一笑：“聊着呢！”

“来，坐！”我招呼小朱，“正聊客户为什么选择呢。你的飞达怎么了？”小朱一定遇到了什么困惑，这时候如果继续原来的话题，小朱很可能听不懂，也听不进去。

“我刚了解了一些关于飞达和龚总的情况，想去拜访，可不知道该怎么说。”小朱不好意思地笑了笑。

“正聊到关键地方，别打岔！”小杨说。

我笑了笑，说：“可能我们遇到了同样的问题。小朱，要不先接着聊刚才的话题，会涉及和客户‘怎么说’的问题，或许对你也有帮助。聊完再说你的，怎么样？”

“好，知道你们也不闲扯。”小朱憨憨一笑。

我把目光转向小杨：“你做过实施，有专业知识和行业经验，方案也能自己做，可你知道‘怎么说’吗？”

“以前知道，现在不知道了！”小杨面露愁容。

“你这么专业还不知道？”小朱困惑地问。

“按说这可是专业销售的优势啊！”我笑着说。

小杨有些不好意思：“以前觉得，见客户最重要的就是说。等知道了客户有概念，说得越多客户越反感，成了‘推销胁迫症’后，真不知道该怎么说了！”

很多“有知识”的销售做呈现，往往跟打机关枪似地不给客户喘息的机会，一直努力地说服客户。现在发现，专业知识有时候也会成为障碍，验证了“知识越多越反动”的道理！

小朱怎么也想不明白，有知识是“推销胁迫症”，没知识又不知道说什么，到底该怎么办呢？

“行业知识、方案和产品知识都很重要，这些是基础技能，但要用合理的方法告诉客户，方案到底能干什么，要让人感觉可信！”我说。

“怎么才能可信呢？”小朱问。

“问题在于，销售认为重要的信息，客户却不一定认为重要。我们认为的优势，客户却不一定这么认为。销售总忘不掉自己的产品，忘不了销售！”我说。

“取决于客户的概念！”小朱说。

“对，重不重要、是不是优势不取决于我们，取决于客户，取决于客户的概念！”

小杨点点头。

“客户的思维是管状视线，只关注自己认为重要的事，关注自己的概念。我们的优势，必须和他们的概念有关，他们才认为有价值。销售必须找到方案与客户的概念之间的结合点，并把两者关联起来，否则说得再多也没用。我们以前说的那些，跟客户的概念有联系吗?”我问。

“别说联系，连概念都不知道。以前都是棍扫一大片……”小杨摇摇头。

“我不会说，只能拉着顾问一起去!”小朱说。

“那顾问表现怎么样?”我问小朱，又看了眼小杨，他以前是顾问。

“表现？不和客户争执就烧高香了!”小朱心情复杂。不否认顾问有水平，可有些顾问满脑子自己的概念，自己都是对的，客户都是错的。一幕幕激烈争执的情境，小朱记忆尤深，苦果只有自己吞了。一朝被蛇咬，十年怕井绳。

“以前不知道概念，难道就没做下来单子?”小杨感觉有些不舒服了。

“这个问题很好，这正是我之前引以为豪的地方。觉得不用客户张嘴，直接说出问题打动他，就像个什么都懂的医生，更像个算命先生!”我说。

“听说过，你不用调研，直接给高层讲方案，都不会失手，因为你对行业太熟悉了!”小杨说。

“是，这与概念不矛盾。两种情况：或者是客户理性和成熟，会听我们的话里什么是有用的；或者是因为我们的行业方案，经过客户验证，有一定的典型性和普遍性，一般与客户的概念有交集。”

“你的意思是说运气好，撞上了?”小杨问。

“现在来看，客户越来越成熟，概念也会更具体，并且每个客户都有自己的实际情况，关注的重点也不一样。如果能把握好客户的概念，你就能更上一层楼，成为超级销售。你觉得呢?”我征求小杨的看法。

“没错!”小杨很认同，片刻又略带迟疑地说，“不过，要是竞争对手也知道了客户的概念，或者不知道，但方案和优势正好瞎猫碰上死耗子了，我们怎么办?”

“你在问怎么面对竞争吗?”我需要确认他的问题。

小杨一定有预期的答案或不清晰的谜团，把问题抛回去让他细化一下，或试着让他自己找到答案。如果直接给答案，就很容易引起质疑或拒绝，解释成本太高。

“对啊，比如说蓝科陶部长、宋主任、魏部长怎么看我们和 DEF 呢?”小杨果然沉浸在自己的世界里。

小朱眼睛一亮：“老寒又跟你去蓝科啦?”

“我在给老寒找案例，让你们少走弯路。”小杨看了小朱一眼。

“哦。”小朱缩了一下。

我看着小杨问：“陶部长也好，魏部长也好，如果做决定，是冲动呢，还是经过理性思考的呢?”

“这还用说，上项目不像买衣服，一般都要经过长时间的思考，理性选择，很少冲动!”小杨说。

“不是理性分析，感性决策吗?”小朱在旁边问。

“做出决策那一刹那是感性的，而分析比较的过程是理性的。我们不仅要关注决策那一刹那，更重要的是参与客户理性分析、比较的过程。销售应该影响的是客户的分析、选择过程，从而影响客户一刹那的决策。”我说。

“方案、产品、服务，比较来比较去，最后还不是看价格?”小朱有些无奈。

小杨的思路总是被打断，有些恼火：“比价格? 那是因为你没让客户看到价值!”

“如果客户觉得没什么不一样，即使有差别也不是他关心的，那只能比价格了！”我缓缓地说。

“如果价格都一样，什么都一样，怎么办？”小朱较真儿。

“有对双胞胎姐妹，你会娶谁？”我问。

“那就抓阄呗，不行撞天婚！”小杨奚落小朱。

大家哈哈一笑。

小朱的笑声中带着苦涩。

> 有些差异是理性的，可以通过分析、比较得到。有些差异是感性的，那是一种不同的“感觉”。当理性差异相对不大时，感性差异就发挥关键作用。有时候也会源于感性差异，寻找并强调理性差异。

“客户根据自己的差异而决定‘购买’，根据我们的差异而‘决定’购买！”我的重音分别放在了“购买”和“决定”上。

小朱却瞪着眼问：“不一样吗？”

“当然不一样，客户根据自己现状和期望的差距决定买不买，而做出决策会根据我们与竞争对手的不同决定买谁的！这你不懂！”小杨再次奚落小朱。

两次奚落，或许就是因为小朱总打断小杨的思路，不谈小杨关注的话题，小杨对小朱的报复。

“那客户买东西为什么要选好几家对比呢？”我问。

“压价呗！”小朱脱口而出。

我没说话。

“想选个最合适的！”小杨说。

我笑了：“选择女朋友，是不是也同时多找几个比较一下呢？”

> 人的意识是“先入为主”的。在人的潜意识里，对外来信息的第一反应，是从自己的意识中寻找与之匹配的信息进行对应。

小朱不好意思地笑了：“要是我找女朋友，肯定是先有了想找一个的念头，然后就琢磨找个什么样的呢，一边想一边看有没有合适的……”

“所以看女孩儿贼眉鼠眼的！”小杨不怀好意。

“其实，不是什么样的都合适，我自己心里的标准也模模糊糊，能不能碰上看情况吧!”小朱眯起眼睛回忆着。

“碰到了吗?”小杨问。

小朱脸一红。

我问：“如果碰到个女孩儿，你觉得比较合适，她也不反感，你还找别的女孩儿吗?”

“那肯定不能……”小朱不好意思地说。“不过看见别的女孩儿，心里或许会默默地比较一下，结果发现还是自己的不赖……”小朱轻声说。

情人眼里出西施，对一个女孩儿有感觉了，往往觉得她比别人好。

“这是人的一种心理，和客户采购的心理类似。你有没有这样的感觉，买房、买车、买电视机或买手机，其实自己心里已经有倾向了，可总下意识地比较一下其他的，比较半天，总想找出哪一点不如自己看中的那个，以此来证明自己的决定是对的。”我回想买东西的经历。

“有!”小朱前不久刚买了个手机。

“就连买房的时候，自己都要交定金了，还跑去其他的售楼部看看，甚至看到户外广告，都和自己选中的那套比一下!”小杨说。

“客户为什么要货比三家呢?”我又问。

小杨沉默了一下，说：“也不太一样，有的是找了一家不合适，想找家更合适的；有的是因为找的这家表现不尽如人意，想看看其他家的表现；也有拉几家进来陪标的!”

“一般是这样。还有的时候，心里已经有倾向了，通过比较找出几

客户为什么已经选中了供应商还要再邀请更多家进行评估？需要别人看到自己工作勤奋；制度上规定必须货比三家；客户需要验证自己的决定；客户还想多了解一些其他问题；让其他人参与评估，可以换取对自己的认可。

家的不同，验证自己的想法，从而找到安全感！”我拓展着可能。

小杨想了想，说：“客户好像是有这个习惯，特别是以前没有买过的，像控制系统、管理系统，或什么新技术，他们没做过，也不懂，不放心。”

“通过对比发现差异，把这些差异与自己内心认为重要的标准做比较，从而决定最终买谁的，是这样吗？”我确认这个结论。

小杨托着下巴努力思考，慢慢地点着头。

“哦，这么回事啊！”小朱轻声说。

我点点头：“客户要看到你的差异，然后与他内心的标准做匹配。销售要了解客户已有的标准，基于这些标准，帮助客户通过比较发现差异点！”

“是帮客户发现差异，不是呈现差异？”小杨投入地倾听，抓住了话里的关键点。

“帮客户发现差异，是客户自己发现的，我们只起辅助作用。而呈现差异是我们给出来，希望客户接受！出发点不一样！”我说。

“如果客户心里还没有标准呢？”小朱问。

“是啊，如果客户关注的一些差异优势我们没有呢？”小杨担心地问。

此问一出，大家都沉默了。

有些方面我们就是不如竞争对手，如果客户认为重要，那岂不是没机会了吗？难道我们就心甘情愿地离开吗？

30. 心里有个她

客户关注的优势我们没有，怎么办？小杨的疑问正是很多销售每天要面对的。因为丢单，相比自己已有的优势，销售更爱报怨公司和产品的不足。

小朱摇摇头，说：“没办法，死马当活马医呗！”

我望着窗外的远山，陷入沉思。

如果一条路走到头了，前面没路了，能怎么办？

换个角度想想，没路的时候，不处处是路吗！干吗总想找条路走呢？回头不可以吗？

“如果你确认客户已经有了很清晰的想法，已经不可能转变，为什么还一定要让他认为你更好呢？”我觉得，有时候放弃也是一种智慧。

“可项目不多啊，好不容易跟了这么长时间！”小朱说。

“是不是有更重要的事要做呢？或者通过其他人、其他方式。做事有必要考虑机会成本。”我说。这就是另一个话题了，小杨和小朱看过“九问”，应该明白这话的意思。

“这倒是。”小杨点点头。

“所以嘛，卖解决方案的，没有谁能战无不胜。换个角度，谁都会有机会！”我鼓励大家说。

“其实，有时候真搞不清客户心里有没有别人，连有没有概念和标准都搞不准！”小朱说。

“呵呵。假如我们知道了标准，应该怎么让对方知道我们的优势啊？”我问。

小杨沉默着没说话，除了直接的方案呈现，他没想到什么好办法。

“老寒，你说呢？”小朱把问题抛给我，他也知道答案在提问者身上。

“如果直接把自己所有的优势列出来，让客户从里面找他认为重要的差异点，怎么样？”我问。

“碰运气？相当于让客户主动投怀送抱！这么干，相当于撒网捕鱼、乱枪打鸟了！”小杨说。

“如果死死盯住竞争对手，看了竞争对手有什么优势，就和客户说‘他行，我也行’‘他能干的，我都能干’，给客户造成产品和方案没有任何差异的假象，然后说‘我比他便宜’，靠低价吸引客户。你觉得怎么样？”我问。

“我最讨厌DEF这种恬不知耻的做法！”小杨碰到过不少，自己辛辛苦苦给客户讲半天，他一句“我们也都能做”，搞得客户心里没底，然后再杀出低价，让客户更没法儿招架。这样的情况让人有口难辩，恨得牙根直痒痒，可又没办法。

“这是杀鸡取卵，别怕，时间会证明一切的！”我鼓励小杨。

> 人们都拥护自己做出的决定，而抗拒别人的要求和指示，抗拒别人强加给他的观点。自己思考做出的决定更容易被自己认可和执行。

“可我等不起啊，好不容易跟个单子，怎么甘心就这么被他们搅黄了！业绩整天压着，哪管得了以后啊！”小杨满腹牢骚。

“就没办法了吗？”小朱也担心遇到这种情况。

“还有个方法，就是和客户一起寻找优势！比如，客户和我们分享了他的概念，我们和客户一起分析，怎么才能实现他的概念呢？需要哪些差异点呢？再把这些差异点与我们产品或方案的优势点关联起来，和客户一起找到我们的差异优势！只有客户认为重要的差异，才是我们的优势。”我说。

小朱好像不太明白：“和客户一起分析，然后再把我们的优势拿出来，这是个什么样的过程呢？”

我点了点头，看着小朱说：“还记得上次聊你的生活吗？你说自己一个人屋子懒得收拾，衣服也懒得洗，累了一天回到家只能吃盒饭，生病了浑身酸痛躺在床上，连下楼买药的劲儿也没有，记得吗？”

“嗯，记得！”小朱皱着眉点了下头。

“当时还问你想找个什么样的女朋友？”我说。

“嗯，想找个干净、爱收拾、会做饭、体贴人的……”小朱记得挺清楚。

“后来我说有个表妹爱收拾，很会做饭，也挺体贴人，记得吧！”我问他。

“呵呵。”小朱憨憨一笑。

“这个过程，就是先了解你的概念，‘你的生活什么样，希望什么样，怎么实现’，然后和你一起分析‘找个什么样的女朋友’，根据这些条件把你和我的表妹做了关联……”我说。

小杨说：“比直接介绍你的表妹怎么怎么好强多了！”

小朱有些不好意思，红着脸扯开话题：“这是源于客户概念的销售方法……”

“对，围绕客户的认知才是真正的销售之道！”我说。

大家觉得如果真能这么做，而竞争对手还在用“他行，我就行”或“他行的，我都行”的方法，还未出手就已分出胜负！

“如果客户心里已经有了倾向呢？”小朱又问了个尖锐的问题。

小杨也严肃起来：“对啊，如果客户的概念里觉得竞争对手不错，已经情有所钟，找我们来就是为了通过比较寻求安全感的，那怎么办啊？”

客户做决策的过程，有没有对手的引导呢？怎么判断客户概念形成有没有受对手引导呢？又如何应对呢？以前都是一种隐隐约约的感觉而已。

“客户做出采购决定一般要经历三个阶段，先形成自己清楚的概念，想清楚‘实现什么、解决什么、避免什么’，接着考虑用什么具体方法、具备什么标准和条件，最后根据自己的明确标准，通过对比各家供应商的差异做出决定。”我说。

“这和客户‘情有所钟’有什么关系？”小杨问。

“如果你看上个已经情有所钟的女孩儿，会马上行动吗?”我笑着问。

“会啊!”小杨说。

“就不考虑她和他发展到什么程度了?”我问。

“……”小杨直勾勾地看着我。

“比如，她对她的男朋友是刚刚动心还没挑明，还在热恋中，还是马上要结婚了？情况不同，你的策略会一样吗?”我笑着说。

小杨琢磨了一下：“不一样!”

“对啊，一定要考虑处在什么阶段！销售也是一样，客户做出决定要经历三个阶段，客户心有所属要看具体情况，不同阶段方法肯定不一样!”我说。

“怎么判断客户有没有倾向呢?”小杨困惑地问。

是啊，我们是不是客户心中的那个“他”呢?

这个世界上最难琢磨的，莫过于人心了。

客户做出决定的过程中，一定受到了什么信息的“刺激”或某种“力量”的驱使。促使他们看清现实、形成标准的人在客户心中留下第一印象，因为先入为主，那些人让他们情有所钟。只要行动，几乎每个人都有自己的梦中情人。

这人到底是谁呢？莫非我们就是客户的梦中情人？还是只是被找来作为陪衬呢？莫非我们的存在只是为了证明客户选择对手是正确的吗?

“老寒，到底怎么判断呢?”小杨始终忘不了魏部长那张笑脸。

小杨的问题，逼着我挖空心思地想那些形形色色的客户，发现和总结他们的种种情况。看见伸着脖子渴望找到答案的小杨，还有迫切想知道做法的小朱，我的思绪慢慢有了些条理。看来倾听的肢体语言，真的可以激发说话者的思考。

“要不先从客户概念和需求形成过程来看吧!”想了一会儿，我慢慢说，“如果概念还没形成，试想一下，客户跟我们探讨的时间是长，还是短，是深入，还是急促呢?”

小杨低头想了一会儿，说：“如果刚开始接触，客户有兴趣的话问得肯定更详细点儿……”

“嗯。项目前期，在客户形成概念并将之清晰化的过程中，总是提出疑虑，反复思考一些具体的问题，跟我们聊得也比较开，说话也比较多。他是不是想了解更多呢？他会不会对你有意呢?”我边思考边慢慢地说。

“应该是吧。客户也没想清楚，想搞得更明白一点儿，所以聊得会比较深。”小杨做过实施，客户想解决问题，又不知道怎么解决时总这样。

“对，很多事情客户也不确定，这时候如果销售问‘方案什么时候定下来’‘项目什么时候开始实施’，往往得不到答案，因为甚至连客户自己都没想明白!”我肯定地说。

小杨点点头，表示认同。

很多销售一上来就源于自己的概念问自己关心的事，比如，客户预算、项目计划、参与项目的人，还问竞争对手的情况，让对方无法回答，甚至产生反感。

“在这种情况下，客户会把我们引荐给其他人吗？如有决策权的领导、其他相关部门。他愿意承担引荐的责任吗?”我问。

“应该不愿意吧，如果他真想参与，应该想自己先搞清楚，推给别人那是不想掺和!”小朱说。

小杨瞟了小朱一眼：“也不一定，有时候客户希望我们帮他了解别人的想法，或让我们去给领导汇报以便了解领导的真实想法，或一起想办法思考如何影响领导。这不是推脱，是推荐!”

“推脱是什么样?”小朱问。

小杨说：“推脱嘛，就是心不在焉懒得理你，嫌你麻烦，是吧，老寒?”

“推荐”是积极的，希望促成。

“推脱”是消极的，不想掺和。

“推销”是反感的，总想抗拒。

“在概念形成阶段，客户如果对我们有好感，把我们当作心目中的‘他’，他可能‘推荐’我们接触更多的人，包括决策者。他会关心结果怎么样，甚至热情地指导我们怎么做、要注意什么！”我边想边说，就像自言自语。

小朱看着笔记，慢慢地说：“也就是说，在项目前期概念形成阶段，客户会经常有怀疑和顾虑，交流时跟销售讨论会比较发散和开放，时间也比较长，而且没有具体期限，只是讨论而已，还有可能会推荐我们找决策者或别人，是吗？”

概念形成阶段的典型客户行为：

如果你是客户“心中的他”（括号中为不是的情况）：客户总对你的话有疑虑（客户很坚定）；分析探讨的时间比较长（已经有了明确答案）；讨论比较开放（限定内容的交流）；时间限制不清晰（必须按时间完成）；容易接近关键人（这事我说了算，跟我说吧）。

小朱做了总结，还用了个确认类问题！

“如果客户的概念清晰了，内心有了倾向，我们不是他的梦中情人，他还会有疑虑吗？”小杨问。

“有吧，好像客户什么时候都有疑虑！”小朱无奈地说。

我一直在思考小杨的问题，没有接话。我们买汽车，如果已经有中意的了，只是随便转转，只是把眼前这辆车和心中的做比较，我们是站在那里犹犹豫豫呢，还是很快下个结论，扭头走了呢？

“小朱，你还没结婚，也没女朋友。别人问你，‘我认识个女孩儿不错，想找个男朋友，你感兴趣吗？’你第一反应是什么？”小杨突然问。

“要是没女朋友，可能考虑一下！”小朱木然地说。

“如果已经有了女朋友呢？”小杨问。

小朱晃晃脑袋说：“如果有了女朋友，第一反应是‘我有女朋友了，不用’，或者考虑一下也行，看看比我女朋友强在哪儿了，有没有必要换，嘿嘿！”

可见，客户概念清晰的时候，会把当前看到、听到的与内心的“他”比较，判断和反应比较迅速。这时候表现会比较坚定，结论也比较清晰。比如说“你这儿不行，那儿还可以”“我心里已经有想法了”“有事快说，没事赶紧结束”……

“也就是说，客户虽然表面上总想隐藏什么，实际内心并没有什么疑虑？”小杨总结说。

“客户如果‘心里有人’，他很容易做出判断，会对我们表现得比较坚定。他并不想和我们再深入探讨什么！”我有过这种感觉。当我们已经和某个 4S 店卖汽车的销售探讨为什么要六气囊之后，别的销售再谈这个，我们确实不想再说了。即使说，也不会像第一遍那么详细，而是敷衍了事！

“那……”小朱歪着头，拿笔在下巴上顶了一会儿，“有时候客户不愿改变现状，没什么想法，不愿意采取行动，也不愿意和我们讨论。这种情况和已经有了‘心中的他’有什么区别呢？”小朱问。

这里的区别很微妙。我想了想说：“这恐怕要综合来看了，他是马上做出判断，还是根本就不上心呢？是关心具体的话题但又不让你讲完，还是根本就不感兴趣呢？”

客户问一些具体的问题，比如“你们这个是怎么实现的”“你们那个是怎么回事啊”，这时候客户很可能已经有概念了。当然这并不代表我们的对手影响了他，而是在客户的意识里有了衡量我们的“标杆”。

“嗯，确实有些不一样！”小杨点头说。

“还有，客户想法明确，有时候感觉还没充分探讨，就要求我们什么时间之内完成某项任务，那么这项任务并不是在和我们的沟通中形成和决定的！”我说。

小朱轻轻点点头，他好像有太多类似“赶场”“交作业”的情况。

“那他是‘推荐’呢，还是‘推脱’呢？”小朱问。

“有时候‘推脱’你，也有时候不推开你，而说‘这事儿跟我谈就行了，不用找别人’，他不想让你接触更多的人，而想控制你，在他的能力范围内解决掉你！”小杨说。他遇到过很多这样的人。

客户总是“推脱”，或者不让我们找别人，要么他们没概念，要么我们不是他的“梦中情人”，太形象了！

小朱看着笔记总结说：“也就是说，客户做判断很快，并且比较坚定，说明已经有明确的想法了。他们跟我们的交流总感觉不透彻，还明确要求我们在规定的时间内完成某些工作，或是‘推脱’，或是‘这事我说了算，跟我谈就行了’。这些情况属于客户‘心中有人’，但那人不是我，对吗？”

小杨听完点了下头：“应该是。怪不得呢！”

他明白了为什么有的客户愿意和他聊，而有的却直接问他一些明确和尖锐的问题，原来“心里有人”了！这时候客户不关心我们的方案，而是警惕性很高，很关注他行动的风险。他们很可能在看我们是否可信，看我们对他是有帮助还是有威胁！

或者我们是客户的“梦中情人”，或者我们对于他已有的概念是“迟到”的人。知道自己在对方心目中的位置，总比自以为是对方中意的那个人强！

“这是客户刚刚心有所动，还没明确。如果客户的概念很明确了，到了要选择的时候……”小杨觉得赶上情窦初开的还好，毕竟还没什么实质性进展，机会总还是有的。

“对啊，如果客户有了概念，制定具体标准的时候心有所属，那会是什么样呢?”小朱问。

31. 后来想居上

“客户有了清晰的概念，确定选择标准时很关键。很多销售高手都是在客户明确需求之前下手的，”我想了想，接着说，“也就是说，不要等女孩儿到了想嫁人的时候才下手!”

“那怎么判断我是不是她的意中人呢?”小朱问。

“你自己心里有数吧，没感觉吗?”小杨问小朱。

“总不能跟着感觉走吧，感觉搞不好就是错觉!”小朱很害怕面对那种感觉。

> 感觉源于客观信息的收集，是对所获取信息分析和判断后，得出自己的结论。信息的全面准确性、分析的逻辑、主观意识倾向等都会影响人的感觉，所以感觉是对事物表面和片面的理解。

“举个例子吧。拍电视要选演员，你主动找导演做工作，再加上其他方面的努力，可能成为呼声最高、最有竞争力的主角人选。可是，如果投资方一定要求导演必须三选一的话，为了凑齐三个备选的人，导演会怎么办呢?”我问。

小杨笑了笑，说:“呵，导演即使心里有数了，也要放出风来说主角还没定，还没有中意的人选。”

“他会想办法鼓动其他演员参与竞争。”我确认小杨的想法。

“嗯! 有的还搞全国选秀，选一个找九十九个陪绑的，百里挑一嘛!”小杨笑着说。

“如果销售中客户很主动，对我们很热情，总拉着我们参与呢?”我问。

“那不是好事吗? 客户主动拉着我们参与还不好?”小朱说。

“是不是好事，关键看客户有没有和我们分享他的概念，是不是和我们一起努力！客户的这种主动和热情是我们前期努力的结果呢，还是像馅饼一样突然掉下来的呢？客户是真心想用你的方案，还是拿你作为陪衬？”我问小朱。

客户给个好脸，足以让很多销售幸福好多天了。有时候客户知道对方是大公司、有行业经验，出于礼节或暂时的信任，很主动、很热情。但随着销售的真实表现暴露出来，这种热情变得越来越淡，甚至消失了。如果这时候客户还这么热情，是什么原因呢？

“有时候到客户那儿感觉一头雾水，什么也看不清，迷迷糊糊地听客户的安排，跟在医院挂号候诊，等待医生宣判一样！”小杨说着摇了摇头。

“嗯，这就是小朱说的‘心里没底’吧！”我说。

小朱感觉就像被黑布蒙着眼睛在做销售，害怕极了。他想把黑布扯下来，又害怕扯下来之后看到真相更害怕，内心充满矛盾地问：“那……除了这种感觉，有什么具体的表现能判断呢？”

“想想看，客户经常会怎么做呢？”我想起做过的几个大项目，将一幕幕场景关联起来看，好像能发现什么规律，“从经验来看，如果我们和客户讨论了他的概念，客户确定标准时往往征求我们的意见，如‘你看这儿怎么合适’‘你看那个指标行不行’‘你看下一步怎么安排’等，和我们一起商量！”

“如果不是意中人呢？”小朱问。

“如果不是意中人，客户好像自己心里已经有了主意，无论你说什么，他总是闭着嘴巴微笑，好像什么都知道，”我回想着那些没有做下来的项目，还有那些曾经不支持我们的人，“再怎么解释，对方都会说‘你说的我知道，这方面我们有考虑’‘这得走我们公司的流程’‘你们等通知吧’，总感觉在跟着客户的节奏跑，并且他还不断地鼓励你，给你加油！”

“对对，客户经常这样！”小朱一听这话特别有感觉。

没一会儿，他的兴奋突然消失了，反过味儿来："没想到是在陪太子读书!"

"我觉得，我们是不是在陪太子读书，可以从这几方面看一下!"小杨做过技术，又帮销售给客户讲过很多方案，较有心得。

"说说看!"我鼓励小杨。

"如果我们是客户的意中人，客户会和我们探讨很多业务细节，询问一些具体的情况，并一起交换看法。或许他们真的在想，那些问题要不要解决、怎么解决。"小杨边想边说。

"要是我们陪太子读书呢?"小朱问。

"如果我们陪太子读书，客户不怎么关注我们的交流，懒得分享他们的看法，更不愿意提及那些重要的细节信息，有点儿走马观花的感觉……"小杨说。

"嗯，这种情况下，客户经常会说'这个不重要''下来再考虑''再说吧''先说说你们怎么办的'。这时候可能客户内心已经有了想法，对我们根本不感兴趣!"我补充说。

"啊?"小朱愕然，他遇到的太多了。

"小杨，还有呢?"我觉得他还没有谈完。

"还有……"小杨低头想了想，"如果客户对我们有好感，他会很有兴趣，经常会发现各种问题，不断提问，不是质询和挑战，而是彼此坦诚地交流。"

我沉默着。

小杨又说："客户会很投入，经常参与进来，如果有什么惊喜的发现或收获，经常会比较激动。这种交流客户会不知不觉地延长时间，直到他认为聊透了、聊尽兴了为止。"

虽然这种情况不多，但那种美妙的感觉足以回味许久，这也是销售的乐趣。

"小杨，你有没有发现，这种情况下我们好像很容易见到决策者，或者是和这个人交流完，他很愿意把我们引荐给决策者，或者是决策者亲自参与了交流。”我说。

小杨朝我点点头，眼睛晶莹透亮。

“如果是‘迟来的爱’呢?”小朱问。

“那还用说，心不在焉呗!”小杨白了小朱一眼，懒得回忆那些痛苦的经历。

对于任何一个销售来讲，都是明知道对方心里有人了，也知道自己条件一般，却不允许自己放过任何一个机会，“不轻言放弃”“有一线机会就要有百倍的努力”。时间长了，就像婚姻介绍所里的老女人，见了无数的人，真正想娶自己的却没几个。

“我说说吧，”见小杨不想提，我回忆自己的经历，“如果客户心里有人了，交流的时候客户好像拿着什么检查清单，总不断地抛出问题，不等你说完又抛出一个，一项一项地检查核对，很明显心里有个标准。”

小杨表情严肃，闭着嘴没说话。

我接着说：“讲解时，基本上不让我们按自己既定的思路往下讲，而是用些不关键的问题打断……”

“就是搅和?”小朱问。

“意思差不多，反正心不在焉，想到什么问什么，根本不听我们解释和回答，也不在意沟通的顺序和过程。”我说。

小杨点点头：“嗯，客户对我们好像总有什么疑虑。真是痛苦!约客户交流吧，好像都很忙，谁都不愿意去!即使来了也是漠然地坐在那儿，感觉这事跟自己压根儿就没什么关系……”

我深有感触地点点头，和国际厂商竞争激烈的大项目里，经常有这种情况。

小杨接着说：“有时候，客户很愿意和我们回顾以前做过的工作，探讨下一步的安排。有时候，客户只告诉我们‘等通知吧’‘你尽快出个方案吧’，让我们跟着他的计划走……”

是啊，有太多的项目，我们只是“重在参与”而已。

小杨有些明白了，蓝科的项目到了这个阶段，想要做什么蓝科应该比较清楚了。只不过还没明确怎么做，要具备什么标准，制定什么样的方案，找哪家供应商来合作。客户的概念从何而来呢？是自己想的，还是哪个公司引导的呢？那个魏部长有没有“心中的她”呢？

天慢慢黑了下来，大家的心情也跟着暗淡起来。

小朱打破了沉寂：“老寒，刚才只说了两个阶段，客户决策阶段呢？”

“小杨，咱谈的这些，你觉得有用吗？”我看小杨愣神。

小杨迟疑了一下，说：“有用啊，能从更广的角度和更细的点分析竞争。这个分析清楚了，分析客户才更有针对性。”

“嗯，那么你觉得决策阶段呢？”我之所以这么问，是担心小杨还在琢磨他的蓝科。

“决策阶段是不是陪标的，心里基本有数了！”小杨说。

“是。不过很多经典的案例，就是在这个环节成功翻盘的！”我看着小杨说。

“哦？”小朱瞪着眼睛。

“所以，判断客户究竟有没有‘梦中情人’，我们是不是他的‘第一情人’就非常重要了！”我说。

“前两个阶段我们不是客户‘心中的他’，到了决策阶段能变成客户的‘梦中情人’吗？”小朱好奇地问。

小杨说：“其实到了最后决策阶段，一般客户都想好了，脑子里应该有了成熟的想法！”

“心有所属了？”小朱问。

我笑着问小朱：“如果一个女孩儿说她最近准备要结婚，你觉得她有没有男朋友?”

“有！不过也不全是，也有些‘剩女’着急嫁人！我见过这种项目，客户也没想清楚为什么上项目，反正就是要买，就想把钱花了!”小杨说。

“哦?这么好的项目我怎么没碰到?”小朱看着小杨。

“哈哈，客户花钱总得有名头吧?得有预算、方案和计划吧?他的方案和计划哪儿来的呢?”我问小杨。

有时候刚得到项目信息，一打眼就知道谁更有戏，甚至都知道是谁的。也有时候，表面看好像是这家的，实际真正成功的是潜伏得更深、手法更老道的销售，这就是销售的魅力。想起来要和他们过招，心里真没底。

“到了决策的关键时刻，客户一般不会再对我们的产品或方案提出更多疑问，在他们心目中这些已经讨论过了，否则也到不了决策阶段。”我说。

“嗯，如果我们是后来的第三者，纯粹是来陪着玩的，方案讲解过程中基本上没人打断，更不会有人提出什么有价值的异议。即使问也都是些‘面子问题’，纯粹是为了提问而提问。”小杨补充着。

在我看来，小杨说得有些极端了。很多客户在决策阶段的交流还是比较开放的，只不过在内心深处有一个标杆，或是一种倾向。

在客户进入最终决策阶段，销售自己操作出来的项目都有一种感觉，就像清澈的小河一眼见底，项目为什么向前走、为什么停滞，甚至哪里有坑都会比较清楚。而如果作为“迟到的第三者”出现时，感觉自己就像一只挣扎在波涛中的小船，根本控制不了前进的方向。

“决策阶段客户还会看我们的产品吗?”小朱又冒出一个问题。

“如果那个女孩儿准备结婚了，她还会去仔细了解第三者的家庭背景和个人情况吗?”我问。

小朱摇摇头：“好像不用了!”

“所以，客户对‘意中人’可能还会再翻来覆去地琢磨，而对那些用来对比的，很可能只是拿你某些方面来和意中人比较而已！”我说。

小杨点点头：“嗯，在最后阶段，不少客户催着我们‘赶紧提交方案’，问‘最低的价格是多少’，好像只关注我们最后的价格。”

“很可能只是用来压价。”我说。

“难怪很多客户总是问我们最低多少钱呢！”小朱若有所悟。

我觉得小朱的理解可能有偏差，说：“客户问最低多少钱，也不全是他有‘意中人’的情况。在销售初期客户比较关注成本，在他不了解方案的情况下，总下意识地问‘你们的产品多少钱’，而销售很容易被这个问题迷惑。这和现在说的情况不同，这里说的，只是拿你来比价的。”

“哦，”小朱眯着眼睛琢磨，“那么是不是在决策阶段，客户希望我们越便宜越好呢？”

“如果你是客户的‘梦中情人’，他不会单独和你探讨价格，而是把产品和方案，以及后续的安装调试、实施服务关联起来一起探讨。如果你是那个可怜的‘迟到的第三者’，客户很可能只关注你的价格，用你来压别人的价格，为他们的决策找出依据。”这种情况，我在近些年的销售中遇到得少了。作为一名销售，要学会把工作做在前面，风险控制到最低，明知道有雷，就不要去踩。

> 标准形成和决策阶段的典型客户行为：
>
> 如果你是客户“心中的他”（括号中为不是的情况）：短期内没有竞争（你只是拿号、排队）；你向客户销售（客户向你销售）；有事共同商量（按客户的规定进行）；项目进展双方共同确定（你总感觉很仓促）；深入调研和交流（调研流于形式或不让调研）；交流很多细节问题（这个稍后再考虑，不重要）；演示中有兴趣、有问题（按清单检查）；演示时间会自动延长（参加人都很忙）；客户关键人会出面参与（没有关键人参与）；双方回顾之前的工作（你被要求尽快交“作业”）。

“在决策阶段能不能见到决策层，这也很重要。”小杨突然说。

我点点头没有接话，我猜小杨

可能遇到过什么。

“我们提交完方案之后，如果能够安排与对方高层会面，这就有戏，相当于男女双方安排见家长了。如果交了方案报完价就很难见到对方高层了，这个项目基本上没戏了……”小杨望着一片漆黑的窗外，漠然地说。

“是啊，哪怕你之前见过，到了决策的关键时刻，如果突然有一种被隔离的感觉，还真要小心了！”我认同小杨的观点。

又一阵沉默，谁也不愿去回味那种失落的感觉。

我想了想，接着说：“当客户和‘梦中情人’结婚时，往往还会安抚一下我们受伤的心灵。他会说‘感谢对我们的重视，你们是家大公司，很有实力，也非常感谢你们投入这么多精力，为我们制定了很详细的方案，你们确实很优秀。出于综合考虑，这次很遗憾。唉，如果你们的价格再低一点儿，或者是你们的方案更具针对性一些，胜出的应该是你们！’就好像本来准备选我们似的！”

很多销售都有过这样的经历，产品、方案、价格往往成为客户安抚失落者的三大法宝。

“嗯！”小杨点点头。

“不仅如此，他们最后还会说‘感谢你们的辛苦付出，希望咱们将来有合作的机会’‘下次我们会优先考虑你们的’，明明跟别人结婚了，听上去还给你留着活口。”我说。

“玩了我半天，事到临头一脚踢开！”小朱不忿。

我看着他说：“那怪谁呢？”

“唉，只怪自己不争气啊！”小朱摇了摇头。

小杨却脸上冷酷严峻，有些不服地说：“脚踩两只船，玩的时候有我，过后把我一脚踢开，以为我是小三儿啊？”小杨觉得，做销售的命也太苦了！

小朱看了我一眼，问：“老寒，我要是‘小三儿’，想上位怎么办？”

“你说呢？”我反问他。

小朱没经验，不好意思地挠了挠头。客户马上要和“梦中情人”结婚了，怎么样才能让他选我呢？

我想了想，问：“小朱，你凭什么上位？”

一句话，问得小朱哑口无言。

32. 酒香巷子深

听到我问凭什么，小朱愣在那里。

小杨这时候考虑的是他的蓝科，那个心里有别人的魏部长，还有 DEF。再加上刚才的分析，小杨越发觉得魏部长有些扑朔迷离了，魏部长凭什么支持他呢？

“客户‘情有所钟、心中有人’时我们到底应该怎么办啊？”小朱困惑地问。

小杨看了看他，没好气地说：“老寒和咱聊的‘五环’不就是为了把我们从‘第三者’变成客户的‘梦中情人’嘛！关注客户的感受，客户感觉到被关注了，他的问题和困惑被我们重视了，我们比对手做得好，他能去爱别人吗？”

“小杨说得对，怎么从配角变成主角要使用合理的技巧。刚才是告诉我们如何根据信息做出判断。”我说。

“别说判断了，就算知道了客户的概念，也不知道怎么说才能打动客户啊！”小杨还想着他的蓝科。

我呵呵一笑：“不知道怎么说，就要先搞清楚要说什么！”

小朱瞪着眼睛问：“‘怎么说’和‘说什么’不一样吗？”

我摇摇头：“‘怎么说’是表达的形式，而‘说什么’是想要传达的信息。”

小朱缩了下脖子，低下了头。他只知道“啪啦啪啦”说个没完，根本没考虑过为什么要说这些，更没想“怎么说”。

小杨说：“嗯，以前都是和客户说我们的公司和产品，后来知道了要说产品特性和亮点，再后来知道了要和客户说方案的价值和优势。今天才知道，要结合客户的概念呈现差异优势，否则说再多也没用！”

“是，客户基于我们与他人的差异做出的决策，必须找到差异化的优势，并与客户的概念关联起来！”我强调说。

“这不难理解。”小杨淡淡地说。

我感觉有些不妙，小杨这么淡淡一说，很可能他忽略了重要的东西。这必须引起重视，否则任何一个小的疏忽，都能让人后悔不迭。

想到这里，我突然说：“对了，我问个问题，俗话说‘好酒不怕巷子深’，你们说好酒怕不怕巷子深呢？”

小朱马上说：“好酒当然怕巷子深了，现在竞争这么激烈！”

小杨想了想，说：“真正的好酒，应该不怕巷子深。你想想，那么多中华老字号，不都扎在胡同儿里吗？真正的好东西，不看广告看疗效！”

“嗯？”我笑了笑。

“好酒还是怕巷子深！”小朱说。

“我觉得不怕。”小杨又说。

“怕，还是不怕？”我又问了一遍。

他们面面相觑，不明白我要说什么。

看着沉默的小杨和小朱，我说：“大家有没有听说过，《古兰经》中有这样一句话‘恶魔唯愿你们因饮酒和赌博而互相仇恨’，信奉古兰经的伊斯兰人是不饮酒的！”

小杨和小朱好像想起了什么。

小朱突然冒出一句：“哦，他们不喝酒！”

“所以，好酒，巷子深与不深，跟它有关系吗?”我问。

小朱和小杨都摇摇头。

优势要和客户的概念相关联，说起来容易，但大家仍然容易陷入思维桎梏。

“呵呵，我们还是太习惯从自己的角度考虑问题了!”小杨自嘲般笑笑。

我也笑了：“每个人都习惯从自己的认知出发进行思考，这是人的思维惯性，不是谁的错！要成为一个顶级销售，就要挑战和克服自己固有的思维模式，学会‘放下’!”

小朱挠挠头，他感觉自己很倒霉。别人做销售都轻轻松松上道了，可自己怎么自从碰到老寒，就觉得什么都不对劲儿了呢？他有时候又莫名地感觉自己很幸运，这些听上去都很有道理。

小杨说话了：“对了，老寒，我记得有一种呈现方法叫‘FAB’，你怎么看?”

“哦？‘FAB’是什么?”小朱瞪着眼睛问。

“小杨，你怎么理解‘FAB’呢?”我问。

小杨想了一下说：“我们做销售的经常挂在口头。‘FAB’的‘F’就是功能，指产品的性能；‘A’是特点，指产品的功能如何帮助客户；‘B’是利益和价值，产品有这样的功能，客户基于这样的特点，会得到什么利益和价值。这就是‘FAB’说服法。”

“哦……”小朱记录完，皱眉看着笔记。

“我理解是这样的，比如说这个玻璃杯子有个把手，喝水的时候可以握着这个把手，倒了热水之后，既能拿牢拿稳，又不至于烫到手。小杨，是这个意思吧?”我看了看小杨说。

“对，‘有个把手’就是属性和功能‘F’，‘握着这个把手’就是特点和作用‘A’，‘不至于烫到手’就是它对我们的好处和价值‘B’。就这么简单!”小杨点点头，他对“FAB”了解很深入。他又转头跟我说："老寒，你怎么看'FAB'说服法？"

"这个嘛，"我想了想说，"存在的就是合理的，大家用了这么长时间，又这么普及，一定有它的道理！"

"和'五环'相比呢？"小杨打破砂锅问到底。

我说："我们可以分析一下，'FAB'的'F'也就是属性和功能，这是从什么角度出发的呢？"

"应该是从我们的产品吧？"小朱说。

"嗯。如果一个人不喜欢喝热水，而是喜欢喝温水或凉水，这个特点对他还有价值吗？"我又问。

小朱摇摇头。

"所以，我觉得'FAB'是从产品的角度、销售的角度出发，并不全是从客户的角度出发的。如果没有了解客户真正的需求，很容易把产品特性和利益作为卖点，努力地去说服客户接受……"我想了想说。

"你的意思是不好？"小杨用怀疑的眼光看着我。

"不是不好，而是要用好！深入了解客户的概念之后，再用这样的方法有针对性地呈现。类似'FAB'的呈现方法是假设产品的某种特性能给客户带来利益，只要我们说出来客户就会购买。实际上，前提是只有客户关注并接受了这些利益才有效。如果强行向客户推荐与他的概念无关的特性，那也是一种推销，甚至是一种求败的方法！"我说。

"是吗？"小朱迷茫了。

我想起了买车的经历，说："在我们买车的时候，4S店的销售看我们想买自动豪华版，强力推荐加一个车载DVD，说有导航功能，不至于在开车时找不到路，可视倒车监控在倒车时也更安全，还可以在车上看DVD！"

"比我还能忽悠！"小杨说。

“对啊，他说的这些功能、特点和价值都没错，但这些利益我们根本不需要，也不想要！”我说。

“为什么？”小朱问。

我说：“这车是在市内开，那一亩三分地上哪条路不清楚？装个可视倒车监控，感觉是在侮辱司机的车技。DVD 容易让开车的人分心，不安全。所以我们觉得这些功能根本不需要！”

“所以，销售无视你的概念，强力推销，你很反感，对吗？”小朱问。

我点点头。

“看来，‘FAB’也好，其他的话术也好，即使是再好的优势和价值也要针对客户的概念，否则都是无效的！”小杨得出了结论。

“所以，‘FAB’可能换成‘BAF’比较合适！”我说。

“换过来？”小朱不解地问。

“对，从客户的概念开始，客户想实现什么、得到什么利益‘B’，这需要具备什么特点‘A’才能实现，最后说明产品有什么‘F’可以满足。这样的逻辑比较合适！”我说出了自己的看法。

“嗯。”小杨微微点点头。

“那什么才算真正的优势呢？”小朱皱着眉问。

随着市场竞争加剧，各家公司产品本身的差异越来越小，各种概念和名词满天飞，客户都不知道听谁的，真成了“乱花渐欲迷人眼”。销售要找到客户眼中区别于竞争对手的差异，就像沙里淘金一样难。可如果找不到，和对手岂不就没有差别了吗？究竟是什么会让客户觉得我们比别人强呢？

必须找到一种区别于竞争对手的差异优势，这种差异优势必须是从客户的概念出发，在客户看来是重要的优势。这种差异优势还必须是独特的，最好是自己有而对手没有的，即使双方都有，至少也是我们和客户达成共识的优势。

"老寒，是不是以前讲的公司实力、产品技术的优势，现在看来都不是优势了呢？"小杨打破沉寂。

> 意料之外的事情会让人惊讶，并能引起对方的兴趣和思考。吸引注意力的最好方法，就是突破人们已有的思维模式，这需要丰富的专业知识，同时要考虑是否与客户的概念相关，对客户意味着什么。关注客户的想法，为客户着想是吸引客户注意力的前提。

"也不能这么说，关键看这些优势是不是冲击到了客户的概念，是不是客户关注的，"我说，"还要看是不是独特的！"

"独特的？"小朱问。

"对，独特的，我们有而竞争对手没有的！"我漠然地望着窗外，这样的优势确实遍地都是，但又确实很难找。

"不可能！我们有的，竞争对手都有！"小朱觉得根本就没这样的优势。

"是吗？"我扭过头来看着他俩。

小杨点点头，说："这样的优势越来越少了。"

"那好，我问两个问题，第一，你们说的这个优势是针对谁的优势？"我问。

"竞争对手啊！"小朱回答。

"哪家竞争对手？竞争对手的哪款产品、哪个方案？"我追问。

小朱看看小杨，不说话了。

"别忘了，销售卖的不是一款产品或一个方案，而是多款产品或多个方案，是根据客户需求而定制的方案，是客户的方案！这就没有固定的优势或劣势可言！再小的公司、再差的产品也总能拿到订单，再大的公司、再好的产品也有丢单的时候，为什么呢？"

"嗯，因为他们总能发挥自己的长处，就像非洲草原上的动物一样，谁都有生存的理由！"小杨说。

"所以，你强大不强大，要看你针对谁而言，比如，在草原狮子跑不过羚羊，但进了树林羚羊就跑不过狮子！我们的优势也要看对象，是在特定的项目里，在特定情况下针对某家对手的某个方案的优势！现在我们说优势没有了，是销售变懒了，总想拿一种优势应对各种竞争情况。那种针对所有竞争对手的‘广谱优势’是没有了，但细化的独有的优势一定存在，就看你能不能发现！做销售的，就是挖地三尺，也要把它找出来！”说完我看着小朱和小杨。

> 优势和劣势都是客户眼中的，不是产品或方案本身的。产品只有特点，没有优点和缺点。客户针对他的概念看到优势和劣势，抛开概念产品就没有优劣势可言。

又一阵沉默。

不是没有优势，是我们没有发现。不是不能发现，是懒得发现。

小杨开口了：“以前考虑的优势太粗、太想当然了，总想找到一些顺手拿来的优势，现在看来不行了，还是自己的功夫下得不够深！”

“大无其外、小无其内，这就是方案销售的奥妙所在！”我说。

小朱屏住呼吸。他前面的路还很长。

我看了看大家，接着说：“刚才说的是针对谁的独特优势？还有，是谁眼中的优势？”

“客户眼中的！”小朱随口而出。

“对！就像那次我们买车，帕萨特4S店的销售员介绍‘这款车的风阻系数在同类车中是最低的，不仅提速快，还省油’。在销售员眼里这确实是优势，但是是我们眼里的优势吗？”我问。

“可能跟你的概念没关系！”小杨说。

“这算不算优势呢？”记得销售员介绍的时候，我正用手敲车的后门，感觉这钢板越来越薄了。

“客户眼中的优势，嗯！还有呢？”小朱问。

我目光空洞地望着窗外，沉思了一会儿，说：“那又怎么样？”

“什么怎么样？”小朱没反应过来。

我看了他一眼，“即使我们有这样的优势，那又怎么样？”

“怎么样？”小杨问。

“这优势对客户意味着什么？”我说。

“是啊，‘这个优势对客户意味着什么，那又怎么样呢’，很有挑战性啊！”小杨自言自语。

小杨觉得，要想知道这个优势“对客户意味着什么”，先要知道客户的概念，还要知道我们的优势所在，更要知道这个优势能带给客户什么价值和影响，包括业务层面和个人层面的，并且还得是客户眼中的优势！搞清楚这些，需要专业的知识。

“谈了优势的价值，你觉得客户相信吗？”我又问。

小杨眯起眼睛思考。

“有时候销售都不相信，对吧？”我看了看小杨，又说，“要想让客户完全相信，就要拿证据说话，要问自己‘何以证明’。”

“证明？”小朱问。

我举例子：“比如说，客户的计算机中心想自己开发软件，而我们希望他们购买我们的产品，这时候就要了解他们的概念。假如他们的概念是‘安全’‘适用’‘成本低’，这时候我们可以和他们探讨‘安全’‘适用’和‘成本低’之间的关系。”

“嗯，有时候安全、适用和成本低是矛盾的。”小杨插了一句。

“客户关心的成本是一次性投入的成本，后续的维护成本呢？另外还要考虑如何才能适用，一家供应商有几十万家客户，同行业也有三百多家客户，供应商如此多经验累积，对客户的适用性有什么帮助呢？”我说。

“当然有帮助！”小朱说。

“客户或许也觉得，找一家有丰富经验的供应商，使用一套应用广泛、成熟的系统，未尝不是好事。他们认识到我们这项优势的时候，为了增强他们的信心，就需要拿证据来证明了!”我说。

“什么证据?”小朱问。

“比如，行业成功案例集，其他企业类似的需求和解决方法，让客户看到我们的优势是真实的，从而让客户更相信！在适当的时候提交证据，而不能像很多销售一样上来就把资料丢给客户。”我说。

小杨不好意思地笑了笑，他以前确实是这么干的!

“法庭辩论的时候，律师刚上来并不是一下子抛出所有证据。他知道取得每一份证据都花了极高的成本，都来之不易。辩护时，他们先通过询问了解当时的情境，也让陪审团听到事情完整的经过，然后在逻辑最薄弱的环节，适时地亮出证据，从而使自己的推理和逻辑无懈可击……”我说。

“建立优势这么难!”小杨默默地说。

“是啊，以前只要把资料给客户，介绍清楚就完了，没想到这么复杂!”小朱跟着说。

“复杂不复杂，在于意识的转变和习惯的养成。当我们这么做了，就会和竞争对手不同!”我顺势忽悠了一下，接着问，“小朱，关于独特差异优势，你记了几条?”

小朱看看本子，说：“五条！‘有什么优势’‘针对谁的优势’‘谁眼中的优势’‘那又怎么样’‘何以证明’!”

我看看他们俩，问：“还有什么问题吗?”

小杨迟疑了一下说：“我们的优势可能是什么呢?”

“跟客户概念有关，能帮客户‘实现什么、解决什么、避免什么’的都是优势。”我说。

“比如说呢?”小朱问。

“比如说‘你’这个人，和客户接触的过程中，你很尊重客户、很替客户着想，给他的感觉很好，如果其他方面全都一样的情况下，‘你’不就是优势吗?”我说。

“呵呵，这……”小朱憨憨一笑，“还有呢?”

“还有，比如我们公司的背景和发展趋势，甚至地理位置也可能成为优势!”我说。

“地理位置也是优势?”小朱问。

我点点头：“我曾经有个项目，竞争对手到他们那儿要飞三个多小时，客户感觉在协调事务和服务及时性等方面难以保障，而我们总部离他们近，这也是他的概念!”

“哦！还有呢?”小朱问。

“还有，比如我们的产品、客户群基础、技术先进性、专业经验、行业咨询能力、服务能力、方案适用性、实施计划、后续服务成本、针对性的培训、战略合作等，这些都可能成为我们的独特优势!”我说。

小朱看了看我，欲言又止。

小杨下意识地说：“这也算‘独特差异优势’? 这些以前不是都在说吗?”

“以前没和客户的概念关联，客户不认为这是优势，我们只是‘王婆卖瓜，自卖自夸’!”小朱说。

我笑了，说：“不错！其实有很多优势我们自己没发现，因为不知道客户的概念，只是在呈现自己认为的优势。如果从客户的概念出发，通过客户的眼睛寻找，找到‘独特差异优势’就不那么难了。换个角度，用心发现，优势无处不在!”

小朱和小杨点点头，这些以前确实没有想过。

同时，小杨脸上又滑过一丝忧郁。

“怎么了，小杨?”我及时询问。

小杨摇摇头，他感觉要搞清楚这些东西要下大功夫。拿他的蓝科来讲，第一个问题就没有办法回答，“针对谁的优势”，是 DEF 吗? DEF 会提交什么方案呢? 客户又是怎么看的呢?

想到这里，小杨说："看来，拜访准备里要加东西了，光有'客户的概念''行动承诺''有效商业理由'不行了，还要考虑'差异优势''对客户的价值''证据'。否则了解到客户的概念，该说的时候还是说不上来!"

"嗯，准备独特差异优势时，要多问自己'我可以，别人不可以吗'。如果在客户看来别人也可以，就没必要再说了。还要多问自己'那又怎么样'。如果答不上来，说明还不清楚对客户意味着什么，甚至不清楚客户的概念是什么！这两个问题，多挂在嘴边，多问自己!"我赠送了大家两个差异优势的法宝。

天已经彻底黑了下来，黑得怕人。

小杨和小朱已经不那么沉重了。

他们要做的，就是结合自己的项目认真地分析、准备!

"老寒，这么晚了，一起吃饭吧!"小朱合上本子跟我说。

"不了，回去熬粥!"我站起身。

"老喝粥也不行，一起吃个饭吧!"小杨关切地说。

我看看他们，郑重地说："我的概念是喝粥、养胃，晚上还要写些东西!"

"哦，那就不勉强了！不能做违背客户概念的事情!"小杨应了一声，他知道再劝就是好心办坏事。小杨也想利用晚上的时间好好分析一下魏部长，还有陶部长、宋主任，看他们心里到底有没有人，应该给他们呈现什么优势。

"那老寒，飞达的事……"小朱弱弱地说。

"飞达怎么了?"我问。

小朱挠了挠脑袋："我明天要拜访他们的商务部经理，你看……"

"又让老寒跟你一起去啊?"小杨说。

"呵呵，深入实践多采风，才能写出真东西!"我和小朱说，"如果明天没什么要紧的事，可以和你去，几点?"

“上午十点!”小朱回应干脆。

“好，电话联系吧。”我说。

我确实想看看，经过两个多月，小朱到底有什么进步，还有哪些不足。

咦，上次和龚总交流效果很一般，怎么又能成功约到商务部经理呢?

莫非有什么玄机?

第 6 章

共同创造方案

33. 爽快的刘经理

雪后放晴，阳光折射在雪上闪着点点银光，世界显得清新、明快。

当我从楼上下来的时候，小朱已经在那里等我了。

“挺准时啊！”我远远地招呼小朱。

“那是，不看和谁约的！”小朱忽悠了我一下。

我们上了出租车，闲扯了几句。

“对了，小朱，这次要见的商务部经理以前接触过吗？”我问。

“没怎么接触，只是打过电话。”小朱回答。

“怎么接触上的？”我问。

“上次见龚总效果不理想，再约就难了。直到有一次我在电话里和龚总提出帮他做个调研，了解一下现在的业务情况，他才让我找商务部的刘经理。”小朱不好意思地说。

我沉默着没说话。

见我没说话，小朱接着说：“龚总还行，毕竟是自己闯出来的，处理事情挺利索，一听说我希望进一步了解飞达的业务现状和需求，就说‘你可以找刘经理’，让我通过前台找刘经理。”

“不错！你和刘经理传达约见理由了吗？”

小朱说：“已经传达了，我说‘飞达希望实现信息化管理，以减轻商务的压力，希望了解一下刘经理现在的业务现状，对系统有什么要求和期望，以便更好地为飞达设计方案，帮助刘经理更轻松地管好业务'！”

我点点头。

“行动承诺也想过了，下周我们提交方案的时候，最好请他组织龚总和相关部门一起听听，实在不行，也想让他跟我们交流后能向龚总反映一下上系统的必要性。”小朱说。

“他的概念呢？”我顺口问了一句。

小朱嘿嘿一笑，神秘地说：“他的概念我也知道点儿，他就是嫌商务工作处理起来麻烦，他最乐意向供应商询价，然后请龚总审批，之后的一些下单、调货、发货什么的，他才懒得管。”

“哦？”我看着他，小朱从哪儿了解这么细？

小朱没理会我。

“你要提的问题准备好了？”我话题一转。

听到我问这个，小朱笑了，拍了拍包说：“我昨天研究了一下同行业的案例，把关于商务处理过程中涉及商流的部分汇总了一下，估计能和刘经理找到些共同的话题！”

小朱开始找回自信了。他已经开始关注客户的概念，拜访中也开始准备约见理由和行动承诺，准备提问和倾听了，也知道准备一些“独特差异优势”。这种学以致用的力量很可怕。

很快到了那座大厦。

小朱付了车费，我们双双下车，走向旋转的玻璃门。

电梯里，小朱看着钢板里自己模模糊糊的影子整了整衣服，顺手捋了捋头发，挺起胸脯。小朱很期待，也很重视这次拜访。

小朱在飞达玻璃门前没有停留，进去喊了句“小悠！”

马尾辫儿站起来，微微一笑，说：“来啦！”看到我也在后面，脸上闪过一丝意外。

小朱笑呵呵地说：“刘经理在吗？”

马尾辫冲我笑了一下，跟小朱说："在呢，等一下。"说完，拿起电话快速拨了几个数字，"刘经理，XYZ公司的朱经理来了……嗯，好！"

放下电话，马尾辫儿冲里指了指，"里面第二个办公室，你去吧！"

小朱冲着马尾辫儿点了下头，扭头跟我说："走吧！"

经过刚才这几句简短的对话，再看小朱拎着包走路的样子，和第一次见龚总时大不一样了。什么原因呢？

没来得及多想，我们已经到了一间办公室门口。打眼望去，这个房间不算小，四五张办公桌，电脑、传真机，加上各种资料、文件摆得满满当当。最里面的一张桌子稍大些，一个三十多岁的男人正看着小朱和我。

"刘经理，您好！我是XYZ公司的小朱！"小朱走上去打招呼。

刘经理脸上露出笑容，站起身，伸出手说："朱经理，你好！"

小朱伸出手和刘经理握了握，说："不好意思，您这么忙还要打扰您！"

"什么打扰啊，听龚总说你要了解一下我们的业务，正好也帮我梳理梳理。早晨小悠说你今天要来，欢迎！"刘经理随口说着，看上去没什么防备之心。

小朱见此情境，说："哦。刘经理，是这样，上次和龚总交流，龚总说商务部是飞达的核心，采购、发货、结款都是商务部负责，还说刘经理对这块儿业务非常熟悉，特别强调一定要让我和您好好聊聊！"

"嗨，什么核心啊，一堆杂事儿！"刘经理笑了笑，接着问，"怎么着，你想了解些什么？"

刘经理直接问小朱什么事儿，引得小朱直想问那些信息类问题。可他想了一下，还是先开场确认比较好，毕竟可以让刘经理觉得他是用了心、有备而来的。"刘经理，这次主要希望了解一下商务部的业务现状，在工作中有什么感觉麻烦的地方，看哪些能借助信息系统处理，便于我们更好地设计方案，也能帮您减轻商务处理的压力，更轻松地管理好业务。大约半小时，您看怎么样?”

“嗯，可以啊!”刘经理脱口而出，几乎没有迟疑，又说，“你具体想了解些什么?”

刘经理快言快语，甚至是咄咄逼人的沟通方式，开始让小朱有些喘不过气来。想想也是，整天处理纷繁复杂的事务，没点儿干净利落劲儿怎么行呢?

小朱努力地调整自己的节奏，说：“刘经理，我想了解一下，您目前都有哪些具体的工作?”

“哦……”刘经理有些失望地回应了一声，说，“这个嘛，就像你刚才说的，主要是货物的采购、发货、付款计划、收款跟踪这些。”

得到了刘经理这个敷衍的回答，小朱皱了皱眉，这不和没说一样吗?

他的喉结上下动了一下，刚准备要说什么，突然想起沉默，于是没急着再问，而是看着刘经理。刘经理同样瞪着眼看着小朱，但似乎没再思考什么。

两人愣愣地相视，定格在那里。

片刻，小朱缓了缓神，赶紧接着说：“哦，刚才您说的采购，具体是什么流程，您感觉哪部分最烦琐?”

刘经理迅速抬头望着前上方，想了一下，又看着小朱说：“这个采购啊，还要分不同的类型。我们分为店面采购和项目采购。常规店面采购是根据店面销量和存量决定的，为的是及时给店面备货。店面每天都有销售日报和补货统计，汇总到我这里，我们给供应商下单就可以了。”

小朱轻轻点着头，手里托着一个黑皮本子边听边记。

刘经理又说："项目采购麻烦一些。销售投标报价之前，我们要根据客户的需求清单找供应商询价，然后提交给销售和龚总，他们再和供应商谈，最后定下一个价格。等中标后需要供货了，我们再根据谈定的价格下单、申请付款，通知项目组的人现场收货、验货，还要跟踪收款、付尾款，确实比较麻烦……"刘经理一股脑儿说完，看着小朱。

"嗯，还有呢？"小朱问。

"这就够我累的了！"刘经理看着自己案头的文件感叹。

小朱看着刘经理一下一下地点头，确认刘经理再没其他的话了，便说："刘经理，您所说的我是这么理解的，商务部的工作主要是物流的进和出，分为两类，包括店面采购的调货、销售日报的统计，还有项目采购中的询价、下单、收货、收款、付款，是这样吗？"

"嗯，差不多吧！"刘经理回应。

"在您看来，怎么样才能提高效率，减轻您的工作量呢？"小朱问。

刘经理看了一眼小朱，这个问题不好直接回答。他歪着脑袋想了想，说："这个嘛，现在各店面的数据是用 EXCEL 报过来的，我还得安排人进行汇总。如果系统能自动汇总各店面的销售、库存数据，我们就知道哪个店需要补什么货，就清楚多了。这应该不难吧？"刘经理问小朱。

"呵呵，不难。这个需求很普遍。在我们的系统里这是个最基本的功能……"小朱开口没几句，意识到自己又扯自己的产品了，再一次抑制住了自己的冲动，咬了咬牙，接着问，"除了这个需求，还有呢？"

"还有……"刘经理摸着下巴，皱眉想了一下，说，"再有就是最好能根据汇总订货量，自动找到相应的供应商，能够查询历史价格，下单后可以跟踪到货和付款情况，可以吗？"

"嗯。"小朱没有回答，只是记录着。等刘经理说完，他觉得这个需求和概念基本清楚了。他看着本上的记录微微点着头。看得出来，他在使用沉默，希望刘经理能再透露些什么事。可刘经理是个干净利索之人，再没什么话跟出来。

小朱抬起头，看着刘经理，问："刘经理，刚才您说的是店面常规采购这部分，那关于项目采购呢？"

"哦，项目采购啊？"刘经理醒了一下神，接着说，"主要搞清楚每个项目的投标清单、投标报价，还有我们下单、到货、付款的情况，特别是必须按项目核算清楚！"

"现在按项目归集起来挺麻烦的？"小朱问了一句。

"是啊！不是出不来数，就是整天出错，都快被销售和项目部那帮人逼疯了！"刘经理说完呵呵笑了笑。

小朱也跟着笑了笑，看着刘经理说："刘经理，刚才您说，希望实现对各店面销售和存量的自动统计、订货后的自动跟踪，还有根据项目进行投标清单报价、采购、发货、付款和收款的统计汇总，是吗？"

"是啊，你们都可以解决吗？"刘经理反问小朱。

小朱低头看了看本子上的记录，脑子飞快地转了起来。

小朱硬着头皮和刘经理探讨了这么多，加上这段时间研读了不少这方面的案例，才勉强可以听明白刘经理说的需求是什么意思。现在刘经理问他能不能解决，怎么回答呢？他对产品又不熟，感觉那个店面采购的需求应该差不多，好像在哪儿看过。但这个项目采购能不能解决呢？小朱心里也没底，开始有些发虚了。

这时候，小朱想起"独特差异优势"来。他把本子向前翻了一页，昨晚就提前写好了"优势是什么""针对谁的优势""谁眼中的优势""那又怎么样""何以证明"。"优势是什么"上面简单列了几条优势；"针对谁的优势"，现在没有竞争对手，不用跟谁去比"独特"；"客户眼中的优势"，如果了解到客户的概念，能解决这些问题的当然就是优势；“那又怎么样”是对客户的价值，这些问题解决之后，刘经理自己肯定知道其中的价值；“何以证明”就是证据，证据倒是有，包里装了几本案例集和公司介绍。

小朱飞速地看完，脑子转了几圈，看着刘经理，说：“刘经理，关于您说的这些，我们是可以实现的！”

“哦，可以实现？怎么实现的？将来操作起来麻烦不？”刘经理追问。

“嗯……”小朱迟疑了一下，可以就是可以嘛，刘经理怎么这么多问题呢？难道还想让我把方案讲一遍？再说我也不会啊！

小朱有些紧张，试探着说：“关于汇总店面存销量的功能，是我们系统的一个基本功能。那些店面可以设置成我们系统中的仓库，他们每卖一台就是销售出库一台，每进一台就相当于入库一台，其实就是统计出入库和存量，这个没问题，我们在几家商贸公司都是这么处理的！”小朱昨天特别了解了一下这种系统设置和应用的方法，他就知道会有机会给客户介绍。

刘经理开始变得有些严肃，探出上身，伸着脖子，好像在努力听小朱的话。

等小朱说完，刘经理追问：“是吗，他们是这么做的？”

刘经理这一问，小朱心里更没底了。

他真想打开笔记本再看看那个案例，看看到底是不是这么处理的，不过考虑到要跟刘经理说“你等一下，我查查啊”，当着客户的面查资料能留下什么专业形象呢？不能查！

小朱赶紧说：“这样吧，下次在制定解决方案的时候，让我们的顾问特别针对这个问题再详细介绍一下，到时候专门跟您详细沟通，好吧？”

“也行，”刘经理探出的上身缩了回去，看了看自己的电脑屏幕，说，“那其他几点，都能实现吗？”

小朱看了看本子，说："其他就是采购订单的追踪了，这个功能我们有，可以实现。"小朱不敢说深了。

"嗯……"刘经理闭着嘴，应了一长声，没说话。

见刘经理不再说话，小朱有些慌了神，看了看笔记，接着说："还有项目采购的这个操作。我们的软件中有个'项目管理'模块，不过好像是管工程的，咱们也是按项目跟踪。这个需求，我回去再和顾问好好沟通一下，让他们详细分析一下业务流程，看怎么解决合适。您看行吗？"

刘经理迟疑了一下，突然大声说："行吧！反正这些问题，一次也说不清楚。还有什么要了解的吗？"说完把胳膊拄在桌子上，一副准备站起来的架势。

小朱知道，这是客户下"逐客令"了，赶紧从包里掏出准备好的两本资料，一本是商品流通行业解决方案宣传册，一本是样板客户案例集，双手递给刘经理，说："刘经理，这本是我们做过的客户的情况，这本是我们的解决方案，供您了解一下！"

"哦？"刘经理接过资料，有些出乎意料地问，"方案已经出来了？"

"不是，不是，这个只是通用方案和其他企业使用的情况，供您了解。"小朱觉得刘经理可能把这当成给飞达的具体方案了，急忙说，"飞达的方案，我们随后会出来。"

"嗯。"刘经理一边应和着，一边翻开资料看了几眼，偶尔在某一页上停留一下，边看边说，"行，我先学习学习！"

"我们要向您学习！"小朱呵呵笑了，说，"刘经理，刚才咱们谈了商务部的主要工作，店面采购和项目采购，还谈到了店面采购的汇总和订单跟踪的问题，以及项目采购的按项目归集问题。这些需求，我们确实都可以解决。接下来，我们回去针对您关心的问题，尽快出个方案，您看行吗？"

"行，"刘经理轻声应了一声，说，"龚总也很关注这个事情，希望早点儿用上，抓紧点儿吧！”

小朱突然又想起了什么，紧接着说：“刘经理，我们的方案下周可以出来，您看下周四是不是约龚总一起开个方案汇报会啊？”

“这么快啊？”刘经理略有些惊讶，低头想了一下说，“龚总最近挺忙的，这样吧，关于商务部的方案，你们先做一个给我看看，咱们商量好了再向龚总汇报！”

“哦。”小朱知道，他的最佳行动承诺没有拿到，但他没有放弃，继续争取最低的行动承诺，“那您看需求了解得也比较清楚了，这些问题我们又都能解决，您什么时候方便跟龚总汇报一下，让他也知道一下咱的工作进度啊？”小朱说完，自己也觉得有些牵强，呵呵地笑着。

“等方案出来吧！方案要没问题，其他应该比较快，龚总一直挺利索的！”刘经理又挡了回来。

“那……好吧，”小朱无奈地应了一声，站起身来，说，“占用您这么长时间，真不好意思！不过，后面我们写方案的时候，有不清楚的地方肯定还要向您多请教！”

“没事，应该的，这也是在帮我们呢！”刘经理笑了笑，伸出右手。

小朱不舍且无奈地握着刘经理的手摇了两下。

34. 小前台的秘密

从刘经理办公室出来，小朱有些失落。

能了解到客户的概念和关键需求，小朱的表现已经很不错了。可之前准备的那么多好说法都没怎么用上，关键那个刘经理虽然说了很多，可就是没给小朱行动承诺！

特别是小朱试着呈现自己的方案时，客户一追问、一怀疑，马上就心虚不敢往下说了，他只能搬“顾问”这个挡箭牌。结果客户还是没上楼，这可怎么办呢？

马尾辫儿见我们出来，起身笑着问：“谈完了？”

“嗯，谈完了。”小朱说。

“怎么样？”马尾辫儿关切地问。

她这么问让我感觉有些异样，一个前台小姑娘怎么能问这些呢，莫非……

小朱站在前台旁边，低着头说：“还行！”又抬起头看着马尾辫：“中午请你吃饭吧！”

马尾辫儿笑了笑说：“不了，今天事儿挺多的。”

“要不在楼下等你？”小朱追问了一句。

马尾辫儿看了我一眼，说：“今天事儿确实很多。”

“哦，那我们先回去了，再联系吧！”小朱不舍地看了一眼。

马尾辫儿笑着点了下头：“好！”

我也向马尾辫儿笑了一下，和小朱转身走出飞达。

“行啊，小朱，关系不一般啊！”电梯里四下无人，我用异样的眼神看着小朱。

小朱脸一红，讪讪地笑了笑：“你说她啊，呵，没啥！”

“没啥，不像，你就招了吧！”我觉得小朱的表情已经告诉了我真相。

小朱知道躲不过去，只好承认：“聊过几回！”电梯门刚一打开，小朱就急忙蹿出去，后脑勺都洋溢着幸福的感觉。

“老寒，中午请你吃饭吧！”出了大楼，小朱说。

“你不会还想碰到小悠吧！”我开玩笑。

“你想哪儿去了！”小朱脸一红，看了看不远处那个湘菜馆，轻声说，“不过多亏了那次……”

很快打到一辆车，小朱拉开车门坐在前面，我坐到了后面。

“你和小悠是怎么勾搭上的?”在出租车上不能谈正事，只能闲聊。

“什么叫勾搭呀……”小朱头也没回。

我从后视镜里瞥了一眼坏笑的司机，说：“不是勾搭是什么?”

“那叫‘沟通’!”小朱郑重地说。

“那好，你怎么和小悠‘沟通’上的?”我问。

“听着怎么这么别扭啊!”小朱摸了下脑袋，有些抓狂。

司机忍不住“扑哧”一声笑了。

小朱不好意思地侧了侧头，又和我说：“对了，刘经理怎么云山雾罩的啊？你怎么看今天的拜访啊?”

“别打岔，刘经理的事回去再说!”我说。

小朱只好硬着头皮说：“上次吃饭碰上算认识了，后来给飞达打电话都是她接，所以……对了，我发现五环应用太广泛了!”

“哦，有什么心得?”我知道小朱又在打岔，成全了他。

小朱迟疑了一下，说：“其实，自从在餐馆见过小悠之后，再打电话转接时，我会顺便问一句‘是小悠吗’‘谢谢小悠’，能明显感觉到电话那头的情绪会有变化，估计以前没人这么尊重和关切地和她说话。我偶尔还会随口提一下‘上次吃饭真是凑巧’‘总这么麻烦你，谢谢啊’什么的……”

“嗯，你没过于热情，聪明!”我说。

“呵呵，再到后来，也偶尔多说两句。类似‘那么晚才吃午饭，注意身体啊’‘下雪天冷，别冻着啊’‘注意甲流，上下班戴个口罩吧’什么的，说得比较自然、随意，但都用比较正式的口气。”小朱想让对方感觉是无意说的。说者无意，听者有心，特别是让人感觉到被尊重和关怀的话。

“后来呢?”我觉得事情不会这么简单。

“也没什么，就是后来吃了两回饭!”小朱有些不好意思。

“没看出来啊！”我也一惊，看似天真的小朱竟和小悠吃过两次饭了！因为太吃惊，我才禁不住脱口而出。这时候应该保持沉默，平和一些，才能让小朱说出更多东西来。作为弥补，我尽量平静地问：“你怎么约的？”

“呵呵，那天中午下班，我在楼下给她打电话，‘因为项目的事总麻烦你，很不好意思，如果方便的话想请你吃个饭，也顺便了解一下你现在有哪些工作可以借助系统处理，既能提高系统使用效率，也能给你减轻工作量’！”

“她答应了？”我问。

“没直接答应，说‘不用客气，有事你就说吧’，我说‘我就在你们楼下，你看在哪儿方便？’她又推脱了一下，后来就同意了。”小朱软磨硬泡的功夫早在客户身上练成了，对付小悠绰绰有余。

小悠对憨厚诚恳的小朱并不怎么反感。看来，表现老实点儿，比油腔滑调强。

“谈得怎么样？”我问。

“还行，就聊了聊飞达公司的情况，飞达的那些人，还有她的工作，闲聊！”小朱随口回答。

我对这个答案并不满足，肯定有很多细节。小朱不说，我就沉默。这时候小朱脑子里回荡的肯定是那顿饭的情形。

果不其然，过了一会儿，小朱说：“嗯，我当时特别注意提问和倾听，记得你上次说过，一个全身心投入地倾听女人说话的男人是最有魅力的！所以，我用尽了倾听的招数，都没怎么吃！”

可以想象，当时小朱的目光应该不敢直接看小悠的眼睛，就他那羞涩劲儿，好意思才怪呢！

“有什么收获？”我问。

“嗯，收获比较大。了解了飞达的一些业务、龚总和其他几个经理的情况，还聊到小悠的工作，”小朱说到这里停顿了一下，接着说，“这都不要紧，主要是别让小悠反感，还能有下次机会……”

回到公司已经是十一点半了。

我和小朱打了午餐，坐在一个靠窗的角落里，边吃边聊。

“没看出来，挺厉害啊!”我边吃边说。

“还不是你教的?”小朱说。

“呵呵。”我忍着没接话。只要我不说，小朱的话题肯定和小悠的那顿饭有关。

“头一次吃饭，能这样，还行吧!”小朱果然还在回味。

“怎么还行?”

小朱边慢慢嚼，边说：“至少不反感。后来放松多了……”

“当时你放松了吗?”我估计当时小朱也挺紧张的。

“还行，反正多关注、多倾听、多欣赏就行了呗!”小朱往嘴里扒拉米饭。

小朱还不愿意多说，呵呵，这更加引起了我的好奇。谈对方比较谨慎的事情，有时候要像吃火锅一样“溜边儿、沉底、轻捞、慢起”，才能捞到干货。

“对了，这次飞达的系统会涉及前台的工作吗?”我问了个“溜边儿”的问题。

小朱头也没抬，直接说：“嗯，应该涉及一些。他们可能也想用办公自动化，这样将来龚总出差审批方便一些。”

“谁提的需求?”我把问题“沉底”。

“第二次吃饭的时候，她说龚总好像提过……”小朱随口说。

“嗯。你们吃饭怎么聊起这个来了?”我继续“沉底”。

“这个啊。”小朱边夹菜，边瞄了我一眼。

我放慢了吃饭的速度，以便让小朱感觉到我在倾听。

“哦，当时我约她说‘现在龚总这么辛苦，搞得你也这么累，想跟你聊聊飞达的系统怎么才能帮到你和龚总’，估计她也明白我什么意思，有这么个‘名正言顺’的理由可能好点儿吧！”

“这个理由不错啊！”我及时肯定了小朱对五环的应用，以证明我关注的是销售技巧，而不是他和小悠之间的事，“后来呢？”

“后来她说龚总每天要处理很多事情，确实比较累，如果能通过上系统让龚总轻松些就好了！她还说了些龚总和公司的事儿！”小朱得意地说。

眼看小朱的话匣子打开了，我没接话，低着头吃饭。

小朱突然向前探出脑袋，神秘地说：“你知道吗，小悠和龚总可不是一般关系！”

> 人们更爱说对方不知道的事情。我们在倾听的时候，即使知道对方要说什么，也要很感兴趣地听下去，这样能激发对方说话的欲望。

“哦？”我好奇地抬起头。

小朱面色凝重地点了下头：“真的，我都没想到！”

“嗯。”我不问，小朱也会说。

“你还记得那次在饺子馆吗？”小朱问。

我虽然记得，但还是摇了摇头，这样更能激发小朱说下去。

“她当时好像在等谁，后来和几个人一起走了，不记得了？”小朱提示我。

我缓缓地说：“好像有点儿印象……”

“你猜那几个人是谁？”小朱一手端碗，一手拿筷子，定在那里一动不动。

“谁？”我顺势问。

“是小悠的表姐和龚总的老婆！”小朱神秘地说。

“啊？”这次我是真惊讶了。

小朱朝我狠狠地点了点头。

“行啊，你连这都能知道！”我赞赏小朱。

小朱越来越兴奋，又故作神秘地说：“你别说，这事儿还挺……”

“什么事儿?”我追问。

“小悠刚来飞达不久，是她表姐告诉她有个单位招人，她就自己去面试了。去了没几天，她表姐就打电话约她一起吃饭。其实，就是和龚总的老婆见面!”小朱讲得绘声绘色。

“她们见什么面?”我虽然能猜个差不多，但作为倾听者不能好像什么都知道，必须表现得非常好奇。

“小悠的表姐和龚总老婆是朋友，很熟的那种。这个前台，也是龚总老婆让她表姐帮着物色人选。我猜啊，小悠还有一份监督龚总的工作吧！你说龚总老婆心眼多多啊!”小朱觉得女人心超复杂。

“也正常，龚总事业有成，又是男人四十一枝花，可不得看紧点儿啊!”我随口应和。成功男人背后的女人，心眼儿小起来很可怕，甚至怀疑老公身边的每一个女人。

“我可别混到那份儿上!”小朱缩了缩脑袋。

“你觉得龚总知道不?”我问小朱。

小朱摇摇头:“不清楚。反正小悠说龚总确实挺累，一到公司就要处理很多事儿，还给她安排好多工作。”

“上系统对小悠有什么好处吗?”我问小朱，也是在提醒他。

小朱愣了一下，看得出来他没多想，愣愣地问我:“对她?”

“对啊，比如说上了系统龚总不用回公司也能处理业务了，她是不是能轻松些，龚总不来的时候也能自由点儿，监视龚总的责任也能小点呢?”我笑着说。

“嗯，有道理!”小朱当真了，一本正经。

“要不她怎么和你说那么多呢，一定有她的概念，要不就是她……”我笑着没说下去。

“切！可能小悠就是觉得我实在!”小朱憨憨一笑，露出了经典表情。

“你小子运气不错啊，项目有转机不说，还走了桃花运!”我说。

“哪儿啊，小悠说了，项目的事儿还得靠我自己努力，她不会帮我什么！”小朱知足中小有遗憾，只和小悠吃几顿饭，离他的梦想还很遥远。

“你当时怎么说？”我继续探索。

“我说我会努力，既能帮了你，又能帮了龚总！”小朱眼睛冒光地看着我。

“嗯，不错！”我拿起餐巾擦嘴。

“什么啊，你知道小悠怎么说的吗？”小朱的心情暗淡下来。

“怎么说？”我问。

“她说‘怎么想帮我的人那么多啊’，不知道什么意思！”小朱摇摇头。

我呵呵一笑，看着小朱说：“还用说啊，这么清纯的小靓女能没人追？”

小朱眼神空洞地看了我几秒，低下头叹了口气，把手里的一块橘子皮扔在餐盘里。

出了餐厅，小朱说：“老寒，你着急回去不？”

“不着急，怎么了？”我看了下表说。

“再聊聊！”

“走吧，遛个弯！”我笑了笑说。

走了没几步，小朱突然站住，盯着我说：“我觉得小悠不错，我想追她！”

35. 概念的铁球

小朱直接说想追小悠，搞得我也不知道该说什么。

我低头用脚蹭了一下地面，然后抬起头望了望天，说：“兄弟，我支持你！”

“那你得帮我出出主意啊，接下来怎么着？”小朱歪着头问。

我看了看他说：“兄弟，说实话，我也没经验啊！”

“哦。”小朱的头低了下去。

“不过，除非你搞定飞达项目！”我慢悠悠地说。

拿不下飞达，小悠怎么看他呢？但这话不能说，否则小朱的压力更大了，销售的动作都会变形。

“嗞！”小朱深深吸了口气，他也觉得飞达项目事关重大，甚至事关后半生的幸福，沉默了一下，说，“怎么也得拿下来！”

提起项目，小朱一下子回到现实世界，突然扭头问我：“对了，老寒，你觉得今天见刘经理怎么样？”

“你是指哪方面？”我反问他。

“提问和倾听啊，我觉得还行，可总觉得缺点儿什么……”

“缺什么？”我问小朱。

“是啊，缺什么呢？”小朱抬头望着远处的蒙蒙山峦，自言自语。

阳光明媚，脚下的路湿乎乎的，枯黄的小草轻轻地呼吸着，虽是初冬却也惬意。大家都轻松地遛着弯儿，可怜的小朱却在苦苦思考。有时候想想，销售失去了很多生活乐趣，经常迈着苦涩的步伐前进。

我启发小朱：“你准备的行动承诺是什么？”

“哦，对，没得到行动承诺！”小朱觉得自己脑子像短路了一样，郁闷地问：“刘经理为什么不愿意做出行动承诺呢？”

“你给他做出承诺的理由了吗？”我问。

“给了啊，我抓住了他的概念，也和他确认了！”小朱歪着脖子，一脸不服气。

“有概念就行了吗？”我问。

“概念是行动的源泉，有概念当然应该有行动！”小朱说。

“你还记得他跟你确认完概念，又问了一句什么吗？”我问。

小朱回忆了一下："好像问'你们都可以解决吗'……"

"你怎么回答的？"我顺着问。

小朱想起来了，当时确实没回答好，而是直接说"可以实现"，难道这句话有问题？

"你一说'这些都能解决'，刘经理说什么？"我接着问。

"好像问'怎么实现的，操作麻烦不'，像是有什么担心！"小朱说。

"后来呢？"

想了半天，小朱才想起来当时刘经理的反应："后来我给他介绍功能、样板客户，递资料，还说安排顾问，他好像总在怀疑！"

我低着头，默默踱着小步，没有说话。

"可这些都是你说的'独特差异优势'啊！也和他的概念做了关联啊！"小朱还是想不通，简直抓狂了。

"没错！"我肯定了小朱，接着说，"小朱，我问你一个问题，是不是客户和你分享了他的概念，他就会认为你的优势是他要的？他就会接受你的方案？"

小朱抬头看着我，木然地说："不是吗？针对概念呈现优势不对吗？"

"我们是说过，不知道客户的概念，我们的优势就不是优势，可没说过知道了客户的概念，我们的优势就是优势了啊！"看似不讲理，但没办法。因为大家当时的关注点都在概念上，觉得概念这东西太重要了，没有概念就没有一切！但这不能说明有了概念就有了一切，概念仅仅是前提！

"那将我们的优势和客户概念关联，不就是一句空话了吗？"小朱彻底迷惑了。

不破不立，彻底迷惑之后才能想明白，以后才能看得更明白。

我突然想到个形象的比喻，跟小朱说："兄弟啊，概念这东西就像一个空心的铁球，客户的概念躲在铁球的空心里，我们的优势在铁球外面。把我们认为的独特差异优势，按我们自己的认知，自以为跟客户的概念做了关联，彼此之间还隔着一层厚厚的铁壳，你觉得客户会认同吗?"

"你的意思是……"

我停下脚步，面对小朱说："还记得吗，客户受到外来观点的冲击，这个观点如果不是他自己想出来的，本能的第一反应是什么来着?"

"抗拒!"小朱说。

"即使不抗拒也会怀疑，不会积极地肯定，对吧?"我征询小朱的看法。

小朱点点头，说："这我知道，就像'推销胁迫症'一样，无视客户的概念，强行介绍我们的产品和方案，是在强迫客户做出决定……"

"是的。如果把我们认为的独特差异优势，跟客户的概念强行关联起来的话，那是什么呢？这会不会无形之中也给客户一种外来的压力呢?"我反问小朱。

"知道了客户的概念也不行?"小朱觉得知道了客户的概念，就好像"有了资本"，而我们的优势正好可以帮助他实现，那是好事啊!

问题恰恰出在这里!

我们的优势，是客户心目中实现概念的最佳方式吗?

就好像五环 QQ 群里的"骑牛"老弟希望考试及格，这是概念，会有很多种方法达到这个目的。"好好学习"或者"抄袭"，是不是最佳方式呢？如果有人上来就说"我有考试作弊器"，他会直接要吗？如果换了群里的好学生"缘心"老弟呢?

想到这里，我和小朱说："关联了客户的概念呈现我们的优势，这个优势是不是客户认为实现概念的最佳优势呢？所以，就像那个空心铁球，客户的概念在铁球空心里，我们的优势在铁球外面，这两者没有直接的关联。”

“啊？按你这么说，不成了‘优势胁迫症’了？”不知道客户的概念不行，知道了概念呈现优势还是不行，小朱彻底傻眼了。

我笑了笑，说：“兄弟，咱们没聊五环之前，大家销售做得也挺好的，所以咱讨论的也不一定都对！不过大胆假设，小心求证，总没什么不好！”

“那不行，这个迷惑要不解开，还让我怎么做销售啊？”小朱较起了真儿。

我无奈地摇了摇头，问：“小朱，你现在有什么具体的问题？”

小朱被问得一愣，他就觉得不太对劲儿，具体问题在哪儿好像也说不清楚。他抓了抓脑袋，说：“不知道概念是‘推销胁迫症’，知道了概念呈现优势是‘优势胁迫症’，什么时候才不会犯病呢？”

我笑着摇了摇头，拍拍他的肩膀说：“呵呵，咱都没病！”

“现在的问题是，知道了客户的概念，如何将我们的独特差异优势和客户的概念关联起来，让客户也认同呢？”小朱着急地问。

我点点头，看了看表说：“我下午还有个会，这样吧，今晚老地方！”

36. 装修效果图

冬日的北京天黑得很快。

我走进茶馆包间的时候，小杨和小朱正聊得热乎。

“老寒来啦！”小杨和我打招呼。

“早来了？”我寒暄着。

“刚到一会儿。”小杨说。

“近来怎么样?”我边脱大衣边问。

“什么怎么样?”小杨自从学了五环，都成条件反射了。

我笑了。

小杨回过味来，呵呵一笑：“唉，这句话都养成习惯了。你是说拜访技巧吧?”

“嗯。怎么样?”我边说边坐了下来。

小杨说：“还行。现在无论打电话还是上门拜访，我都要提前做些准备，准备约见理由、行动承诺，想好要了解什么，准备好相应的问题。这样效率高多了，不像以前那样没头苍蝇似的乱撞了。”

小朱点点头，他也有这感觉。

“有什么问题吗?”我问。

小杨说：“问题当然有，我正和小朱聊呢。我们努力搞清楚客户的概念，可一旦有些眉目了，客户总对我们的方案提出质疑，好像一百个不放心，很难得到客户的行动承诺，也不知道问题在哪儿!”

我看看表，又望了眼门外，问：“小朱，今天都通知谁了?”

“都通知了啊!”小朱睁大眼睛。

“都来吗?”我问。

小朱说：“小马说从客户那儿直接过来，可能稍晚点儿。小牛约了个重要客户，说如果一起吃饭就够呛了，看时间。小熊说晚上家里来亲戚了。”

“唉，这么好的机会不珍惜!”小杨突然说。

我笑着说：“好东西也是垃圾，垃圾也是好东西，关键是在谁的眼里。有概念的人，知道自己要什么。”

正说着，门“咣”一下被推开，小马风尘仆仆闯进来：“不好意思，太堵了!”

“挺忙啊?”小杨问小马。

小马自己倒了杯水，一饮而尽，湿着嘴角说：“可不是嘛，年底冲刺，被压得喘不过气来！”

小杨说：“有省劲儿的方法你不用，就知道勤奋！”

小马看了看我：“我不是不用，实在是太忙，没时间消化。忙过这段儿，我好好学习！”

正说着，小牛推门进来：“聊着呢！没来晚吧！”

“不晚，还没开始呢！”小朱见小牛来了，心里踏实了些。

“聊啥呢？”小牛问。

“也没啥，正说呢，知道了客户的概念，我们讲方案时客户总犹犹豫豫，甚至还会质疑！”小杨说。

“那是没找到客户的‘赢’吧？”小牛扭头问我。

我想了一下说：“也不全是。”

“那是怎么回事呢？”小杨问。

我皱着眉琢磨，没说话。

小朱见没人搭茬儿，便说：“像飞达刘经理，概念已经搞得很明白了，可我一说能实现，一提交方案，一说我们有什么优势，他总是在怀疑……”

小牛喝了口水，没说话。

“你们觉得是什么原因呢？”我反问大家。

一阵沉默后，小朱四下瞅瞅，小声说：“是不是你说的‘概念铁球’啊？”

“‘概念铁球’是什么？”小杨被提醒了。

“‘概念铁球’是说客户的概念像个空心的铁球，概念在铁球的空心里，我们的方案和优势在铁球的外面，跟客户的概念没什么联系……”小朱小声说。

“那怎么办？”小杨问。

大家关切地看着我，已经进入状态了。

我想了想，不能从问题本身下手，得从生活中找例子。

“你们装修过房子吗?”我问。

“嗯。”小杨先回应。

我想了想，说:“如果装修前你找到了一家装修公司，和设计师沟通说想要中式简约的装修风格。设计师了解你的想法后，直接从他的方案库里给你找出一个效果图。你觉得怎么样?”

刚开始大家没反应过来。

沉默了一会儿，小杨说:“这是他本来就有的，不是专门为我设计的。”

“看着这个效果图，可能会有些不错的元素，但总觉得这个效果图不太对劲儿，担心遗漏点儿什么。”小牛说。

“用他那个现成的，太便宜他了!”小马说。

我笑了，接着问:“如果设计师深入了解了你的想法，说将针对你的想法进行设计。你一周后拿到专门为你设计的方案时，会是什么感觉呢?”

“应该好多了。”小马立即回答。

小杨想了想，说:“如果我觉得把想法说清楚了，设计师也了解了我的概念，效果图可能会跟我想的有点儿像吧。不过我拿到之后还会好好看看，看哪些地方还有不足，不是我表达的那个意思。”

“结果呢?”小朱问。

小杨摊开手掌假装看了一会儿，皱着眉说:“好像还差一点儿，说不清楚是哪儿。反正得让他改改，可越改越不像……”

> 当人接受到外界给他的信息时，会将它与自己意识中已有的认知做对比，并做出判断、形成评价。

“你告诉设计师想要的效果之后，你脑子里会有一个大体的效果图，或是一个模糊的感觉，是吗?”我问。

大家想了想，默默点头。

“也就是说，设计师给你现成的效果图，或者一周后给你提交专门为你设计的效果图，你其实都是在回味和体验自己脑子里的那种感觉，把看到的方案和脑子里的模糊方案进行对比，是吗?”我又问。

“嗯!”

“结果会怎么样呢?”我问了个开放式问题，把更多的思考留给大家。

小杨一边琢磨，一边说：“这种情况，效果图不可能百分之百达到我期望的效果，好的七八分像，差的三四分像，肯定还要多次修改，甚至总体设计思路上都要进行大调整。”

“设计师会按照自己的理解和审美标准，把他认为合适的元素放上去，或许跟我的感觉不对，也或许会让我眼前一亮。”小牛跟着说。

我看看大家，说：“所以，告诉对方自己的概念之后，我们脑子里的那个印象和预期效果，就是铁球里面的东西。而设计师根据自己的认知和审美标准做出的效果图，就是他的方案，是铁球外面的东西。当我们看到新的方案时，是在用我们脑子里的标准去衡量对方的方案，对吧?”

“那怎么了?”小朱突然问。

“还记得在‘推销胁迫症’里说，人们面对外来变化的第一反应是什么?”我笑着问。

“抗拒。”小杨说。

我接着说：“没错，人们面对外来的变化本能反应是抗拒，当别人给他的观点不是他自己思考出来的观点时，会是什么反应呢?”

“也是抗拒?”小朱说。

“可客户的‘概念’是他自己亲口说的啊!”小杨说。

“是客户亲口说的。就像我们和设计师亲口说了想要什么效果，可他拿出方案来，你不是一样会去辨别、怀疑，甚至挑剔吗?”我说。

大家似有所悟。

“所以，人们潜意识里抗拒变化，抗拒外来强加于他的观点，抗拒不是经过自己思考而形成的认知，哪怕这个认知是正确的。凡是别人让你相信什么观点，指使你干什么事，出于人类安全本能的反应，你潜意识里是‘不接受’的。即使不得已接受，内心也是逆反的。”

“那怎么办?”小朱问。

我看了看大家：“你们说呢?”

大家知道，人会抗拒没有经过自己思考形成的认知，可对这个问题一时想不到什么解决方法。

“既然抗拒外来的，如果不是‘外来’的呢?”小杨突然说。

“对，对方自己思考形成结论，而不是我们告诉他的，这样他就不会抗拒了!”小牛说。

小牛感觉到，我一直在提出各种问题让大家思考，就是在让大家自己形成结论、找到答案，也可以尽可能减少大家对结论的怀疑和抗拒。

我笑着点点头说：“试想一下，如果设计师听说你要中式简约的风格，并没有急着拿出方案，也没有马上着手开始设计，而是继续跟你探讨，问你‘你所指的中式简约风格希望通过什么具体元素体现呢’‘你希望用红木还是黑胡桃木的色调啊’等。”

小杨听我这么讲，想了一下，说：“那就会有两种情况：第一种情况，我已经有了一些想法，比如在杂志上或朋友家见过类似的风格，我会想是用博古架还是中式柱呢，可能会和设计师探讨；第二种情况，我也没什么想法，就想看看他们有什么素材，根据素材给我的感觉选一下，看能不能给我些启发。”

我顺着说：“如果你根据自己的感觉挑选了一些元素组合出效果图，你觉得这是你的想法，还是设计师的想法?”

小杨沉默了一下，说："至少融入了我的意见。"

"如果别人说，这样搭配不好看时，你什么感觉?"我问。

"我可以自己说不好，要是别人说不好，我会不爽。"小杨说。

"如果设计师根据你的意见修改好，装修完了，玄关是个中式博古架，墙边镶了窄窄的深色胡桃木，衣柜略带飞檐挑角的感觉，看着你想象的效果图变成了现实，是什么感觉?"我问小杨。

"有成就感，很喜欢!"小杨说。

"你觉得设计师和装修队起什么作用?"我又问。

"他们把我的想法变成了现实。"小杨得意地说。

我看了看大家，接着问："如果有个朋友来到你家，看完装修说'这衣柜怎么这么奇怪''这根柱子真傻，跟电线杆儿似的，装修公司瞎设计'，你什么感觉?"

"我可能会反感，想把他踢出去!"小杨回答。

大家听完哈哈大笑。

> 人的内心深处渴望被尊重和赞美，不喜欢被否定和指责。当自己形成的观点被否定或指责时，潜意识会拥护自己的观点，哪怕这个观点欠妥。

小牛说话了："老寒，我明白了。你是说让客户参与方案制定的过程，他们就会觉得这方案是他自己的，就不会挑剔和抗拒了，对吗?"

我点了点头，说："是！我们可以想想，穿着自己从商场挑选的衣服，自己会觉得不好看吗？不好看自己会买吗?"

"别人说我的衣服不好看，我肯定会不高兴!"小朱跟着说。

"你说呢?"小牛反问他。

"是!"小朱下意识地回答。

憨厚的小朱把大家逗笑了。

"因为是自己选的，源于自己的审美标准，所以感觉这个方案是自己的。别人说不好看，你感觉也是在批评你的审美观，在否定你的方案，你能爽吗?”我说。

小马说：“这个道理很简单，孩子是自己最大的项目，谁要说你的孩子不好，能不着急？俗话说‘孩子都是自家的好’!”

“可怎么‘庄稼都是人家的壮’呢?”小朱问。

我想了想说：“说‘庄稼都是人家的壮’是勉励自己要更勤劳，这是农耕文化传承下来的。话说回来，如果别人说你地里的庄稼不好，你舒服吗!”

“那怎么解释‘老婆都是人家的好’呢?”小朱突然问。

“这小屁孩儿，你有老婆吗?”小牛笑话小朱。

小朱脖子一挺，一副要争辩的样子。他虽然没老婆，可有小悠啊，他就觉得小悠好!

我笑了笑，说：“小朱问得很好。为什么说‘老婆都是人家的好’呢，因为结婚过日子了，双方越来越了解，彼此的毛病也都暴露出来了。你可以自己发牢骚，可要有人说‘你娶她做老婆，有毛病啊’，你什么感觉？同样的道理，后续在服务阶段，客户遇到问题也会抱怨‘你们服务这么不好，当时要选 B 公司可能比你们强多了’，但要是有人说他们选择错了，他们会舒服吗？那可是他自己选的!”

自己选择的东西可以自己说不好，但不喜欢被别人说不好。

大家纷纷点头。

我接着说：“通过讨论装修房子和买衣服，得出这样一个结论，人们对外来的观点第一反应是抗拒，对自己经过思考得出的结论和做出的决定往往不会抗拒，而且不愿意听到别人对这个结论和决定的否定。”

小杨点点头，说：“是。虽然搞清了客户的概念，但如果不是客户自己想出来的解决方案，而是我们直接呈现的，客户还是会觉得在强加给他，第一反应是质疑和抗拒，然后把这个方案与自己内心的愿景做对比。而如果是自己思考形成的方案，他认为是自己的想法，被否定了就不爽，内心会极力袒护！”

小朱恍然大悟，“哦，难怪我们提交方案客户不认同，总是质疑呢！”

“可是，怎么才能让客户形成自己的方案呢?”小杨问。

“对啊，他自己形成的方案，怎么才能和我们的差异优势关联起来呢?”小朱也弱弱地问。

37. 售楼的伎俩

如何让客户形成属于他自己的解决方案呢?如何把我们的优势和客户的概念关联起来呢?

销售习惯了固有的思维模式，总在考虑如何把自己的产品和方案推荐给对方，让对方接受。这个过程很容易忽略对方的认知和思考过程，于是成了“推销胁迫症”和“优势胁迫症”。

销售不是一句“以客户为中心”那么简单。真正的销售过程，要关注客户组织中影响决策的每个人及其主观认知，要关注每个人认知和决策的思维过程，还要关注思维过程的各个阶段的信息来源！

谈到这个问题，大家都屏气凝神，等我支招儿。

答案藏在提问者脑子里。如果不是自己思考出来的，直接给答案，对方还要再质疑、琢磨、辨别、验证，不如让大家形成自己的结论，找到自己的答案！

“对了，还记得客户决策形成的三个阶段吗?”我问大家。

“记得，记得！”小朱把自己的本子向前翻了几页，找了找，说：“客户做出决定的三个阶段：第一阶段是认清现状，形成自己清晰的概念；第二阶段是想尽各种可能，建立标准；第三阶段是根据他认为的标准基于差异做出决定。这是心理学家吉尔福德在《人类智能的本性》中对人类意识决策‘认识过程’‘歧异过程’‘聚敛过程’三个过程的论述。”

小朱如此用心，再加上不断实践，长此以往不可小视啊！

“不就是客户形成概念、制定标准、做出决定三个阶段嘛！”小杨说。

“我们以前的销售，更多是在面向哪个阶段呢？”我问。

“哪个阶段？”小朱不太明白。

“销售以前做的事情，是面向客户形成概念的阶段、制定标准的阶段，还是做出决定的阶段？”我问得更详细。

小杨想了想，说：“我们以前直接问客户有没有需求，然后直接催促客户采取行动，很少和他形成概念、一起制定标准。现在看来，应该更多面向客户做出决定的阶段销售！”

“应该面向哪个阶段？”我问。

“所有过程？”小朱疑惑地问。

“重点在哪里？”我又问。

大家木然地摇摇头。

我想了想，举了个例子：“就像买房子，我们是怎么有了买房子的概念的呢？”

“可能要结婚了。”小朱说。

“可能有了小孩儿，老人过来看孩子，一起住，不够住了。”小马说。

“也可能有了闲钱，想投资。”小牛说。

“或许就想有个家的感觉，想心里踏实一些。”小杨又说。

“小孩上学需要当地户口，否则赞助费高得吓人。”小牛又说。

我看看大家，说：“没错。我们源于这些现状和期望，萌生了买房的想法，就是第一阶段认识性思考的过程，也就是形成概念的阶段。我们形成买房子的概念会有多长时间呢？”

“哟，那可长了，估计得半年多!”小马随口说。

买房是大事，这种想法不是突然萌生的，今天这儿不方便，明天那儿不如意，是源于生活中点点滴滴的感受慢慢积累形成的。这种模糊的想法由来已久，只是没有特别清晰。

“也有快的，被刺激了突然心血来潮，立即就能决定买，”小杨觉得也不都是这样，“不过得看有钱没钱，不能代表普遍现象。”

“是！我们想一下，因为自己的内在原因决定买房子之后，去想‘在哪个地段买’‘买多大的’‘准备花多少钱’这些对标准的发散性思考，会花多少时间?”我问。

小杨歪着头回忆了一下，说：“好像不是很长，也就两三个月。真要决定买了，应该挺快的。”

“这个包括到处看房，反复比较的时间吗?”小马问。

“如果看房和比较过程中你的标准有变化，那就包括。”我说。

“那确实要两三个月。”小马说。

我接着问：“随着选择标准的形成，内心也逐渐有倾向了。在明确了‘在哪个区域买’‘买多大的’的标准之后到交钱，一般多长时间?”

小马看看大家，说：“也就几周吧，挺快的。”

“是啊。售楼小姐总是吓唬你，说什么房源紧张，都卖完了，好不容易有人退了，你如果想买赶紧来交钱啊，你就得屁颠屁颠去交钱。”小杨很无奈。

我想了想大家说的半年、三个月和几周的三个时间段，点点头说：“是不是可以说，一般情况下考虑要不要买房子，考虑买什么样的房子，到最后交钱买房，我们在‘概念形成、标准制定、做出决定’三个阶段投入的时间和精力的比例大约为 6∶3∶1，可以这么说吗?”

大家沉默了一会儿，轻轻地点了点头。

“可那些售楼的，卖楼的时候介绍最多的是什么呢?”我话锋一转。

“呵呵，讲得最多的是设计多么合理，小区绿化多么棒，卖得多么好……”小朱说。

小杨白了小朱一眼，说：“得了吧，现在卖楼的都不跟你说那么多，他觉得你来就肯定想买，直接告诉你‘卖完了，没房了，想要房子留个电话吧，有了再通知你’，然后过几天给你打电话说，‘有人退了一套，你想要就赶紧过来交钱，还有个客户也想要，我帮你占着呢！’就那点儿小伎俩……”大家都对这种情况深恶痛绝，不过人家房地产开发商就是牛，有本事你别买啊！

“嗯，这种现象有个前提，就是房子是稀缺资源。可如果我们销售的不是稀缺资源呢?”我用了个“魔法师回应”把这个障碍从大家眼前移开。

小牛说：“如果说房子像家电一样的话，销售偶尔也问‘想买多大的啊’‘几口人住啊’，但他们满脑子都是自己的房子，没问几句就像机关枪一样，喋喋不休地讲他自己那一套！”

大家深有同感。

我想了想问：“针对我们买房子的过程，按做决定的三个阶段划分，售楼人员在关注第几阶段呢?”

“按决定形成的三个阶段来看，无论是卖楼的还是卖电视的，还有像咱们这些卖方案的，大部分是希望影响决策结果，希望客户选择我们的产品，是在关注第三阶段！”小杨说。

“销售在这三个阶段投入的时间和精力的比例呢?”我问。

“如果说时间比例……”小杨想了想，说，“销售用在‘概念形成’阶段的时间和精力很少，极少了解客户为什么要购买；用在‘标准制定’阶段的也不多，最多了解一下有什么要求；而绝大部分时间和精力都在试图影响客户‘做出决策’。比例应该是0∶3∶7，或者是1∶3∶6吧！”

我说：“小杨总结得很精辟。我们不能否认，决定形成的三个过程在客户脑子里一定是从前往后，先有概念，再有标准，再有决定。而很多销售把更多的精力放在介绍自己的产品和方案上，是假设客户有需求，拼命地呈现、告知、说服。很多培训也是在教大家怎么说。”

“对，公司的产品和方案培训，就是告诉我们怎么和客户说。”小朱插了一句。

“当我们不了解客户的概念，不知道他们的选择标准时，上来就直接呈现产品功能或方案特性，希望客户自己把功能、特性和优势与他们的概念和标准进行匹配。这相当于逆着客户的思维过程，其实是在攻击客户的决策过程，在和人的自然思维做斗争！”我说。

“啊？”小朱张大了嘴巴看着我。

沉思中的小牛也轻轻点了点头。

“结果呢……”我看着大家。

小杨说：“结果就是换来客户的质疑和顾虑，我们越努力介绍，客户越担心。”

“是啊。客户自己没有经过完整的概念形成、标准制定过程，销售就强迫着客户直接做出选择。他思想上还没准备好，就按着销售强加的一整套逻辑做出决定，事后往往发现自己被忽悠了。”我说。

小杨说：“客户做出决定还算好的！有时候客户思想上没准备好，被销售推着甚至是强迫着做出决定，客户感觉你瞒天过海！”

“没错，当被销售强推着做决定时，客户要么采取攻势提出各种反对意见，制造各种障碍，直到以销售的彻底失败而告终；要么采取守势，签了单子，经过三思之后开始为自己的决定后悔不已。这就是飞达刘经理、蓝科魏部长对我们的方案犹犹豫豫、将信将疑的真正原因！”我说。

“怪不得呢!”小朱恍然大悟，“那怎么办?”

38. 合作经营法

“如果能和客户充分探讨概念，和客户共同制定满足概念的标准，客户选我们也就水到渠成了。”小杨说。

“没错，这是在跟着客户的采购流程、意识思维过程做销售。那样的话，销售针对客户形成决定的三个阶段，应该按什么比例投入精力呢?”我问。

“销售用六成时间和精力去了解客户的概念，用三成时间和精力与客户一起制定标准，最后用一成的精力帮助客户做出决定。”小杨说。

“为什么非按这个比例呢?”小马觉得这种颠覆性做法对他挑战相当大，谁知道效果怎么样呢！勤奋一些至少可以保持现状，改变的话太冒险了！

这个问题也引起了小杨和小朱的好奇。

我想了一下说：“我给大家举个例子吧！我们使用计算器时，把数字和加减乘除那些信息输进去，经过计算器的自动运算，屏幕就会显示出运算结果。这个输入、计算、输出的过程就像一个黑盒子，这边进去，里面运算，那边出来。”

“怎么了?”小朱好奇地问。

“客户做出决定的过程和这很类似，客户概念的形成源于输入的基础信息，源于动机和价值观（或标准），进行判断是运算过程，做出的决定是结果，客户的决定过程可以理解为信息输入、思考、结果输出的过程。”我说。

“这没错。”小杨说。

“销售以前更多是在做什么呢?”我问。

“是希望改变运算结果，强行让对方接受！”小杨说。

“按这个道理来看，输入同样的信息，只要运算规则不出错，结果是必然的啊！”小朱说。

“要想让客户真正认同，得重点关注输入过程！”小牛说。

“可我们关注了概念，关注了输入过程，客户怎么还是不接受我们呢？”小杨问。

“问题就在这里！我们关注了客户的概念形成的过程，关注了信息输入，然后就拿着自己的方案和优势直接和客户运算的结果做对比，而忽略了客户脑子里的运算过程！”我觉得这是问题的根源所在。

“忽略了运算过程？”小朱不解地问。

“老寒是说我们忽略了客户考虑各种可能、想尽各种办法的思维过程，忽略了客户对标准形成的思考过程！”小牛说。

我点点头，说：“是的。我们认为客户的思维像计算器，运算规则都是一样的，输入相同结果必然相同。可是我们忘了客户是活生生的人，人的主观思维受到动机、价值观、情绪、情感等多方面的影响，‘运算过程’千变万化，没有统一的规则可言！”

“你是说，我们把用自己的思维运算程序得出的结果，当成了客户的结果，而忽略了客户的思维运算程序？”小杨有些明白。

“这不也是臆断吗！”小牛说。

小朱轻轻点了点头，说：“怪不得，我和刘经理针对需求达成了共识，他却对我的方案不认同，原来是没关注他的思维过程啊！”

“很有可能！”我鼓励小朱。

小朱被鼓励之后来了劲儿，继续说：“照你这么说，我们缺少了一个和客户共同思考的过程？”

“因为我们没关注对方的思维过程，把结果直接抛给对方，对方第一反应仍是质疑。”我说。

“只有经过自己思考的结果才不会怀疑，和客户一起思考形成的方案他才认同。”小杨说。

我笑了，说：“这就是我们和客户‘共同创造’或叫‘合作经营’，共同创造一个属于大家的解决方案，客户就感觉拥有这个方案的所有权。这时候如果竞争对手说这个方案不好，销售不用急，客户就先急了！”

小杨点了点头说：“销售不关注概念形成和标准制定过程，一上来就试图改变客户认知，说服客户接受，现在看来是很荒唐的！”

我说：“也不是荒唐，存在的就是合理的。毕竟很多人都这么做，还有不少培训也还在这么讲！”

“那不是在培训对手，而是在培训我们的手下败将！”小杨有些兴奋，尾巴开始往上翘。

我看了看小杨，意味深长地说：“销售不是这么简单的事……”

“我们具体应该怎么做呢？”小朱觉得道理好懂，行动起来很难。

刚才讲的都是“心法”，目的是打开心结。现在要讨论的是如何把这个想法落地，怎么做，要讲具体的“手法”。其实掌握了“心法”，相对来讲“手法”就简单多了。

> 每个人都拥护自己做出的承诺。从了解客户的概念开始，和客户共同制定标准，然后过渡到将产品或方案与概念和标准结合，并合作经营制定出双方共同拥有的方案，从而使双方都有意愿做出行动承诺，使合作的把握更大。

“大家觉得能用什么方法‘合作经营’呢？”我又反问。

大家彼此看看，刚刚轻松、欢愉起来的心情又慢慢沉静下来。

“要想实现‘合作经营’必须先了解客户的概念。”小杨歪着头自言自语，“之后就是和客户一起制定实现概念的标准，对吧？”

“具体怎么做？”小朱问。

小杨表情严肃地说：“是不是通过说‘您认为这个问题怎么解

决’来引发对方的思考。如果对方想不出来，就给他些建议，比如举几个同行业类似的案例，从而帮助客户形成自己的标准？”

“嗯，那接下来呢？”我听完小杨的话，点点头问。

“接下来？”小杨不明白，这不就行了吗，接下来还要做什么？

我看出小杨的心思，问：“如何把自己的独特差异优势与客户的概念和标准关联起来呢？”

小杨沉默了。

“比如上次见魏部长，他很认同管理中存在漏洞，还说很多管理问题不是软件可以解决的。你有解决方案，可客户想出来的方法和你不相关，怎么办？”我问。

响鼓要用重槌。对于爱思考的小杨必须提刁钻的问题，让他的脑细胞最大限度地活跃起来，这样想到的办法才更有价值。

39. 四季沟通术

我提到了蓝科，问到了那个老油条魏部长，小杨一时陷入沉思。

“老寒，就别兜圈子了，你就告诉大家应该怎么办吧！”小牛说。

我笑了：“呵呵，我希望每个人都找到自己的方法。我给大家介绍一个方法吧！”

小杨马上来了精神。小朱做好了要做笔记的架势。

“如果用一种东西来比喻概念，会是什么呢？”我突然问。

大家一怔，没有想到我这么问。

“客户的概念是决策的源动力，是冰山下面的部分。”小朱说。

“应该是计算器的数字按键吧？”小杨说。

“概念是一种愿景、一种感觉，是希望实现、解决、避免什么的想法，就像心里的一粒种子！”小牛说。

听小牛这么说，我兴奋地拍了下桌子：“这个比喻好，我也觉得概念其实就是客户心里的一粒种子。正是因为有这粒种子，客户才有行动的可能！”

我看看大家，接着说：“销售的任务就是发现客户心里的种子，或者播下一粒种子，也就是探索客户的概念，或和客户一起形成概念，才能‘种瓜得瓜，种豆得豆’！”

“嗯，客户心里的种子！”小杨说。

“这就是‘春播’！春天是万物复苏、萌动生发的季节，无论从整个项目的销售过程来看，还是从客户个人的认知和决定形成的过程来看，找到概念正是‘春天的播种’！”我兴奋地说。

“很形象！”小牛说。

“‘春播’就是了解客户概念的过程，”小朱说，“春天要播种，通过提问和倾听和客户一起明确概念，在他心里播下种子！”

“适当的时候，再在客户心里下点儿春雨，让他心里滋润滋润，也让那粒种子在心里扎根发芽……”我补充说。

“还要扎根发芽？”小朱问。

“春天就是要让种子扎根发芽，还记得朱自清的《春》吗？”我问。

“朱自清，我本家，当然记得：盼望着，盼望着，东风来了，春天的脚步近了。一切都像刚睡醒的样子，欣欣然张开了眼。山朗润起来了，水涨起来了，太阳的脸红起来了。小草偷偷地从土里钻出来，嫩嫩的，绿绿的……”小朱忘我地背诵起来。

“别在这里显摆了，扯哪儿去了！”小杨打断小朱。

大家笑了。

我说：“小朱扯的也不远，春天人们脱掉棉衣，从又厚又重的衣服里解脱出来，舒活舒活筋骨，呼吸呼吸新鲜空气。在了解概念阶段，我们也要让客户的心脱掉棉衣从壳里钻出来，除了激发兴趣和暖场，还要通过有效提问和倾听，鼓励客户认清现状，建立新期望！”

“对，让客户打开心扉很重要！”小杨说。

“春播夏长，到了夏天客户的概念是不是要生长了？”小牛问。

“对！夏天就是客户进行发散思维、形成选择标准的阶段，”我说，“客户概念的种子扎根发芽之后，通过客户的思考过程形成自己的选择标准，是让客户的种子自己生长。”

“销售要做的就是‘夏耕’，辛勤地施肥浇水，这样才能长得更茂盛！”我说。

“怎样才能更茂盛呢？”小杨问。

我说：“‘夏耕’的时候，要努力让客户的概念生长，长出更多的标准。要引导客户思考‘要实现那个概念或目标，需要做什么，需要怎么做’‘具备和应用什么特性才能满足需求’，让客户自己思考并形成标准。围绕客户的概念和认知，通过提问、探索、倾听、讨论鼓励客户思考！”

“还是提问和倾听？”小朱在本子上记完，抬头问。

“对啊。客户这时候还没想好，还没对方案形成认知，更没有经过自己思考形成方案雏形。这时候即使给他方案也用处不大，不如多施肥、浇水让他自己去思考。”我说。

“怎么施肥？”小马问。

我说：“施肥可以多用‘思维助推器’，围绕客户的思维过程多问一些探索和启发的问题，帮助客户打开思维的束缚。只有这样，客户的概念才能从铁球里钻出来，别忘了种子的力量最强大！”

“施什么肥呢？”小朱问。

施什么肥？我被问住了，不得已反问：“你觉得都有什么肥呢？”

“肥料有天然的，如猪粪、人便便，有合成的，如尿素、氨肥……”小朱是农村来的，对地里的活儿很内行，那都是我小时候遥远的记忆了。

“还猪粪、人便便，瞧你那档次！”小杨嘲笑小朱，然后问我，“老寒，客户要考虑得过于开放、胡思乱想怎么办？再说我们毕竟是销售，那些准备好的解决方案和优势，是不是要在这个阶段影响客户呢?”

“你怎么想的?”我觉得小杨好像有什么想法。

小杨想了想，试探着说：“我觉得，应该把我们的方案和优势慢慢融进去，要不任凭种子发芽成长，结出来的果子不是我们要的，就麻烦了!”

“所以才要施肥嘛!”小朱不服气地说。

小杨好像想到了什么，皱起眉头没再说话。

“你们说得都有道理，一回事儿!”我看看他俩，接着说，“古人讲五谷轮回，周而复始，用猪粪、人便便施肥是因天之序，天人合一！在这里，可以看成客户基于自己的概念，不受外来信息干扰而思考得出的结果，可能跟销售的产品或方案无关，就是小朱说的天然肥料!”

“有点儿意思。”小马笑了。

“那合成的肥料呢?”小杨问。

“合成的肥料是五谷轮回之外的东西，是化学肥料，劲儿很大很呛，有些还会危害健康，时间长了对土地和作物都有影响。现在的人追求产出和利润最大化，越来越功利，为了提高产量不得已也要用一些。合成肥料正是和销售的产品、方案、优势相关，外来的、呛人的肥料!”我说。

小杨被逗乐了：“呵呵，把客户的标准往自己产品、方案的特性和优势上引导，属于施化肥?”

“不像吗?”小朱反问小杨。

“哈哈，有意思！也是，客户自己思考时确实需要施肥，天然肥料最好，化学肥料也不拒绝，混合使用，哈哈!”小杨乐了。

我笑了笑，说：“除了施肥浇水，‘夏耕’还要除草捉虫，别到时候庄稼没长好，杂草长了遍地。对于客户在思考过程中的障碍，要使用‘信息追踪’‘征求看法’‘极限式回应’‘魔法师回应’等方法，鼓励客户的思考在一定范围和目标之内，不要想偏或想太多！”

“通过问题左右人的思考，这可是高高手啊！”小朱感叹。

“其实，这是以前最容易忽略的环节，找到了概念就直接给方案，没有‘夏耕’的环节。何况以前根本就不知道概念！”小牛说。

我点点头，说：“嗯。经过‘春播’和‘夏耕’，客户概念的种子生根发芽，茁壮生长。特别是‘夏耕’，不仅要施肥浇水，还要除草捉虫，才能和客户一起找到实现概念的标准。而这个标准是客户自己思考得到的，是客户自己的结论，也是我们和客户共同的结论！”

“哦……”小朱明白了为什么刘经理对自己的方案将信将疑，没有夏耕，没给他的思维施肥浇水，刘经理的概念没有茁壮生长！

看到小朱有所悟，我问：“‘春播’和‘夏耕’环节，我们和客户沟通用什么技巧？”

“提问和倾听！”小杨说。

“还有探索和讨论！”小朱说。

“没错，‘春播’和‘夏耕’都可以用提问、倾听、探索、讨论的方式，围绕客户的概念和思维过程展开。不经过春播夏耕怎么能有秋收呢？”我说。

“对啊，销售不能只顾耕耘不问收获吧？”小马觉得以前就没怎么耕耘过。

“用心耕耘，功到自然成！”我鼓励大家，“选种、播种是根本，‘种瓜得瓜，种豆得豆’。找什么类型的客户，找哪个岗位的人，概念的种子可能都不一样，要用去销售六成精力。施肥浇水、除草捉虫，‘锄禾日当午，汗滴禾下土’要占销售三成精力。”我说。

“客户做出决定的阶段是不是秋天啊？”小杨问。

“你们觉得秋天什么样？”我问了个态度类问题。

小朱在椅子上挪挪，说：“秋天好啊，硕果飘香，加上八月十五月儿圆，和和美美的！”

我笑了笑，没说话。

“嗯，‘春播夏耕’努力的话，秋天应该是收获的季节。”小马说。

“别光想好事了！没听说‘多情自古伤离别，更那堪，冷落清秋节’吗！秋风萧瑟，万物凋零，一片悲惨凄凉！”小牛沉默片刻之后，大发感慨。

销售高手小牛作为过来人，什么没经历过？被客户挑来选去，春天情意懵懂，夏天打得火热，到了秋天客户做决定的时候却成了“花自飘零水自流”，他就像落叶离开树枝，丢单的伤感不是一般地凄凉。

屋子里的气氛开始变得沉重。

大家没了秋天丰收的喜悦，沉默不语的小杨默默地看着我。

我说：“是啊。‘秋收’如果从一个项目销售过程来讲，就到了客户做出决策的时候了，如果从一次拜访来说，就到了客户做出判断和行动的时候了，确实很关键。”

“那应该怎么办？”小朱问。

“经过‘春播’和‘夏耕’了解了客户的概念，和客户一起思考并形成了实现概念的标准，‘秋收’就要开始跟销售的产品和方案相关联了！”我说。

可是，怎样才能不生硬地抛出自己的产品和方案，而是源于客户的概念，结合客户的标准，让客户形成一个自然的结论呢？

“是不是要用到独特差异优势了？”小杨问。

“对对，不是说客户做出决定时一定要看到我们的差异吗？独特差异优势的‘针对谁的优势’‘谁眼中的优势’‘那又怎么样’‘何以证明’这些是不是要在‘秋收’时使用呢？”小朱征求我的意见。

我轻轻点点头：“做决定一定是根据差异，是该用到独特差异优势了！”

“是不是该我们说了？”小朱问。他觉得提问和倾听的时候，说到自己熟悉和感兴趣的话题，要极力压抑自己的冲动，憋着满肚子话不让说，现在终于该我们说了！

提到说话，好多销售觉得终于要干自己最擅长的事情了！

口乃心之门户，口开元气散，舌动是非生，话可不是随便说的。脑海里浮现出销售在客户面前说话的样子，或挺胸凸肚信心十足，或唯唯诺诺中气不足，或颠三倒四说不清楚，或磕磕巴巴言之无物，太可怕了！

很多销售经过客户的折磨，觉得自己会说了，可有两类销售很让人担心。

第一类，爱说但谈不到点儿上。他们围着客户真正关心的话题绕来绕去，就是谈不到正事上。或许觉得双方关系好，不谈正事没什么问题，认为“咱们关系这么好，有事你肯定得帮我”。他们没办法针对客户的概念呈现自己的优势，不能给客户选择和支持他的理由。这种情况关系型销售居多，过于关注感性，较少关注客户的理性思维。

第二类，爱谈正事但忽略感觉。他们知道关注客户的概念，只要把自己的优势摆出来，客户就有充分的理由选他，但忽略了优势和客观理由以外的事情，忽略了客户感性的直觉。这种情况技术型销售居多，认为客户是完全基于理性思维的，而忽略了客户的感性感受。

那些口吐金莲的销售喋喋不休的形象在我脑海一幕幕闪过。

“那我们该怎么说呢？”一片沉寂之后，小朱弱弱地问。

小朱的话把我拉回现实。我想了想，“说话”这个话题是太大了。

我想了想，说道：“说话有两层含义：第一层是‘话’，第二层是‘说’。就是说什么、怎么说的问题。”

“哦……”小朱没想到搞得这么复杂。

我又想了一下，说："四季中的'秋'在五行中代表西方，为金，主收敛，主肃杀，也可以理解为规则。所以不能信口开河，要有意识地聚敛，因为这是客户思维中做出决定的第三阶段，聚敛思维阶段!"

"哦?"小朱有些迷茫。

"这样说吧，秋天收获，除了粮食，其他乱七八糟的东西是不是全部收进来呢?我们收割有'打粮'的过程，要'去其糟粕，取其精华'。销售说话也要注意这一点!"我解释说。

"怎么注意?"小杨问。这正是他困惑的，因为是技术出身，懂得比较多，一说起来就收不住。自从知道了五环，小杨回想以前的自己，一阵阵直冒冷汗。

"'去其糟粕，取其精华'要注意两点：第一，我们说的话，要避免没有源于客户概念的种子，跟春播的种子不相干，也不是秋天要收获的果实。所以，一定要跟客户的概念相关，是经过'夏耕'，经过客户自己思考之后的。"我说。

大家这才感觉到，以前太多的话都是从野地里打来的草籽，或许也夹杂着些粮食，只能算是"好运气"。

"第二点呢?"小朱记录完抬头问。

"第二，话在精，不在多。"我说。

小牛点了点头，很认同。思维越清晰话越少，越没想清楚话就越多，话越多就越解释不清楚，越解释越乱，直到把自己绕晕。

"什么意思?"小马不太明白。

小牛看了一眼小马说："山不在高，有仙则名，水不在深，有龙则灵。话不在多，管用就行。"

"没错!说话要解决两个问题：一个是'说什么'，这需要专业知识和精心准备，要关注客户的概念；另一个是'怎么说'，这不仅包括语言的组织，还包括说话的技巧!"我说。

“唉！原以为只有提问和倾听不容易，没想到说话也这么难！”小朱感慨道。

“慢慢来吧。提问和倾听做好，说话应该没问题！”我鼓励小朱。

“老寒，‘春播’是客户概念形成的‘认识性思考’，‘夏耕’是客户制定选择标准的‘发散性思考’，‘秋收’是客户形成认识和结论之后做出决定的‘聚敛性思考’，那‘冬天’呢？”小朱皱着眉翻看笔记。

小牛接话：“‘春播’、‘夏耕’、‘秋收’，接下就是‘冬藏’了！”

“可客户决定形成是三个阶段，没有第四阶段啊！”小朱很纳闷。

我笑了，问：“到了冬天，农民收藏的是什么呢？”

小朱迟疑了一下，没有回答。

我接着问：“如果春天播的是概念的种子，夏天长的是茂盛的枝叶，秋天结出来果实，那冬天留下什么？”

“还是种子！你是说‘冬藏’还是面向客户的概念？”小杨问。

“种子是果实中的精华，冬天珍藏着种子，开春再种下去，春播秋收，生生不息，不正符合了天人合一、道法自然的大规律吗？”我说。

“有道理！”小马不禁说了句。

“所以，‘冬藏’是我们面向客户的概念确认，确认在客户看来他的概念有没有被满足，探索客户还有没有其他未被满足的概念，是否需要再播种、施肥、浇水，再走一个新的轮回。”我兴奋地说。

“‘冬藏’和‘秋收’有什么关系？”小马问。

“问得好！这正是容易混淆的地方。‘秋收’是告诉客户你的产品、方案和公司有什么差异优势，面向标准，这些优势是如何满足选择标准的。‘冬藏’是让客户看到他的概念是如何被满足的，满足之后的感觉怎么样。‘冬藏’面向概念，关键是客户是否认为他的概念被满足了，还有没有其他未被满足的概念！”

“哦，‘秋收’面向产品和方案的优势，‘冬藏’面向客户的概念……”小朱有些明白。

小杨突然问：“老寒，我感觉‘春夏秋冬’不是很清晰，连起来看这四季，有什么联系和区别吗?”

是啊，四季有什么内在的联系和区别呢？四季又和合作经营法有什么联系呢？

春夏秋冬四季的联系和区别，没有人不清楚。

“老祖宗说过‘万物皆阴阳’‘无极生太极，太极生两仪’，这是天地间的大规律，四季也不例外。‘四季沟通术’也是由这个二分法衍生来的。”我说。

> 四季沟通术
>
> 春播：了解客户的概念。
>
> 夏耕：征求客户实现概念的标准。
>
> 秋收：针对概念和标准呈现优势。
>
> 冬藏：满足概念后的愿景并确认。
>
> 夏秋是表，是植物，是产品和方案。
>
> 春冬是本，是种子，是客户的概念。
>
> 春夏：提问、倾听、探索、讨论。
>
> 秋冬：呈现、讲述、解释、确认。

小牛对传统文化非常感兴趣，一听这个来了精神。

“二分法?”小杨觉得有点儿玄。

“对，二分法。你看，从左到右画一条横线，分成上下两部分，”我把右手掌横在面前说，“上面的部分是客户的概念，下面的部分是我们的产品和解决方案。”

小朱看了看我的手，在他的笔记本上画了一道横线。

“再从上到下画一条竖线，又分成了左右两部分，”我把左掌竖起来，与右手交叉，形成一个“十”字形，“两两相叠，就把整个平面分成了四个区域。”

“这条竖线左右两边是什么呢?”小马问。

“竖线的左边是‘听’，是‘了解、探索’，右边是‘说’，是‘呈现、告知’。”我说。

小杨眯起眼睛，手放在下巴附近努力思考。

小朱在本子的横线上又画了一道竖线。

“其实划分很简单，‘概念’和‘方案’、‘说’和‘听’……”我放下手说。

小朱看了一眼，说：“这四个区域正是春夏秋冬四个季节！”

“哦？”小马有些惊奇。

“说说看！”我鼓励小朱。

小朱挺了挺上身，和我们说：“横线分成上下，上面是概念，下面是方案；竖线分成左右，左边是听，右边是说。这么看左上角是‘概念—听’，正好是春播；左下角是‘方案—听’，是夏耕；右下角是‘方案—说’，是秋收；右上角是‘概念—说’，是冬藏！”

“这和拜访有什么关系呢？”小马问。

小朱看了看我，接着说：“拜访就是先了解概念，左上角春播‘听—概念’；然后让客户的概念发芽生长，让客户自己思考需要什么标准才能满足概念，是左下角夏耕‘听—方案’；再然后是秋收，是我们针对客户思考形成的标准去‘说—方案’；最后是我们呈现并确认客户的概念是如何被满足的，是冬藏‘说—概念’！老寒，我的理解对不？”

没想到小朱想这么明白。除了小朱拿着一个本子记录，在本子上写写画画外，其他人都没记录。文字是左脑，是理性，图片是右脑，是感性，小朱又写又画，看着图片相当于比别人多动了半个脑子！

“行啊，小朱！”我笑着说。

小朱抓了抓后脑勺，憨憨地一笑，有些不好意思。

看来，21 世纪最缺少的不是人才，而是会学习的人才！

“小朱说得对吗？”小杨征求我的意见。

“相当准确！这就是我琢磨出来的基于客户概念的‘四季沟通术’！你们说销售的‘本’是什么，‘末’是什么？”我又问大家。

大家又开始思考。

小杨说："销售的本，应该是客户的'赢'吧！"

"赢"是客户的个人动机和个人价值，相对的是基于公司业务的"结果"。

"'赢'又源于什么呢？"我问。

小杨想了一下说："客户个人的'赢'源于'概念'的满足和实现！"

"也就是说，'本'是客户的概念，因为概念被满足和实现了，给他带来个人的'赢'，从而我们就可以赢得客户的'信任'，对吧？"我问。

大家纷纷点头。

"那销售的'末'呢？"小马问。

"我觉得销售的'末'是我们的解决方案和服务，就是要卖给客户的东西。"小杨说。

大家讨论得如此热烈，我按捺不住，说："对！我也认为销售的'本'是客户的'概念'，而'末'是'方案'，销售就是借助产品和方案的'末'，来解决客户的概念这个'本'的问题。从这个角度看，春天和冬天面向的是不是客户的'本'呢？"

"春天和冬天面向客户的'概念'，谈论的是'种子'问题，是'本'。夏天和秋天谈论的是'末'，就是'枝叶'了？"小牛也加入讨论。

"对，方案就是销售的'枝叶'！"我肯定小牛的说法，接着说，"这个'枝叶'也包括客户的具体业务需求、方案和产品，以及我们的差异优势，相对客户的概念来讲都是'末'！"

小朱双眼冒光地说："哈！没想到今天把这弄明白了！看来只要按照'四季沟通术'的流程和客户沟通，面向客户的概念，让客户自己形成解决方案，然后用我们的方案和差异优势满足客户的标准，帮客户实现其概念，就真成武林高手了！”

我也高兴地笑了笑，大家终于有些感觉了。

“现在看看，我们原来和客户交流都在什么季节呢？”我问。

“应该是在冬天吧！”小杨觉得自己以前说得太多，肯定不是春夏。

“大约在冬季？”我觉得小杨那么“专业”，一定不是在冬天。

“应该是秋天！”小朱说完还瞟了眼小杨。

“是吗？”我问大家。

小杨点点头：“嗯，确实，谈论的都是自己的产品和方案，应该是在夏天和秋天，而说得多听得少，那就是秋天！”

“那当时客户在哪个季节？”我把大家问愣了。

“老寒，别说了，无地自容啊！”小朱喊了一句。

再看小杨，真想找地缝钻进去。客户刚朦朦胧胧有些概念，他就拿着镰刀出现了，上去直接把客户概念的苗头“割”下来！

“客户是以我们的季节为准，还是以他自己的为准呢？”我又问。

“当然是客户自己！”小朱回答。

小朱被我的认同激活了，表现很活跃，从他的眼神和激情中就能感受到。

“拜访之前，有没有想过客户在哪个季节？”我又抛出个问题。

大家沉默了。以前拜访根本都不知道关注客户的“概念”，也没听说过“四季沟通术”，更别说想过客户处在哪个季节了！

“有了四季沟通术，明天再去拜访客户，你会怎么办呢？”我又问。

小朱歪着脑袋想了想说：“要多想想，客户有没有自己的概念，有没有明确的标准，是不是要做出决定了，他见我到底是为什么……”

“拜访之前要知道客户是在什么季节！”小马说。

“别到时候客户正在夏天，我们裹着个大棉袄就去了！”小杨跟着说。

“呵呵，那真成了两个世界的人了！”小朱被逗乐了。

我笑着摇了摇头，这帮销售怎么说呢，可以用“可爱”来形容他们了！

我说：“我们每次拜访之前，都要先判断客户在什么季节，你在什么季节，大家是不是在同一个季节！”

“必须的！”小朱坚定地点点头。

“如果我们和客户在同一个季节，就要明确是哪个季节，这个季节应该做什么，并做好相应准备。拜访开场要先确认，确认之前已经达成的共识，明确大家处在什么阶段和这次会议的目的。”我看着大家说。

小杨点了点头，稍后突然问：“要是不在同一个季节呢？”

“那就调整自己呗！对吧，老寒！”小朱受表扬之后有些得意，得意容易忘形，又武断起来。

“也对。”我看着小朱，不愿意直接打击他。

“什么叫也对？”小马问我。

“也不对？”小朱的脸骤然严肃起来，像是个火热的铁球被泼了盆冷水。

我也把自己的表情调整得严肃一些，这样不至于让小朱感觉受伤，而是让他感到这个问题很复杂。我说：“这也不是那么简单。如果我们没有和客户在同一个季节，比如，我们还在春天，还需要了解客户的概念，而客户已经和竞争对手沟通过，有了清晰的概念，已经到了秋天，我们能直接调整吗？”

小朱听完想了一会儿，摇摇头说：“好像不行！”

“就是啊！你直接调整自己就不是和客户合作经营了，客户只会拿你和他的‘梦中情人’做比较！”小杨说。

“那怎么办？”小马跟着困惑起来。

我想了一下，说：“这种情况下，我们要找出我们和客户认知的差异到底在哪里！我们要用具体事实和证据证明我们和客户各在什么季节，哪些是他有我没有、他知道我不知道的，哪些是我有他没有、我知道他不知道的，找到双方认知差异所在，然后制定或调整我们的策略。”

“每次拜访都要分析吗?”小朱问。

“你怎么想?”我又把问题抛回去，想把他脑袋里的困惑和想法揪出来。

小朱想了一下，说：“如果是老客户，比较熟悉，或以前见过的倒还好说。可要是还没见过客户，是陌生拜访，我怎么知道他在哪个季节?”

“你觉得会有什么办法?”我又问。

小朱皱着眉，边想边慢慢说：“那我就准备好问题，准备开放类的问题，先探索一下他有没有概念、有没有形成标准、是不是准备做出决定，看他到底在什么季节!”

“你对这么做有什么顾虑吗?”我问。

小朱摇摇头，沉默了。

我说：“小朱的办法是可行的。有人说销售是艺术，因为艺术是不可重复的，就像话剧表演临场发挥一样，没有绝对一样的两场演出。但是，艺术也是由很多基本元素构成的，比如，音乐的基础是音符、音阶，书法的规律是笔锋、线条、结构。销售也一样，也是由一些基本元素构成的。‘四季沟通术’就是这些元素，但不是说见了客户就应该这样表演。”

“哦。”小朱弱弱地回应。

“关于这个问题，我是这么想的，”我看看小朱，又看看大家，“大到销售的整个周期，小到每次拜访、每次对话，无一不是春夏秋冬四季的逻辑。客户的每次行动、每个动作、每句话、每个表情和眼神，都可以作为判断他在哪个季节的依据，也可以用来分析双方认知的差距!”

“有道理!”小牛点点头说。

“小朱，关于你刚才的问题，还有什么困惑吗?”我问小朱。

小朱摇了摇头。他还需要思考和消化。

“关于‘四季沟通术’大家还有什么问题吗?”我再次确认。

大家沉默了一会儿，都摇摇头。

“请小朱帮大家总结一下?尽可能简单点儿。”我又鼓励小朱。

小朱翻了翻本子，想了想，说:“春，问概念;夏，问标准;秋，说优势;冬，说概念。”

“这也太简单了吧?”小马说。

“呵呵，”小朱一笑，说，“还没完呢!春冬是‘本’，是种子，是客户的概念。夏秋是‘表’，是枝叶，是客户的业务需求对方案和产品的标准要求，以及我们的独特差异优势。”

“还有呢?”我问。

小朱又想了想，说:“春夏是提问、倾听、探索，秋冬是呈现、讲述、解释。”

大家纷纷点头，对小朱说的很认同。

就在大家刚放松下来喝水、抽烟的时候，小杨好像想起了什么，转身跟我说:“老寒啊，我记得大家问过你‘学会了问和听之后应该怎么说’的问题。现在知道了什么时候说，是不是再讲讲怎么说啊?”

这旧账果然被小杨翻出来了!

“是啊，老寒，咱们聊了那么多的问和听，到底该怎么说啊?”小朱也来了精神，追问到底。

40. 积累话术库

小杨和小朱提到的“说”，是一门不亚于“问”和“听”的艺术。

或许大家感觉以前只是忽略了“问”和“听”，只是没有意识到而已，这方面修炼修炼就差不多了。可大家每天都在“说”，谁也不愿意承认自己不会“说”。

到底怎么“说”才更有效呢?

“怎么，老寒，感觉到压力了?”小牛问我。

我摇摇头，说:“不是我有压力，而是‘说’这个话题太宽泛了。”

小杨这时候说:“老寒，刚才你说‘说话’有两层含义。一层含义是‘话’，还有一层含义是‘说’，就是说什么、怎么说的问题。咱们从哪个开始聊?”

“你希望从哪个开始?”我习惯性地问了小杨一句。

小杨想了想，说:“其实说什么‘话’跟知识、经验有关系，见什么人说什么话，那可不是一朝一夕练就的，贵在积累!”

小杨说得不错。要想知道拜访时和对面的人说什么，首先要知道他是谁，他处在什么样的位置和环境，他关心哪些重要的事情。只有从对方的概念出发，我们说的话才是有意义的。

想到这里，我说:“知道你在和谁说话是一切的基础。不知道他是谁就不要说话!”

“哦……”小杨似乎想到了什么。

“可有时候我们拜访客户，之前确实不知道他是谁!”小马说的是销售中的陌生拜访，俗称陌拜。

“那就更要搞清楚他是谁啊!不知道他是谁，怎么可能知道他的概念?不知道他的概念，你觉得给他介绍方案管用吗?”小朱此时俨然给小马当起了老师。就对五环的理解和应用而言，小朱确实走在小马前面。

小马看了小朱一眼，没说话。

“可是，以前我做顾问的时候，销售拉着我去给客户讲方案，算不算知道‘在和谁说话’呢?”小杨突然问。

“你知道在和谁说话吗？”我问小杨。

小杨眨巴了几下眼睛，没有回答我。

见他没反应，我又接着问：“你知道你要讲什么吗？”

小杨想也没想就回答说：“讲我们的产品和方案啊……”刚说到一半儿，突然意识到了什么，脸上闪过一丝不易察觉的尴尬，泛起小片儿红晕。

他知道，以前那种所谓的呈现，不了解每个客户的概念，而是源于“我认为”的那些行业经验积累，就像是在闭着眼端着机关枪疯狂扫射。虽然靠销售的专业性打动了不少客户，但除非有过“甲方”经历的顾问，根本想象不到客户脑子里的影像是什么样的。而在对面客户即听众的眼里，那个喷着口水讲个不停的人是在忘情地自我表演。

“小杨，除了不要对不认识的人直接做呈现之外，你听说过少于多少人时不要讲 PPT 吗？”我问。

大家突然一怔，还有这说法？

“具体我也不知道，我就觉得，给两三个人讲 PPT 时有些别扭。”小杨说。

“别扭就对了！那种别扭，或许源于你面对较少对象时给对方灌输的感觉，或许源于你在得不到回应时的担心，或许源于只有那几双眼睛，把你盯得发毛。总之，总觉得气氛有些不对劲儿。一个朋友告诉我，当对方少于四人时就不要再讲 PPT 了，而应使用双方互相沟通的方式。”我把这个源于感觉和道听途说的观点告诉了小杨。

“嗯，有道理！”小杨点点头说。

小朱这时候忍不住了，说：“老寒，还是多讲讲应该说什么‘话’吧！我们不像小杨有技术经验，懂那么多，知道说什么。我们还真不知道跟客户说什么！”

“小朱，你会‘问’、会‘听’了吗？”我问。

“会啦!”小朱自信地回答，又问我，“跟这有什么关系?”

我看着他说：“当然有关系，如果没掌握好‘问’和‘听’，要是知道了怎么‘说’，我还真怕你在客户面前喋喋不休!”我可不希望小朱变成三个月前那个“自信”的小杨。

“没问题，我知道‘秋天’和‘冬天’才能说，‘春天’和‘夏天’就是提问和倾听，再学会沉默。放心吧!”小朱就差拍胸脯了。

“好，那就简单分享一些积累话术的方法!”我想了又想，最后决定告诉大家。

“我们说什么一定源于对方的概念，至少是对方关注的兴趣点。如果想要知道和他说什么合适，就要看他是谁、处在什么岗位、担任什么角色、负责什么工作。这些决定了他的现状和处境，决定了他可能会关注的事情。”我说。

“哦。”小朱边听边记。

“不同客户有不同的组织结构。但在我们的客户中，处于同类或相近行业，处于类似部门、类似岗位、同等角色的人负责和处理的具体事情百分之七十是一样的，包括他们每个人可能关心的业务需求、可能想要实现的管理目标，甚至是可能的概念。”我说。

“没错，我们用一些行业方案，能够覆盖很多同类客户！甚至这家客户做完，拿着方案到另一家直接讲讲，客户就被打动了。他们的需求大部分是一样的!”小杨对此很有感受。

“是的，你说的是业务需求。我们换个角度，客户的每个人都分布在企业组织结构中，就像树根从上到下，而客户中的每个人都有自己的概念。如果我们平时关注个人概念的记录，长时间积累下来，就可以形成一个‘概念树’!”我说。

“概念树？是客户中不同岗位角色的概念集吗?”小朱问。

“对，这样下次见同行业类似角色的客户，大概怎么准备就有方向了!”小杨说。

“嗯，做拜访准备时，我们可以用同行业、类似角色的相同业务场景推测客户可能的概念。但这只是推测，只是为了激发对方的兴趣，一见面必须从探索对方的概念开始。推测和臆断只差半步！”我说。

“这个度可不太好把握……”小朱担心地说。

“推测是为了引起客户的共鸣或好奇心，目的是让客户告诉你真正的概念，是考虑客户可能关注什么，而不是断定客户在想什么，更不是去向客户显摆自己知道多少！”小牛提示小朱。

“说得对！我们要知道建立‘概念树’的目的！”我说。

“哦，是为了推测，不是判断，更不是臆断！”小朱有些明白了。

“除了每个客户的‘概念树’，我们还可以面向类似行业不同角色的客户积累‘目标树’‘差异优势树’。每个岗位和角色上的客户有什么类似的目标，我们哪些差异优势可能会对他们有比较大的帮助，这些积累都能让我们知道面向不同客户及面对客户的不同概念时，我们应该说什么！”我分享自己的做法。

“怎样才能得到这些‘概念树’‘目标树’‘差异优势树’呢？”小朱问。

我点了点头，略显沉重地说：“嗯，这确实是个大问题。一些比较规范的大公司，对主要目标行业和重要的客户群，都积累和制作了一部分这样的‘概念树’‘目标树’‘优势树’，可以给销售人员检索。”

“这就是为什么找工作要找大公司，平台的力量啊！”小马感叹了一句，公司给的都是一些产品说明和标准的解决方案，从来没给过他这些东西。

我摇摇头，说：“其实很多公司都有，可销售人员不愿意去用，因为在他们眼里那仅仅是公司制作的销售工具，公司要求掌握的产品知识而已。”

“像我们这种公司，就别指望喽!”小马一脸无奈。

“也不是啊，我恰恰觉得这种公司才有机会嘛!”我看了看大家说，“当年我们公司也没有，我开始做行业销售的时候自己弄了一套，每见一家客户就会完善一些，通过不断积累和完善，慢慢形成了一个行业的目标树，然后我就对这个行业有了更深入的理解，才又来负责这个行业。当时没有恰恰是我的机会!”其实，还是销售自己积累才知道怎么用，才知道有什么价值!

小朱想了一下，说：“对，自己搞一套!”说完又抓了抓前额角，扭曲着脸说：“可这东西怎么搞啊?”

“想积累也不复杂。可以这样，把你在销售中可能遇到的角色，从最高层董事长、总经理，到副总、处长、副处长，直到科长、员工，全部列在一张纸上，或者分别在笔记本的每页纸上建立档案，从现在开始，在每次拜访过程中每了解到一个人的概念、目标、优势，就记录在这个岗位或角色的下面。只要用心积累，时间长了，做项目多了，针对每个角色，你就会有很多的概念和目标归集到一起。”我说。

“哦，那确实得用心。”小杨感叹了一句。

“是啊，经过长时间多个人的积累，同时把这些针对每个岗位或角色的概念、目标和优势分类汇总，进行系统分析，变成可以提问的好问题，变成可以说的‘话术’，以后再碰到同岗位或同角色的人有类似的概念或目标时，你就知道说什么了。”这个方法对我做销售帮助非常大，在这里拿出来和大家共享。

小朱抬起头看着我，说：“有了这东西，就不用担心客户的话接不上来了!”

“是啊，这东西真是宝贝!”小杨也说。

我笑了，说：“需要的人、会用的人，真会把它当成宝贝的!”

“除了靠时间和自己的经历积累，还有其他快一些的办法吗?”

> 当我们真诚地请教对方时，对方会认为他的话对你很重要，他会感觉受到很大的尊重。真诚地请教曾经销售失败的客户，他们的建议更值得我们听取。

小朱有些着急地问。客观条件不允许他用那么长的时间去积累，他需要一个马上可以使用的工具。

“你要想积累快点儿，我倒有个办法！”我说。

“什么办法？”小朱急迫地问。

“向你曾经的客户去了解、去虚心地请教！一般来讲，把自己的位置放低，客户不会不帮你的！”我看着小朱说。

小朱点了点头，这倒是个办法。

“老寒，除了岗位和角色，还有其他的划分方法吗？”小杨问。

我想了一下，说：“如果你想做得更精细一些，倒是可以把每个岗位角色的特点分得再细一些，比如按年龄、性格区分一下。不同年龄、不同性格的人，他们的目标，特别是概念会不太一样。这就要下更大的功夫了。用了心、下了功夫的东西肯定价值会更大！”

“没错！那我从明天开始就着手做这个东西。哦……不，从现在开始，从昨天开始，我把昨天遇到的各类客户总结一下！”小朱觉得自己浑身是劲。

“嗯。也可以由简入繁，越来越细。为了将来做得更细，你可以在每一条了解的概念和目标后面标一下，谈到这个概念和目标的是谁、多大年龄、什么性格。刚开始可能分不了那么细，等将来想分得再细些的时候就能分下去。”谈完这些，我感觉就像给物料编码一样，把客户的概念和目标进行分类编码，编码规则要合理，字段要支持扩展，这样才能按更多的角度去统计、查询、分析。

“将来要有这样一个信息系统就好，可以检索哪个行业、什么岗位、什么职务、什么角色的什么业务，甚至多大年龄、什么性格的客户，他有什么概念和目标，应该问他什么问题，和他说哪些差异优势最有效。那做销售就不一样了！”小杨觉得将来如果开发一个这样的系统，说不定是个创业的好点子。

我笑了，说：“你看，我就担心这个。别忘了，即使我们知道了也要去探索、确认，要提问和倾听，千万不要自以为知道，不要臆断啊！”

“那是！”小杨很明白其中的利害。

这时候，小牛点了点头说：“老寒，你说的这个概念树、目标树、优势树确实非常好！以后拜访客户之前翻看一下，也能有所准备，精准、高效！”

“呵呵！”我得意地笑了。

“不过……”小牛话锋一转，说，“这个树讲的是应该‘说什么’，是知识和话术的积累。还有个问题就是‘怎么说’，你怎么看的？”

就知道，肯定有人会问这个问题。

41. SPA 的感觉

解决了说什么的问题，接下来就是怎么说了。

跟大家聊完“概念树”“目标树”“优势树”，我自己也很有收获。之前也这么做过，可没有把这个方法系统化，更没想得这么清楚。

“老寒，到底怎么说啊？”小朱见我还在思考，迫不及待地问。

我没看小朱，也没看别人，而是盯着前方发呆，满脑子都是“怎么说”。过了一会儿，我说：“这是个大话题，这里有大学问。说什么、想表达什么很重要，怎么组织语言、用什么方式表达也很重要，用什么语速、语调去表达同样很重要。这三者，缺一不可！”

“啊？这么复杂？”小朱只知道提问难、倾听难，没想到说话更难。

我没说什么，反而陷入了沉思。我想起了古代鬼谷子老先生的捭阖之术，想起了战国时期那些周游天下的纵横家，想起了三国时期诸葛孔明舌战群儒，古往今来多少事，都因舌而兴、因舌而衰！关键时候，三寸之舌能顶雄师百万，说话的力量不可小觑。

“老寒，你别吊大家胃口了，赶紧讲讲吧！”小杨感觉我在卖关子。

我收回思绪，想了想，问：“小杨，有个简单的问题，我想再问你一遍。”

“什么问题？”小杨问。

“是我们怎么说重要，还是客户听了之后的感受重要？”我问。

“当然是客户的感受重要了。”小杨回答。

我点了点头，说：“现在，我还想问一个问题，我们说话的目的到底是什么？”

大家相互看了看，突然觉得我有些奇怪，这么磨磨叽叽，今天这是咋了？

“是为了让客户知道我们能够满足他们的概念呗！”小朱觉得这个问题确实有些简单，说完又觉得自己有些唐突了，担心有什么不妥，补充说，“咱们讨论‘四季沟通术’的时候，秋冬不就是要说嘛，针对我们方案的优势和客户的概念，呈现给客户，表明我们可以满足……”

“我觉得我们说话的目的，还是让客户认可我、接受我、支持我，给我有效的行动承诺！”小杨用食指点着桌子，一句一顿地说。看得出来，他已经从别的角度在考虑这个问题了。

我轻轻地点了点头，仍作思考状。

小杨看看小朱，又看看小牛，实在熬不住了，反问我：“老寒，你觉得说话的目的是什么？”

我长出了口气，说：“我们是做销售的。销售的目的是要把客户需要的产品和服务卖出去，在为客户创造价值的基础上实现双赢；同时，还要经常面对那些死缠烂打的竞争对手。我觉得，销售说话的最终目的，就是让客户做决策的时候选择我们！”

大家面面相觑。

小朱不由自主地说：“这还用说吗？当然是为了让客户选择我们。”

见大家都已经关注我的话了，我接着问：“客户到底根据什么做出决策？”

“根据他的概念、产品和方案的差异优势，以及差异优势能不能满足他的概念。”小杨说。

我看着大家，没说话。

小杨和大家一样，奇怪地看了我几秒，问：“不对吗？”

“只对了一半儿！”我说。

“一半儿？”小朱更摸不着头脑了。

我说：“我们刚才所说的概念、需求、产品和方案、独特的优势，这是一个逻辑。一般客户都会理性地思考这些内容，这属于理性分析。而我们不止一次地提到，客户真正决策的那一刻是靠这些理性分析吗？”

“客户的决策是靠感性！”小朱抢先回答。

“理性分析，感性决策，再找出理性的证据证明自己的决策是正确的。这个确实说过。”小杨也跟着说。

“所以，对了一半儿。只给了客户理性分析的证据，给了客户肯定或否定我们的说法。怎么影响客户的感性决策呢？”我说。

“影响客户感性决策，那可难了！男人都是理性动物，让男人去卖感觉，这不逼着老爷们绣花吗？”小朱觉得做起来难度太大了。

小杨不太认同小朱的说法：“我觉得感性是多方面的，包括客户第一眼看你的感觉，和你沟通过程中的感觉，对你们公司实力的印象，别人说过什么影响了他，等等，范围太广了。要想影响客户的感性决策，确实很难!”

“老寒有什么想法?”小牛听了半天，明白了大家的意思，又把球踢给了我。

我正琢磨着，小牛正好把球踢过来。我接过来说：“男人更注重和擅长理性，女人更注重和擅长感性，所以说‘男人来自火星，女人来自金星’。让一个大老爷们去关注感性，就真跟让他使用绣花针一样。”

“就是!”小朱补了一句。

我接着说：“不过，做销售就要求我们拿绣花针，必须能拿得起来！别忘了理性只是左脑，感性在右脑，客户的决策是靠感性，所以我们的话要冲击客户的右脑。给客户积累决策所需要的感性元素和场景越多，我们就越有优势!”

“怎么给客户感性场景?”小马问。

“我们买车时，感性可能源自坐进去之后那种高贵豪华的感觉，满眼的按钮所带来的全方位享受。我们买房时，感性可能是合理户型带给你想象中的一种舒适的感觉，窗外风景带给你心情舒畅的愉悦。这些都是感性。所有这些感性感觉离不开场景，离不开愿景，离不开感觉和感受!”我说。

“场景？愿景？感觉？感受?”小朱不解地问。

大家对这些好像没有太多的感觉，看来大家也需要场景和感受了。我想了想，说：“你们有没有听说过一种水疗美容与养生，叫作 SPA?”

“嗯，听说过!”小杨回答。

“做过吗?”我问。

“我没做过，我做过按摩!”小杨有些不好意思地说。

小朱看了他一眼，说：“异性的吧?”

小杨呵呵一笑，脸一红，未置可否。

“做 SPA 或按摩的时候，闭着眼睛，享受着，舒服吗?”我问。

小杨点了点头，大家也笑而不语。

我没有再追问下去，而是说："前段时间，我老婆说她办了一张SPA卡，花了很多钱，那些钱都够我们换个质量上乘的液晶电视了。"

"哦？"小朱有些好奇。

"她告诉我，那家SPA馆每次做之前，都会让顾客闻很多种的植物精油，闻着哪个味道特别舒服时，就是身体里缺少哪种元素，由此判断出你的身体状况。技师会针对你的身体状况，做适合你自己的SPA。"我说。

"嗯，这也是源于客户的概念，而不是标准方案！"小杨说。

我点了点头，说："是。可以想象，做SPA的时候，听着舒缓的音乐，喝着花草香茶，身体被按摩着，闻着精油的天然香味儿，看着美丽的自然风光图片，脑海里还随着音乐想象着蔚蓝的海、白沙和椰林。正是因为多感官的刺激和这个想象中的场景，人的五大感官功能达到全方位的放松，精、气、神三者合一，身、心、灵完全放松，整个人处在一种非常舒服的状态中。大家想象一下那是什么感觉……"

"太美了！"小朱也想象着，一副自我陶醉的样子。

我问："如果给客户也做个SPA，怎么样？"

"啊？给客户做SPA？估计男的还可以。"小朱严肃地说。

小朱的话，把大家逗乐了。

我笑着说："想哪儿去了，不是让你给客户脱衣服，不是去洗澡！"

"那……"小朱更奇怪了。

"我说的，是给客户做个意识和精神上的SPA，给他多一些类似的美妙感觉！"我说。

"哦，这行。"小朱不好意思地笑了笑。

小杨很好奇："怎么做？"

"给客户做SPA，就是针对客户的概念，给客户营造一个场景或者说是创造一个愿景，让客户身临其境、浮想联翩，拥有那种幸福美妙的感觉，从而为客户创造感性的场景。大家感觉怎么样?”我问。

“这当然好，怎么做?”小朱急切地问。

我笑了：“好，现在我们就练习怎么为客户做属于他自己的SPA!”

大家都瞪大了眼，伸长了耳朵等着学这招。

我说：“SPA本来是拉丁文里Solus Por Aqua的字首，Solus指健康，Por指精油，Aqua指水。我们要做销售，就换一个意思，还要加个字母‘R’。”

“S—P—A—R?”小朱和我确认，他又在做笔记。

“对，SPAR。这里面，S是Situation，指状况，在什么情况下；P是Person，指某个人；A是Action，代表他做什么事，有什么动作；R是Result，指做完动作所带来的效果、影响和感受。需要特别说明的是，这个R既包括对客户公司和业务的影响，也包括对他个人的影响!”我解释了一下。

大家没说话，有些不解地看着我。

我说：“是这样的，SPAR可以这样描述，在某个时候（S），当某个人（P）做了某个动作（A），会有什么结果和感觉（R）。这是一个具体场景的描述，把客户带入未来的场景，让他去体验美妙的感觉。”

“嗯……”小朱长吸了一口气，他好像还是不太明白。

我看着他说：“小朱啊，当你要拜访一个很难沟通的客户老总，不知道他有什么概念，也不知道要准备什么问题时，你给我打个电话，咱们一起分析处于这个位置上的老总可能会有什么概念，准备什么样的问题合适。这样的话，你就不会担心自己不知道准备什么问题，还能通过准备有效的问题完成一次成功的拜访，也能增加你应用五环的信心。你觉得怎么样?”

“好啊，我正为这事儿发愁呢，谢谢老寒啊！”小朱高兴得差点蹦起来。

“你听完这些话，感觉怎么样？”我问他。

“感觉你够意思，你要说话算数啊！”小朱盯着我说。

“好了，”我没有理会小朱的要求，而是冷静地抛出了我的问题，“大家分析一下，我刚才这段话里SPAR分别是哪句？”

小朱一听，原来如此，拿他做实验呢！他不好意思地挠挠头，呵呵一笑。

小杨愣了一下，慢慢才缓神明白过来，想了想，说：“嗯，这么说感觉不错！我分析一下，你刚才说‘当你要拜访一个很难沟通的客户老总，不知道他有什么概念，也不知道要准备什么问题时’是Situation，是小朱的具体状况；‘你’，也就是小朱，是Person；‘你给我打个电话，咱们一起分析处于这个位置上的老总可能会有什么概念，准备什么样的问题合适’是Action，做了什么事情或动作；‘你就不会担心自己不知道准备什么问题，还能通过准备有效的问题完成一次成功的拜访，也能增加你应用五环的信心’这句话，是Result，有什么结果和感受。我说的对吗？”

我点点头，说：“就是这意思，关键是要把对方放在具体的场景里，让他去想象那种场景和那种场景带来的感受。”

“那和客户怎么说呢？”小马问。

我想了想，说：“好，给大家举个例子。我有个客户，董事长和夫人移民海外了，准备把公司运营交给一位职业经理，并且希望随时了解每天的情况。我是这样说的‘×总，可以想象一下，当您在地球的另一边刚刚用过早餐、希望了解公司的情况时（Situation），您（Person）只要打开笔记本电脑，轻轻点击一下鼠标，就可以看到您在中国的企业此时此刻的生产和经营情况（Action）。这些数据不是经过人为加工处理的，而是自动归集形成的，绝对是真实的。

您你还可以在网上审批那些重要的文件（Action）。这样的话您不仅可以及时了解企业运营情况，还可以有更多的时间放心去做自己喜欢做的事情（Result）。如果能达到这个效果的话，您觉得怎么样？'你们感觉如何？"

"嗯，不错！"小朱点了点头说。

"老寒，再举个例子吧，我再好好体会一下。"小杨听完，觉得好像还没找到全部的感觉。

我说："再比如，'王总提到希望实现对企业的产量和销量按日进行统计'，这是客户的概念，针对这个概念开始做SPAR。'可以想象一下，当您出差在外又希望随时了解公司产销量情况时（Situation），您（Person）只要拿出手机，轻轻一点（Action），手机就会自动登录到公司的信息管理系统。您可以选择任何一个时间段、任何产品，进行动态的产销量数据查询。您还可以通过短信订制功能，要求系统把需要的信息发条短信到您手机上。这样一来，无论是奔驰在高速路上，还是在大海的游艇上，您都可以随时随地掌握公司的产销量及各种动态经营信息，及时、轻松、高效地做出决策（Result）。这样的话，您觉得怎么样？'"

"嗯，挺好，比介绍产品功能强多了！"小杨深深点了点头。

小牛说："客户能感受到那种轻松惬意和一切尽在掌握的感觉！"

"感性吗？"我问。

"感性！这忽悠法儿还真能打动客户。"小杨说。

我笑着说："特别是当你的竞争对手还在介绍产品和方案的时候，你已经在迅速给客户创造感觉，在迅速地占领他的右脑，那么你已经和竞争对手有所不同了！"

结合客户概念做属于客户的SPAR：

Situation：状况。

Person：某人。

Action：行为及效果。

Result：结果与感觉。

在客户某种具体的业务场景下，某人做某事，达到某种效果。

“这是在卖感觉啊！”小牛感叹了一句。

“这得在实际应用中多练！”小杨说完，想了一下，转头跟我说，“不过，老寒，我有个担心！”

“什么担心？”我问。

小杨轻咳了一下：“你说，客户会不会觉得我们忽悠他呢？”

“你觉得呢？”我笑着反问他。

小杨皱着眉头思考了一会儿，说：“哦，我知道了。如果我们针对的是客户的概念，针对的是他真正关心的问题，结合他的具体业务场景，应该就不是忽悠！”

“关键是有没有抓住客户的概念！还有，SPAR之后记得给他穿衣服……”我说。

“穿衣服？”小朱又瞪起了眼睛。

“SPAR不仅要给对方美妙的感觉，还要让对方放心，做完SAPR之后要随即拿出证据，证明我们具体是怎么做到的，否则就是在忽悠他。比如，我们一边给资料一边说‘我们是这样实现的’，或者说‘我们曾经帮助某客户建立了这种系统，这是介绍’。客户接过去即使不看，他也相信你是可以的。”我提醒大家做SPAR一定要有收结动作，要确认效果。

“哦，用证据证明，让客户安心……”小朱突然想通了。

小杨想了想，说：“我觉得这个好像对EB（决策者）比较管用吧。UB（应用者）因为要使用我们的产品，也还行。可是对最难缠的TB（标准把关者）怎么办啊，比如像信息中心的人。对了，比如蓝科的宋主任，怎么给他做SPAR啊？”

小杨说的问题我确实考虑过，我笑着说：“怎么做取决于客户有什么概念，只要他有概念就可以做啊！”见小杨眉头紧锁，我接着说，“举个例子，比如上次我试着卖了一次橘子，用的就是SPAR！”

“哦？是吗，快说说！”小朱说。

“我说的卖橘子，不是在大街的地摊上卖，而是要把橘子卖给一家大型集团 IT 企业，一下卖出几千箱。面向公司的采购部经理，他就是个 TB!”我说。

“嗯，大单!”小朱感叹。

小杨问：“你怎么用 SPAR 的?”

我看着小杨，说：“我说下背景。公司采购总经理姓刘，我是这样说的，‘刘总，听说公司正在考虑为员工采购中秋福利。上次您跟我说，希望采购一种礼品，它既能带给员工健康，又能体现公司对员工的关怀，还要省钱，对吧!’确认类问题，进行概念回顾，然后共同形成解决方案。‘像咱们这种 IT 公司的员工长期伏案工作，经常加班，饭也吃不好，很多人都是亚健康状态，现在流感又很盛行，大家需要补充多种维生素。所以，我觉得公司可以借助这次节日关心一下员工的健康。’对方和我共同形成并确认这个标准之后，就可以关联我的解决方案了。‘从这些条件来看，蜜橘应该是不错的选择。它的维生素 C 含量非常高，可以补充身体所需的维生素，橘子皮洗干净还可以泡水喝预防感冒。我们这次专门从广西预订了刚上市的新鲜大蜜橘，全是优质品。我们还可以以贵公司的名义给每人发一封节日祝福信函，除了祝福，特别说一下公司选择蜜橘的原因，再说明一下吃橘子的时候应注意什么、橘皮泡水的时候应注意什么’……”

“该 SPAR 了吧?”小朱说。

“接下来就是 SPAR 了，我说，‘刘总，当大家兴冲冲地把公司的节日礼品带回家的时候（Situation），员工和家人（Person）打开一看（Action），橘子饱满干净，吃一瓣到嘴里（Action），甘甜可口。还有一封特别祝福家人的信函，除了节日的祝福，特别说明了食用方法和注意事项。大家看到公司如此关心员工的健康，一股暖流涌上心头（Result），家人看见了也会说公司对你们不错，一定要好好干（Result）。那是什么感觉呢!’一个 SPAR 了，还不够，他的概念很多，既要员工说好，还要领导说好，接着做。‘当员工对礼品的认同和赞扬传到公司领导耳朵里（Situation），领导（Person）对您做采购少花钱、多办事的能力大加赞赏（Action）。当您的良苦用心得到员工感激和领导赞赏的时候（Result），那是什么感觉呢？’”我说。

小杨啧啧不断：“不错，不错，橘子都能这么卖，真行！”

“所以，无论是 EB，还是 UB、TB，只要他们有概念，我们就可以面向他们的概念做 SPAR！”我说。

“我得好好练练这招！”小朱不由地感叹。

“老寒，你觉得做 SPAR 的要领是什么？”小牛突然问我。

小牛问得我有些措手不及，我迅速总结了一下，说：“给客户做 SPAR，第一要场景化，让客户身临其境，那幅画面就在他的眼前，这是冲击客户右脑的关键；第二要具体化，客户的场景、动作、感觉、效果具体到每一个人、每一个动作，效果和影响越具体越有效果；第三要感性化，突出感觉、感受，要有 Feeling，这是 SPAR 的关键！”

“哦，场景化、具体化、感性化……”小朱一边磨叨，一边记录。

“小朱再追女朋友知道怎么忽悠了！”小牛笑着说。

“对，女孩儿更感性，小浪漫很管用，掌握好 SPAR 哦，小朱！”我笑着说。

“呵呵。”小朱脸一红，有些不好意思。

莫非这话，冲击他的概念了？

我接着说：“除了这三点，在做 SPAR 时，要把客户的概念，我们方案的特性、应用效果和价值，客户的感受都融入进去，最后还要有证据，顺势一推，把感觉夯实！”我说。

“就是给客户穿衣服，让他有安全感！”小马补充说。

“嗯，强调一下，做 SPAR 之前一定要和客户确认他的概念，别上来就扒衣服，”我提醒大家，想了想，又说，“当然，做 SPAR 也要关注对方的性格。如果对方是一个逻辑性很强和特别注重理性分析的人，我们就要加大理性证据的比例。SPAR 不是不能用，要慎用。”

小牛说：“说的是，所有的技巧都要看对象。”

“SPAR 是面向客户的感性决策，那客户的理性分析那块儿怎么办啊？”小朱担心地问。

小朱的问题很有挑战性，我也曾经困惑了很长时间。很多情况下，包括现在有些西方的公司，认为所有的标准和价值都是可以被量化的，不能被量化的就不是价值，包括客户的感觉。销售既要面向客户感性呈现，又要兼顾理性分析的要求。怎么办呢？

“你有什么想法？”我问小朱。

小朱摇了摇头，说：“我没什么想法，就是担心过于关注客户的感性决策，容易忽略客户的理性分析。”

小杨说：“这你外行了吧！咱们不是也会给客户做价值分析嘛，效果提高了多少，库存资金占用减少了多少，生产成本降低了多少，采购成本节省了多少……这不都是理性的数据分析吗？”

我点点头：“嗯，小杨说的是价值和投资效益分析，还包括投资回收期！”

“好像在国内客户并不信这些！”小牛说。他觉得国内的客户提供的数据自己都不相信，哪能相信用这些数据算出来的东西。

“确实是。很多客户并不一定要精确地测算投资和回收的情况，更多靠感觉。不过现在越来越规范，很多客户上项目也开始做投资回报分析。”我说。

“那我们用还是不用？”小朱问。

回想起自己八年前第一次为客户做的投资价值分析，当时效果确实很出乎意料。我想了一下，说："作为方案和优势呈现的内容，作为客户决策的理性依据，投资价值分析是必要的！我们最好给客户做出全面、精准的投资回报分析，至少要找到一些关键指标，比如在某个业务处理上的效率、完成某些工作的成本、能够增加的收入等，将这些现有指标和预期进行对比，让客户感受到价值所在；同时，要有直接的证据证明我们的产品和方案可以实现这些理想指标。当然，如果有第三方客户做过的案例指标作为参照，那就更可信了！"

"嗯，不行我就先挑些关键指标用用看！"小朱自言自语。

"如果缺少经验，就别急着给客户算投资价值！"我想了想说，"以前有个同事，和客户说用了我们的软件以后，财务人员可以从现在的十个人降低到三个人。客户一听吓坏了，说那让那七个人干嘛去啊！客户是个国企，很在意人员安排问题。"

"呵呵，不懂客户，容易臆断！"小杨得意地说。

我点点头，说："对，用了我们的产品和方案能带来什么价值，只有客户才知道！客户告诉我们的，往往是他们眼里最重要的，所以向老客户请教是个好办法！"

"那这个什么时候说呢？"小朱问。

"可以放在 SPAR 后面说吧，你说呢，老寒？"小杨说。

"嗯，可以作为 SPAR 之后的证据，也可以作为 SPAR 里'Result'的一部分……"我说。

大家边琢磨，边轻轻地点头。

"老寒，我有个事不太明白……"小马好像又有新困惑，"既然我们在'说'，可 SPAR 最后为什么要是个问题呢？"

我没有回答。

我的沉默换来了小杨的另一个问题："对啊，你不是说要表达什么、用什么方式表达、用什么语速语调，这三者缺一不可吗？"

42. 说话的艺术

大丈夫一言既出，驷马难追。说出去的话，泼出去的水，覆水难收。良言一句三冬暖，恶语伤人六月寒。说话，不是件简单的事。

听完小马和小杨的问题，我想了一下，说："小马的问题非常好，既然是我们说，可为什么也要变成问题抛给客户呢？大家有什么看法？"

"我记得第二环讲过，问比说重要，所以我们说的话要变成问题去探索客户的态度，这比自我陶醉地说半天有效！"小朱看着我说。

小杨说："是，把我们的话变成问题再抛给客户，这本身就是在关注客户的感受，在关注客户的概念，也让客户觉得他自己很重要，这有必要。"

> 话是话术，即要讲的内容、语言如何组织；说是如何表达，即语速、语调、停顿、肢体语言等。
>
> 最好的沟通，就是把自己说的话，变成问题再抛回去，时刻关注对方的思维和想法。

"小牛，你觉得呢？"我问。

小牛也点点头，说："我觉得也是。无论我们说什么，都变成问题反过头来关注客户的态度，这才是真正关注客户的思维过程，而不是按自己的思维过程忘乎所以地自我陶醉！"

小马点点头说："嗯，有道理。"

"沟通过程中，说的时候原则上每过五分钟就要回到客户的信息和态度的确认探讨阶段。如果我们自己持续说的时间超过七分钟，很可能没有顾及客户的想法和态度。"我说。

小朱想了一下，说："哦，始终以客户的思维为主线，唉，好难啊！"小朱觉得自己的修炼还是不够，知易行难。

"事因难能，所以可贵！"小牛开导小朱，又转头问我，"老寒，你觉得在说这方面，有什么具体的技巧吗？"

“具体的技巧嘛……”我仔细回想了一下，说，“我记得《弟子规》里曾经说过‘凡道字，重且舒，勿急疾，勿模糊’，这应该就是我们说话的标准吧！”

“《弟子规》？”小朱听着有些新鲜。

现在的人确实应该学学《弟子规》。

我说：“意思就是说，讲话的时候口齿要清晰，咬字要清楚，慢慢讲，不要太快，更不要模糊不清……”

“哦，这个连老祖宗也说过啊？”小朱很服气。

小牛跟着说：“当然了，从孔子、曾子，到鬼谷子，老祖宗们研究过的多着呢。这可比西方的技巧要早几千年，回头有时间再好好拜读拜读。”看得出来，小牛最近确实读书不少。

“对，我觉得说话可以以‘凡道字，重且舒，勿急疾，勿模糊’为纲，注意三点：语气、语调、语速！”我说。

“语气、语调、语速？怎么解释呢？”小杨也来了精神。

我说：“语气，顾名思义，就是说话的口气。我通过观察发现，很多销售在客户现场很少注意自己的语气，有的中气十足、信心百倍，甚至满嘴跑火车；有的细声细语，唯唯诺诺，恐怕得罪了客户。抛开其他的不说，单说语气方面，你就已经向客户传达了重要信息！”

“是吗？我还真没注意过！”小杨努力搜寻记忆的碎片。

小杨问：“传达了什么信息啊？”

小牛表情严肃地说：“在我看来，信心十足，满嘴跑火车，客户会感觉这个销售根本没有重视他的真正需求；唯唯诺诺恐怕得罪了客户，客户可能会感觉这个销售自己都没底气。”

“嗯！”我认同小牛的话，“言为心声，闻声知心。沟通中语气、语调传达了38%的信息，客户能感觉到你的内心。”

“那怎么办？”小朱问。

“说话谈吐要字正腔圆。‘重且舒’里的‘重’，说的是要‘字正’，一字一句，不急不隐、不快不忧；‘舒’，说的是要‘腔圆’，音要舒展，中气要足，吐字归音，不模糊，不含糊其辞。这就是‘重且舒’，字正腔圆。”我几乎是一字一顿地告诉大家，有时候这些细节很容易被忽视。

“找机会练练绕口令，我有时候说话就不清楚。”小朱觉得自己又多了个弱项。

我说：“口乃心之门户。心口不一的时候舌头也不太好使。心地无私才能语气刚健、正气浩然！”

“是啊，口也要练，心也要练。”小杨感叹道。

“对！内心矛盾或心里有鬼的时候，我们的语气、语调就会或低缓，或急促，闪烁其词，模棱两可，似是而非。这种表现反而让对方更加不踏实，甚至起了猜忌之心。很多信息都是我们自己给客户传递过去的！”我说。

“没办法，做销售有时候是要说些谎话的！”小杨很无奈。

“呵呵，只要把心态摆正，尽可能去为对方着想，对方一定能体谅到这种良苦用心的。”小牛支招。

我点点头，说：“对，把心态摆正。其实一个人是不是可信，不在于他说什么话，而在于他说话的口气。”

小朱愣愣地看着大家，他已经彻底懵了。

没想到，说话还有这么多道道。

“除了语气，你对语调怎么看？”小牛问我。

我笑了，说：“关于语调就因人而异了。对了，听过泡沫摩擦玻璃的声音吗，还有用铁锹铲沙子摩擦水泥地面的声音……”

“别说了，一想起那声音我心里就直发慌！”小朱咬着后槽牙强忍着说。

“当对方听到嗓门又尖又高，甚至是刺耳的声音时，就会有一种想逃跑的感觉……”我说。

“为什么会想逃跑呢?”小马有些不明白。

“这源于动物的本能。因为人和动物在恐惧时就会发出尖叫，而这恰恰是发出的一种危险信号!”直到今天我还清晰地记得，小时候，一个夏天的中午几个壮汉闯进邻居家里，女主人见到后发出的那声划破天空的尖叫声。

小朱想起了什么，突然乐了，说：“那坏了，声音尖的女销售岂不是麻烦了?”

“你的担心多余，女人有女人的招儿，声音甜美些不就得了!”小杨一脸坏笑。

“切，得了吧！甜得发嗲的声音还不如泡沫擦玻璃呢!”小朱一本正经地说。

大家一片哄笑，这小朱!

我也笑了，说：“与此相反，古代老百姓有冤情的时候会到县衙门口击鼓，‘咚、咚、咚’的声音给人一种正义、安全、威严的感觉。可以想象，如果把老百姓‘击鼓鸣冤’改成‘敲锣鸣冤’，‘噹、噹、噹’，会是什么感觉呢?”

“哈哈，跟耍猴儿似的!”小朱笑着说。

我接着说：“所以，当听到浑圆、低沉、有磁性的声音时，会给人温暖、安全的感觉，或许会让对方感觉你安全可靠，甚至很有魅力。”

这时小朱憋着嗓子，把声音压得极低，声音像从肚子里发出来的一样，说：“是吗，我试试。”说完，憋得自己直咳嗽，又把大家逗乐了。

“也不是让你故意压得很低，比我们正常说话的声音稍低一些就可以了。”我说。

这些技巧属于锦上添花，视情况而用。

这时候小牛问我："还有呢？"

"还有……"我努力地想，关于语调方面好像没什么了，突然又想起了一点，"还有，就是要注意'捭阖之术'，要有捭有阖。虽然原本是张嘴说话和闭嘴不说的意思，我们可以延伸一下。"

"这话怎么讲？"小杨问。

"就是轻重音的问题，"我想了想说，"比如'我没说小张偷了我的钱'，这句话能说出多少个意思？"

大家纷纷说了起来，说出了好多意思。

"重音放在不同地方，意思完全不一样。"小马说。

"是啊，所以就看你要表达什么意思了，"这个简单的问题我觉得没必要再深入，便转换了话题，"相对语气、语调来讲，我们更好操纵和改变的可能就是语速了……"

小朱瞪着眼睛问："语速？"

"就是说话的速度！"小杨看了一眼小朱，加重语气说。

小朱拧了下脖子，说："我知道，可这说话的速度怎么了？"

"你逛超市时，突然被推销鞋油的拉住，跟你讲'大哥，看看我们的鞋油吧，这个鞋油……'接着，对方上下嘴唇高频率撞击，顷刻之间那些话毫不客气地钻进你的耳朵里，如滔滔江水奔流不息。你感觉怎么样？"我问。

"比较烦！"小马说。

"不是比较烦，是非常烦！你走他还跟着你，一直说个不停！"小杨满脸不屑。

我点点头，说："当然了，你烦的原因是多方面的。因为他在推销，而不是在和你沟通。不过想想看，这和他说话频率那么快有关系吗？"

"有！我老婆跟我吵架时她也是快言快语，不给我喘息之机，憋得我肚子里的火直往上蹿，我也这么烦！"小马回应。

“对啊，说话语速过快会让人很不舒服，很容易惹人烦……”我脑海里浮现出一幕幕快言快语的景象。

“还容易引发心脏病！”小马说。

小杨想了一下，说：“说话快，特别是刚听完问题就马上接话的人，总感觉他说话欠考虑，或者根本没进行什么思考，一直在坚持自己的观点。他只对自己的话感兴趣，根本不在意别人的感受，一个完全以自我为中心的家伙！”不知道小杨想起了谁，下了这样的结论。他可能没想到，三个月前自己也是这样。

“‘勿急疾’就是说话不要太快，‘重且舒’的‘舒’字也有舒缓的意思。如涓涓细流、潺潺溪水，那样才有滋润的感觉。以客户概念和思维为主线的沟通，就应该是‘随风潜入夜，润物细无声’！”我说。

小杨边思考，边缓缓点头：“和‘沉默是金’差不多……”

我说：“对，把语速放慢就是给对方思考的时间，你的话始终和对方的思维合拍，就像黄昏海滩上牵手散步的情侣，缓缓地、温情脉脉地共同往前走，而不是像骑马的汉子自己一个人奔驰在辽阔的草原上。”

积累信任无处不在，连说话的速度也不例外。

小杨接着说：“除了放慢说话的速度，是不是也可以适当停顿一下呢？”

“哦？你是怎么想的？”我刚想说的话，被小杨说了出来。

“也是源于‘沉默是金’的道理，我是这样想的，”小杨挪了挪屁股说，“说话时停顿，就相当于两个人同时走路，随时停下来确认双方是不是同步。停顿也能够让对方把听到的和前面的话联系起来，进行连贯的逻辑思考。”

“你的想法很好啊！这样一来，我们说话就关注了对方的思维过程，对方会觉得我们在与他的内心沟通。这和同理心一个道理！”我说。

“哦，原来说和听是一个道理啊！”小朱好像有些想明白了。

我笑了：“与读和写不同，听和说是两个人或多个人共同的事情，除了我们自己还有别人，要时刻提醒自己关注别人的想法和感受！”

“看来说话还真不是一件简单的事儿！”小马也在旁边感叹。

这时候，小杨看看小马，又看看我，问：“还有什么要注意的吗？”

“其他的嘛……”我又想了一下，说：“还有两点！”

“哪两点？”小朱出乎意料。

我说：“第一，杜绝口头禅！像‘啊’‘是吧’‘这个’‘那个’‘然后呢’等，还有人说话总重复一句话的最后几个字，重复很多遍，像回音一样，让听的人感觉很有压力，甚至心慌，不知道你们遇到过没有。”

“遇到过，遇到过！不发现还好，一旦发现了就光能听见那几个字了。特别是上学的时候，我们有时候会数数这个老师一节课说了多少个‘是吧’……”小朱神采奕奕地说。

“第二，说话不要手势太多！两手更不要在空中来回比划。或许这会让对方觉得我们沉浸在自己的话里，说话思路不清，在用手搅动；或许我们的思路像手上的动作一样跳跃，会让客户觉得我们有些轻浮。两手也在我们和客户之间形成了一个沟通的屏障。”

“以前我有个经理就那样，说话的时候双手在空中来回扒拉。跟了他一段时间，我也那样了！”说到这里小马来了感觉。

“是啊，你看那些国家领导人说话，哪有那么多手势！”小牛很是认同，在旁边说，“总理答记者问也用手势，掌心向外举起来之后，停顿五秒左右，给人一种睿智、稳重的感觉，而不会晃来晃去！”

我点点头说：“小牛观察够仔细！所以，不是不能用手势，而是不要乱动，做就做足，可以停留在空中几秒钟，说够三句话之后再移动！这样一来，话从口出，势从手起，神自眼发，信从心来！”

“嗬，那就够有魅力的了！”小杨说。

我笑着看着大家，没再说话。

小朱好像又想起了什么，说，“这是第几环了？”

“第三环吧？”小杨也不肯定。

“嗯，”我看了看大家，说，“还记得第三环都讲了什么吗？”

“呀，这内容可多了，我看看啊，”小朱把笔记本往前翻了一沓，边找边说，“我记得有‘概念铁球’，还有‘差异优势’‘合作经营’，还说到了‘四季沟通术’……”

“还学了个‘SPAR’！”小杨补充说。

“还有怎么说话。内容可真不少，我回去好好总结总结！”小朱挠着头说。

小牛笑了说：“总结好了别忘了给我一份！”然后转头对我说，“对了老寒，第一环叫‘拜访准备’，第二环叫‘了解概念’，这第三环叫什么呢？”

我说：“第三环叫‘呈现优势’，纵观五环也符合春夏秋冬‘四季沟通’的逻辑。”

“第四环会讲什么呢？”小朱猜想着。

我笑了，说：“讲什么不重要，你遇到什么问题才重要！”

第 7 章

获得行动承诺

43. 陶部长的顾虑

12 月的北京笼罩在一片朦胧的雾气之中。年轻的销售们整天奔波着，被这层薄雾和年底的业绩压得喘不过气来，就连那颗不安分的心也像雾气中的高楼和远山，愈发迷茫，甚至连自己的目标也变得愈发缥缈。

迷茫的不仅是远山，还有小杨的蓝科项目。

前两天，小杨给蓝科信息中心宋主任打电话，得到了一个让他心里没底的消息：蓝科的项目要在元旦前定下来！这时候项目要定下来，小杨心里明白，宋主任的态度并不明朗，他的方案经营部陶部长也没点头，而企管部魏部长那老油条更让人捉摸不透。如果客户这时候做决定，会是什么结果呢？

“老寒，怎么办啊？”小杨在电话里问我。

我沉默着没说话，这个项目确实很微妙。要是以前，客户要做决定了，小杨肯定会觉得这是他前期推动的成果，说不定已经开始准备报价，兴冲冲地打印合同了。

“你倒是帮我出出主意啊！”小杨在电话那边催促我。

我把声音放得比较低，说：“如果客户这时候做决策，你感觉结果会怎么样？”

小杨在电话那头沉默了一会儿，说：“说不好，现在我基本上没什么强有力的支持者，也没见过他们的老大。要不，直接去见见他们的老大?”

“见老大干什么?”我问。

“高层拜访啊，拉上我的老大，这时候老大不出场，还等什么时候啊!”小杨说。

“呵呵。”我笑了两声。

小杨好像感觉到什么，问:“你笑什么?”

“你觉得呢?”我问。

“唉，不是没办法吗!我也知道这时候把老大推上去不合适，可有什么办法呢?要不我自己准备准备，直接去了解总经理的概念?”小杨很无奈。

我沉吟了一下，问:“你觉得一个总经理，会那么容易把他的概念告诉你吗?你准备怎么提问?难道说‘尊敬的总经理，请问您认为采购和供应商管理中有什么具体问题要解决’‘您期望达到什么样的效果’?”

“那，你说怎么办?”小杨确实没招了。

我想了一下，说:“你可以推测或者找人验证一下，客户的决策流程是什么样的，谁汇报，谁把关，谁批准，谁可能会说你好，谁可能会说你不好……决策是多种力量的综合，你要有自己的‘顶梁柱’!”

“顶梁柱?你的意思是……”小杨思考了几秒钟，然后毅然决然地说，“我明白了，从哪里跌倒就从哪里爬起来!”

挂断小杨的电话，我遥望着窗外，阴冷的空气压在远山和枯树上，大地似在轻声哭泣，真有些星落五丈原的凄凉。就在如此寒风彻骨的日子里，像小杨这样的好兄弟还要强打精神，殚精竭虑地琢磨他的项目，一趟一趟地跑去客户那里受尽折磨。

第二天下午，我正在办公室看书，门突然一下子被推开，小杨闯了进来。

“老寒，麻烦了!”小杨见我就说。

“怎么了?”我下意识地问。

小杨喘了口气，咽了口唾沫，说:“DEF 见过蓝科的总经理了!”

“你怎么知道的?”我一边问，一边起身给他倒了杯热水。

小杨端起水，水太热，只湿了湿嘴唇，便说:“我今天上午给宋主任打电话，宋主任告诉我的。没想到 DEF 果然发力，直接动高层了，难怪这么快要招标呢!”

“见面情况怎么样?”我问。

“还不知道。”小杨说。

我迟疑了一下，又问:“是谁引见他们去见总经理的?”

“企管部魏部长!”小杨没有丝毫犹豫地说，“他们想让宋主任引荐，宋主任给推掉了，然后他们就去找的魏部长。这都是宋主任告诉我的。”

“哦……”我点点头。应该是这样，宋主任这家伙也不像敢把供应商推荐给总经理的人，何况他上面还坐着魏部长这个老油条。

“你说，我是不是也安排老大去拜访总经理?”小杨心急地问我。

“请老大去做什么?请谁帮你引荐?”我问小杨。要是没搞定中层，又没人引荐，那不成了让老大陌生拜访对方总经理?

小杨沉默了，考虑了一会儿，抬头说:“你有什么建议?”

我摇摇头，说:“我也提不出什么建议。凡事都有阴阳，得者必失，失者必得。我总觉得有时候见客户的总经理不一定是好事，不见也不一定是坏事。你看古代太子继位之争，冒头越早，越容易成为众矢之的，往往是潜伏在最后的那个皇子会成为最大的赢家。大项目玩的是长线，越是按捺不住想往外蹦，实力暴露得越早，越容易玩儿完。从始至终没露过头，最后悄无声息地拿下项目的才是真正的高手!”此时，我唯有以此话安慰六神无主的小杨，让他冷静下来重新分析局势。

小杨边听边轻轻点头。他浮躁的心绪连同刚进门时的慌张，渐渐地从他身上消逝了，慢慢地，坐在我对面的变成了一个既沉稳又貌似思维缜密的小杨。

“要不……我再去探探陶部长的想法?”小杨也感觉到，明明是经营部门要使用的系统，怎么企管部如此积极地把厂商引荐给总经理呢？再说了，这么积极主动地出头，按说也不是魏部长的一贯做法啊!

听小杨这么一说，我笑了，问：“你有什么具体想法?”

小杨喝了口水，放下杯子，说：“我觉得陶部长是系统的使用者，他肯定有很多想法和期望。如果竞争对手从魏部长那里下刀，他们或许会忽略陶部长，至少没有充分重视他，而这时候的陶部长恰恰应该被重视和关注!”

“嗯。”我回应了一声，继续看着小杨。

“我想去了解一下陶部长有什么新想法，看看对项目启动还有什么担心和顾虑，对厂商还有什么要求。在这个基础上，再把我们的一些优势呈现给他，和他一起形成属于我们的解决方案!”小杨想到这里，有些茅塞顿开的感觉。他觉得竞争对手通过魏部长做工作，或许不是基于方案的价值，而是基于其他什么东西。

“那当然好了!”我坚定地点了点头。

小杨也为之一振，挺直了上身，说：“行，我这就去约!”

我面带微笑看着小杨，欲言又止。

小杨也一笑，说：“放心吧，概念、约见理由、行动承诺、差异优势、证据，我一样也不会少的!”

“好!”见小杨急着起身去准备，我也站了起来。

刚出门小杨就已经在思考了。看来，这次预约并不难，约见理由也比较好准备，不过要获得行动承诺却有些难。他能让陶部长去做什么呢？陶部长关心的重点到底在哪里呢？这次拜访要给陶部长做什么样的 SPAR 呢？又要准备哪些差异优势和证据呢？

跟陶部长的会面在第二天上午，小杨自己去的。

“陶部长，您好!”一进办公室，小杨大方地和陶部长打着招呼。

陶部长站起来：“是杨经理啊，来!”他对小杨的到来并不很反感，或者还有些期许。

小杨笑了笑，说：“陶部长，不好意思，早就该来拜访您，看您这么忙，真怕影响您的工作!”

“没事，没事，你来聊聊也是工作嘛!”陶部长边说着边坐了下去，看着小杨。

小杨知道这次会面很重要，直接说：“陶部长，听宋主任说咱们的项目近期要有动作了。这次拜访您，是想好好听听您的想法，看看在启动过程中还要注意什么，希望我们能针对您关心的重点提供真正能够满足您要求的解决方案……”小杨说到这里停了下来，看着陶部长。因为他发现刚刚提到项目要有动作，陶部长的脸上扫过一丝忧虑。

“嗯，是要动了。”陶部长见小杨没再说话，随口嘟囔了一句。

说这话的时候，他的表情有些复杂。

小杨感觉到陶部长好像有什么话憋在心里。这个时候，他必须站在陶部长的位置和角度，了解他究竟在想什么、担心什么，然后才能进行有效的沟通和推荐。想到这里，小杨问：“陶部长，您觉得现在启动项目，对蓝科和您最大的挑战是什么?”

陶部长没有直接回答，而是意味深长地看了一眼小杨，问：“小杨啊，你们公司做过的同类项目里头，遇到的最大挑战是什么呢?”

陶部长这一问，出乎了小杨的意料。

小杨觉得，陶部长肯定有很多想法，甚至憋了一肚子话，可他就是不和小杨说。莫非，这个陶部长还信不过我?

片刻惊慌之后，小杨稳了稳神。拜访之前，他确实做了关于项目风险方面的准备。本来想作为 SPAR 的证据的。兵无常势，水无常形，陶部长既然问到了，那就端出来吧！

“陶部长，是这样的。我们刚刚为一家客户实施了供应商一卡通管理，说实话，实施过程中确实遇到了很大的挑战……”小杨一边故意把语速放慢，一边看着陶部长。

陶部长面无表情，不露声色地听小杨往下说。

小杨见陶部长没有要发问的迹象，便说：“其实，挑战主要来自两方面。第一，就是供应商习惯的改变，毕竟让供应商使用一卡通，虽然蓝科省事了，可供应商要按照设定的流程走，会有些不习惯，甚至会觉得比较繁琐。这需要双方的理解，包括要给供应商进行免费的培训和指导。”

“嗯。”陶部长听到这里，点了点头。

小杨接着说：“第二方面，就是内部管理流程了。我们在那家客户实施之前，大家还是习惯纸面的审批、签字，感觉那样处理起来比较灵活。也就是说，很多业务流程并不是标准的，灵活了就容易脱离标准和规定。我觉得两大挑战就是供应商习惯的改变和内部管理流程的标准化。相对来讲，反而技术和产品都差别不大。我的理解不知道对不对，您觉得呢？”

“嗯，这两方面确实比较关键！”陶部长点点头，接着问，“你们有什么好办法呢？”

“有啊！”小杨下意识地想到了自己公司的实施方法论、实施组织保障、实施风险控制等一整套这方面的好办法，不由自主地说了出来。

得意的小杨话刚一出口，马上意识到情况不妙，陶部长还没有说他的概念，自己刚才的那两条也仅仅是引子，陶部长之所以问有什么好办法，应该只是对这些感兴趣。就算这两条是陶部长的概念，可陶部长觉得标准应该是什么呢？陶部长还在春天的时候，我要进入秋天吗？不行，得让陶部长的概念长草！

“有是有，不过……”小杨想到这里，淡淡地笑了一下，说，“陶部长，虽然我们做过些项目，也积累了些经验，但我觉得蓝科有自己的实际情况，肯定还是您最熟悉。在您看来，蓝科成功实施需要什么好办法和保障措施呢？”

陶部长没有看小杨，而是低头看了看自己桌子上的一大堆文件，说：“这个事啊，我们不是没考虑，要不也不会上这项目。这一真上，涉及的东西就太多了！”

听到这话，小杨深有感触，涉及哪些变化他太清楚了，这是他的专长！想到这里，小杨喉咙里卡着的一大串话开始不顾一切地往外顶，嘴角不由地动了动，但他还是咬牙忍住了。那种想说不能说的感觉就像毒瘾发作，痛苦万分！

陶部长见小杨没说话，抬头一看，小杨正看着自己，便说：“小杨啊，蓝科的事情比你想象得要复杂多了！这个项目挑战很大啊！”

“哦？陶部长，怎么复杂？方便讲讲吗？”小杨小心翼翼地问。

陶部长又看了看小杨，想了想，慢条斯理地说：“供应商那边嘛，倒没有什么大的问题，毕竟都是向我们卖东西的，再说这个系统上来也方便他们管理和查询，他们会理解的。”

“嗯。”小杨回应了一声，继续强忍。

陶部长接着说：“不过话说回来了，采购本来就是一项复杂的工作，涉及的部门很多，真要把流程规范了让大家执行，确实有难度。比方说，涉及财务、库房、生产车间的数据统计，还有各采购岗位之间的内部衔接。这些看起来没什么大事，可要真规范起来就有难度喽！”

小杨开始点头，一下，两下，三下……

“所以啊，关键是怎么才能规范好流程！只要流程规范了，我相信系统本身不会有什么大问题！”老陶说。

小杨在本子上做了记录，然后抬起头来看着陶部长。陶部长也看着他。小杨说："陶部长，您的意思是说规划流程时要考虑好和其他部门的衔接，是这样吗?"

陶部长点点头。

小杨又低头看着本子，皱着眉头作思考状，看了几秒钟，抬起头问："陶部长，您觉得流程规划中要重点考虑哪些关键点?"

陶部长眉头稍皱，闭着嘴想了想，说："流程规范最好不要触动其他部门的现有流程和制度，现在他们怎么着，将来也还怎么着，只要和供应商做好衔接就行了。关于采购内部，关键是要把采购计划、采购询价、供货通知、收货检验几个环节分开，岗位不同，任务不同，岗位之间要互相牵制!"

小杨奋笔疾书，陶部长说完，他抬起头问："嗯，陶部长确实经过了很多思考，这些都是厂商将来要重点落实的重要管理思想！对了，陶部长，如果要实现这些，您对厂商有什么要求?"

"厂商嘛……"陶部长一扫刚才的直接爽快，开始有些犹豫。

见陶部长有些犹豫，小杨琢磨了一下，坏了，老毛病又犯了!之前的提问都是围绕陶部长的概念，所以陶部长讲得很多，也很有价值。可刚才这个关于厂商的问题，明明是源于小杨的概念……

就在小杨捏了一把冷汗的时候，陶部长开口接着说："厂商不仅要有经验，懂业务，关键要能提出建议帮我们开拓思路，还要懂得配合!"

小杨点点头，说："您是说希望在流程规划时，和其他部门的接口尽可能保持现有模式不变，而对采购内部岗位职责要进一步细化，把几个关键环节分开。另外，您要求实施厂商要有经验，还要和您配合好。不知道我的理解对不对?"

"嗯!"陶部长点了点头，表情轻松地说，"就是这个意思。不过，我们和财务的接口完全不变也不可能，毕竟供应商要拿着卡去他们那边结算，将来具体问题再具体分析吧！这些方面，你们可以做到吗?”

小杨见老陶的概念和标准了解得差不多了，是呈现优势的时候了，想了想，说：“陶部长，您关心的这些恰恰也是我们重点关注的。蓝科的一卡通上来之后，不仅供应商办理业务会更方便快捷，而且财务和仓库那些部门也不会因为上系统而带来更多的工作量，反而是让他们数据查询和处理更方便了；同时，在采购内部，不仅将各个环节分权而治，而且还比原来手工的效率更高。特别是陶部长您能对采购物资、供应商、采购员，进行多角度、全方位的实时分析，您三五分钟之内就能看到报表，不用像以前一样再等半天时间了。不仅能看到各种直观的对比图形，还能针对每笔业务进行追踪、查询。您感觉这对您有帮助吗?”

“那就是我们想实现的!”陶部长点点头，露出一丝笑意。

“哦，还有，如果在实施过程中，厂商能深入各部门了解它们现有的业务流程，把流程一条一条画出来，与其他部门有交叉的地方逐一确认，对采购内部的每种采购类型细化，也能跟您充分沟通，特别是跟采购部和您配合好，把您的管理思想充分地融入系统中。对一些有争议的节点，经验丰富的实施顾问会为您提供行业内各家先进企业的管理方法做参考，这样您就不必担心流程的科学性和可行性了。这样可以吗?”小杨说。

陶部长又点了点头，说：“那当然好了，你们公司有这样的人吗?”

小杨从包里掏出了昨晚准备好的资料，递上一份，说：“陶部长，这是我们做过的电子行业另一家客户项目的相关情况，里面介绍了一些关于采购环节的关键流程，给您做个参考!”

“好，好!”陶部长伸手接过来，翻开看了起来。

小杨又掏出一份递了上去，说：“陶部长，这是我们的实施流程方法，是讲我们如何和客户一起把系统建立起来的，提到了一些实施的关键点，也请您参考一下!”没等陶部长打开，小杨又接着说，“陶部长，关于有同行业经验的实施顾问，我回去把他的背景、做过的项目、擅长的领域这些内容，再给您准备个资料，下次给您送来。”

陶部长一边翻着资料，一边说：“好。”说完，把资料放在旁边。

小杨觉得是要承诺的时候了，便壮着胆问：“陶部长，您看项目启动之前还需要我们做什么工作？”

“哦，你们啊？先把设备清单和实施计划考虑好吧，这可是投标的关键！”陶部长随口说。

“您放心，这个我们会精心准备的。到时候少不了麻烦您，”小杨迟疑了一下，说，“陶部长，您觉得，我们是不是需要和公司其他方面……”

陶部长看了看自己桌子上的资料，说：“其他方面啊，你们和宋主任多沟通吧，到时他会安排。还有，也和魏部长多沟通。”

小杨心头一紧，很明显，陶部长没明白小杨的意思。当然，小杨也没敢说太明白。他有些紧张地盯着陶部长，没敢直接抛出他准备要的行动承诺，也没说话。

陶部长见没动静，又看了小杨几眼，突然咧嘴笑了：“呵呵……”

小杨被陶部长看穿了，不好意思地笑了笑，便直接问：“这个项目您是我们的主心骨，我们知道应该怎么做。同时，总经理那边是不是可以进行一个方案汇报，或者让我们公司高层也过来拜访一下？”

“哦，现在没必要见总经理。关键是把方案和报价准备好，这才是硬实力！”

小杨坚定地说：“这方面请陶部长放心，方案和投标我们一定做最充分的准备，也希望方便的时候请陶部长给把把关。您看下周什么时间方便，我想请您到我们公司参观考察一下，顺便向您当面汇报一下我们的实施计划！”

“这个啊……”陶部长没想到小杨会邀请他去参观公司，犹豫了一下说，“到时候再看情况吧，确实比较忙。”

“哦，那下周我再与您电话联系，”小杨又想起了什么，说，“陶部长，您看是不是给财务部或者管采购的科长打个招呼，我们再去和他们聊聊？”

“这倒不必了，”陶部长想了一下，说，“这样，如果需要见其他人，我让宋主任通知你们，好吧？”

小杨尝试了几次都没达到目的，咬了咬牙，不得已看了看笔记本，说：“那好吧，陶部长！”

陶部长也跟着点了点头。

“陶部长，今天和您交流了项目的关键点，您特别提到流程的标准化和厂商咨询的能力，我接下来会准备一份实施顾问的简历，回头给您送来。关于方案交流和投标准备，后面还会向您请教！”

“好！”陶部长说完看着小杨。

“那，谢谢陶部长了！”小杨起身说。

陶部长也站起身来，说：“别客气！你们要能办事，办成事！”

“一定让您满意！”小杨握着陶部长的手说。

离开陶部长的办公室，小杨的心情不错，顺便又去见了宋主任。据宋主任说，DEF 在魏部长的引荐下见了总经理，总经理表示项目意义重大，要求抓紧实施，陶部长才着手启动的。

小杨觉得这次交流还不错，弄清了陶部长的概念和标准。可是，为什么小杨和陶部长要了三次行动承诺，陶部长就是不答应呢？是准备的行动承诺不好，还是陶部长故意搪塞？问题到底出在哪儿了呢？

44. 小朱的惆怅

小朱这几天也慌了神，眼看就要过年关了，他的任务还没有完成，怎一个急字了得。冲刺誓师大会上，小朱和兄弟们脑袋上系了块红布，握着拳头嘶喊了半天，也没提起什么劲头来。会后，经理又给小朱下了死命令，年底之前必须再完成一笔回款，否则就有大麻烦了。

他手里的几个项目，最有机会的也就飞达了，其他的更不行。小朱横下一条心，哪怕拼个鱼死网破也要搏一把。

小朱又把飞达仔细分析了一遍，龚总、商务部刘经理、前台小悠，好像也没其他人了。龚总本身就有决策权，不过刘经理那关过不了的话，看来龚总也难拍板。除了龚总和刘经理，还能从哪儿下手呢？

直接见龚总可能性不大。刘经理那边，上次已经了解到他的概念，可一抛方案他就满脸质疑的神情，像有一百个不放心。现在好了，学了怎么说，小朱决定再去找找刘经理，争取再向前推进一步。

再次迈进那座大楼时，小朱的心情有些复杂。虽然做了充分的准备，但业绩的压力让他六神无主，连销售动作都变了形。这次要是再没效果，那可怎么办啊？再说了，这项目要是做不下来，小悠会怎么看他呢？

“叮咚”，电梯到了飞达所在的楼层时，小朱的心一沉。他咬了咬牙，长吁了一口气，迈步走了进去。

刚一进门，依然看到前台忙碌的小悠，小朱稳定了一下自己慌张的情绪，说：“小悠，刘经理在吗？”

小悠抬头见是小朱，嘴角轻轻向上一挑，说：“哦，你约了吗？”

“约了，他说今天下午在。”小朱回答。

小悠看了看里面的办公室，又看看小朱，说：“那你就进去吧。其实刘经理挺好说话的……”说完，冲小朱一笑。

这一笑给了小朱勇气。他觉得自己应该像个男子汉，他闭着嘴，朝小悠坚定地点了下头，转身走了进去。

刘经理的办公室还是那么杂乱。除了刘经理，还有个年轻的女孩子在计算机上操作着什么。

“刘经理，您好!”小朱大方地打招呼。

刘经理一扭头，说：“哦，小朱啊，你好!”

小朱径直走了进去，和刘经理握了握手，坐在刘经理办公桌旁边的椅子上，说：“不好意思啊，刘经理，您这么忙，又来打扰您了!”对于这个爽快的大忙人，此时暖场都是多余的。

“呵呵。”刘经理把手里的笔放在面前正在看的资料上，看着小朱。

小朱笑了笑，说：“刘经理，是这样，我们在为飞达设计方案的时候，有几个问题还需要再和您确认一下，看看您还有什么要求和建议，这样也好让我们的方案真正满足您的需求。耽误不了您太长的时间，可以吗?”

刘经理也笑了，说：“别这么客气，有什么问题?”

小朱掏出记事本，翻了几页，说：“刘经理，上次拜访，您谈到了商务部的店面采购和项目采购，店面采购主要是汇总、订单跟踪的问题，项目采购主要是按项目归集的问题。现在还是这些问题吗?”小朱抛出一个确认类问题，他可不想做努力了半天，结果发现目标变了的傻事。

“嗯，上次都说了，怎么，有什么问题?”刘经理不愧是爽快人，反倒先单刀直入。

小朱见刘经理如此爽快，放松下来，说：“是这样的，您说的店面采购的汇总和订单追踪，您觉得达到什么效果才能满足您的要求呢?”

“这个……”刘经理没想到小朱这么问，一时没说上来，想了一下，看了看自己手头的报表，抻出一张说，“比如，我们要随时了解各个店面的出货、存货情况，按商品品种、类别、部门统计出来就可以了，最好可以随时按我想要的条件查询。对了，几个店的情况最好能在一张表上自动反映出来，这样调货也方便。”

小朱在本子上记录着，然后又问：“那订单追踪呢？”

“订单追踪，我要看到哪个店面提货的计划，谁要多少；订了多少，还要再订多少；还要看到供应商的到货情况，到了多少，到哪儿了，款结了没有，要能按供应商和货物种类查询。其他倒没什么了。”刘经理说。

小朱想了一下，迅速打了个腹稿，说：“哦，我理解是这样。当需要查询各店面的存货销售情况时，只要您进入系统，选择自己想查询的店面、货物、日期等，一点鼠标，就能看到需要的数据。这个数据是实时直接从各店面账上读过来的，没有经过人为的统计加工。这样不仅查询时间从原来的一天降到三分钟，您还可以得到最及时、最真实、最完整的数据，通过数据分析降低库存的占用，还省掉了各门店报送和商务部汇总的过程，工作变得轻松简单。是这样吗？”

“对，对，就是这个意思。”刘经理点了点头。

“同样的道理，当您想查询供应商订单、到货、付款情况时，您只要进入系统一查询，就能清晰地看到各家供应商的具体交易情况。不仅能轻松地掌握每家供应商的交易情况，还可以分析供应商的进货、账期情况。这样就不必像现在这样花很多时间和精力左查右找统计了，提高了效率，还能有效地控制好物流、资金流和商务流。实现这些，您觉得可以吗？”

“不错，我们就是想实现这些功能。”刘经理说。

小朱的这两个 SPAR 得到了刘经理的认可，不自觉地有些飘飘然。他突然想起来还有个关键需求，一样需要与刘经理合作经营出一个方案，便问：“刘经理，上次您说的项目采购的按项目归集，有什么具体要求吗？”他问了一个“夏耕”的问题。

“哦，具体要求嘛……”刘经理没想到小朱突然这么问，他想了想，从一个带锁的抽屉里翻出另一张纸，说，“你看，这是现在用的项目采购跟踪表，我希望从设备清单、投标询价、投标报价、成交价格，直到最后采购价格、到货情况、结算情况，一直跟踪下来。”

“嗯，这个跟踪倒不是很难。还有什么要求？”小朱问。

刘经理皱着眉头盯着报表看了一会儿，说：“不只是要跟踪，麻烦的是每个项目涉及的设备和配件大大小小太多了，从几块钱的配件到几万、几十万的大型设备，这一多就容易乱，统计起来很麻烦。这个最费劲！正是因为这个，每个项目的利润难免有出入。”

小朱心中窃喜，说：“这么说，除了统计追踪，还要分析每个项目的利润？”

“对，这是龚总一直强调的，可是这工作太麻烦了！”刘经理也有些无奈。

小朱点点头，说：“刘经理，您看这样，将来使用系统之后，每个项目涉及的设备清单都会进入系统，根据每个设备或配件在询价、报价、采购、到货、结算的全过程中，都会设置一个专门的项目编号。这样不仅能看到每个项目的整个情况，还能看到进展到什么程度了，哪个询价了、哪个报价了、哪个成交了、哪个到货了……各种信息一目了然，相关人员该干什么工作也很明确和聚焦。”

“嗯，对，大家的工作也就有重点了！”刘经理好像发现了什么新亮点。

小朱接着说：“系统会自动按项目编号归集所有的采购、发货、付款、收款情况，这样利润也就出来了。您还可以把多个项目进行对比分析，从而用来分析客户、考核业务员。您想想，当您轻轻松松把这样一个表格交给龚总的时候，龚总会怎么评价商务部的工作呢？龚总看到如此详尽的信息，还能公正地评价业务人员，重点关注为公司利润贡献比较大的客户，龚总是什么感觉？这不需要您多做任何额外的工作，还大大节省了统计做表的时间和精力。怎么样？”

“那当然好了，这就是我们上系统想做到的！”刘经理也被小朱煽乎得有些兴奋，说，“对了，总经理想做利润预测，可以吗？”

小朱一愣，这以前怎么没提过？真的假的？这个话题他没准备啊，怎么办呢？他想了又想，发现没有专业知识就是不行。

“啊？行不行？”就在小朱皱着眉头想的时候，刘经理继续追问。

“这个啊……”小朱想了想，硬着头皮说，“我们可以这样，把一些经常使用的设备和配件建立档案，把最近的成交价格作为分析依据。当想对一个项目进行利润预测时，只要您轻轻一点，系统就会自动把那些设备和配件的最新成本价格取过来，而对于没有档案的配件则可以随时增加并手工设定成本价，结合这个项目的数量给出项目成本，再结合您的报价做出利润预测。这时候，无论这个项目的数量和品种如何配置，您都可以得到准确的成本和利润预测。这时候龚总就能清楚地知道哪个项目有多少利润、多大空间，再去投标报价时就可以做到心中有数，不仅能更好地增加公司利润，还能有效地控制风险。这样可以吗？”

“好！这个办法不错！”刘经理使劲儿点点头，看上去很认同这个方法，接着随口问道，“这些功能实现起来难吗？”

小朱长出了口气，自己没准备的 SPAR 也被刘经理认同了，放心了很多，笑着说：“不难，我们可以把这些功能做成演示数据，给您演示一下！”

“能实现就行了，演示倒没必要。”刘经理满意地笑了笑。

小朱看看刘经理，又看看自己的本子。他心里暗自庆幸自己提前针对刘经理的概念，把那些产品手册和样板客户案例翻来翻去，做了精心的准备，准备的那些说法，果然奏效了，没准备的也按着套路现搞了一个。哈，功夫不负有心人啊！

小朱又看看刘经理，觉得到“冬藏”的时候了，应该顺势推刘经理一把，让他和自己一起上楼了。小朱鼓了鼓勇气，说：“刘经理，您看这几个关键需求，这样解决可以吗？”

“可以，可以！”刘经理痛快地回答了两声。

“还有其他的吗？”小朱确认。

刘经理歪脑袋想了一下，说：“其他的，应该就没什么了。还有些设备分类、编码什么的，估计也不是什么问题。”

“那就好。刘经理，听您说龚总对这项目也挺着急的，您也整天为这些忙得不行。为了早一天解脱，您看下一步……”小朱壮着胆子问。

“下一步啊？”刘经理好像没考虑过这个，他犹豫了一下，说，“下一步，你们还是出个方案吧，也让龚总看看。”

“方案我们一定会出的！出了方案，是不是向您和龚总汇报一次啊？”小朱继续索要行动承诺。

“这个呀，看情况吧！龚总最近确实挺忙的，我也不知道他什么时候在公司。”刘经理开始有些往后缩。

小朱见此情境，急忙说：“龚总不是很着急吗？这事儿应该有时间吧！”

刘经理看了看自己满桌子的文件，又看了看旁边工作的小姑娘，说：“我们年底也是挺忙的，我知道实施这个项目还有很多工作要配合。不行，这个项目过了春节再说吧……”

小朱一听，傻眼了，要真放到春节以后再启动，合同元旦前还能签吗？

那时候不知道还在不在这家公司了！

想到这儿，小朱一咬牙，说：“刘经理，您看您的需求也满足了，您关心的问题也解决了，您不是也想早点儿从繁忙的工作中解脱出来吗？咱们还是早点儿启动吧！再说年底之前签合同，还有优惠呢！”

“哦。”刘经理应了一声，倒没小朱那么着急，说，“按道理，价格方面确实是商务部负责。不过关于这个项目，价格方面估计得先问问龚总。”

“那……”小朱没办法了。

刘经理看了一眼小朱，这小子脸憋得红红的，都快急出汗来了，呵呵一笑，说：“这样吧，我找机会和龚总说一声，就说需求可以满足，听听他的意见再说。怎么样?”

小朱咬了咬嘴唇，不这样也没别的办法，只好说：“那好吧……”

依依不舍地从刘经理办公室出来，小朱就感觉自己像被抽空了一样。他不明白，为什么需求都能满足，说得都挺好，可刘经理怎么就不行动呢？他还能怎么办呢？

正想着，小朱走到了前台。

小悠见小朱垂头丧气地走过来，不禁有些担忧地问：“谈完了?”

“嗯。”小朱有气无力地哼了一声。

小悠见这情形，没再深问，站在那儿看着小朱。

发现小悠在看着他，小朱也觉察到自己此时此刻的表现有损往日的光辉形象，勉强提了提精神，说：“谈得还不错，刘经理的需求都满足了。”

“哦，是吗?”小悠的心也跟着放松了下来。

小朱回头望了眼刘经理的办公室，又溜了眼办公区，扭头低声和小悠说：“下班后请你吃饭吧!”

小悠一愣，本能地往里看了看，说：“今天啊，恐怕……”

“没事，我在外面等你!”小朱见小悠略有犹豫，便快刀斩乱麻。说完勉强和小悠笑了笑，径直走了出去。

已经下午四点半了，天色开始转暗，几股寒风扫在头顶凉凉的，街上的车流也开始显得拥挤。

离小悠下班还有不到半小时，小朱四下望了望，开始向东溜达，他需要在小悠下班之前找到一家距离近、环境好、价格不高的饭店。

他不愿意去星巴克和上岛，进了那种地方不自在，会影响他的发挥。可找来找去，除了几家大些的酒楼，就是一些档次过低的小餐馆，都不太合适。

最后，他发现路北有一家必胜客。虽然他不太喜欢吃西餐，但这里的环境还行，估计小悠应该会喜欢。算了，就这儿吧！

给小悠发完短信，小朱望着窗外拥挤的车流，一种莫名的惆怅涌上心头。毕业半年了，虽说好歹找了个工作，可公司几乎没做什么培训就把他直接扔到水里，完全靠自己一个人挣扎，不知道什么时候就得卷铺盖走人。自己也老大不小了，孤苦伶仃地一个人在外地混，真不知道什么时候能够出人头地！

想着想着，一转头发现小悠裹着长长的围巾，穿着一件浅色的大衣站在门口四下张望。

“这儿呢！”小朱急忙朝她招了招手。

“不是在楼下吗，怎么跑这儿暖和来了？”小悠边摘下围巾边和小朱开玩笑。

小朱一听：“哦，不是怕你来了没地方嘛！看看，来点儿啥？”

“你看着来吧，反正你请！”小悠说。

小朱笑着瞄了小悠一眼，把菜单摆到小悠面前。

菜很快上齐了。

小悠也暖和了过来，身心也慢慢放松。

不自在的倒是小朱。

“最近工作忙吗？”小朱开始跟小悠找话题。

“嗨，就那样呗。你怎么样？”小悠说。

小朱一下子便被问到伤口上，痛不欲生，强忍着说：“我啊，就那样呗。年底是销售最难熬的日子，客户不着急，都想拖到年后，公司反倒逼着我们非得要年内签单。”

“哦，销售是挺可怜的，不过也有风光的时候！我们公司做业务的小谢，老跟我聊你们销售的事儿！”小悠随口说着。

小谢？还老跟小悠聊？小朱的伤口又被捅了一下，感觉自己的心就像被揉成一团的纸，皱皱巴巴的。

见小朱在那儿发呆，小悠也感觉到了什么，闭着嘴巴轻轻一笑，问：“对了，我们公司的项目谈得怎么样了？年内能签吗？”

小朱的伤口彻底被撕开了，他强忍着伤痛，给自己打气，说：“哦，还行吧。也可能年内签，这不还有二十来天嘛！”

“嗯，也够不容易的，那么大压力。”小悠说。

一阵莫名的感动涌上小朱心头，难得有人这么理解他，特别是说这话的是小悠！小朱也开始动了情，说：“你也挺不容易的，一个人混在北京，肯定也吃了不少苦。”

小悠笑笑，低下了头。

就这样边吃边闲聊着。

过了一会儿，小朱鼓起勇气，问：“现在还是一个人吗？”

“我和一个大学同学住在一起。”小悠没有直接回答。

小朱看着小悠，说：“你想过将来吗？”

小悠没有抬头，一边扒拉着盘子里的一块比萨饼，一边轻声说：“将来还能怎么样，平平淡淡就挺好。”

小朱知道，女孩子都是有梦想的，不知道这个平平淡淡的意思是不是温馨呢？

“对了，你父母不在身边吗？”小朱明知故问，这么问，有他的目的。

小悠沉默了一下，说：“嗯，他们挺不容易的，没少吃苦。”

小朱点点头，表情之中透露出些许伤感。提起操劳的父母，再想想自己在外拼搏还食不果腹，让家人整天提心吊胆，什么时候才能够孝敬他们啊！

两人都低头沉默不语。

过了一会儿，小朱突然抬起头说："小悠，你觉得将来要过上平淡的生活，需要找个什么样的男朋友啊？"

小悠被这个问题搞得一愣，然后说："这个嘛，我倒没想过。"

"闲聊呗！"小朱担心小悠转换话题，补充了一句。

"真没想过。问这干吗？"小悠已经有所警觉，想通过明知故问震慑住小朱。

小朱好歹也算销售出身，虽没什么大成果，这点儿小世面还是见过的，说："聊聊呗，我常跟朋友探讨生活的，呵呵……"说完，他就没再说话。

过了好一会儿，小悠淡淡地说："其实要想生活平淡，男的不能太帅，也不能太有钱！"此话一出，小朱心里一惊，难道小悠看破了红尘，还是受过什么伤？怎么能如此理智呢？

"当然，也不能没出息！"小悠接着说，"我妈说，富不过三代，有本事才是长久的。"

"嗯，你的想法和很多女孩儿不一样，很特别！"小朱及时忽悠了一下。

小悠有些不好意思，轻声说："也没什么不一样……"

小朱悻悻地笑了笑，心想哪个女孩儿不希望找个体贴的男朋友呢？见小悠没再说下去，接着问："还有呢？"

小悠摇摇头，说了句："没想那么多，先顾生活吧！"

"看得出来，你是个有梦想、懂生活的女孩儿！"小朱一本正经地说。

这句话说完，小悠看了小朱一眼，或许在她的心里，梦想是太遥远的事情了，她目前最要紧的是过上稳定的生活。

心情暗淡的小朱觉得此时有小悠陪着他，是一种幸福。他想了想，深情地说："自己一个人在外漂泊，真应该有个人相互照料。有时候一个人病了，浑身酸痛地躺在床上，连下床倒杯水的力气都没有，更别说买药了，那种凄苦的感觉一想起来就心酸。那时候如果旁边有个人悉心照顾，做些可口的饭菜端到面前，眼神里透出无尽的关切，比起无人照料的凄凉，那将是一种怎样的温馨和幸福啊！”小朱脑子里一片空白地说着，不知道是说给小悠听的，还是说给他自己听的。

小悠没有说话。

小朱感觉得到，小悠一定经历过那种孤独的日子。

小朱接着说：“其实，不同的家境出身，对生活的态度也不一样。像咱们这种普通家庭长大的，都有一股韧劲儿、一股不服输的劲头。唉，如果两个这样出身的人能在陌生的城市一起奋斗，一起感受生活的艰辛，一起享受生活的快乐，两个人彼此之间相互照顾、相互鼓励，共同缔造属于自己的家。等两个人一起回首携手走过的日子，不更值得回味吗？”

“那倒是。”小悠不由地说。在她看来，这样的日子大家才会更加珍惜。

小朱看了看小悠，他没想表白什么，或许是因为天气的原因，或许是因为飞达项目不顺利，只不过不由自主地有感而发。

“劳累了一天回家推开门，眼前是温馨整洁的家，两个人互相配合，一起做喜欢吃的菜，凑在餐桌旁边吃边聊，还能为彼此工作上的烦心事一起想办法。当两人一起回家看老人时，父母吃着两人买的特产，穿上两人共同为老人挑的衣服，看着两人很和睦，欣慰地笑着，不会再为孩子一个人漂泊而担心。那也算尽了子女的孝心吧！”小朱越说越动情，仿佛自己置身于那种感觉之中。

“是啊，老人应该会放心了。”小悠也跟着说了一句。

小悠的回应让小朱心头一震。其实他不敢直接表白，担心像飞达的项目一样让他受伤。可没想到这些发自内心的话，却让他和小悠有了共鸣，这种共鸣给了他信心。

小朱看着窗外，说："虽然我现在没什么，可我有动力，有努力的方向，付出总有回报，我相信辛苦和汗水可以浇灌出美好的生活。我希望能通过自己的努力，赢得自己的未来，带给心爱的人想要的幸福。"

"你应该没问题!"小悠跟了一句。

小朱转过脸来看着小悠，鼓起勇气说："小悠，你愿意和我一起缔造这种生活吗?"

小悠本来就很安静，这下更沉默了。她脑子一片空白，根本没法儿思考，更没法儿回答小朱的问题。

过了好一会儿，小悠的脑子开始有些发乱，她不知道从何说起，沉默片刻之后，低着头说："这方面我真没考虑过。小朱，我相信你很努力，也很上进，希望你能始终保持这种前进的动力!"

"小悠，做我女朋友吧!"小朱最后摊牌了。

小悠没说话，过了好一会儿，淡淡地说："我真没考虑过，以后再说吧。"

45. 成功的阶梯

小朱为了拜访刘经理，连夜精心做了准备，回答得连他自己都很满意，可刘经理还是退缩。这还不算什么，和小悠吃饭时真情告白，结果小悠连"半推半就"都没有，几次说"没考虑过"，让小朱很没面子。

郁闷的不只是小朱，还有小杨。小杨好不容易找到一线机会，再次拜访了陶部长，也捕捉到了陶部长关心的问题，也做了不错的SPAR，陶部长感觉爽爽的，可就是不做行动承诺。企管部魏部长好像支持对手了，宋主任又不顶事，陶部长再不帮他，可真没机会了!

问题到底出在哪儿了呢?

刚吃过午饭，我正在办公室上网，小朱和小杨一起闯了进来。

“情况就那样……”小朱和小杨说完情况，又让我看了看他们的拜访记录。

小朱不解地说：“刘经理明明认可需求可以满足，这项目对他也很有帮助，可为什么就不帮我啊？”

小杨看了一眼小朱，问：“你确认刘经理没有私心，不会担心上系统会束缚他吗？”

“这没有！我了解过，刘经理和龚总是大学同学，关系不一般，不会有那事。”小朱回答。

“嗯，那就怪了。”小杨低头自言自语，又抬头看了看我，“你说陶部长也是，我猜他和魏部长两人不太对付。魏部长都支持人家了，谁推荐的供应商就是谁的人，这点他肯定清楚，他肯定得支持我。可他怎么就是不帮我呢？”

小朱好像突然想到了什么，问：“是不是行动承诺的设计有问题啊？”

“你觉得有什么问题？”我问。

小朱挠了挠头，说：“什么问题……我就感觉每次想出来的行动承诺挺模糊的，也不知道怎么合适。”

“我也有这种感觉。不会我们的行动承诺真有问题吧？”小杨也问。

我看着他们，问：“你们觉得，是不是每次拜访都要获得一个合理的行动承诺？”

“这肯定是，让客户和我们一起上楼，可……”小朱总想挣扎着前进一步，可就是找不到合适的理由。

小杨也感觉脑子很乱，他轻轻地闭上眼睛，做了两个深呼吸，然后慢慢睁开，跟我说：“应该设定什么样的行动承诺呢？”

我点点头，说：“我明白了，你们不知道应该如何一步一步推进项目，不知道什么时间让客户的每个人和你一起做什么事情，对吗?”

“就是贯穿整个项目销售过程应该做什么，我们应该怎么给客户设计楼梯。”小杨说。

小朱也在旁边点点头，急切地望着我。

我想了想，说：“其实，这就是我们常说的销售漏斗。”

“漏斗？就是公司讲的那个漏斗吗？分成发现商机、确认意向、引导立项、赢得认可、商务谈判、完成销售六个阶段?”小杨问我。

“对，就是我们常说的销售漏斗，它指出了销售在各个阶段要做的事情。可传统的销售漏斗也有问题……”我说。

“有问题？公司一直都这么培训的啊!”小朱不解地问。

我看着小朱，说：“虽然销售知道了各个阶段要做什么事情，但这是面向销售过程的，忽略了客户的采购过程。销售漏斗也没明确应该面对哪个角色，和谁一起完成这个阶段的任务!”

“哦……确实是!”小杨好像有点儿感悟。

“所以，有些公司定义的销售漏斗是欠妥的，甚至给了销售很多误导!”我说。

小朱看看小杨，没有接话。

我接着说：“我们有没有这种情况，拜访了一个科长，他跟我们说有预算要上系统，我们就觉得确认了客户的意向。紧接着，我们可能和他谈方案有多么好，因为各种原因他也没引荐我们去见其他人，而是和我们稀里糊涂地探讨了方案，然后说‘嗯，你们的方案不错’，我们就觉得‘客户认可了方案’。因为我们老缠着他，他就开始给我们布置作业，‘再出个实施计划吧’‘再报个价吧’，等把价格报上去，我们就以为到了商务阶段，回来跟经理说‘这个项目报价了，客户很认可、很支持’，就等着签单了。可客户那边呢？他们真正进行到什么程度了?”

小杨表情越来越严肃，皱着眉头一直没说话。

倒是小朱好像没有太在意，随口说："那是找不到别人！"

"是。这算走完销售漏斗的过程了吗？"我说。

小杨没理小朱的茬儿，直接问我："我们到底应该做些什么呢？"

我笑了笑说："这样吧，咱们一个阶段一个阶段地说，今天就设计一个销售成功的阶梯！"

"好，好！"小朱一听高兴了，赶紧掏出了随身携带的记事本。

"在销售的开始，是定位目标客户阶段，一般由公司的市场部门来做，要源于客户所处环境和竞争形势的变化，考虑客户发展的趋势和目标，结合我们可以提供的产品和方案而定。而销售人员就要去寻找和发现每个销售机会，收集客户的相关信息，通过电话接触和初次拜访，凭借销售人员的专业形象和专业能力赢得客户的好感和信任。因为这时候客户最关注的不是方案，也不是公司，而是出现在他面前做销售的这个人！"我说。

"这时候应该找谁呢？"小朱问。

"不一定，或许是信息主管，或许是业务主管，或许是采购主管，这个人可能层级不会太高。"我说。

"找他们谈什么，需要获得什么行动承诺呢？"小杨问。

我想了一下，说："如果不是老客户，也就是初次拜访中，主要是赢得客户的好感，激发客户和我们讨论一些具体情况的兴趣。这是了解概念的前提和开始。"

"谈业务上的事吗？"小朱问。

"当然可以谈了，为什么不能谈业务上的事呢？如果使用了合理的自我介绍、心灵共振和开场确认，可能就很容易建立好感和信任。再加上合理的提问和倾听，针对客户可能的概念，借助同行业的一些成功故事引起他们的兴趣，让对方感觉到你的专业性和对他们的尊重，对方也会觉得和你的沟通很有帮助。也只有通过谈业务上的事，我们才能了解客户的现状和期望，从而获得对方的概念。"我说。

小朱点点头，说："哦，这和拜访客户一个道理。"

"这本来就是拜访客户，"小杨回了一句，然后问，"这个阶段的拜访，获得什么行动承诺比较合适？"

我看了看小杨，说："第一次拜访并不是一定要获得行动承诺，或许是留下一个好印象，或许是能够激发客户的兴趣，或许是让他下次愿意见你。所以，或许对某个客户的首次拜访是唯一不需要获得具体行动承诺的拜访！"

"嗯，接下来呢？"小杨问。

"对啊，和这人做到什么程度再去找别人啊？"小朱也问。

我看了一眼桌子上的资料，想起了什么，说："一般情况下，如果一个人没有跟我们分享他的现状和目标，没有分享他的概念，在他看来就没理由帮你，也不会帮你。如果这时候想让他把我们介绍给其他人，往往容易'踩空'！"

"你的意思是先把这个人搞定？"小朱问我。

我摇摇头，说："这比较难吧？现在有的观点倡导先找到这样一个人，基于概念和目标沟通到位，双方达成共识之后，这个人看到了对他的价值，会在内部全力推广，就是大家所说的 Champion，或叫内部销售。这么做也有风险，有时候这个人完全基于自己的概念，甚至会去做一些可能不太公正的事，因为别人都不懂嘛！而有的人喜欢同时找好几个人多头并进，以为找了就是找了，其实哪个也不到位。更有甚者直接找老大，以为找了老大下面的人就没意见了……"

小杨有些明白了，说："哦，你是说在发现商机阶段，要和某个切入点上的人沟通他的概念，通过提供差异优势，并让他看到对他的价值，先赢得他的支持？"

"是啊，找到这样一个支点，才可以去撬动整个项目！"我说。销售的成功是内部人的支持，用内部人的支持去消除内部的不支持，固强制弱原则，而不是每个人都要由销售去搞定。

“这个阶段的行动承诺，就定位在这个人认可和支持的具体行动上?”小杨问。

我点了点头，说：“是的，具体行动！之后就可以和他共同制订一个推进的行动计划表，应该找谁谈什么，请他给你提建议、想办法。”

“接下来该找谁，我们都知道!”小杨说。

“是知道，但最好和这个人沟通确认。自己攻下来的阵地一定要守住，不能学狗熊掰棒子!”我说。

小朱一直在记录，他看了看本子，说：“接下来要‘确认客户意向’了?”

我说：“对，这个阶段可能就要面向更多的管理者和使用者，和客户一起认识业务现状和目标，以及实现目标的困难和障碍。这个过程也就探索到了客户的需求。”

“相当于这个项目的‘春播’? 给客户的管理者和使用者，播下概念的种子?”小朱问。

“不只是‘春播’，甚至到了‘夏耕’。一般到这时候，我们就要针对所了解到的信息进行销售机会评估了。”我说。

“评估什么?”小朱问。

我笑了，说：“评估销售机会啊！评估我们能不能满足客户的需求，有什么差距，满足客户需求的成本有多大，这个单子要不要做下去；再评估这个机会胜算有多少，应该采用什么策略，由谁做，怎么做!”

“还要评估成本?”小朱问。

“对啊！别费半天劲儿，单子签下来做不了，或者做完一算是亏的!”我说。

小杨有些不明白：“为什么这时候评估，不是刚开始呢?”

“之前接触的那个人，可能是业务部门的，也可能是信息部门、采购部门的，毕竟只是一个人，他无法了解关键人的真实想法，更不能掌控全局。只有了解项目主要关键人的态度后，才能做出有效评估。”我说。

“有道理!”小杨说，“这时候拜访每个人要取得的行动承诺，是不是让他们提供更多的信息呢?”

我说：“如果要提供一个完整的解决方案，那么，请他配合我们制订方案、提供一些具体的关键信息就算要行动承诺了。除了这些，在双方达成共识之后，请他把我们介绍给更多的人，或者把交流内容推荐给其他人，或者参加我们的交流活动，那就要看具体策略的需要了。”

“哦，我就喜欢让他去老板面前说我们好，或者把我介绍给老板!”小朱说。

我呵呵一笑，说：“那当然是好事。不过别忘了，一定要发掘每个人的概念，和他们共同形成解决方案并制订行动计划，这样他们的推荐才是真实有效的。别又让他搪塞你!”

“对，对，是要注意。”小朱不好意思地说。

“接下来，就是客户‘立项’和‘认可’了。有时候客户认可也就立项了。也有的时候，我们进入项目时客户就已经立项了，不过这是客户自己立的项，跟我们没关系！相对于客户的概念来讲，我们还是零！不要陪太子读书啊!”我说。

小杨点点头，说：“嗯，要和客户一起‘重新立项’，通过一对一或一对多的拜访，了解各个关键人的看法和标准，和他们共同确定方案内容，明确投资回报，确定实施计划和成功标准。”

“对，要根据每个人在决策中发挥的作用，确认他们应该采取的行动。需要的话，也可以请客户帮着组织安排方案讲解、产品演示，或者高层会面、参观公司、参观样板客户，总之是让客户认可我们的方案和综合能力，坚定客户的信心!”我说。

“嗯，这些行动都很有价值!”小杨说。

“这时候的行动承诺可能就要因事而异了，比如希望决策者或高层认同实力、认同价值，点头同意并告诉下面的人加快推进，这就是很有效的行动承诺。”我说。

说到这里，小朱有些兴奋了，说：“项目做到这里，机会就比较大了!”

“是啊，这些都做到位，就可以和客户一起确定投标或商务进程了。控制到这种程度，‘投标’和‘商务谈判’的压力就会小些，毕竟这是双方共同的计划，甚至就剩走个过程了!”我说。

“客户在决策阶段很容易受外力影响和干扰，是因为我前面的工作不扎实吗?”小杨问。

我点点头：“如果客户看不到和你合作的价值，也不会把你的事当成他自己的事，当然很容易受干扰了!”

“哦，原来是这样!”小杨点点头说。

我知道小杨有很多项目丢得不明不白，或者是没有找到支撑点，或者是支持的人关键时刻变节了，或者是自己的人对决策的影响力微不足道。

小朱接着说：“嗯，顺利的话后面就是谈合同、审批合同、签单、发货、收款了!”

“哦!”小朱长出了一口气，这才算走完了一个项目的全程。

以前的很多项目，参与得一知半解，根本没有找到切入点上的人，也没有跟项目关键人一起形成解决方案，光忙着完成客户的作业或跟着竞争对手的节奏瞎跑了。

“再强调一下，随着销售资源或行动承诺的增加，客户的承诺水平也应该随之增加。这应该是同步、等价的，大家同时上一样高的台阶!”我说。

“如果客户看到自己的概念，推着我们走，那多好!”小朱有些得意了。

我笑了笑，说："你们现在知道在不同阶段针对什么人设定什么样的行动承诺了吗？"

"嗯，好像有点儿明白了。"小朱看了看本子说。

小杨也满脸轻松："这么来看，以前只顾着埋头做完该做的动作，几乎……不，可以说根本没去关注在什么阶段找什么人，获得什么样的行动承诺！"

"是啊，销售漏斗只是让我知道了应该干什么，只顾楼上楼下地跑，也没说让那些客户干什么！"小朱做的项目虽然不多，也很有感触。

小杨点点头说："这才是以客户为中心销售，基于客户采购流程的销售！"

说到这里，小朱和小杨感觉找到了通往成功的路线图，心情也轻松起来。

小杨突然又问："对了，知道了怎么设定行动承诺，客户的概念也满足了，可他们为什么就不愿意行动呢？"

"就是，每次拜访结束后，怎么和客户要行动承诺啊？"小朱也跟着问。

46. 获得行动承诺

"怎么要行动承诺，你觉得呢？"我反问小朱。

小朱不好意思地呵呵一笑，说："嘿嘿，估计得提问……"

"肯定是问客户的态度！"小杨说。

我笑了，点头说："是啊，行动不行动肯定客户说了算。所以，我们要针对期望获得的行动承诺准备'承诺类问题'。这正是此次拜访过程的画龙点睛之笔！"

“承诺类问题?”小朱没想到这么直接。

“对啊，成交是由客户的多个行动承诺构成的，客户连续上几个台阶，我们的销售才能成功!”我说。

“怎么问?”小朱随口问道。

“小杨，你觉得应该怎么问‘承诺类问题’?”我没有直接回答，而是把问题抛给了小杨。

小杨想了一下，说：“行动承诺有几个条件，是客户的具体动作、现实合理、权限范围之内、能力所及的，是这个销售阶段和流程范围内的，满足客户概念和个人利益的。‘承诺类问题’也要满足这些条件吧!”

小朱扭头问小杨：“你怎么知道这个行动承诺是不是他权限范围之内、能力所及的啊?”

小杨挠了挠头：“对啊，他有没有权限?他能不能做到?这也不能问啊!”

他转念一想，不对，这些只是行动承诺的标准，不是具体的行动承诺。行动承诺是具体的动作，什么时间、什么地点、谁、干什么、达到什么目的和效果。这些具体动作是要在“承诺类问题”中体现出来的。

想到这里，小杨说：“我觉得，是不是明确地问客户什么时间做什么事情就行了?比如‘陶部长，您下周一可以把这个方案汇报给总经理吗’，行不?”

小杨想到这种程度已经很难得了，我轻轻点了点头说：“一般这么说就可以了!”

“那二般呢?”小杨开玩笑。

我想了一下，说：“如果我们冷不丁抛出‘承诺类问题’，客户的第一反应是什么?”

“难道又是抗拒?”小朱听到说“第一反应”，本能地想到了“抗拒”这两个字，都成条件反射了。

小杨也不禁一怔，对啊，如果过于关注自己的行动承诺，而不是源于客户的概念，逼着客户做行动承诺，那不成了“承诺胁迫症”？

我看穿了小杨的心思，笑了：“客户思考过的事情才不会拒绝。我们有没有让客户思考呢？”

小朱摇摇头：“我和客户聊到行动承诺的很少。即使做了准备，客户也还没进入即将行动的状态……”

“怎么让客户思考？”小杨反问我。

我说：“其实不难，这里紧扣上一环，我们和客户一起走过‘春夏秋冬’、做完‘SPAR’，客户正有动力的时候，用一个探索式问句‘您看下一步怎么安排合适’，激发客户站在自己的角度提出行动建议。这比我们自己憋出来的更有效。怎么样？”

“先探索一下客户的想法，看他有什么建议，而不是先抛出我们的想法！”小杨说。

小朱接着说：“对，如果客户有想法，我们觉得也合适，那岂不两全其美？如果客户没有想法，我们再用‘如果……做的话，你觉得怎么样’，用我们的行动承诺征求客户的态度！”

我点了点头，说：“嗯，客户自己想到当然最好。如果没有，我们就要站在对方角度表达行动承诺，让客户觉得是为了实现他的目的，是在为他着想！”

“站在对方的角度，怎么问呢？”小朱问。

我说：“还记得 PPP 吗？”

“当然记得，目标、过程、收益，这是有效约见理由和开场确认使用的句式。”小杨说。

“你觉得 PPP 能不能用在‘承诺类问题’上呢？”我问。

小杨和小朱听后又陷入了沉思，好像确实有异曲同工之妙啊，莫非“承诺类问题”也可以使用PPP的方式？如果那样的话，又怎么表达呢？

小朱这时候说：“如果把‘承诺类问题’套用PPP的方式来说，可能会是‘刘经理，为了……你看接下来是不是可以……这样的话，你既可以……我们也可以……您觉得呢？’嗯，好像也行！”

“不过……”这时候小杨说话了，“行动承诺不是一个动作，而是目标明确、动作明确、有时间限制的，是不是可以一句话说清楚呢？”

“你觉得呢？”我问小杨。

小杨想了想，说：“我觉得，虽然一句话说完看上去比较完整，但不知道客户能不能全部接收和理解！”

“怎么避免这种情况？”我又问。

小杨试探着说：“要不就分步抛，一个关键点一个关键点地确认？”

我思考了几秒钟，然后说：“我看行。”

“我也觉得，行动承诺影响到整个项目的行动，一招不慎，满盘皆输，还是要确认清楚比较好！”小杨也坚定了自己的看法。

小朱连忙点头说：“对，我遇事有时候想不全，下次就把行动承诺的几个关键点都写到本子上，一条一条地和客户确认！”

小杨听到小朱如此说，担心小朱理解有误，提醒他说：“小朱，你要写的不是行动承诺的那些必要条件，而是行动承诺的关键点，时间、地点、人物、方式、目标等，这才是行动的具体内容！”

“哦，”小朱好像想到了什么，迟疑了一下，慢慢说出来，“那我们什么时候问‘承诺类问题’呢？”

小杨想也没想，立即说道：“拜访结束的时候吧？”

我没说话，又看了看小杨。

听完问题间隔不到两秒就直接回答，给人感觉就是没有经过思考的，甚至让人怀疑你没有听明白问题。小杨也感觉到自己的话跟得太快了，又装作思考状，停顿了一下，说："应该是客户的思维经历了'春夏秋冬'，我们为客户做过了'SPAR'，客户感觉到他的概念被满足之后吧！"

小朱看了我一眼，说："也对。客户不经过思考，没有认识到自己的概念已经被满足了，想让他行动也难！"

"那一定是拜访结束的时候吗？"用封闭式的确认问题，能把问题明确化。

"不一定！"小朱想也没想。一碰到"一定吗"，本能反应就是"不一定"。

> 使用承诺类问题的目的是获得客户的行动承诺，确定销售过程所处的阶段，推动销售圆满成功。一般在每次销售拜访结束时使用，可以先征询客户的建议。

我紧跟着问："那是什么时候？"

这一问，小朱和小杨又不说话了。

小杨想了一会儿，说："既然概念可以一个一个地谈，针对每个概念都有'春夏秋冬'，针对每个概念做'SPAR'，之后再去探索新的概念，那行动承诺是不是也可以在'SPAR'之后一项一项地做呢？"

小朱点点头，觉得有道理。

我也这样想，小杨和我想到一起了。我说："我觉得行！以概念为中心一个闭环一个闭环地进行，拜访结束时再总体回顾、总结、确认，进行收结。所以，拜访客户可能是一次面向一个概念，也可能是一次面向多个概念；可能一次获得一个行动承诺，也可能一次获得多个行动承诺。"

小朱一边听一边又写又画，盯着笔记本说："那不成了大环套小环了？"

"不可以吗？大无其外，可以大到整个项目、每次拜访；小无其内，可以小到每个概念、每句话。这就是'五环'啊！"我笑着说。

“是这么回事！”小朱不好意思地笑了笑。片刻之后，他突然想起了什么，问了个让人扫兴的问题，“不过，如果客户自己没有行动承诺，我们提出建议他也不会答应，就像飞达的刘经理。那怎么办？”

小杨那根弦也被勾了起来，皱着眉说：“是啊，陶部长也不愿意给承诺，怎么回事呢？”

我无奈地笑了笑，就知道，早晚会说到这些事情的。

47. 顾虑的由来

能做的都做了，自己感觉也挺好，按理说客户应该没什么担心的了，可客户就是不给行动承诺，什么原因呢？小朱和小杨的问题，我曾经想了很久。

“小杨，你觉得五环怎么样？”我突然问。

“什么怎么样？”小杨一愣。

“对你拜访客户有帮助吗？”我问。

“当然有了！”小杨说。

“你愿意在以后的拜访中多实践吗？”我问。

“那是，我知道五环的好处，当然会用了。”小杨说。

我笑了笑说：“那就好。我有个想法，你看能不能把五环的方法详细地告诉你们经理，请经理把五环作为整个部门的方法要求大家用，怎么样？”

“这……”小杨迟疑了一下，说，“这恐怕难吧！”

小朱在旁边问：“怎么了？”

“虽然我觉得好用，那是亲自和老寒聊，一点点儿体会的！想要让他们用，谁教他们啊？再说他们都有自己的方法，谁会信这个？”小杨不无担忧地说。

我低下头，没说话。

他们见我没什么动静，莫名其妙地相互看了看，以为我伤心了，也都没说话。

过了足有十几秒，我抬起头来，说："小杨，既然你觉得五环这么好，让你推荐给经理和同事，你怎么就不愿意呢?"

小杨想着什么，过了几秒钟，默默地点点头说："嗯，我有些明白了。"

"你明白什么了?"小朱问小杨。

小杨说："我觉得很有价值的事情，我可以去做，但要让我影响他人就得考虑考虑，涉及的因素太多了!"

小朱还是不明白，愣愣地看着小杨。

我点点头，望着窗外说："没错，人不是温水里的青蛙。"

"什么意思?"小朱问。

小杨看了看小朱，说："老寒的意思是说，客户采取行动也好，做出承诺也好，都是对现状的一种改变，或者要改变想法。是吧，老寒?"

"嗯，当人采取行动改变现状时，对未来总有一种未知的恐惧。这种恐惧让他们前思后想，瞻前顾后。特别是在人和人聚集而成的组织里，要涉及很多的冲突和博弈。所以，他们不愿意行动很正常。"我边想边说。

小朱有些开窍，歪着脑袋想了想说："哦，原来是说这个啊……"

小杨问："对了，老寒，客户不承诺是担心呢? 还是根本就不想呢?"

"你觉得呢?"我习惯性地反问对方的看法。

小杨想了想，说："可能是担心，也可能觉得这事就不应该做，也可能想要什么条件吧……对了，也可能他根本不支持我!"

小朱问："老寒，你做销售的时候和客户要承诺，客户爽快地答应吗?"

“有的是，不过那得把前面的工作做充分、做到位，比较难！”我看了看小朱说，“更多的人知道应该做，但真让他行动吧，他又这个那个的，事儿就多了。”

“他是不是后悔了？”小朱问。

“在和你要条件？”小杨跟着问。

“想证明他是甲方，他说了算？”小朱说。

我摇摇头。

在我做甲方的日子里，说实话，对自己要做的事情，我比那些销售还着急。可是销售的那些表现根本没法儿让我放心地往前走，不是方案说不清，就是急着签合同，无视客户真正关心的东西。看着销售轻松得意地把单子拿走，我反倒觉得自己是个白痴。所以，我只有通过反复折磨他们找回一点点平衡和安全感。

想到这里，我说：“我发现几乎所有的客户，只要让他们签单或采取行动，他们或多或少总有些异议，总有什么不放心似的。”

“对什么不放心？方案还是实施？”小朱问。

我说：“可能都不是。反正总有一种不安的感觉，担心一旦行动，后面就不可控了。那一丝不安的感觉源于内心深处，我自己也说不清。”

“哦……”小杨轻轻点点头，努力回忆以前的购买经历，说，“好像是那么回事。想想以前买手机，虽然决定之前已经看了很多遍了，但真到掏钱的时候还是要翻来覆去多看几眼，省得买了后悔……”

小朱说：“不过，我听说很多客户都是在最后关头故意放慢速度，然后提出些异议挑我们的毛病，以此来砍价或是要什么条件……”

我笑了，说：“不排除这种可能，但也不能把人想得那么坏！”

小杨又问：“那到底不放心什么呢？是我们的方案，还是他们公司内部？”

“都有可能，可能是方案，也可能是行动之后带来的未知。”我说。

小朱纳闷了："那可就麻烦了，我怎么知道他不放心什么呢？"

我笑了，说："我们可以把客户对方案、产品及实施等方面的质疑暂且称作'反对'，而把对他个人的影响的担心称作'顾虑'。这样就好区分了。"

"反对和顾虑有什么具体分别？"小杨问我。

"反对是客户对产品、方案和服务的担心，能具体指出来哪里不行、怎么不行，能说清楚！"我说。

小朱问："客户为什么反对？"

"反对的原因很多，可能是我们的产品确实满足不了他的关注点，或者在他头脑里留下了不好的印象，或者他就不想支持你，专门挑这些方面的毛病来反对你！"我想了想说。

"就怕这个！"小朱愁眉苦脸地挠了挠头。

小杨问："顾虑又是怎么回事？"

> 反对是关于产品或服务的、具体的、有形的。而顾虑是针对性的、无形的、个人化的。

"有时候，客户因为某种担心不敢或者不愿意做什么事，这就是有顾虑了。顾虑的重点在于不敢和不愿意，不像反对那样基于客观现实的具体情况。顾虑是客户内心深处的、源于态度和看法的，是一种无形的、个人的感觉。"我说。

"好像顾虑也会衍生反对吧？"小朱不太明白。

"小朱，假如你看见个女孩儿，第一眼感觉她很漂亮。这时候问你觉得她哪儿漂亮，你能答上来吗？"我说。

"能啊，我会去发现美！"小朱说。

"扯吧，你看一眼感觉不赖，能马上说出怎么不赖？肯定得再好好观察观察，认真想想！"小杨跟小朱说。

我笑了，说："再有，假如你又看到了一个女孩儿，第一眼感觉不舒服也不怎么漂亮。这时候问你她怎么不漂亮了，你能回答上来吗？"

“这得想一下。”小朱说。

“回想的过程是不是就是在寻找你认为‘不舒服’的证据，想用具体事实来证明啊？”我问。

“对！”小朱没有犹豫。

“所以，让你追那个看上去‘不舒服’的女孩儿做女朋友，你会有‘顾虑’，对吗？”我说。

“嗯。”小朱应了一声。

“如果我问你为什么不愿意找她做女朋友，你就会找出几点证据来证明，对吧？”我问。

小朱点点头，没说话。

> 人们根据自己的意念和认知按“自以为知道”的逻辑思考，以“应该这样”来做出评判和决定。当某个意念在心底最深处萌生，就会联想到很多有关的要素，越聚集越多，甚至脱离了问题本身和真相。聚集过程中缺少沟通和分享是分歧的根源。

我说：“顾虑是感性的，只是担心，还没到反对的程度。反对是针对具体的事实，是理性思考以后的。反对意见一旦形成就很难被说服。所以顾虑是阴，反对是阳。”

小杨问：“它们有什么联系吗？”

“有，顾虑形成之后如果再受到外界压力，就会源于顾虑进行发展性思考，找出一些具体的证据证明自己的观点，就形成了反对意见。”我一边琢磨一边说。

小朱瞪着眼睛说：“你是说反对意见源于顾虑？”

“可以理解成因有顾虑才会形成反对意见！”我说。

小杨说：“客户只要改变，或多或少都会担心变化带来的未知，很可能有顾虑。如果无视客户的顾虑而再强行向前推，他就会找出些反对意见反对我？”

小杨的话让我想起了个有趣的现象：如果我们想让一个人进屋，没告诉他为什么要进去，他自己也不明白，我们连哄带骗把他带到门口。这时如果推他，他一定向后缩，我们推得越用力，他向后缩的劲儿就越大，眼神中还充满了恐惧。

“那就是说客户反对我，是我推出来的?”小朱愁眉苦脸，好像所有的责任都在销售身上。

小杨说：“那也不一定，还有一上来就反对的!”

“可能在他的概念里，源于一些信息对你已经形成了某种印象，在他看来选择你的话未知更多。其实很多客户并不是一上来就反对谁，而是销售带给他们太多的未知。”我说。

“有可能!”小杨说。

“你想想，很多客户本来没什么，是因为我们曾经得罪或忽略过他们，让他们感觉到不舒服，最后他们才反对我们的!”我脑海里浮现出了很多场景。

小朱叹了口气说：“唉，客户本来就应该有顾虑，有了顾虑我们处理不好，就成了反对意见！销售真不是人干的!”

小杨心头掠过一丝忧虑，问：“怎么处理客户的顾虑和反对意见啊?”

我看着小杨，无奈地摇了摇头，这是大家都很关心的问题。

我想了想，问：“小杨啊，遇到客户有顾虑或反对的时候，你一般会怎么处理呢?”

小杨皱着眉头琢磨了一会儿，说：“我也没什么主意，有时候慌了手脚就觉得必须得说服他，强力地说服他。大家都说要排除客户的顾虑!”

“你排除得了吗?”我问。

小杨摇摇头，说：“很难……”

“那怎么办?”小朱在旁边问了一句。我们看了看小朱，没说话。小朱接着说：“如果不排除客户的顾虑，客户就不会做出行动承诺，更有可能衍生出反对意见，那就越来越麻烦了。”

我说："顾虑是客户内心的感觉，有时候连他自己都说不清楚。那是一种不安、不舒服的感觉，我们说服得了吗？"

小朱看看小杨，小杨低着头，两人都没说话。

就这样，沉默了将近一分钟。

这时候，小杨说话了："我有个想法，不知道对不对？"

"什么想法？"我问。

小杨迟疑了一下，说："我觉得这个顾虑跟概念有些像，也是个人的、源于内心的，是对现状和变化的看法和态度。那是不是我们也要暂时放下自己的想法，真正站在客户的角度，把自己置身于客户的处境，用客户的思维去了解他为什么会有顾虑呢？"

"目的是什么？"小朱问。

小杨说："如果想改变对方，就必须先改变自己。如果要想让对方理解和认同，就必须先理解对方。这在讲同理心时说过了。"

我点点头，小杨说得没错，不仅概念是这样，顾虑也是这样。我越发觉得概念和顾虑是一对孪生兄弟，概念是想要做什么，顾虑是相对应的担心，想做什么的时候必然意识到风险。

"老寒，你说客户的顾虑从哪儿来的呢？"小杨问到了我正在思考的问题。

"我觉得，顾虑就是客户对方案和行动可能带来的改变的担心。要说从哪儿来的嘛……"我想了想，接着说，"是从内心深处来的，源于个人的消极态度和感觉！"

"消极态度？"小朱不太明白。

"对！如果说概念是积极的态度，想要采取行动做出改变的话，那么顾虑就是消极的态度，意识到做这件事会有什么阻力或负面影响。概念是阳，顾虑是阴，相生相长。"我说。

小杨说："顾虑源于满足概念过程中可能出现的风险和不确定性，是吗？"

“做事总有风险，风险与收益并存，要得到价值就要承担风险。这个风险对客户来讲就是顾虑。”我说。

小朱抬头问：“哪些原因会引起客户的顾虑呢？”

“比如说，客户看见你小朱就感觉不踏实，或许是因为你给客户的感觉不稳当、太浮躁，或许是因为你做事不够细致，甚至客户感觉和你气场不对、属相不应、八字不合，他心里就不愿意跟你打交道！”我举例子说。

“呵呵，不至于吧！”小朱憨憨一笑。

小杨反驳说：“怎么不至于！我们公司有个销售去见了几次客户，后来客户给我们经理打电话说‘咱们的合作可以接着谈，不过你必须换个人来’。客户就不认这个人，你说怪不怪！”

“这人让客户有顾虑？”小朱问。

小杨说：“反正客户跟他交流心里很没底，感觉很不好。”

我笑了，说：“呵呵，客户的顾虑可能有一部分来自于销售这个人。在销售的三个阶段，第一阶段客户关注的是人，第二阶段客户关注的是方案，第三阶段客户关注的是公司。”

小朱点了点头，又想了想，说：“好像客户在采购的不同阶段，对需求、方案、成本、风险的关注程度也不一样。那么，顾虑除了来源于个人，还会来源于什么呢？”

“还有方案。客户对方案肯定有顾虑，经常担心我们的方案到底能不能满足他们的需求，实施以后能不能达到预期的效果……”小杨说。

“因为方案本身就要‘带来改变’，客户对方案有顾虑也很正常，”我点点头说，“还有就是公司。客户会担心我们公司的实力究竟怎么样、能不能重视这个项目、怎么保障！”

“那需求、成本、风险会不会让客户有顾虑呢？”小朱问。

我反问他：“你觉得呢？”

“我觉得是，”小朱基本上没有思考，直接回答，“因为这些都会改变现状、影响期望实现，所以肯定会担心！”

客户获取信息，源于个人动机，根据自己的逻辑进行思考，做出自己的判断，形成自己的态度和决定。在这一过程中，积极的部分成了认可，消极的部分成了顾虑。

我点点头，小杨和小朱说得没错：人、方案、公司、需求、成本、风险等往往会引起客户的顾虑。除了这些，客户甚至还会担心改变对他的内部组织以及人与人之间的关系即将产生的微妙影响。

想到这里，我说：“这些是引起顾虑的原因，不是顾虑本身！”

“哦？那顾虑本身是什么呢？”小朱问。

“在我看来，客户顾虑的是或许会失去的东西，比如权力、控制、被认同、领导的信任、被赞赏、被尊重、安全感，甚至包括自由支配时间、休闲时间的减少等，都是源于个人的。”我说。

“哦，原来是这些啊！”小朱恍然大悟。

“还有一种内心的感觉。”小杨跟着说。

“理解了顾虑是客户正常思维的结果，就没什么可怕的了。有些销售不理解，觉得客户‘怎么能这么想呢’‘这么简单的道理还不明白’‘这点小事儿还有什么可担心的’，更有甚者说‘这么想可不对’，对客户的顾虑妄加评判对与错。在这种情况下，客户会是什么感觉？”我问。

“感觉是不好。”小杨说。他觉得虽然以前没这么说过，但经常这么想，甚至有时候觉得客户真“笨”，现在看来，真错了！

小朱也觉得，一个人正常的想法被人这么说，一定非常郁闷！

“不只是不好，‘感觉’这东西有对错吗？”我问。

“这是客户的认知，不能说客户的认知不对。唉！”小杨叹了口气。

“在没有确认之前，我们永远不要认为自己知道客户真正的顾虑是什么，不要假设，更不要臆断!”我担心大家又犯了臆断的老毛病。

“怎么确认?”小朱问。

我说：“销售拜访的过程就是和客户一起认知、思考、形成结论的过程。拜访过程中，不仅要随时确认客户积极的结论和想法，还要随时注意客户顾虑的征兆，利用恰当的机会发掘客户可能的顾虑。确认客户积极的态度，同时也是在确认客户是否有顾虑，提醒自己是不是要随时停下来处理顾虑。”

小朱紧接着问：“怎么知道客户有没有顾虑呢?”

小杨跟着问：“是啊，怎么判断客户有没有顾虑，有了顾虑怎么解决?”

48. 太极推手

大家已经知道顾虑是客户很正常的想法，有积极的认同就会有消极的顾虑。如果不能有效地解决顾虑就会影响销售进程。可是，根据什么判断客户有顾虑呢? 又怎么解决呢? 这个问题让我也陷入了沉思。

想了一会儿，我问：“如果客户有顾虑，我们会不会感觉到呢?”

小杨眯起眼睛，回想以前的拜访，慢慢地说：“应该有些感觉吧……”

小朱歪着脑袋想了想，说：“在面对面的交流中，肢体和语音、语调传达了九成多信息，我觉得应该有所感觉!”

没想到小朱会从这个角度思考得出结论，我笑了，说：“不错!客户是不是有顾虑，可以通过观察他的表现判断……”

小杨来了兴趣，上身向前倾了倾，小朱也开始准备记录。

我说：“有些要靠销售的感觉，甚至直觉，需要你留心! 比如说，我们在和客户讨论或确认，或希望客户做出行动承诺时，客户犹豫……”

“犹豫？那怎么办？”小朱问。

“以前怎么办？”我反问。

小杨说：“参加培训时，老师说不要给客户思考的时间，客户一犹豫、一迟疑，不要等他说什么，就要拼命解释或者马上说下一个话题，让他们的思维完全按我们说的走！”

“管用吗？”我问。

“反正以前是这么做的，单子也照样能签……”小杨知道这是在胁迫客户，虽然也会偶尔得手，但失手的比例更高。

“嗯，”我笑了笑，说，“除了犹豫，还有客户提问的态度，主要是语气和用词，比如客户总问‘为什么’，肢体语言也是交叉、环抱、紧锁、防卫的姿态。这种情况下可能是有顾虑。”

小朱说：“是，是，这我经常遇到！有时候客户还死抠着一点不放，反复问同一个问题，甚至是跟我们争论，这些应该也是有顾虑吧？”

小杨笑了，说：“呵呵，何止是有顾虑，都成反对了！”

我点点头：“小杨说得没错。再有，客户不愿意做出承诺，甚至即使口头做出了承诺也不采取行动。”

“呜——”小朱长出了一口气，他遇到的类似情况太多了。不了解客户的概念，强行推销，客户有顾虑；了解了概念，没有呈现优势，客户有顾虑；针对概念，呈现了优势，客户也认同了，当我们提出下一步行动时，客户还会有顾虑。他觉得这日子没头了。

看到小朱一脸无奈，我笑了：“你觉得怎么才能了解到客户的顾虑呢？”

“沉默？”小朱想了一下，又说，“提问？”

我点点头，问他：“咱们谈过几类问题了？”

小朱想了想说："五类，暖场类、确认类、信息类、态度类、承诺类……"

"对啊，莫非第六类就是'顾虑类问题'？"小杨跟着说。

我点点头，说："对，就是'顾虑类问题'！我们用它来发现未找出的问题，探索客户有顾虑的深层原因，到底是什么导致了客户不愿意做出行动承诺。"

小朱问："是不是客户对'承诺类问题'说'不'或出现顾虑迹象时问啊？"

"对，可以用'你有什么考虑吗''你这么想是出于什么原因'这些比较直接的方式，当然也有其他方式。"我说。

小杨突然说："对了，顾虑可以直接问，那么反对意见呢？如果客户已经支持对手了，对我们非常有敌意了，可以这么直接问吗？"

> 顾虑类问题是为了发现未找出的问题，探寻客户有顾虑的深层原因，找出什么是阻滞销售进程的原因。顾虑类问题在客户对承诺类问题说"不"时，客户出现顾虑迹象时使用。

小杨的这个问题，我当年做销售时也困扰了很久，总觉得和那种人"没什么可说的，也不敢说什么"，一说什么他们就反对，后来索性不去见他们，放弃算了！

后来发现，客户对我们充满敌意有很多原因，包括竞争对手下了"药"，也有很多是我们忽略或得罪过对方，甚至让对方铭记终生地恨你。认知一旦形成，就很难改变。

换一个角度想想，客户也是人，虽然性格和价值取向不同，反对我们也是源于他的某种认知、个人动力和价值取向。所以，在他获取信息、形成认知的过程中，一定输入了对我们不利的信息，而我们没有及时补充正确的信息。

"我总觉得客户反对谁的时候，很难改变！"小杨说。

"是。我做销售的时候没少吃这亏。不过我觉得无论他是什么态度，都需要被理解和尊重。反对我们的人，也一样需要我们尽全力去尊重和理解，而不是 PK 到底。”我说。

大家表情严肃，没有说话。

我接着说：“《黄帝内经》里讲，‘阳化气，阴成形’。如果对方没有把顾虑和反对意见表现出来，而是潜伏在他的意识里，那么到决策的时候会更危险；如果表现出来了，我们就有机会去了解、去理解，甚至有机会进行有效的处理。”

“怎么让他表现出来？”小朱问。

“面对敌对的客户，可以针对他的反对意见，问一些清晰、精确、简洁的具体问题，究竟是什么让他们反对，目的就是充分了解。”我说。

“他们愿意说吗？”小杨问。

我想了想，说：“境由心造，相由心生。如果一见他们就充满了仇恨，他肯定不愿意说。相反，如果问到点儿上，加上我们表达了诚意，确实设身处地地为他着想，可能就会不一样。关键是我们没去问，也没去听！”

“嗯。”小杨知道确实没去问也没去听，因为他从心里就怕。

“要让敌对的客户畅所欲言，让他说个够，不要打断，更不要反击。如果我们得罪过对方，当他的不满足和愤怒宣泄出来，心里舒服了，或许我们就有机会了。”我说。

“是啊，我们老大拜访客户，客户在那儿抱怨半天，我们老大总是不急着解释，也不反驳。等客户宣泄完了，基本上问题也就容易解决了。”小朱说。

小杨摇摇头，说：“我感觉还是没好办法……”

我突然想起了什么，笑着问：“你们知道‘太极’吗？”

“知道，‘无极生太极，太极生两仪’……”小朱说。

“听说过太极拳吗？”我又问。

“我听说过‘太极张三丰’!”小朱说。

我笑了，说：“那你知道‘太极推手’吗?”

小杨和小朱摇摇头，不知道我什么意思。

“太极有道家的大哲学，以静制动，一切从客观出发，借力化力，以柔克刚。”我说。

“这和处理顾虑与反对有什么关系?”小朱问。

“处理顾虑，是从我们的角度出发，还是要从对方的认知出发的?”我问。

小朱说：“当然是客户的认知了!”

我说：“‘太极推手’就是讲借力化力的。当对方进攻时，接招的人要考虑如何借对方的力化解和进攻。当客户有顾虑或反对的时候，我们也要考虑如何针对客户的顾虑或反对借力化力!”

“怎么借?”小朱问。

“客户的顾虑和反对源于客户的内心。在质疑或反对我们时，客户头脑里一定有他自己的困惑或者期望的答案。这时候，客户往往不会直接说出自己内心的真实想法，而是抛出一个表面的问题。”我说。

“对啊!”小朱说。

“客户提出质疑，很多销售的第一反应是解释甚至反驳。而解释得越多，客户越觉得我们说得不对，越反感，甚至觉得我们是在狡辩。其实就是在狡辩。在这种情况下，不能直接出手接招，更不能回招，否则双方都会因为剧烈的撞击而受伤，最佳的策略是‘不顶’，不直接回复客户的问题!”我说。

“不回答?”小杨有些纳闷。

“嗯，先不要正面回答。当然，不回答不是回避，也不是岔开话题，否则给客户的感觉就是我们没有诚意、不关注他的想法。最好做到‘不丢’，围绕客户的异议继续探索，而不是绕开!”

小朱磨叨了一句："不回答，还不回避，真是耍太极！"

我笑了，说："所以，很多方法老祖宗都告诉我们了！借对方的力化解对方的力，借助客户的问题，反过来探索客户内心的真实想法，既不要解释反驳，也不要回避，做到'不粘不弃，不顶不丢'。这样既让客户有机会表达自己的异议，又不让他感到我们的抵触。切记，随人则活，由己则滞！"

"哦，不直接回应和反驳，也不回避和弃而不理，这么个'不顶不丢'啊！"小杨有些明白了。他又想了想，如果'顶了'，客户很难认可销售说的，因为在客户脑子里有一套固有的、成熟的想法；如果'丢了'，客户就认为我们默认或漠视了，问题不解决最后还是麻烦。

"具体怎么做?"小朱问。

我说："有个'太极推手'的具体招式，叫'LSC'!"

"LSC?"小杨看我讲完心法，又开始传授手法，来了兴趣。

我看着他们，故意卖关子，问："你们觉得'L'是什么呢?"

小朱想了一下，说："听?"

我点点头，说："没错！'L'就是 Listen，听。专注倾听客户的问题，让客户充分表达他的疑虑。"

"这和前面讲的倾听有什么区别吗?"小朱问。

"没什么区别，除了同理心、合理回应、肢体语言那些，特别要多问'还有呢'，问完之后多沉默，让客户说得越多越好。这是'太极推手'中的第一式，顺着对方的来劲儿接对方的力!"说到这里，我伸出右手掌，手心向前，在前上方像是接住了什么，然后慢慢地向后接过来，"向后，向后，一定要让对方的力量化解在这个缓冲的过程中，直到再没有向前的力。"

小朱和小杨也伸出胳膊，右手好像从前上方接了个什么东西，慢慢地一直接到头顶。

“然后呢?”小朱举着右手问。

“接下来是‘太极推手’中关键的第二式‘S’。‘S’是 Share，理解并分享对方的感受，真诚地表示你可以理解他的感受，比如‘我很理解你的感受’，相当于心灵共振，从手势上来讲，就是‘揉揉’!”说着，我的手掌在原地转动一下，顺势揉了揉，就像在安抚客户的感受。

“最后是‘太极推手’中的第三式‘C’。‘C’是 Clarify，探索并澄清，在分享对方的感受之后，用一个问题把这个力送回去，可以问‘能告诉我是什么原因让你这么想的吗’，继续探索，直到搞清真实原因，然后通过确认和客户达成一致。”我把手掌斜着送了回去。

小朱觉得还不够连贯，重新从远处接过来在额前揉了揉，又原路送回去，还嘟囔着，“接，揉，回”。

小杨琢磨了一会儿，说：“我理解是不是这样，当客户提出异议后，先专注地倾听，不打断，让他尽情地说，并积极鼓励‘还有呢’。客户说完一个观点，我们真诚地说‘我非常理解您的感受’；然后再探索深层次的原因，问客户‘能告诉我是什么原因让你这么想的吗’。接下来继续专注地倾听并重复这个过程。是这样吗?”

我点点头，小杨总结得比较准确。

“用这个方法搞清楚客户的顾虑之后呢?”小朱问。

“你说呢?”我反问。

小朱一时想不出来。

小杨说：“可以针对他的顾虑，结合我们的优势做‘SPAR’!”

我笑着点点头。

小朱突然问：“老寒，第二式‘揉揉’的环节有些单薄?”

“没错，如果只说一句‘我非常理解你的感受’确实不咸不淡、干巴巴的!”我想了想，说：“所以，在这个环节可以引用第三方实例或自己类似的心路历程，和客户找到共通点，引起双方的共鸣！”

“比如说?”小杨问。

“比如，你拜访陶部长，他对流程确定比较担心，你可以说‘陶部长，您说的这一点我们在实施 A 公司时确实遇到过，当时 A 公司的李主任也很担心，所以我现在非常理解你的感受’，然后再把问题抛回去，‘您能告诉我是什么原因让您这么想吗’。你觉得怎么样?”

“嗯，好多了。用具体案例找共同语言，表示别人也会这么做，他的担心是合理的。不错！”小杨说。

小朱问：“老寒，使用这招‘太极推手’有什么要注意的吗?”

我想了想，说：“有！首先不是所有问题都要用‘太极推手’，一定是客户有顾虑或反对的时候。如果客户真心希望得到答案，你还玩儿推手，客户一生气就直接把你‘推走’了！”

“呵呵，那是！”小朱憨憨地笑了笑。

“再有，‘太极推手’特别讲究‘听’，要准确地判断对方的来势，要听明白客户在说什么。”我强调。

“要是对方不说呢?”小朱问。

“还有，‘太极推手’也讲‘引手’，对方未动前自己不要冒进，要先以招法诱使对方出招，试其虚实。所以，一定要准备好问题！”我说，“‘太极推手’是源于对方脑子里困惑，不断地推揉化解，再传递回去，继续让对方思考和澄清，关键是要让客户感觉到‘我很理解你的感受’，说到惺惺相惜、眼泪汪汪最好。客户的顾虑有‘理解’这味良药，也就好解了。”

“好东西，我明天就‘耍太极’去！”小朱说。

我摇摇头，说：“注意啊，‘太极推手’可不是‘耍太极’，而是关注客户有顾虑的原因，借客户的思考化解客户的困惑，可别糟蹋了这博大精深的传统文化！”

“嗯，看来问问题是销售必练之绝招！”小朱感觉颇有收获。

这时候小杨想起了什么，皱起眉头问："老寒，除了六类问题、'思维助推器'问题、'二踢脚'问题，'SPIN'也是讲提问的，另外我见市面上还有很多讲销售提问的书，你觉得这些提问有什么区别和联系吗？"

49. 招式与套路

以前做销售的时候，该问什么、该说什么都是随性发挥，跟着感觉走。虽然没有系统的方法指导，效果也还行。特别是做过技术、了解产品，又积累了行业知识，融合在一起发挥起来也算自如。

"看了'五环'之后，才知道问问题有多重要！"小朱说。

小杨说："是啊，以前说得多，只关注自己怎么卖得更好，很少从客户角度想他为什么买。问问题让我们更关注客户！"

我点点头，想了一下问："你们觉得什么样的问题是好问题？"

"冲击对方概念的问题！"小朱回答。

"如果不知道对方的概念呢？"我说。

"那就放'二踢脚'！"小朱不服气地说。

我想了想，说："我给大家举个例子吧！几年前我去某个地方支持项目，那里有个售前顾问，调研的时候这么问，'你们存货的计价用什么方法''你们每个月几号出报表''你们都出什么报表''你们下面有多少个核算人员'……拿着一个清单问客户，他逐条提问，客户逐条回答。你们觉得这些问题怎么样？"

"这是信息类问题，问现状的。"小朱说。

小杨摇了摇头，说："我觉得，问的都是客户知道的东西，这么问下去客户会烦，特别是在售前阶段！我觉得这不是好问题！"

"嗯，我也觉得，客户听完就可以马上回答的问题不是好问题。好问题要能够引发客户思考，"我说，"你们觉得问问题最难的是什么？"

“最难的是怎么引发对方思考！”小朱活学活用。

这句话把我逗乐了。“很对！”我笑着说，“其实问问题也要讲究心法和手法，像武术里说的‘外练筋骨皮，内练一口气’，提问也要这样！”

“怎么讲？”小杨问。

我想了一下，说：“中华武术博大精深，其精要在内功，倡导精气神、形神合一，强调内心和意念的修炼，而招式是心神、意念的外在表现，招自意来，势由心生，比如说太极拳、八卦掌、形意拳……”

“相对于那些纯力量和技巧的搏击而言，这正是武术的魅力！”小杨说。

“反过来再看提问，很多提问的方式属于一招一式，是‘筋骨皮’；而提问的出发点和心态是意念，是‘一口气’。提问不是通过招式一定要将对方怎么样，而是要关注对方思维、意识和感受！”我说。

“我发现老寒特别强调客户的感受！”小朱说。

小杨看了眼小朱，说：“因为是客户在采购，做决定的是客户！”

我点点头，说：“没错！理性分析，感性决策，客户既会进行理性的思考，又会依据和我们沟通的感觉、我们给他带来的感觉、他对现状和未来变化的感觉作出决策。”

“销售就是在卖自己，让客户相信自己！”小杨说。

“这是心法吧，再说说手法？”小朱觉得道理要讲，更要来点儿具体的招数。

“你是指哪方面？”我问。

“我觉得五环的六类问题，再加上四类‘思维助推器’回应式问题和‘二踢脚’，只说了怎么用，没说问题之间怎么去关联。不知道怎么组合应用，都是散的，不知道怎么准备问题。问完一个不知道接下来该问什么，脑子经常一片空白。”小朱说。

“你做准备的时候，不是把问题写到本子上了吗？”小杨问。

“有时候写，有时候就打腹稿了，”小朱不好意思地说，“有时候想得好好的，一到客户那里就乱了，特别是客户提一些没准备的问题，我就有点儿手足无措。”

小杨说：“我倒觉得这不是‘问题’本身的问题，而是你的准备不足，还有你没经验。你觉得呢，老寒？”

我默默地点了点头。

小杨看了看小朱，说：“我觉得你作为新人应该先把每一类问题问准确，相当于蹲马步、站桩、出拳这些基本功，然后再练习连贯地组合起来。”

“哦。”小朱弱弱地回应。

小杨转头问我，“老寒，我觉得 SPIN 倒是很有逻辑，你怎么看？”

这个问题我困惑了很久，也思考了很久。我想了想说：“SPIN 是雷克汉姆经过长时间的研究和总结得出来的，是一个非常深入和透彻的理念和方法，二十多年来被很多公司广泛应用，帮助很多公司提升了销售业绩，肯定有它的价值所在。”

现在几乎所有的销售理念都以类似的原理为基础，“通过提问引发客户思考，和客户建立共同的目标，与客户共同形成解决方案”，因为“每个人都关注自己关注的事”“经过自己思考的结论更容易被拥护和执行”。

“能不能问下 SPIN 具体是什么意思？”小朱小声地问。

小杨说：“呵呵，SPIN 是一种挖掘客户潜在需求，从而鼓励客户采取行动的提问方法。S 是 Situation，询问客户现状的问题；P 是 Problem，询问客户困难的问题；I 是 Implication，让客户认识到这个困难会带来什么潜在的影响；N 是 Need-Payoff，是问客户这个问题解决之后会有什么价值的问题。合在一起简称 SPIN。”

“哦，SPIN 是鼓励客户认识现状存在的问题，并充分认识到问题的潜在影响，以及问题解决之后的价值，从而鼓励客户做出决定?”小朱的思路倒是清晰。

“我理解是这样，你觉得呢?”小杨又问我。

“对，SPIN是一套组合拳。”我说。

“你觉得有什么问题吗?”小杨问了一个有挑战性的问题。

我不敢说SPIN有什么问题，这么多年来被这么多人认同和使用，一定威力无比。可我总感觉有一点点忧虑。想到这里，我说：“这样吧，咱们演练一把，大家可以感受一下。”

“好啊!”小朱一听要演练来了劲头。

我琢磨了一下，说：“小朱，假设你是一个个子不高、体重二百斤的人，我问你一些问题。”

“行!”小朱说。

我开始问：“小朱啊，你现在体重怎么样?”

“我体重二百斤。”小朱回答。

“哦，二百斤啊……”我想了想，接着问，“你身高多少?”

“一米七五吧!”小朱说。

“那你对你的体重满意吗?”在他认识现状之后，我希望用这个问题让他认识到存在的困难。其实我很担心，如果小朱说满意，再想让他承认偏胖就比较难了，就要用更多的证据和问题引导他承认。或者，他不认为这是困难的话，或许他根本就不是目标客户，我只有选择放弃。

“嗯，还行吧，是有些胖!”小朱很配合。

“那你觉得生活中有什么不方便吗?”我又问。

“嗯……”小朱抬头想了想，说，“我就觉得有时候出门大家会多看我几眼。”

“其他方面呢?”我问。

“其他方面? 父母担心这样的体重不好找对象。”小朱回答。

“还有呢?”我问。

“还有……”小朱仰面努力思考。

“比如说，买衣服好买吗?”我问。

“这个啊，还真不好买，看中的衣服没码，有时候挺难堪的。”小朱说。

“再比如上楼，有没有觉得吃力呢?”我问。

“有，上楼确实费劲，走路时间长了也挺累的。”小朱回答。

“你试过减轻体重的方法吗?”我问。

小朱想了想说：“我试过，少吃饭，多运动。不行！吃少了饿得难受，运动又太累，还没什么效果。”

我点点头，让他认识到困难之后，可以寻找潜在的影响了，便问：“你觉得二百斤的体重，除了这些问题，还会给你带来其他什么影响吗?”

小朱想了想，说：“可能会引发一些疾病，还有……”

我帮他认识潜在的影响，说：“你知道肥胖的人患三高的比例高出常人多少吗？你知道全世界每天因为肥胖而死亡的人有多少吗?”

小朱像是打了一个寒战，夹着胳膊抖了抖。

我开始引导他认识价值，便说：“如果有一个新办法，既不用节食，也不用大量运动，更不用花大量时间，就能有效地控制你的体重，从而让你随意地购买你想买的衣服，走路也不再那么费劲儿，还可以避免因为肥胖而患上各种病，你感兴趣吗?”

“什么方法?”小朱问。

“比如说，如果有一种锻炼方法，需要你每天花半小时进行适当强度的练习，再给你配置一个合理饮食的建议，你愿意试试吗?”

小朱说：“可以试试吧。”

“嗯。这就是 SPIN 的方法。”我说。

小朱在那儿一下一下地点着头，小杨在旁边皱着眉头，没有说话。

“你们有什么感觉吗？”我问。

小杨问：“小朱，你听完有什么感觉？”

小朱说：“没什么感觉，让我认识到了问题和影响，或许会吸引我试试。”

小杨说：“我怎么觉得有些不舒服呢？”

“怎么不舒服？”小杨的话说到了我的心坎儿上，我征求他的看法。

“总觉得强逼着对方承认痛苦一样，有种‘牛不喝水强摁头’的感觉。”小杨说。

我沉默了一会儿，然后轻轻点点头，说：“嗯，我的感觉和你一样。人内心深处最渴望的是被认可、被尊重，谁也不愿意直面自己的不足或痛苦，更不愿意和陌生人讨论，这是人性决定的。”

“是啊，我也担心给客户的感觉不好。”小杨说。

“你的担心有道理。销售逼着客户承认自己的问题和困难，给客户的感觉是什么？别忘了客户是靠‘感性’做决策的！当然，我们这是针对个人问题进行演练的，在销售中可能更多的是面对客户的业务问题，或许会好一点儿。”我说出了我自己的观点。

小杨点点头，说：“有道理！那你觉得 SPIN 是在引导客户认识业务问题，还是在引导他认识个人的困难？”

“你这个问题非常好，我们有时候混淆了客户的业务问题和个人困难。很多人认为，只要业务有问题客户就应该改变。可实际上，只有业务问题对个人产生了影响，给个人带来了压力或痛苦，或者有更大的利益和价值，客户才会采取行动。那些业务问题在不同人的心里，分量是不一样的，影响大小也不尽相同。”我说。

“SPIN 谈业务问题可以，谈个人概念可能会让人不舒服。”小杨说。

“嗯，同时 SPIN 看似容易，用起来很难。关键是使用 SPIN 的人要具备丰富的业务知识和经验，具备让客户感到‘意外’的能力！否则，年轻的销售在客户面前指出客户的问题，自己底气不足不说，还容易被客户揭穿……”我说。

“没错！如果要想引导客户的思维和探索，确实要自己有料。”小杨说。

“SPIN 在被国人接受的过程中或许被片面理解甚至歪解了，我觉得还有几点需要注意，”我想了想说，“S 应该是什么样的场景呢？是具体场景吗？可以让客户马上反应，并思考到自己关注的事吗？”

“应该是具体场景，是让客户身临其境的好问题！”小杨说。

“嗯。P 一定是‘问题’吗？一定是‘痛’吗？如何界定 P？”我问。

“这……”小杨看了看我，琢磨了一下说，“应该就是概念吧。”

“还有，I 一定是‘更严重的后果、更大的痛苦’吗？一定要发掘客户‘更大的影响、更大的损失’吗？”我又问。

“潜在的影响和痛苦，也可以理解为包括‘潜在的价值、收益、利益’吧？”小杨说。

“N 一定是解决问题后的价值吗？应该是什么样的价值呢？客户能获得什么样的‘回报’呢？”我又问。

小杨挠了挠头，问我：“你觉得呢？”

“我觉得，或许是对价值和利益的确认和共识，包括理性的投资回报，可能也包括个人利益和价值实现之后的感觉，是双方共同认同的理性和感性的价值，左右脑的价值！”我说。

“哦！”小杨说。

其实 SPIN 在引入中国的过程中，可能有些被误解甚至误导，因为很多人把“Problem”理解为“问题”。想到这里，我说：“再说，人人都希望被理解、被尊重，没有人希望被否定，何况是面对自己存在的问题。更多人相对于问题来讲，或许更愿意讨论目标！中国人更喜欢说别人的问题，不喜欢说自己的问题。所以，我有一种或许多余的担心，就是 SPIN 可能会让客户感觉不舒服。”

“这会影响他对我们的感觉，进而影响他的决策?”小朱问。

“对！或许对于刚开始使用 SPIN 的人，就要注意这些。SPIN 这套方法用好了也是威力无穷。从它诞生到现在已经很长时间了，它已经是非常经典的方法了，甚至成了泰斗和权威。”我说。

小杨和小朱都点了点头。他们知道，市场上讲 SPIN 技巧的已经不是雨后春笋了，完全可以用多如牛毛来形容了。

我看了看他们，接着说：“你们知道‘解决方案销售’吗?”

“我们都在销售解决方案!”小朱说。

“不是这个意思。‘解决方案销售’是一套流程和方法，有家叫做 SPI 的公司是‘解决方案销售’的注册权持有者，很厉害!”我说。

“哦?”小杨问我。

我说：“他们有个提问流程叫‘九格愿景构建模型’，从和客户共同认识现状和困难入手，到怎样让客户建立购买愿景从而采取行动，也挺厉害的!”

“哦？说说?”小朱来了兴趣。

“SPI 认为客户的购买是源于客户的‘痛’。和 SPIN 一样，SPI 也认为‘没有痛苦，就没有购买’‘客户不购买，是因为痛苦不够大’，所以要先找到客户的‘痛’，然后经过三个阶段引导客户建立购买愿景并采取行动。”我说。

“哪三个阶段?”小杨问。

“诊断、探究、构建。”我说。

“怎么用呢?”小朱问。

我说：“诊断是这样的，之前先探索和确认客户的痛，如果客户没有销售就提示客户，然后是和客户共同诊断是什么原因导致了这样的‘痛’。这个过程中用到了三类问题：开放式问题、控制式问题、确认式问题。开放式问题是在探索‘是什么原因导致了……’控制式问题问‘是不是因为原因 1……原因 2……原因 3……’最后确认式问题是完成诊断的。”

“哦，那探究呢？”小杨回应了一下。

“探究就是探索这个‘痛’会带来什么影响。SPI 认为，‘痛’在组织中是相互关联的，组织中有个‘痛苦链’。探究的目的就是将这个‘痛’放大到整个组织，让客户意识到更严重的后果。在这个过程中，使用的也是开放式探索、控制式圈定、确认式收结三种提问方式。”

“嗯，有点儿像 SPIN 里的 Implication，潜在影响问题。”小杨说。

“对！接下来，构建就是和客户一起探讨怎么才能解决这些问题，还是用开放式问题探索客户有什么想法，控制式问题引导客户关注哪些事情，确认式问题确认客户的态度。这三个阶段重复使用三类问题，正好就是个横三竖三的方格，分成九块，简称九格。”

小杨想了一会儿，说：“怎么感觉和 SPIN 是一回事呢？SPIN 是现状、困难、牵连、价值，九格多了原因分析的诊断过程，SPIN 的价值问题在这里换成了共同寻找解决方法。”

“对，是更细化了，也结合了客户的采购流程。唯一可惜的是，只面向了业务问题，没有考虑个人的概念和价值。它的前提是认为只要解决了业务问题客户就会购买。”我说。

小杨点点头。

小朱问：“老寒，你觉得九格怎么样？”

“这是一个逻辑很强并且很有效的提问方式，在销售的引导和控制下，能够帮助客户思考，认识到问题的原因和带来的影响，共同探讨怎么解决问题和解决后的价值。SPI 在实践中也是被验证过的，是行之有效的。如果销售能用这种方法与客户交流，效果会出乎想象！”我说。

“真这么好吗?”小杨觉得玄。

小朱也问：“对啊，用起来有什么难度吗?”

“先说难点，九格难就难在三个阶段的‘控制式’问题。因为销售要引导客户认识到这些原因、影响和愿景，这涉及企业的业务背景、组织中的痛苦链、客户的具体场景、产品和方案的应用效果，这是最难问的问题，需要积累和精心设计。九格是一把枪，子弹就是专业知识。”我说。

“哦，九格也是基于专业知识的?”小杨问。

“还有，可能发生这样的情况，我们准备的问题和预设的答案与客户的认知和关注点不一样。如果没有合理的倾听，双方的理解会不会出现断层?”我问。

“不是说‘不要预设答案’吗?”小朱说。

“对，因为预设了答案，把思维和注意力放在自己的答案上，就无法捕捉到对方表达的关键信息和真正含义。所以，SPI 也就是九格，前提是默认大家已经掌握了‘基本销售技巧’!”我说。

“哦，SPIN 是四式，九格是九式，越来越复杂了！看来这种高深功夫初级练习者不适用!”小朱觉得九格确实让他心里没底。

小杨笑了，专业知识正是小朱和他的差距。他轻松地说：“既然九格和 SPIN 是一回事，你对 SPIN 有顾虑和担心，那九格呢?”

“一样。其实早就有一位大师意识到了，据说解决方案销售（Solution Selling）的合作创始人 Michael T. Bosworth 就担心会有强迫客户直面问题的感觉。他离开 SPI 之后，于 2002 年创建了 CustomerCentricSelling，也就是‘客户为中心的销售’，那家公司就是 CCS!”我说。

“他们怎么处理?”小朱问。

“CCS 提倡关注客户的目标而非痛苦，把 SPI 的‘痛’（Pain）转化为‘目标’（Goal），也分为三个阶段，探索、诊断、确认。”我说。

“也是三个阶段?”小朱问。

“对，不过应用不同。CCS 的构建是和客户就目标达成共识，然后诊断，重点在于收集客户的现状和期望，接着再对目标和期望进行确认。这是第一个闭环，是面向客户的现状和目标的。”我说。

“接下来呢?”小朱问。

“第二个闭环还是探索、诊断、确认，不过是面向客户的解决方法和理想应用场景的。这个闭环先探索客户认为有哪些可行的方案，然后再诊断客户的做法会有什么效果和价值，是用具体的应用场景来做的，是利用理性的数据和推理建立一个理想的感性应用场景，最后是确认。”我说。

“没了?”小朱问。

“没了，就六步。构建目标，诊断现状和目标的差距，确认差距，构建客户可能的做法，诊断理想应用场景和价值，确认价值。”我说。

“哦，SPIN 是四式，九格是九式，CCS 又成了六式。看来基本功练好了，可以任意组合啊!”小朱感叹。

小杨没理小朱，边想边说：“CCS 是简化了 SPI 的潜在影响那个环节啊!”

“对，可以这么理解。”我说。

“没有了问题所带来的影响，那会不会让客户觉得价值不大?”小朱问。

我摇了摇头，说：“我觉得现在的客户越来越成熟、越来越专业了，谁哪儿痛谁自己知道，我们没必要再往人家痛处捅、再往人家伤口上撒盐。关于价值，CCS 后面也有些量化价值的内容。”

“哦。”小朱长出了口气，他觉得这真是一门大学问。

小杨这时候又问我：“老寒，除了这三个提问的组合，你还知道别的吗?”

我想了一下，销售方面所知道的，也就这么多了。我突然想起了一个关于领导力方面的沟通模型，也是提问，我曾做过对比和匹配，发现用在销售上或许更有效果。我说：“还知道一个。”

“什么?”小朱问。

“那个模型叫‘GROW 模型’。”我说。

“GROW 是什么，成长?”小杨问。

我笑了笑，说：“在领导力上还就是成长的意思，帮助员工成长。用在销售上，可以理解为与客户共同成长。

“G 是 Goal，了解客户的目标是什么，也可以理解为客户要实现什么经营目标、管理目标，包括个人的期望。

“R 是 Reality，了解现状怎么样，搞清楚目前的现状和客观事实是什么，现状和目标有什么差距。

“O 是 Options，询问对方对差距的看法，相当于探索和诊断，通过提问，鼓励创造性思考，探索有哪些可能的解决方案。

“W 是 Will，接下来将采取什么行动，也可以说是‘5W’，即谁、什么时间、什么地点、做什么、有什么效果，包括行动和行动所带来的影响。”

小朱说：“我怎么觉得跟前面的都差不多啊?”

“前几个都是从现状到问题或目标，GROW 是倒推法，‘应该什么样’‘现在什么样’，然后根据这两者的差距寻找解决方案，确定行动的计划。其他的都一样，和 CCS 有些像。”我说。

“是，比 SPIN 和九格好点儿，不会有那种直面痛苦的感觉!”小杨点点头。

我听到后，反而摇了摇头，没说话。

“你在想什么?”小杨问我。

我看了看小杨，说：“小杨，我觉得提问模型没有好坏优劣之分，用什么模型不重要，重要的是我们根据什么情况怎么用!”

“对，对，还要看客户，看场景……”小杨认同地点了点头。

“我都有些晕了。”小朱在那儿拍着脑袋。

小杨一直在努力思考，他第一次通过这种方式了解了目前国际上最先进的方案销售的提问方法，很有收获。接下来，轮到他自己结合自己的特点找到适合的方法，把这些技巧应用到具体的客户和场景中去了。他很明白“知行合一”“知易行难”的道理。

窗外慢慢暗了下来，我们三个几乎聊了整整一个下午。

“到现在为止，信任五环的第四环可以画上一个句号了!”我说。

“第四环!”小朱舒展着胳膊，拉伸自己的筋骨。

小杨的身心也放松了下来，说：“第四环讲了行动承诺的问题，从成功的阶梯、如何设计行动承诺，到承诺类问题，再到客户的顾虑和反对的处理方法。”

“对，太极推手!”小朱说。

“第四环的重点是获得客户的承诺，就叫‘获得承诺’吧!”我看了看他们说，“你们有没有发现，客户的顾虑可能会改变已有概念。因为有顾虑，原来认为重要的事情又觉得不重要了，反倒原来觉得不重要的事情又特别关注了?”

“是，客户的概念老变!”小朱说。

“所以，顾虑和概念有直接的关系！顾虑让我们重新关注概念，又开始了一个新的循环!”我说。

小朱摇了摇头，叹了口气说：“唉，没有尽头了!”

第 8 章

回首往事

50. 年终冲刺

凛冽的寒风吹在脸上，像刀割一样。

小杨从经理的办公室出来，被冰凉的空气包围着，突然一股凉风钻进脖子，不由地打了个寒战，心里紧接着泛起了阵阵酸凉。

离年底就还剩一周多了，虽然业绩也还交代得过去，可为了冲刺，经理逼着他一定要把蓝科签下来，还说“苍蝇也是肉”！在你的眼里是肉，在 XYZ 眼里就不是肉吗？小杨心里狠狠地骂了一句。

回头想想，蓝科这样的局面可怎么办呢？宋主任、陶部长，还有魏部长，态度都基本明确了。局面上并没什么明显的劣势，至少宋主任也还搭理他，经营部与企管部很难说会是一条船上的。魏部长安排 XYZ 见了总经理，也不知道是福是祸。或许客户还在方案论证阶段，非要一周之内签单回款，可能吗？

或许，直接去见蓝科总经理是他唯一的选择了。

走着走着，小杨停了下来。

虽然也可以准备个约见理由，宋主任和陶部长或许也能帮忙约一下，可总经理会见他一个小销售吗？就算用足拜访技巧和总经理去交流，就能签下单子吗？经理又会怎么说他呢？

考虑再三，小杨觉得应该拉着经理去见蓝科总经理。玩成了，是我工作做得扎实。玩不成，别说我小杨没能力，你出面都玩不成，还有什么可说的！

想到这里，小杨毅然转身直奔经理的办公室……

宋主任很快回了话，总经理这几天正好在，可以见见！

第二天上午，小杨坐着经理的车直奔蓝科。

“王经理，宋主任和陶部长跟我讲，沈总经理是个豪爽人啊！”小杨坐在副驾上，心里盘算了半天，开始给老大上眼药。

王经理开着车，一脸的严肃。一到年底，大家的脸色都比平时少了些活跃。小杨也知道公司年底要对业务和组织进行调整，王经理肯定为这个事儿犯愁，拼命催业绩或许跟这也有关系。

“这项目预算到底多少？”王经理沉默了一会儿问。

小杨咬了咬嘴唇，说：“客户说过要花一百万元左右，包括设备。软件部分应该能到五十万元吧……”他心里也没底，“蓝科不缺钱！”

“嗯！你说那个陶部长支持我们，是吗？”王经理问。

“他对我们的方案很认可。”小杨瞥了一眼王经理，小声地说。

王经理皱着眉头想了想，说：“这个项目最大的风险是什么？”

“最大的风险，就是没有接触过沈总……”小杨说。

王经理默默地点了点头，没再说什么。

小杨本来想跟王经理再说些什么，但琢磨了琢磨，没再说话。

沈总的办公室在三层，魏部长办公室在再往里面那一间。宋主任带着他们走进沈总办公室的时候，看上去五十来岁的沈总正坐着和对面一个人说着什么。宋主任轻声地叫了声“沈总”之后，转头示意王经理和小杨先在沙发上坐下。

坐了十来分钟，那人说完毕恭毕敬地转身出去了，沈总才扭头看了看他们仨。

“沈总，这是 ABC 公司的王经理、杨经理，他们是参与一卡通项目的公司。”宋主任先站起身说。

沈总站起身，说：“哦，王经理，你好！”

王经理掏出名片走过去，说："沈总，您好，久闻大名，早就该来拜访您！"

"呵呵！"沈总爽朗地一笑，接过名片扫了两眼。

小杨也跟着递上名片说："沈总，您好！"

沈总从桌子上拿过两张名片，分别递给王经理和小杨，说："坐，坐！"

宋主任先说话了，"沈总，是这样，公司决定做一卡通项目之后，魏部长安排我们和几家公司进行了接触。ABC 公司在这个领域做得不错，前期配合也很积极，他们和陶部长、魏部长都沟通过……"宋主任边说边瞄了眼王经理和小杨。

王经理挺了挺上身，说："是的，沈总，我们这次来就是希望把前期的工作向沈总做个汇报，看看沈总有什么指示！"小杨看了看王经理，欲言又止。

沈总听完往后一靠，仰坐在大黑皮椅上，说："现在的形势不是很好，特别是外贸型的电子行业。不过，危机，危机，危中有机啊！抓住机会对蓝科很关键，这个项目很重要！"

"对！沈总的战略眼光确实让我们钦佩！通过一卡通项目提升企业管理水平、服务好供应商和客户确实很重要！我们服务过不少家同行业客户，也积累了丰富的经验。如果有机会合作，我们将协调最优质的资源全力配合蓝科，争取把蓝科打造成一卡通应用的全国样板！"王经理说。

沈总听完微笑着点点头，没有接话。

小杨本来想看王经理一个人表演，原准备自己一言不发。但他见此情形有些着急，又不甘心，看了眼宋主任，又看了眼王经理，犹豫再三，说："沈总，是这样的。前段时间我们配合宋主任、陶部长和魏部长，一起就蓝科一卡通的需求和实施方案进行了交流，探讨了管理流程如何优化、如何与现在的流程融合对接，以及采购和财务的接口问题，这些在方案里都考虑了。今天跟您汇报，主要是想看看您对这个项目有什么指示和要求……”

“对，方案工作我们下了很大工夫！看沈总有什么指示？”王经理接过话。

沈总闭着嘴想了一下，慢悠悠地说：“这个项目，关键是要稳定、流畅、高效、安全！流程上有什么不合适的，可以优化，也可以调整……”

“好，没问题，一定满足您的要求！”王经理理直气壮地说。

“嗯，那就好。”沈总淡淡地说。

小杨看了眼王经理，满肚子的话往外涌，全被他咬在后牙根。

“沈总，关于这个项目的实施计划，您有什么考虑？”王经理问。

沈总瞬间皱了下眉，马上又恢复原状，说：“这个项目公司很重视，已经确定要做了，具体由陶部长、宋主任他们把关，现在技术都成熟了，问题应该不大……”

“沈总对这个行业很了解啊！”王经理及时地忽悠了一句，接着说，“那这个项目准备什么时候启动啊？”

沈总看了王经理几眼，问：“技术越来越成熟，价格应该越来越低吧？”

“呵呵！”王经理没想到，堂堂的总经理居然当面问到了价格的问题，他觉得这个沈总并不像小杨说的那样爽朗，张嘴便说，“沈总，价格不是成交的障碍，我们绝对不会因为价格原因丢单！蓝科在行业内很有影响力，为了打造全国样板项目，价格方面我们会给蓝科争取最大的优惠！”

“呵呵，这也是一个因素。”沈总笑着说。

王经理看沈总表情有些松快，也没明白沈总说的“这也是一个因素”是什么意思。还有什么因素？想了一下，说：“沈总，对这样的项目而言，供应商之间没有什么可比性，各家的公司实力、人员数量、销售收入都不一样，产品开发的成本有高有低，设备的品牌也不一样。如果单纯比价格，很容易忽略产品的质量和实施的效果……”

宋主任看了看沈总，眼睛低下来左右一晃，突然抬头接过话说：“是啊，王经理，你说得很有道理。关于价格方面我们会综合考虑，我们一定把工作做全面、做到位，做到公平、公正！”

王经理看了眼宋主任，喉结上下一动，接着说：“在我们做的类似项目里，大家制订好方案和实施计划之后很少走招标的，因为一走招标，各家的做法五花八门，什么招数都使出来了！做项目其实就是在选伙伴，就像两个人结婚，得找个能长期过日子的，不是说谁个子高就嫁给谁、谁有钱就嫁给谁，要看是否能满足关键需求，还要看大家以前接触的情况怎么样、彼此的感觉怎么样。ABC 和蓝科进行了多轮深入的交流和调研，针对性地为蓝科设计了方案和实施计划，彼此是最为了解的。而且我们公司发展了这么多年，是国内最大的专业化公司。这是我们长期合作的基础！”

沈总仍然微笑着点了点头，顺便看了眼小杨，又看着王经理说：“嗯，王经理，你说得都很对，我们会认真考虑。”

小杨用余光扫了眼宋主任。

宋主任阴着脸没说话。

“沈总，我们公司每年都会有很多行业会议，参加的都是各大企业的董事长、总经理。如果蓝科做成了样板，希望到时候能请您为大家介绍经验啊！另外，我们还和信息化五百强、优秀企业家这些机构有合作，到时候我们可以帮咱们蓝科争取！”王经理说。

“哈哈，那倒没必要……”沈总笑出声来，摆了摆手。

大家也都跟着讪讪地笑了笑。

笑了两声之后，大家陷入了沉默，有三四秒钟。

王经理又咧嘴笑了笑，说：“沈总，不瞒您说，情况是这样，马上年底了，公司在年底会出一些优惠政策，特别是像蓝科这种重点项目，能拿到平时特批都拿不到的价格，并且可以优先预订明年的优秀实施顾问。我觉得这个机会非常难得，您看……”

“嗯……”沈总轻轻地点了点头，像在想什么。

这时候，王经理从包里掏出个透明的塑料夹，夹着几页纸，两只手捏住夹子的两边，并没递给沈总的意思，嘴上却说：“沈总，来之前，我让小杨在原来的产品清单和实施计划标准报价的基础上，做了一个价格优惠的审批报告。如果您觉得合适，我立即回公司找总裁特批!”王经理说完，把夹子递了上去。

宋主任瞪大了眼睛，看了看同样瞪大眼睛的小杨。

小杨的心吊了起来。

沈总一只手接过，翻开一页，皱着眉头从上到下快速溜过，又翻过一页，眼睛定格在纸的中间，闭着嘴，鼻子里“哼哼”了两声。

王经理没说话，像在等沈总表态。

沈总看了几眼，说：“好，这资料先放这儿吧，回头让宋主任他们再讨论一下。”

“沈总，这个价格的有效期是12月30日……”王经理补充说。

“好!”沈总爽朗地应了一声，然后看着王经理。

王经理看看沈总，又扭头看了看宋主任和小杨，从鼻子里长出了口气，对沈总说：“那好，沈总，我等您消息!”

王经理与沈总握手告别，小杨也依依不舍地出了沈总的办公室。

走廊里，王经理快走了两步，把小杨甩在后面，过去扶着宋主任的肩膀，说：“宋主任，这项目您可多费心了啊!”说着顺势回头瞥了一眼小杨。

小杨从王经理的眼里明白了些什么，故意放慢了脚步。

王经理继续伏在宋主任耳边说着什么，声音越来越低……

在小杨的视线里，两个人的身影越来越模糊。

“小杨，后面的事情就交给你了，回头尽快跟沈总联系，等他的回话吧!”刚一上车，王经理拧动了车钥匙，一身轻松地说。

小杨莫名其妙地看着他，犹豫地问:“王经理，您给沈总的报价……”

“你就等沈总回话吧，以后你就知道了!”王经理说。

小杨心里更没底了，想起这个自己用心血浇灌出来的项目，咬了咬牙，问:“王经理，您觉得沈总对咱们感觉怎么样?”

“还行，作为总经理，他关心的无非就是项目的成功，这方面我都已经跟他沟通好了!”王经理扭动方向盘，车子动了起来，“后面只要你盯紧喽，就没问题了!”

“那你和宋主任怎么说的?”小杨的心里更没底了。

“哦，宋主任应该也没问题，具体我来处理吧。你盯紧沈总就行了，争取这几天把合同签了!”王经理望着前方，没再多说话。

小杨心里直打鼓，也没敢再多问什么。这个王经理，又把皮球踢到了自己脚下。

51. 雏鹰下断崖

年底这些天，是大家心里最焦躁，也最疲惫的日子。

销售们就像 1 000 米长跑到了 950 米，想铆足劲儿向前冲，可脚底下就是不管用，两条腿机械地交叉着。那些没有业绩的销售就像蹦极，不仅手里什么也抓不住，心里也没着没落儿，只能听从命运的安排。他们不知道什么时候公司一调整，自己的位置就突然没了，要不就突然换个自己不熟的领导，从头再来。

那天下午，我正在办公室捧着书本，昏昏欲睡。

“老寒!”小朱推门进来了。

“哦，小朱啊!”我吓了一跳。

小朱走过来坐在我对面，说:“唉，小杨的事你听说了吗?”

“小杨怎么了?”我只知道小杨和王经理去了蓝科的事。

“嗨，他郁闷了!”小朱一扭脑袋，同情地说，“他们部门被公司撤了!”

“撤了?”虽然听过这风声，但我还是有些惊讶。

“是啊，跟另一个部门合并了!”小朱说。

我默默地看着窗外，说:“哦，也正常。我只知道他前两天跟王经理去了蓝科。对了，蓝科后来有消息吗?”

“还蓝科呢，小杨的工作都没了，正上上下下找位置呢！他们王经理跳槽了!”小朱说。

“跳槽了？跳哪儿去了?”我问。

“听说是个外企。”小朱说。

我点点头，呵呵，还没到元旦就沉不住气了。

想起小杨，就不禁想到了蓝科。真不知道这几天蓝科怎么样了，沈总回信儿了吗？单子签了吗？王经理究竟怎么给沈总报的价呢？他又和宋主任说了些什么？

当然，对小杨来说现在最重要的已经不是蓝科了。

“你怎么样?”我看了看小朱，随口问。

“什么怎么样?”小朱反问我，学了五环之后多了这个毛病。

我想了想，笑着说:“还有什么，小悠呗!”

小朱憨憨一笑，说:“就那样呗!”

“你小子不跟我说实话!”我觉察到小朱的笑有些异样。

“嗨，就那样，昨晚一起去看了电影……”小朱说。

“行啊你!”我这次是真惊讶了。

小朱有些不好意思，说:“你看，跟你说实话，你就来这个！其实手段、技巧是一方面，关键俩人得来电，窗户纸一捅就破!”

我晕！没想到小朱会说出这样的话，我居然被他“蒙蔽”了这么长时间!

想到这儿，我又问："飞达怎么样了？"

"找你就为这个，真是一波三折，又出岔子了！"小朱说。

"怎么了？"我没想到飞达这么小的单子，居然搞复杂了。

小朱无奈地说："本来和刘经理谈得挺好，就等着和龚总谈价格了，没想到又来了个搞信息的，听说以前在一家商贸公司做信息化，是龚总挖来的！"

"哦？"

"关键是他之前还用过竞争对手的产品！"小朱无奈地摇了摇头。

我沉默着没说话。

"不过还好，算是个新人，没什么背景。"一定是小悠告诉他的。

"那也不能轻视。"我提醒小朱。

"是啊，这不来和你商量嘛！"小朱说。

我笑了。

"我有些想法，想让你看看行不行。"小朱说。

我摇摇头，说："五环讲得差不多了，你自己准备吧！"我直接拒绝了小朱。他现在就是个雏鹰，必须一把推下山崖！

"哦！"小朱摸了摸后脑勺，不情愿地应了一声。

还是北三环。大街上没什么人，只有汽车在寒风里钻来钻去。

小朱进了旋转门，把脑袋从衣服里钻出来四下转转活动了一下，顿时感觉轻松了点儿。他看看四周，这里已经很熟悉了，甚至产生了感情。

一想起新冒出来的信息主管，小朱又轻松不起来了。第一次陌生拜访不说，他以前用过对手的产品，会不会把对手带进来呢？

前台还是小悠，两人相视一笑。

小朱跟着小悠走向办公区，远远看见有个穿黑皮夹克的年轻人，背对外面、头冲里，正鼓捣着自己的笔记本电脑。这个人从背影看上去瘦瘦的，打了绺的头发上冒着油，亮乎乎的。

小悠冲着黑皮夹克说："贾工，DEF公司的小朱找你！"

"哦，好！"黑皮夹克应声转过头来。小朱发现，他脸上最显眼的就是那个鼻子，又细又长，棱角分明，上面还顶着个大黑框眼镜。

小朱走上前，伸出手说："贾经理吧，您好，我是DEF的小朱，咱们电话联系过！"

"呵呵，我不是经理，叫贾工吧。"黑皮夹克伸出手和小朱握了一下，很快又缩了回去，四下看了看。

小悠看了看他们，说："要不你们到会议室谈吧！"

"行，到会议室吧！"贾工顺手从桌子上拿了个本，转身朝会议室走去。

小悠给小朱和贾工倒好两杯水，轻轻退出去，顺手关上了门。

给贾工递完名片，小朱笑了笑，刚想说话，贾工捏着小朱的名片先开口了，"和我们公司接触时间不短了？"

"嗯！"小朱下意识地回应后，突然感觉有些不妥，贾工这话什么意思？是下马威？他心里顿时敲起了鼓。小朱看着贾工，努力让自己平静下来，笑了笑说："接触时间也不长，还需要继续深入了解。"

贾工没看小朱，好像看到自己的本上有土，用手指快速地朝外拨拉了两下。

小朱说："贾工，听刘经理说您做过同行企业的信息化项目，经验很丰富，今后您一定要多指教啊！"

"客气了，我也没什么经验。谈正事吧！"贾工不动声色。

小朱心里一凉，贾工这人怎么这样，客套一下都这么生硬，莫非暖场用得不好？他飞快想了一下，同时掏出记事本在会议桌上打开，说："贾工，我今天专门来拜访您，主要想把我之前了解的一些情况，特别是和商务部谈到的一些具体需求和您沟通一下，同时了解您对飞达信息化的想法，确定近期的具体工作计划。这样既便于您开展工作，我也能知道该怎么配合。可以吗?”

“可以，没问题!”贾工直接回答。

“是先听听您的想法，还是我先介绍一下我了解的情况?”小朱小心地问。

贾工向上推了推眼镜，顺手捋了下头发，说：“你先说说吧。”

“好，是这样的，我们曾经从龚总那里了解到……”小朱开始照着本子，把来之前总结好的龚总的概念和关注点，商务部刘经理的概念和关键需求，以及龚总和刘经理没有提到的其他类似项目遇到的关键需求一并慢慢地讲了出来。

贾工听了几句，就打开了记事本，时不时在本子上做着记录，后来开始一边记一边慢慢地抿起嘴唇思考。小朱觉得，贾工已经不再像刚才那么冷酷了。

“……这些就是我前期了解的情况，您看我哪里了解得不够准确，哪里还有不足和偏差?”小朱征求贾工的意见。

贾工不动声色地低头看着自己的本子，沉默了一会儿，抬起头说：“我也是刚来，对飞达的情况不是很了解，业务需求方面，刘经理他们认可就行了。对了，说说你们公司的情况吧!”贾工说完，直勾勾地看着小朱。

听到贾工问起自己的公司，小朱嘴角动了动，话都已经出了牙齿，谁让这是他最擅长的领域呢！小朱意识到自己的冲动劲儿，先是紧紧闭住嘴，同时脑子飞速地转了几转，才慢慢地说：“贾工，您希望了解我们公司的哪些情况?”

“比如，你们在同行业的客户，你们的产品适用程度，是怎么实施的……”贾工慢慢地问了几个问题。

小朱一边轻轻地点头，一边在本子上做记录。等贾工说完，小朱盯着本子看了几秒钟，然后抬起头看着贾工说：“我们在同行业也做过一些客户，像业内比较知名的蓝流公司用的就是我们的物流系统。类似的客户全国有几百家，所以在产品和实施方面也积累了一些经验，顾问也比较熟悉。不过具体到飞达的项目，不知道贾工关注哪些？”

贾工几乎没有停顿，直接说：“像你们的产品适用性和二次开发情况、实施组织情况、后续服务保障情况，我们这种小公司，大家都觉得比较简单，这些问题很容易被忽略的……”

小朱等贾工说完，没有直接解释，而是把手放在嘴边，看着贾工默默地点头，一下，两下，三下，四下……

贾工看了看小朱，说：“根据我的经验，虽然产品可以满足现在的需求，但像飞达这样的小公司会有一些比较特殊的需求，业务处理上也需要灵活一些。再说飞达业务很灵活，随着业务的不断发展，系统也要跟着变，所以系统必须简捷易用，还要有一个流程配置和二次开发的平台！”

小朱做着记录，觉得这可能就是贾工的概念，直接呈现吗？小朱又想了想，应该让他的概念进入“夏耕”自己“长草”，于是等了一会儿说：“嗯，那贾工您觉得这样的平台要具备什么功能、符合什么标准呢？”

贾工考虑了一下：“这个啊，比如单据可以自定义，流程可以自定义，可以根据飞达的需要设置各种报表，还有，一些小功能能够自己开发，也能和外部一些其他的系统比如 POS 机什么的做接口……”

小朱边听边记，又问：“您是说要有能够根据需要定制的平台，还要有对外开放的接口平台，是吗？”

“可以吗？”贾工问。

“嗯，有些公司的有经验的项目经理提出过这个需求，在我们产品设计开发中也考虑了。如果在实施过程中遇到一些需要配置的单据或流程，您只要在流程配置平台上任意拉动相关的参数和单据，设计好之间的关联关系，系统就会自动生成一个流程，您还能将流程中的细分权限分配给各个部门和角色。这样一来，就可以轻松配置和定义一些特殊的流程，而不需要再去动产品的代码，更不需要进行大量的二次开发，既能快速上线使用，让系统跟着业务走，还能降低系统实施成本，节省大家的时间和精力。您觉得这样可以满足您的需要吗?”小朱做个了漂亮的 SPAR，这些是他近期根据客户的概念和产品自己整理出来的。

“还行!”贾工点了点头。

小朱想了想，得用证据说话！他顺势从包里掏出一份资料，说：“贾工，这是我们技术平台的相关资料，里面专门有一部分介绍了流程配置平台，还有一些应用案例，供您参考!”

贾工接过资料，随手翻了几页看了看，放在一边。

小朱的感觉好多了，接着问：“刚才您说到了实施，我知道您有类似的实施经验，在您看来飞达实施过程中需要特别注意什么呢?”

贾工伸手挠了挠嘴角，想了一下说：“特别注意的……其实飞达这种规模对你们来说都不算大项目，你们的实施人员都是一个人同时盯几个项目，就是在关键环节指导指导我们，不能参与全程实施。我担心合同签了你们的人就不见了，反而扔给我们一堆事情。”

小朱一听被揭了短儿，本想直接解释辩护，转念一想，那样会让好不容易建立起来的气氛又回到冰点。想了想，不好意思地笑了笑说：“呵呵，贾工，您真了解这个行业!”

“呵呵!”贾工也跟着笑了两声。

小朱脑子里迅速组织了一下语言，说：“我很理解您的想法！确实是这样，实施人员本来就比较紧张，签的项目数量又多，这种情况我在公司里经常遇到，有时候我比客户都着急!”

“飞达项目你们准备怎么办?”贾工严肃地说。

小朱沉默了一下，他真没什么好主意，这不是他能解决的问题。他想了想说：“贾工，我觉得您非常了解情况。您觉得要把飞达项目实施好，需要怎么做?”小朱来了个太极推手。

贾工没想到小朱问他，低头想了一下，说：“实施人员的作用非常关键，不是说把大家培训会用了就完了，还要有比较强的组织协调和项目管理能力，把飞达内部相关人员也协调好。有些活儿可以我们自己组织做，但关键环节必须保证能到场，关键是要制订好项目实施计划。所以，行业熟悉程度、项目计划和控制、资源协调，这是实施经理的关键能力!”

“嗯，您说得很有道理!”小朱点了点头，说，“我这段时间也一直在考虑，怎么才能保证飞达实施的质量和周期，需要什么样的实施力量!”

“哦?”贾工没想到小朱已经在考虑这个事情了。

小朱说：“我们有个实施经理，他以前就在一家电器销售公司工作，后来到我们公司负责流通行业产品的需求设计，对系统提出了很多行业化的要求。现在他又转做了实施经理，行业经验很丰富。公司几个大项目也是他主导控制的，客户很满意。我私下也和他沟通过了飞达的事。如果他能结合飞达的业务范围和人员情况，充分考虑飞达可以参与项目的人员数量和水平，制订一个有效的计划，这个计划既能保证时间进度，又能让飞达相关人员参与进来，而他在计划制订、项目启动、流程确定、系统测试、培训、切换上线等一些关键环节能到现场，同时安排一个助理顾问始终在飞达现场执行落实，那样不仅关键环节能够控制好，又能让大家有效地参与进来，还能保证上线后大家会用、愿意用。要是这么安排，贾工，您觉得怎么样?”

“可以啊，这人真能来吗?”贾工问。

小朱笑了，又从包里掏出一份材料，说：“这是他的个人介绍，里面有他做过的项目情况的介绍，下面还有几篇他发表过的文章，您可以了解一下。我真的希望他能负责飞达的实施，为此我专门和经理说过了。”

贾工接过纸看了看，眼睛慢慢有了些亮光，微微一笑，显得鼻子越发突出。

“这人行吗？”小朱明知故问。

“行！”贾工说，要是他真能来，不仅项目有保障，自己也能学不少东西！

小朱低头看了看本子，问：“贾工，您刚才说业务需求由刘经理认可，需要平台化保障系统灵活性，还有实施项目经理。除了这三条，您觉得还有什么关键问题？”

贾工这才放下那张纸，想了一下，摇摇头说：“我暂时想不到什么了。你觉得还有什么？”

“您提的这几件是最关键的，其他的我觉得都不是什么大问题！”小朱说。

“是啊，如果这些能做好，就已经很不容易了！”贾工说。

“哦！”小朱觉得轻松多了，顺便问了一句，“您有这类企业的甲方实施经验，有什么可以借鉴的吗？”

“经验说不上，还行吧！嗨，就是因为一些小需求把我搞得团团转，关键时候找他们的人，这个让找那个，那个又推那个的，真是……”贾工轻轻摇了摇头，不想再说。

见问到了贾工的痛处，小朱没好意思再提，也跟着笑了笑。稍作沉默，话锋顺势一转：“贾工，您对项目启动时间有什么想法？”

“尽快！龚总想尽快用上，否则我也不会年前就过来！”贾工说。

“您看下一步怎么安排？”小朱问。

贾工犹豫了一下，说：“安排啊……这样吧，你再把以前的方案加上今天谈的这些内容，重新整理一个方案和实施计划，包括报价，一起尽快给我。我再熟悉熟悉，尽快报给龚总，看他的意见吧！”

“好，我尽快准备！”小朱痛快地答应了，接着眼睛轻轻一转，说，“您看在我的项目计划里，启动时间定在什么时候?”

“……”贾工想了想，说，“二月底吧，春节回来以后!”

小朱心里一惊，春节回来以后？元旦前签不了，那不要我的命吗？想到这里，小朱恨不得站起来，把自己的本子摔到贾工面前。自己强忍半天把姿态放得这么低，屈从你、满足你，完了你给我来个二月底!

小朱咬了咬牙，不得已强压怒火，看着自己的本子力争让自己平静下来。

稍稍平静之后，他想起一招儿，不由得长出了口气，说：“哦?春节以后？也好，大家可以开始全身心投入项目了！这主意不错，也是为飞达和项目考虑，我很理解！除了过年，还有其他原因吗?”

贾工挠了挠脖子，说：“其他原因，呵，我主要考虑一月份时间太紧，业务上正是最忙的时候。再说了，我也还要再熟悉熟悉飞达的情况。”

“哦，理解!”小朱一边回应着一边想着怎么接招，“其实我觉得龚总请您来，一定寄予了厚望！您也说龚总希望尽快上线，我觉得如果借助各部门的业务调研，或许您也可以更快、更好地熟悉飞达的业务。另外，不瞒您说，主要是那个项目经理，我是想如果元旦后启动能占住他，我担心时间长了他又不一定接哪个项目了!”

“这样啊?”贾工想了想，下意识地扭头望了望窗外，说，“那……那元旦后启动?”

小朱看着贾工，强忍着没表态。他多想像鸡啄米似地点点头啊!

“那就先按元旦后启动做个计划吧，我征求一下龚总的意见。”贾工说。

“好！到时候您也和龚总表达一下这个意思!”小朱得了便宜又卖了下乖。

贾工笑笑，说：“行!”

小朱看看表，时间差不多了，问："您看还有别的什么事情吗？"

贾工皱着眉想了一会儿，说："别的也没什么了，有情况再说！"

"好！"小朱看了看本上的记录，说，"贾工，您看花了您这么长时间，刚才沟通了之前我了解的情况，又谈到了您对项目的几点要求，特别是系统灵活性和项目经理人选。接下来我会尽快准备方案，今晚连夜和那项目经理沟通一下，把实施计划调整好，争取明天给您发过来，也希望您明天看完能向龚总汇报，争取元旦前定合同，元旦后实施。您看怎么样？"

"行，你先准备吧！估计价格方面还要和刘经理他们谈一下。"贾工说。

"好，那就多麻烦您了！"小朱说。

"麻烦什么，你做好了，我也高兴啊！"贾工站起身来，收拾桌子上的资料。

小朱也跟着站起来，边收拾本子和包，边说："我们一定尽力帮您把事情做漂亮！XYZ 是知名公司，您经验本来就很丰富了，再掌握了 XYZ 的产品和实施方法，将来可就是业内的专家啦！"说完，小朱向贾工伸出手。

"呵呵，多学习，多学习！"贾工笑了两声，与小朱一起向外走去。

52. 效果怎么样

元旦前最后一周。

该签的单也签了，该收的款也收了。虽然自己想跑，客户却已经心不在焉。兄弟们除了催催那几笔悬而未决的应收款，就是写写年终总结，做做明年的计划。

零下十几度的温度，寒风越发刺骨了。

走进茶馆包间的时候，小朱和小杨正闲聊着，小朱在说，小杨在听。

小朱脸上红扑扑地泛着红光，虽然努力抑制，但那股兴奋劲儿总往外钻，藏也藏不住。而小杨头发杂乱，脸上灰蒙蒙的，胡乱裹着一件外套，虽然努力保持以往的阳光，却总感觉有些阳刚不足。

“早来啦！”我打着招呼。

“哦，老寒，冷吧？”小朱说。

“嗯。”我笑了笑坐下来，看看小杨，说，“兄弟，看你裹得挺暖和啊！”

小杨笑了：“嗯，这几天有点儿感冒，拼命喝水呢！”

“怎么样了？”小杨也知道我在问他工作的事，早晚要聊的。

小杨叹了口气，随口来了句脏话：“TMD，老子辛辛苦苦跑了一年，给公司拿回那么多钱，业绩也还行，到头来岗位没了！”

“祸兮，福兮！”我随口说，“找好地儿了吗？”

小杨摇摇头：“老总让我并到另一个部门去，说过去就是主力。可那个部门经理和王经理是死对头，给王经理卖了一年命，去了有好果子吃吗？”

这种情况到处都是，公司经常逼着员工“站队”。因为只有不断变化，才能避免某些势力强大得无法控制，也才能吐故纳新，让员工在熔炉中不断成长。

“那你准备怎么办？”小朱问。

“没想好，实在不行就辞职，换个公司！”小杨回答。

小朱看了眼小杨，没再说话。他知道换个新公司，要想融进去、站住脚，再想出点儿成绩，哪儿那么容易？很多人还没等融入进去就死翘翘了！

“老寒，你给出出主意！”小杨说。

我想了想，问：“小杨，你想好三年、五年、十年之后，会是什么样吗?”

这一问，还真把小杨问住了。

他摇摇头，说：“还真没想过。”

“应该好好想想……”我轻声地说，之后长出了口气，“去新部门也好，其他公司也好，他们用你的什么价值？你恳求他们剥削你点儿什么?”

“我有激情，能帮他们完成业绩!”小杨说。

“只有你一个人有激情？只有你一个人能帮他们完成业绩?”我略显严肃地问。

“对啊，你的差异优势是什么?”小朱借机补充了一句。

小杨舔了舔嘴唇，轻轻长出了口气。

“不患无位，患所以立！不要考虑能得到什么位置，想想凭什么能得到那个位置。”我说。

“哦。”小杨应声，缓缓点了点头。

我说：“舍得，舍得，有舍就会有得，世间万事万物都是平衡的！失去的同时，也一定得到了什么，只不过自己没发现而已。”

“是，就像丢个单子，得到的是失败的教训！失败比成功更值得总结和反思!”小朱有感而发，不由地随口说道。说完之后，小朱瞥了一眼小杨，自己也觉得不妥，又看看我，缩了下脑袋。

“其实，面对新岗位、新部门，甚至新公司，让领导接受你或给你升职加薪，何尝不是在销售!”我说。

“是!”小杨说。

“对啊，我以前的简历都写自己怎么样、学过什么、参加过什么社团、拿过什么奖励、做过什么项目、签过什么单子。现在要写，我就用五环的方法，从用人单位的岗位需求和概念出发!”小朱说。

“看来五环不仅是说销售，工作和生活中都能用到。对了，我可以用九问分析一下我所处的形势，再用五环的方法准备和领导怎么谈!”小杨说。

“对，肯定有用!”小朱说。

“什么有用啊?”门突然被推开了，小牛和小马闯了进来。

“来啦!”我打着招呼。

“来啦!”小牛甩掉身上的大衣，看得出来他状态不错。

“没什么变化吧?”这句话成了年底公司流行的问候语。

“没有，明年接着干！可能再给我加几个人!”小牛说。

“小马，你呢?”我暖和过来，也跟着顺手脱掉大衣。

小马笑了笑，说：“还行，差不多。”勤奋的结果，业绩好像总差不多。

“不错啊!”小朱说。

“不错什么啊，明年业绩增长30%，怎么活啊!”小马感叹。

大家正闲聊着，小熊用屁股顶开门，转身用脚把门从后面踢上，哈着热气搓手取暖。

“怎么才来啊?”小朱问。

“唉，别提了，领导找我谈话!”小熊说。

“好事啊!”小牛说。

“好什么啊，明天还得去追笔回款，要不就歇菜了!”小熊说。

大家彼此看了看，笑了。

“年底凑一起不容易，大家好好聊聊!”小朱张罗着。

小熊好奇地伸了伸脑袋：“聊啥啊?”

“聊五环嘛!”小朱看看我说。

我看了看大家，心中突然涌起一种异样的感觉。虽然只有三个多月，但可以用物是人非来形容。我收回思绪，问：“你们觉得五环怎么样?”

“好东西，让我明白了销售是什么!”小朱说。

小杨强打精神，有气无力地说：“对我改变挺大的，拜访效果好多了！只可惜没让王经理学学！”

我看着小杨，又看看大家，“什么叫好？”

“了解到客户的概念！”小马说。

“签单回款才算好！”小熊说。

小朱想了一下，说：“获得客户的行动承诺！”

“看客户有没有跟我们上楼！”小马说。

“没上楼，也不能说效果就不好吧？”小杨反驳了一句。

“老寒，你说怎么评价拜访效果啊？”小朱问我。

“我觉得要从几方面来看，”我想了想说，“概念是客户行动的原动力，先要问自己，这次拜访了解到客户什么概念，为了更好地了解客户的概念，我们收集了哪些有用的信息。”

大家点点头。

我又说：“还有，是不是找到了客户采取行动的理由和标准，这次拜访针对概念准备了什么差异优势，哪些是客户认同的！”

“拜访结束前要和客户确认，千万别把自己认为的优势当成差异优势，只有客户认同了才算！”小牛说。

“客户源于概念看到差异优势，就会采取行动，所以要问‘我们获得了客户什么样的行动承诺’。”我说。

“还有呢？”小朱问。

“你记了哪些？”我问。

小朱挺起上身，说：“我们进行销售拜访评估时，要问六个问题。

“（1）我们了解到客户什么概念？

“（2）为了更好地了解客户的概念，我们收集了哪些有用的信息？

“（3）我们了解到或和客户共同制定了哪些标准？

“（4）我们准备了哪些独特的差异优势？

“（5）这些独特的差异优势是否被客户所认同？

“（6）我们获得了客户什么样的行动承诺？

“六个，对吗？”

我点点头，说：“拜访后能回答清楚这些问题，就可以初步评估拜访效果了。”

“就不是仅凭感觉了！”小牛说。

小熊不自在地扭了扭，端起杯喝了口茶，耷拉着胳膊靠在沙发上。

小牛想乐，但忍住了，想了想问：“老寒，怎么评估销售的表现呢？”

“讲了那么多技巧，看用得怎么样呗！”小朱说。

小杨摇摇头：“不是，客户不一样，所处阶段也不一样，技巧的使用肯定也不一样！要根据具体场景决定用什么技巧！”

“小杨说得对，不能单纯从技巧的使用评价表现。”我说。

“那怎么评估？”小朱问。

“有几个问题，销售人员可以问自己，经理也可以用来问销售，”我想了想说，“首先，拜访前我们是否准备了有效的约见理由。”

“你是说PPP？”小杨说。

“嗯，没考虑清楚为什么拜访，客户也就不知道要谈什么。”小朱说。

“有了有效的约见理由，接着是准备了哪些‘好问题’。”我说。

“这太重要了。”小朱感触颇深，现在他都是先想好问题，还要写下来。

“呈现前是否了解了客户的概念，这很关键，销售总自以为了解！”我说。

大家点点头。

“使用‘沉默是金’的有多少，有多成功。”我接着说。

“我们正在沉默！”小朱笑着说，他知道这个技巧的威力相当大！

我笑了笑，说："接下来，是客户给了什么行动承诺，这和期望的最佳行动承诺差多少？"

小牛深有感触地说："是啊，我也要求手下人拜访前明确行动承诺，可他们净胡报，每次回来和去之前想的都不一样，说是客户这原因那原因的……"

"销售制定合理的行动承诺，是他的水平！"小杨说。

"是啊，所以要多问一句，这些行动承诺对推进销售有多大帮助？"我说。

"好问题！"小牛兴奋地说，"这正是我困惑的，他们整天忙着跑客户，真不知道到底干吗去了！以后拜访回来报销费用，必须同时说明获得的行动承诺，对推进销售有多大帮助！"

大家几乎一起看了看小牛，没说话。

小牛又想了想，自言自语："对，把行动承诺的程度跟费用额度相关联，多大行动承诺报多少比例，用这个控制费用！"

小朱觉得小牛的主意是在控制销售，销售的难度更大了，感觉不太好，转而问我："还有呢，老寒？"

"还有，拜访结束后要知道，我们帮助客户解决了哪些顾虑，客户还有什么顾虑。"我说。

"顾虑？我的客户顾虑挺多的，怎么办？"小马整天都在处理客户的顾虑。

小朱笑着说："你整天推销，客户当然有顾虑了！"

小杨回味了一下，问："还有呢？"

"都有哪些了？"我问小朱。

小朱看了看本子，说："如何评估销售拜访的表现，主要有七个问题。

"（1）是否制定了有效的约见理由？

"（2）准备了什么好问题？

“（3）呈现之前是否了解客户的概念？

“（4）在使用‘沉默是金’上有多成功？

“（5）客户给出了哪些行动承诺，与我们的最佳行动承诺相关性有多大？

“（6）这些行动承诺对推进销售有多大帮助？

“（7）我们帮客户解决了哪些顾虑，还有哪些？

“七个，是吗？”

小牛长叹了口气，说：“有了这几个问题，自己就知道拜访准备得怎么样、表现怎么样了，也可以衡量销售拜访的效果了！”

“是啊，加上前面的问题，就能全面评估一次拜访了！”小杨兴奋起来。

“其实并不是每次拜访都要达到最佳效果，毕竟形势变幻莫测。关键是有了这些评估标准，对我们整个项目的形势分析和策略制定会很有帮助！”我说。

“哦，有了这些信息，是不是可以用‘九问’分析了？”小朱说。

“当然！”我笑着说。

小牛听完笑了，要是每个项目都用“九问”进行形势分析和策略制定，再用“五环”去落地执行那些策略和计划，那将是什么效果！

小朱歪着脑袋问：“这就是第五环吗？”

我笑着点了点头，说：“对！‘拜访评估’！”

“每次拜访要都这么干，一天能拜访几个客户啊？”小马有些担心。

“要数量还是要质量，你自己定！”小杨不屑地说。

一直没开口的小熊终于忍不住了，慢悠悠地说：“这样评估起来太麻烦了，哪有那么多精力啊！再说了，客户是给承诺了，结果回头不兑现或者又不承认了，怎么办？我怎么知道他们不是在应付呢？”

小杨白了小熊一眼，他觉得小熊对‘五环’根本不感兴趣，每次都拿着那几个初级问题问来问去，不思考、不学习，满脑子只是找理由，怎么可能解决呢？

想到这里，小杨就没再理小熊，而是转头问我：“老寒，我有个问题一直没搞明白，你看蓝科的宋主任、陶部长、魏部长，还有沈总经理，有的唯唯诺诺，有的铁面无私，有的秉公办事，有的爱抠死理，都不是一路啊！客户五花八门，性格也是千奇百怪，同样的招数能行吗？”

“就是，比如说暖场，有的乐意你和他套近乎，而有的干脆，有事说事，没事走人！”小朱说，“我觉得我总是琢磨不透客户的性格，对拜访效果影响挺大！”

我皱着眉，沉默着。

“怎么应对不同性格的客户啊？”小朱无奈地说。

“对，老寒，说说客户的性格吧！”小牛说。

53. 五行性格

说起性格，这是很多销售都颇为困惑的一个问题。

古人判断一个人性格的方法层出不穷，其中尤以曾国藩的《冰鉴》和刘邵的《人物志》为代表。其中，《冰鉴》通过人的神骨、刚柔、容貌、情态、须眉、声音、气色等，洞察人的内心世界，可以初步判断一个人的性格。

如果我向大家直接抛出答案，很可能不被理解或被挑战，不如一起交流。我问：“你们觉得从哪些方面可以判断一个人的性格呢？”

大家面面相觑。

“性格到底是什么？”小牛抛出的问题让我一愣。

是啊，性格到底是什么呢？

“你的理解是什么?”我问小牛，或许他比较有见地。

小牛轻轻一笑：“我觉得性格或者扩展到人格来说，应该是一个人的行为方式、思维方式和价值取向，是个错综复杂的东西。”

“怎么判断呢?”小朱问。

“方法挺多的，我听说过 PDP、MBTI 什么的……”小杨说。

“PDP 是什么啊?”小朱挠了挠脑袋问。

“PDP（Professional Dynametric Programs）是一帮美国行为学专家在三十多年前开发出来的，它根据人的基本行为和反应等风格特性的不同，分别用了五种动物来代表，就是老虎型、孔雀型、考拉型、猫头鹰型和变色龙型，网上一查就有……”

“又拿动物说事，我最烦这个，总把自己当动物研究。”小熊嘟囔了句。

“MBTI 呢?”小朱没理小熊。

“我参加过这个测试，MBTI（Myers-Briggs Type Indicator）也是一套应用非常广泛的性格评估工具，主要是衡量和描述人们在获取信息、做出决策、对待生活等方面的心理活动规律和性格类型，是以心理学为理论基础研发的。”小牛比较了解。

“怎么分的?”小杨问。

“MBTI 是指分析一个人的性格，从精力来源和支配分析是外向（E）还是内向（I），认识世界获取信息的方式是感觉（S）还是直觉（N），判断事物做出决策的方式是思维（T）还是情感（F），对环境和生活的态度是判断（J）还是感知（P）。它把性格分为十六种类型，四个维度的不同偏好交叉而成……”小牛说。

“有点乱，我听不明白。”小朱忍不住说。

我笑了，说：“没有必要搞得太明白。”

“那你的意思是……”小杨问我。

我想了一下，说：“销售了解自己的性格和风格很重要。我们现在讲的，是如何通过简单的方法判断对方的性格!”

“就是! 那些都是自我的测试，怎么可能给客户做啊!”小朱说。

“所以，还是那个问题，怎么判断客户的性格!”我说。

大家一片沉默。

然后，开始七嘴八舌。

“通过办公室的环境和布局?”

“说话的方式，比如说话的逻辑?”

“对啊，比如口气强硬程度，是命令还是商量?”

“他对你的态度?”

“从肢体语言判断!”

“面部表情?”

…………

我点点头，说:“其实我觉得这些都算! 不过太散了，按不同维度归类或许更清晰一些。”

“什么维度?”小牛问。

“有个词叫‘待人接物’，我觉得这个维度不错，一个‘待人’，一个‘接物’。”我说。

“‘待人’应该就是如何对待人，‘接物’怎么理解呢?”小朱问。

“‘待人’可以理解为‘以自我为中心’、更关注自己的感受，还是‘以他人为中心’、更多地从对方的角度出发考虑，是一阳，一阴。从某种程度上来说，以自我为中心的人表现会强势一些，表达多一些，更愿意发号施令，属阳；相对关注他人感受、多从对方角度考虑的人，表现会阴柔一些，征询多一些，更愿意征求对方的意见，属阴。”我说。

“有道理。那‘接物’呢?”小牛轻轻点头。

“‘接物’是对事的态度，是说在处理事情时，更多是从事情本身出发，还是更关注别人的感受，也就是说，是以‘事’为第一位，还是以‘人’和人际关系为第一位。”我说。

“从‘事’出发？从人际关系出发？”小杨不解地问。

“对，关注事情的人是结果导向，以成败论英雄。关注人的人以和谐为导向，关注对方的感受，以不伤感情为前提，提倡‘和气生财’。”我说。

“哦，阴阳是怎么回事？难道关注事情结果为阳，关注人际关系为阴？”小牛推测着说。

“我也是这么想的！”我说。

“你不是要把‘待人’的一阴一阳和‘接物’的一阴一阳纵横相交吧？”小牛知道“春夏秋冬”四季沟通术的奥妙，就是两条线相交出来的。

“太极生两仪，两仪生四象！咱们先把两仪搞清楚！”我说，“观察客户如何‘待人’，从他说话的语气、音量和速度以及肢体语言等方面，大家觉得阴阳两种人可能会有什么区别？”

小牛先接话了：“如果对方是个关注他人感受的人，说话可能会比较谨慎，提问会多一些，更多用柔和的方式交流，语速可能会比较慢，声音可能偏轻一些，不会打断别人……”

我点点头：“那以自我为中心的人呢？”

小朱记下了大家的话，对着说：“自我为中心的人，经常有自己的主意，说话可能会比较肯定，发号施令多于提问，甚至有些强势，语速可能会比较快，音量比较大，经常会打断对方，是吗？”

“是这意思。”小牛点点头。

“说话时身体前倾还是后仰呢？”我问。

“后仰吧，跟老板一样自以为是地挺着肚子……”小朱说。

小牛摇了摇头，说：“好像不是，以自我为中心的人应该给人压迫感，前倾吧？”

小朱轻轻点了点头，边思考边做笔记。

我接着说："这是'待人'，那'接物'呢？他们关注的重点、手势的多少，以及说话的语气、语调和面部表情方面会是什么样的？"

小牛说："关注他人感受的人，会更多解释自己的意思，肢体语言比较丰富，手势会比较多，语气、语调变化也多，面部表情比较丰富，愿意多说话，乐于表达自己的感受，谈事以人和人的关系为主，事在次要。"

小杨像是想起了谁，紧跟着说："关注事的人就不太一样，他们认为办成事是目的，关注事情结果本身、想事情比较多，肢体语言和手势会较少，语气、语调变化也不大，面部表情也比较严肃，不愿意过多表达感情，交流更多谈事本身。"

"嗯。"我回想自己遇到过的性格鲜明的不同客户，感觉确实是那么回事。

小牛问："是不是可以把'待人'、'接物'两条线互相交叉成四象限了？"

我笑了，说："嗯。'待人'是以自己为中心还是关注对方感受，这是一个渐变的过程，可以看成一条直线，左边是关注他人感受，右边是以自我为中心。'接物'是以事为中心还是以人际关系为中心，也是一条直线，垂直于'待人'的线相交于中间，上面是关注事，下面是关注人。这样就形成了四象限。"

"哦，左右是'待人'，上下是'接物'。"小杨点点头说。

"这四部分有什么说法？"小朱问。

我想了一下，说："竖线把'待人'的横线分成左右两部分，左边是关注他人感受，是阴；右边是以自我为中心，是阳。横线也把'接物'分成上下两部分，上面关注事，是阳；下面关注人，是阴。这么一来，每个区域都会有两个阴阳相叠……"

"我画出来了，"小朱看着本子说，"右上角是阳阳，右下角是阳阴，左上角是阴阳，左下角是阴阴。"

性格决定风格

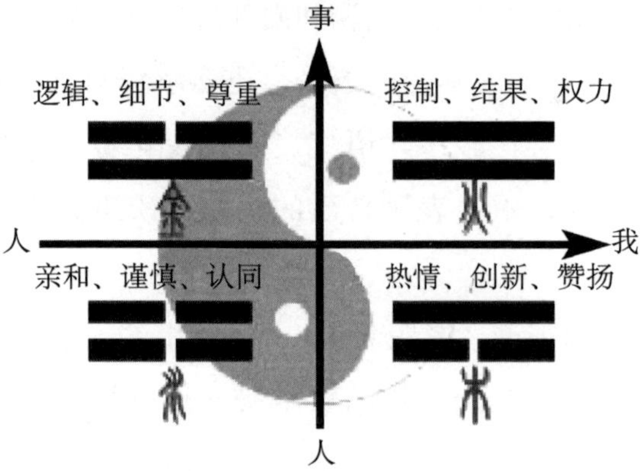

“什么阴阴阳阳，整得这么晕！”小熊在旁边说。

“大道至简，老寒解释一下吧！”小牛说。

我把小朱的本子推到中间，让大家看着，说：“右上角这个阳阳，代表这种人关注事情和自己的意见，以结果为导向，以自我为中心。他追求的是把事情办成，很在意自己的想法和观点，希望能够控制别人。这样的人干劲十足，希望通过做成事来证明自己，希望控制更大的事、更多的人，权力欲望比较强。我们把这一类人称为‘火’型人，他们做起事来就像夏天一样热情似火，又像火一样‘炎上中空’，具备权力导向的特征。”

“哦，就像蓝科的陶部长？”小杨对号入座。

我笑了笑，未置可否。

仅仅通过这些表象还无法断定，还要看具体表现，比如说话、肢体、态度等的表现。

我接着说：“右下角这个阳阴，代表这种人以自我为中心，相对完成事情本身来讲更关注他人的感受。这样的人给人感觉比较热情，爱说爱参与，喜欢跟人交流，在事情上不以结果本身或具体细节为重点，而是追求创新，希望通过自己的热情、表达和创新赢得他人的赞赏，给点儿阳光就灿烂。我们把这一类人称为‘木’型人，他们像春天的树木一样喜于生发，不拘泥于细节，希望有所创新，是创新导向。”

“莫非有些像我？”小杨自言自语。

一说到这些，大家非常容易对号入座。

我们也做过很多测试，发现很多销售都是这种类型。

“左上角这个阴阳，表示这种人关注事情结果，交流中喜欢多问多想，很少说出自己的观点，也不愿意围绕自己的观点进行探讨，而是问很多具体的问题，好像自己心里有主意，动的是脑子不是嘴。因为更关注事情的结果，这种人比较关注细节，擅长逻辑化的思维分析。这类人搞技术的比较多，给人感觉讲究原则，有时候爱抠细节、讲死理。我们把这一类人称为‘金’型人，他们把原则看得很重，原则导向。”我说。

“这种人挺难对付的！”小朱自言自语。

“呵呵，”我笑了笑，接着说，“最后一类人，就是左下角这个阴阴。他们‘待人’时关注别人的感受，‘接物’也不以事情结果为第一原则，也倾向于关注人的感受。他们办起事来前思后想，甚至有些瞻前顾后，不把各种关系考虑周全就不行动，谨慎有余，魄力不足，追求的是别人的认同，不求有功，但求无过。他们亲和力很强，见谁都很友好，谁也不得罪，像我们所说的‘水’，上善若水，水利万物而不争，和谐导向，和事佬。”

“老好人一个！”小朱说。

“什么老好人，老油条还差不多！”小杨想起了蓝科的魏部长。

“他跟谁都好，这可难对付了！销售受惯了冷脸，有个人对他好，受宠若惊，不知道怎么美呢！所以这种人也叫‘销售杀手’，不亚于那些爱抠细节的技术人员！”小牛说。

“没错！不过这种人也有他的优点，很多项目都是从他们这里突破的。”我说。

“老寒，刚才你说了‘火’、‘木’、‘金’、‘水’，那‘土’呢？”小牛追问。

我笑了笑，说：“土载四方为万物之母，有生化藏纳的能力，厚德载物嘛！所以，我觉得两条线交叉的地方就是‘土’！因为厚德，可以承载和包容很多类型的人，他自己在各方面也比较中庸。所以，‘土’型人是可以聚人心、成就大事业的人，是成就导向。”

“就是老板呗？”小朱问。

“是有成就的大老板，有战略眼光、包容人、会用人的人，”小牛说完又看着我，“‘五行人格’我倒是头一回听说，挺厉害啊！”

我笑笑说：“这是我们几个老师凑一起聊出来的！”

小朱觉得乏味了：“唉，你们说的我不懂！我就觉得五行人格挺有道理的。可是，就算能判断出来，可怎么应对啊？”

“就是，这五类人怎么应对啊？”小杨也着急想知道怎么做。

54. 百变销售员

销售怎么调整自己来适应不同性格的客户呢？

“到什么山上唱什么歌！”小朱说。

“见人说人话，见鬼说鬼话。”小熊也跟着说。

大家呵呵一笑。这话之所以流传，一定有它的道理。

小杨来了兴趣：“从五行人格来说，怎么应对这五种类型的客户呢？”

我说：“五行人格从两个维度看，一个是‘待人’、‘接物’的坐标线，一个是由坐标线交叉分隔而成的‘金’、‘木’、‘水’、‘火’四个区域。从哪儿开始呢？”

“有什么区别吗？”小朱问。

小牛想了一下，说：“我觉得坐标线是区隔的原则，是客户的态度和出发点。两条原则线交叉形成了客户具体的性格，是四个区域。”

“那就分别说说吧，行不？”小朱问。

“行，”我说，“这也有利于自己总结和系统思考！那就先看线，再看面。”

“好！”小朱兴奋地回答。

“‘待人’这条横线越往左越‘以他人为中心’。我们应该用什么方式交流，温柔还是强硬？”我问。

小杨想了想，说：“这类人属‘阴’，按说我们应该以‘阳’的方式交流，主动一些，多说，多讲，这样才能和他互补，对吗？”

小牛摇了摇头：“客户是个阴柔的人，你过于强势直白，他会舒服吗？”

我同意小牛的观点，说：“有道理。面对不同性格的客户，不是要和他互补，而是要迎合对方的沟通风格。他们习惯什么方式和风格，我们就往那种方向调整自己，这样才能让他们感觉更舒服一些！”

“哦，是这道理啊。”小杨有些明白了。

我接着说：“‘以他人为中心’的人，更愿意询问对方的看法，更关注对方的感受。但对这种人反倒不能得了便宜还卖乖，他们希望听取我们的意见，我们就更不要像机关枪一样喋喋不休。虽然他们没说，可不代表他们没想法！”

“可他们问我，我不能吞吞吐吐，更不能反过来再问他们吧？”小朱不明白到底应该怎么办。

“这种人节奏本身就比较慢，加上喜欢征询别人的意见，很在意别人的感受。和他们交流时，我们也应该多征询他的意见，更要在意他的感受……”我说。

“怎么在意？”小朱着急地问。

“让自己的风格靠近他。比如，在沟通过程中，可以放慢沟通的节奏，先询问对方的意见，专注地倾听并通过目光、点头、合理回应等给予肯定，不要打断他，甚至反应可以稍稍夸张一些。这样会让他感觉比较舒服。要特别注意，在和这种风格的人要行动承诺时，尽量不要让对方有压迫感，更不要给他压力，而要以柔和的、商量的方式进行。”我边想边说。

“和这种风格的人打交道要注意什么？”小牛问。

“和这种风格的人沟通，当双方有不同意见时，不能轻易否定他的观点，要更多地表示理解。少讲道理，一讲道理就感觉严肃了，更不要当着他说别人坏话，否则他可能会想‘这家伙会不会也和别人说我的坏话呢’。因为这种人比较敏感，所以可以多些暖场，沟通过程要柔和一些。”我说。

“碰到柔和的人不能用‘快刀’？”小杨眯着眼睛问。

“‘快刀’管用吗？”我问。

“嗯，抽刀断水水更流！”小牛点点头说。

“那对‘以自我为中心’的人是不是就能使用‘快刀’了呢？”小杨觉得，用慢刀是件很痛苦的事情，他用起来着急，不爽。

“对‘以自我为中心’的人，他们有主见，想表达自己的观点和看法，要让他们说痛快，也不要打断，更不能用‘快刀’斩断。这是基本原则，无论对哪类人！”我说。

“那他们和‘以他人为中心’的人有什么区别呢？”小杨问。

“关注自我的人更看重自己的想法，不信任的时候不会轻易告诉你。”我说。

“那怎么办？”小朱问。

“我们和这种人交流时可以少暖场，开场确认后尽快切入主题，主动提供一些有价值的信息，可以适当地多介绍一些自己……”我说。

“先介绍自己？先提供信息？这不和‘五环’相悖吗？”小朱问。

我摇摇头，说：“技巧要因人而异。面对比较有主见的人，如果上来就问他的一些情况，他会感觉在被盘问，容易反感。甚至暖场也要少用，包括对办公环境、身体气色、服装之类的赞美之辞，也不宜说太多。适当地介绍自己，介绍第三者的故事激发他们的兴趣，然后直接切入主题，就主题提供有价值的信息，这会让他们感觉比较爽！”

“跟这种人是不是可以直接点儿？”小杨问。

“我觉得可以。我们可以主动交谈，乐于表达不同意见，迅速做出决定，别拖泥带水。他提问时，我们就不要再过度探索他的想法了，该说的时候就说出来，精准简洁地表达清楚，再征求他的意见。不要有太多建议，更不要‘说服’，这种风格的人很不愿意‘被教育’！”我说。

“他们要干货，软磨硬泡不管用……”小朱无奈地说。

“别指望这类人同情你，什么年底啦、业绩压力大啦、有困难啦，他们很反感，他只关心自己的事，你越缠他越烦！”我说。

小杨说：“这种人也好，我们肚子里有货，双方开诚布公地谈，对路子就行了，还是要靠知识的力量！”

我担心地看了眼小杨，说：“跟这类人一样要提问和倾听，讨论对方关注的话题，不要把自己的想法强加给他。这种风格的人感觉到被压抑、被控制之后，反抗的力量会很大。因此，态度不能强硬，否则对立起来就麻烦了！”

“那是，那是！”小杨讪讪地说。

小朱抬起头，说：“老寒，那你的意思是在‘待人’方面，对‘以他人为中心’和‘以自我为中心’的人，采用不同的风格。阴人用阴招，柔和一些，放慢速度，多问多听多停顿，多关注个人情感；阳人用阳招，直爽一些，节奏快一些，尽快进入主题，主动提供信息，别忽悠，更别反抗。是这样吗？”

“嗯！”我点点头说。

“接下来该应对‘接物’了吧？”小杨问。

我说："纵线上端是'就事不就人'，更加关注事情的结果；下端是'先就人后就事'，更关注人际关系。两种风格差异很大，销售要调整自己。"

"调整自己挺难的。"小朱冒了一句。

"难，也不难，有意识地关注就行了。比如，'就事不就人'的人是业务结果导向，和他们要更多地讨论跟业务相关的话题，突出强调事实，而别过于强调感觉。"我说。

"客户不是感性决策吗?"小朱问。

"是感性决策，但这种风格的人的决策依据，更多源于业务情境的愿景和感觉，之后才是对你这个人的感觉。和这类人交流时，要更加条理化，逻辑一定要清楚。他们强调效率，所以尽可能少闲扯，尊重客户的时间。"

"先把事说清楚，对吧?"小杨问。

"对，他们更关注这个。沟通时突出逻辑，重视业务，适当减少手势和表情的表达，有时候感性的东西多了会让他们感觉不舒服。"我说。

"嗯，少闲扯，少拉关系，展示自己解决问题的专业能力，通过把事情办好拉近双方的关系，而不是靠嘘寒问暖。对吧?"小杨问。

"是，他们的成就靠的是事情的成功。"我说。

小牛说："确实有这样的人，他们关注做事胜于你们之间的关系，拉关系反倒让他们反感。"

"那和关注关系的人，就用相反的方式?"小朱问。

"嗯，与'先就人后就事'的人可以多闲聊，适当地表达自己的情感，适当地使用赞赏。这会让他们感觉比较舒服。"我说。

"一类重点谈事，一类重点打情感牌，确实需要不同对待!"小杨说。

"不是把性格分成了'木'、'火'、'金'、'水'、'土'吗? 刚只说了两条线啊！”小朱问。

“这两条线可以理解为客户的风格倾向，四个区域可以理解为四类风格的人。”我说。

“那都怎么应对啊？”小朱往前翻了两页，本子上记着：

木——创新导向。

火——权力导向。

金——原则导向。

水——和谐导向。

土——成就导向。

我想了一下，问：“一个人的性格是很难把握的，或许一个表现感觉像‘木’型人，过会儿又感觉像‘金’型人，不能通过片面表现定论，有时候也要靠直觉去判断，当然也有经验的因素。是吧，小牛？”

“嗯，这东西确实需要修炼。”小牛回应，这是销售人员的高级修炼了。

我看了看大家，说：“先从‘木’型人开始吧！还记得他们的特征吗？”

“记得，”小朱翻了翻本子，说，“‘木’型人比较热情，爱说爱参与，喜欢跟人交流，在事情上不以结果本身或具体细节为重点，而是追求创新，希望通过自己的热情、表达和创新赢得他人的赞赏。”

“怎么应对？”小杨问。

“你觉得他们在时间安排上有什么特点？”我问。

“这种人活力四射，不拘泥于细节，利用时间应该比较灵活吧？”小杨说。

小牛也说：“嗯，很容易对新鲜事物感兴趣，跳跃性比较强，时间安排不会井井有条，应该比较灵活，”他又看了看小杨，说，“可能从来不按时打卡上班，也经常自己晚上主动加班到很晚。”

“是不是说和‘木’型人打交道可以灵活安排时间?”我问。

“嗯。”小杨点了点头。

“关注和他们个人之间关系的建立，多拉近感情。”小牛接着说。

我看看大家，说：“不错！另外，他们关注自己的感受，更愿意表达自己的观点和看法，和这种爱表达的人要多探讨，多认可!”

“让他们自己形成解决方案，春夏秋冬!”小朱跟着说。

“对，往往不需要介绍产品和方案的太多细节，而成功案例能发挥更大的作用!”我说。

“哦，我说呢！难怪说要演示产品客户就不耐烦，介绍技术架构也不关心，原来他们是‘木’型人啊!”小朱说。

“不能这么说，只能说跟这有关系。有时候不了解客户的概念，他们同样对演示产品和介绍技术不感兴趣。千万不能死读书、生搬硬套!”我担心地说。

“那是，那是。”小朱有些不好意思。

小杨点了点头，沉默了一下，问：“那‘火’型人呢?”

小朱说：“‘火’型人关注事情，结果导向，以自我为中心，在意自己的想法和观点，希望能够控制别人，干劲十足，希望通过做成事来证明自己，风风火火。”

“用结果说话？那我们正好可以通过帮他解决业务问题带来价值，这不正好吗?”小杨说。

“是，他们办事公正，关心怎么有效地解决问题，希望高效率地利用时间。所以使用确认类问题开场，要直切主题，少闲扯。”我说。

“方案价值和投资回报对他们更有价值吧?”小杨问。

“他们比较讲证据，希望看到明确的投入产出分析。因为有控制欲，我们可以多准备几套方案让他选择。别忘了他们是以自我为中心，要关注、认同并支持他们的观点和想法，不要总试图建立有利于你的新标准，除非你确认在某些领域真比他强，真能告诉他一些他不知道的事情。”我说。

“他们给人感觉比较公正，‘就事不就人’。”小朱有些担心。

“还有一种‘就事不就人’更难对付，就爱抠死理。”不知道小杨想起了谁。

“你说的是‘金’型人。”我说。

“‘金’型人关注事情结果，比较关注细节，习惯进行逻辑化思维，善于分析，很少就自己的观点进行探讨，而是问很多具体的问题，好像自己心里有主意。他们给人感觉挺讲究原则，有时候爱抠细节、讲死理，原则导向。”小朱看着本子说。

“这种人怎么应对呢？”小杨无奈地说。他像‘木’型人，正好被‘金’型人克！

“四象限里‘金’型人正好和‘木’型人相对。他们比较严谨、讲究证据。我们要守时，要注意细节，沟通过程中要给他们足够的思考时间。介绍我们自己的方案和优势时，思路和逻辑一定要清晰，对他们的选择标准和对问题的思考角度，要表示理解和认同。”我说。

“给他们提供什么样的资料合适啊？”小朱问。

“给他们提供的资料要具体和翔实，千万不要有错误，要多一些对方案的具体说明材料，以及能够帮他分析、决策的数据。像那些泛泛的介绍和样板客户资料，作用就不那么大了。”我说。

小杨感叹：“获得这种人的概念好难啊！好像永远不知道他们在想什么！”

“至少他关注业务，心里或多或少有些原则和标准。如果不关心业务，又没有原则和标准的人，岂不更难对付了？”小朱略有担忧。

“那就是‘水’型人了，关注和谐的关系，无事、无我。”我说。

小朱说：“‘水’型人不以事情结果为第一原则，倾向于关注他人感受，办起事来前思后想，不把各种关系考虑周全就不动，谨慎有余，魄力不足，不求有功，但求无过。他们亲和力很强，见谁都很友好，谁也不得罪，和事佬。”

“那怎么办？”小杨问。

“跟这种人沟通时要开放、诚实，多用一些时间建立和他的个人关系，多关注他的个人感受，多寒暄。”我说。

“事儿怎么办？”小杨问。

“事儿肯定还要谈，但他很难成为你的支持者！即使支持你也是源于对你的感觉、你们之间的关系，而不是事情本身对他有多大帮助。他们和‘火’型人正好相反。”我说。

“搞关系……”小朱挠了挠头，这是他的弱项。

“也不能说是搞关系，是关注他的感受。跟这种人感觉好了以后，可以给他变革的‘安全感’，让他觉得跟你合作比较安全。同时，他经常会给你一些关于其他人的情况，把你介绍给其他人，甚至拉其他人一起决策，因为他自己不拿主意。所以，这种人在棋盘里也是一个活子！”虽然我也不太擅长和这种人打交道，不过很多时候不得不面对。这种人是企业里的重要角色，管理层往往用他们把很多强人聚在一起。

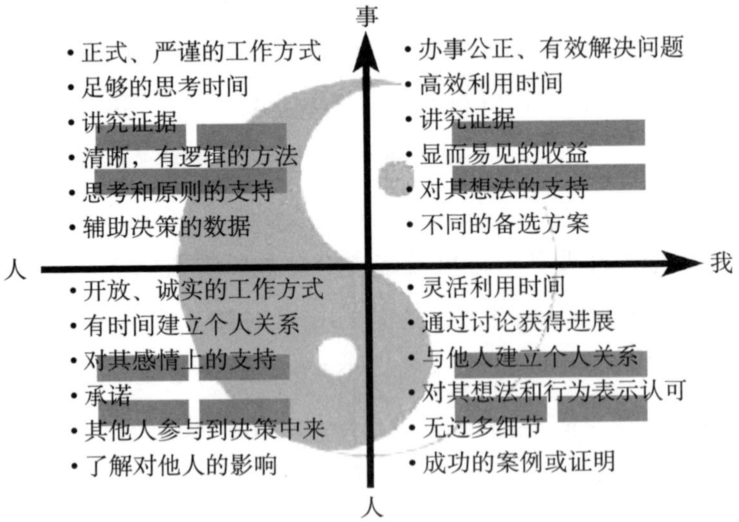

“唉，销售没方法不行，有了方法还要看性格，太难了!”小马摇摇头。

小牛说话了：“关注客户的想法！如果客户关注结果，我们就把重点放在事情上；如果客户关注人际关系，我们也就把重点放在人际关系上。总之，努力关注客户真正关注的事，就成功了一半儿!”

“没错，这一点永远不会变!”我说。

“关注客户，我都关注了，他们还不和我说实话!”小熊在旁边发牢骚。

“当面说得挺好，转头就不算数，知道性格又怎么样!”小马说。

“对啊，老寒，我们怎么知道客户信不信我们呢?”小朱跟着问。

“‘五环’的方法和技巧也好，客户的性格也好，都是为了赢得客户的信任!”小牛觉得没有信任，再多的机会也是无源之水、无本之木，哪怕是关系高手也是赢在客户的信任!

55. 赢在信任

“你们觉得单子做不下来，都是什么原因?”我笑着问。

“碰上个倒霉领导!”小杨想也没想。

“不是顾问不争气，就是产品和方案不行!”小马跟着说。

“价格不行!”小熊说。

我笑着摇摇头，说：“看了‘九问’和‘五环’，还这么认为吗?”

大家没再说话，小杨和小朱的脸上泛起了些红潮。

“站在客户的角度看，我们销售没有结果主要是什么原因?”我又问。

“没需求?”小马想了想说。

“没预算?”小朱说。

“不愿意改变现状，不急迫，”小杨说，“客户没需求，是没看到现实与期望的差距，没找到问题和痛苦，没明确目标和期望，不是说‘客户不行动，因为痛苦不够大’吗?”

小牛说了句：“因为客户不信任我们!”

“说得好！销售没结果，原因往往是因为客户不信任我们！很多做甲方的朋友告诉我，他们很着急，很想选出个供应商帮他，可跟销售交流以后，越来越没信心，越来越担心……”我说。

“怎么判断客户信不信任我们呢?”小杨跟着问。

“信任是一种感觉，是双方沟通舒服、通畅的感觉。”我说。

“有什么具体表现吗?”小杨追问。

“比如，客户愿意和我们多聊他的情况，或者积极地把产品和他们的需求关联起来探讨。”我回想着自己曾经经历的场景。他们会说：“这个思路不错，对我们比较实用!”“这个功能对我们帮助很大!”

“要是客户心不在焉，满嘴‘好，好，好’就是不信任?”小朱问。

我沉默了一下，说：“也不一定。如果你感觉客户没把需求跟你‘交底’，没有共同走过‘春夏秋冬’，总感觉隔了层什么。虽然说认可了，肯定你自己心里都不踏实。我曾有个项目，主管副总参观我们的样板客户时，四下转了转就一个劲儿地说‘好，真好，照你们这么做就行’。我总觉得他什么都没有看进去，样板客户的人给他介绍也没怎么认真听。当时我年轻，觉得这位老兄支持我了。可后来事实验证，我那次太大意了，导致那一单丢得痛心疾首！当时我就觉得那位老兄有点儿‘虚’，但没往深里想……”

“哦，老寒也走过眼啊!”小朱说。

“呵呵，也是一刀一刀挨出来的!”我笑着说。

小杨一直听着，回想着自己经历过的伤痛，过了一会儿，说：“如果客户给我们一些个性化的信息，甚至把自己用的报表和单据都毫无保留地拿出来跟我们交流，还跟我们说他个人的想法，这算不算信任我了？”

“如果对方给你一些个性化的信息，或说了他知道的一些‘内部情况’，或真诚地和你分享他的想法，再结合语气和肢体语言，就能初步断定对方是信任我们的。”我说。

“为什么还要结合语气和肢体语言呢？”小朱问。

“肢体语言会告诉我们他是不是在说谎！”小牛说。

“那什么是个性化信息？”小朱又不解地问。

“嗯，一些在你看来很有价值的信息。你如果不放心，可以站在他的角度，用他的思维方式想一想，感受一下他这么想、这么做是不是合理。这是判断对方是不是说实话的有效方法。”我想了想说。

“就怕猜不透！”小杨说。

“所以，千万不要臆断，拜访后系统分析一下，或许有帮助。”我说。

小杨点点头。

小朱在旁边问：“还有呢？”

“还有……”我想了想说，“还有就是客户的语气了，提问时更多使用‘怎么’、‘如何’，而不是‘为什么’，关注问题的答案而不是问题本身……”

“什么意思？”小朱不太明白。

“举个例子吧。比如你问客户‘请问现在的设备停机情况怎么样，您希望控制在什么范围之内’。客户回答你‘设备运行情况还行，就是偶尔会有临时停机。你觉得我们可以怎么控制呢’‘你们是怎么做的呢’。你感觉客户的回答怎么样？再看另一种回答‘为什么要控制它呢’‘为什么要问设备停机的问题呢’。你又是什么感觉？”我问小朱。

小朱说：“我觉得后面两句有质问的意思！”

“对，问‘为什么’会让人感觉被质问和挑战，弄不好还会让人感觉被调笑和挖苦，好像自己很无知一样。所以，我们提问中要少用‘为什么’。”我说。

“有时候客户的眼神也让我没底……”小朱边想边说。

我看了看大家，说：“其实我们都能感觉到客户是信任还是不信任，比如客户和我们的沟通非常专注和明确，感觉很坦诚。这种感觉可能源于语言本身，也可能源于肢体语言，还可能源于气场和氛围……”

“说得对，读人术是销售的必修课！”小牛说。

小朱皱了皱眉，说：“客户不信任我们是什么样的？”

“自己感觉吧！”半天没说话的小熊冒了一句。

小朱看了看我，说：“我们赢得客户信任会有一些特征，比如，客户准备谈论他的需求；讨论我们的方案和他的需求的关系；给我们一些个性化的信息；问‘怎么’而不是‘为什么’；把精力放在方案上；沟通非常专注和明确……既然这样，肯定也有一些不信任的特征，对吧？”

我笑着点了点头，说：“嗯，你总结得很好！是有一些客户不信任我们的特征，仅供参考！”

“哦？”小杨紧张起来。

“对方给我们挖陷阱、设圈套，追问究竟是怎么回事，甚至不听解释和回答，这是典型的不信任！”我说。

“还有呢？”小杨问。他没怎么遇到这样的客户，毕竟自己有专业知识，客户也愿意和他交流。

“还有，不听我们说话，经常打断，总质疑我们的思路，让我们不能按既定的思路沟通，还经常反驳……”我说。

我说着说着，大家有些沉默了，销售碰到的类似情况举不胜举。

我接着说：“再有，客户保持沉默，抱着胳膊看着我们，给我们感觉他们警惕性很高。我们请教什么，他们总是只言片语，不愿意说什么，更不愿意告诉我们更多的信息。”

“哦，我说呢！我还纳闷客户为什么不回答呢，还担心是问题不够好，原来是不信任啊！”小朱感叹着。

“都有可能，不会是单方面的因素！”我看看小朱，说，“再有就是明显敌对的客户了，有明显的防卫甚至反对情绪，他们肯定不信任我们。”

小牛点点头说：“遇到这种情况不要急着解释，耐心地提出具体的问题，使用‘太极推手’让对方畅所欲言。表示理解和尊重总比对立好！”

有的销售谈虎色变，一听说哪个人有过什么资历背景，说过什么有倾向的话，就下意识地把自己和他对立起来，心里充满仇恨，甚至给对方白眼！对方原本并不反感我们，结果境随心转，销售只得自食其果！

小朱看了看我，问：“老寒，还有吗？”

“剩下就需要在实践中去观察和感悟了！”我说。

小朱看了看自己的本子，说：“总结一下，我们没赢得客户信任时，客户会给我们挖陷阱、设圈套，然后质问；经常对我们的思路有疑问，不让我们按既定的思路展开；客户保持沉默或警惕性很高；总是只言片语；有明显的敌对或是防卫情绪……这种情况下，客户很可能不信任我们，对吗？”

我点点头。

大家彼此看了看，没多说话，都明白客户不信任我们，就很难一起探讨跟他们概念和方案相关的内容，更不可能给我们行动承诺。这种情况下要想拜访效果好，拿下单子，就相当困难了！

“信任啊信任！获得信任真难啊！”小朱感叹。

小杨看了看小朱，突然问：“谈了这么多信任，老寒，你觉得怎么样才能赢得客户的信任呢？”

怎么赢得客户的信任可是个大问题！

跳出销售来看，或许现在人与人之间的不理解，甚至互相欺诈，或多或少就是缺少信任这东西！古人把“信”作为立身处世之本，《大学》里讲“与国人交，止于信”，《论语》里讲“人而无信，不知其可也”，《弟子规》里讲“凡出言，信为先”。销售也好，做事也好，为人也好，无信不立！

回到销售来看，怎么才能赢得客户的信任呢？既要有“道”的不断自我修炼，也要有“术”的方法和具体做法。大家要从一点一滴做起！

我想了想说：“如果给‘信任’定义个公式，会是什么？”

“公式？”小朱没听明白。

小杨想了想，说：“信任源于专业，我们专业了客户才会信任。我觉得‘信任＝专业＋关注客户’！”

我点了点头，貌似有些道理，但还是感觉有什么不妥。

小朱说：“专业不专业是一回事儿，关键是你的专业对客户有没有价值。我觉得‘信任＝真诚＋专业’。信任源于真诚！”

小杨说：“这么说也有道理，应该尊重客户的认知，我们的专业知识要能给他带来价值，那就是‘信任＝尊重＋真诚＋专业’！”

这次听上去差不多了！

我点点头，突然想起某位老师和我聊起的观点，说：“只可能是加法吗？”

“你的意思呢？”小杨问。

我又考虑了一下，说：“我觉得信任包括两个维度：一个是越大越好，比如我们的专业、真诚、知识、为对方着想；一个是越小越好，比如彼此的防卫心理、陌生感、距离感！”

“有道理！”小牛点点头。

我接着说：“这个公式是‘信任＝（专业距离＋知识距离）/心

理距离’。怎么样?”

“那‘真诚’在哪儿呢?”小朱问。

“是啊，怎么表达对客户的尊重呢?”小杨问。

“对客户的真诚和尊重，就是在拉近双方的心理距离，你们觉得呢?”我说。

“那‘专业’和‘知识’不是一回事儿吗?”小杨问。

小杨的疑问很有道理。

专业包括了专业知识、专业咨询能力，这些都以知识为基础，都是通过知识的具体运用表现的。很多销售把专业理解成了“行业和产品知识”或“专家”，难免片面！再说了，小杨也曾经很“专业”!

考虑到大家对专业和知识的理解，我说：“我们试着把专业和知识合并，都用知识来表示，是指广义的知识，那公式就是‘信任＝知识距离/心理距离’。知识距离是指双方的知识结构和资历背景；心理距离是通过真诚、为客户着想、关注客户感受等，给客户被关注和尊重的感觉，从而拉近双方的心理距离。大家觉得怎么样?”

小杨挠了挠头，说：“这么说，知识反倒和心理距离对立了!”

听到小杨这么说，我笑了：“还记得那些自认为‘有知识’的顾问吗? 自以为什么都懂，拜访中根本不顾及客户的感受，把客户当成小学生一样，只陶醉在自己那套东西里。他的全对，客户的观点只要和他的不一样就是错的！有时候他们甚至指着客户说‘你们思维太落后了’‘你们思路有问题’。虽然他很有知识，可知识拉大了他与客户的心理距离。这么来看，你觉得知识和心理距离是什么关系呢?”

> 人很难做到“无我”。当自己知道的事情被提及或意识到这是他人不知道的，人们总是抑制不住地表达。即使没有表达出来，潜意识也在向自己的观点引导或偏离，很难保持中立和关注对方的真正感受。

“呵呵，确实!”小朱一脸坏笑，瞅了瞅小杨。

“看我干什么，我很关注客户的感觉!”小杨有些不爽。

从心理学的角度来看，出于生存和安全的诉求，人人都关注自己的事情，人人都是利己的，都有“利己性”。而过于利己、得到太多则会感觉不安，这源于他内心深处的良心发现和自我道德的约束，有种补偿心理，就是“道德性”。人人都不希望被胁迫，都不希望被控制，都源于自己的认知做出决定、拥护自己独立思考做出的决定，都有“独立性”。同时，过于独立之后，发现不再被人理解，高处不胜寒。这源于人是一种群居动物，每个人内心深处都是孤独的，希望被尊重和认可，需要社会的认同和接受，都有“社会性”。

当客户看到销售时，因为面临陌生的人和未知的变化，加上不断地被强力推销甚至威胁、胁迫，心理上是“利己的”和“独立的”。当客户被尊重和认同时，发现销售是在为他着想，也看到了双方合作能给自己带来的价值，心理上的“社会性”和“道德性”就会占上风。

信任，就是与对方从人的“利己性”和“独立性”区域到“道德性”和“社会性”区域的过程!

“我觉得‘信任’不是一个公式能说清的吧?”小牛说。

小牛终于问到了关键点!

我笑了，说:“没错，公式只能说明一个原则，影响信任的因素很多!”

“比如说?”小杨问。

“比如说，客户见我们第一眼的印象、我们一亮相的风格!”我说。

“对啊，我们的专业形象，比如说衣服是否整洁，皮鞋有没有土，头发乱不乱，这是最基本的礼仪。”小熊开口了，他在这方面挺讲究，整天打扮得干干净净，穿名牌，讲情调，甚是“小资”!

“我见过一个三十多岁的销售，背着一个露白边的破电脑包，穿着发皱的西服，见了客户从裤兜里掏出一个裂了口的名片夹，拿出的名片上还有个黑手印，他骑自行车去的……”我说。

“哈哈，不至于吧！”小朱被逗笑了。

“真事！”我严肃地说。

小牛也跟着笑了，说：“客户看到我们，七秒内就会形成第一印象！专业不专业、可信不可信，一眼看上去就感觉到了七八分！”

“还有我们说话的语气语调、合理的肢体语言，包括站姿和坐姿，都是亮相的风格，就是要‘彬彬有礼’！当然这不是装腔作势，要自然随和。”我说。

“难！”小马知道要见客户高层，还真得注意！

“这是专业形象和亮相的风格，接下来就是我们的经历和经验。”我说。

“接下来不是知识吗？经历和经验对建立信任有什么帮助？”小朱问。

我看着小朱说：“比如说，有人跟你讲‘我从事这个行业的咨询工作 15 年了，服务过世界 500 强中同行业的某某客户’，如果再随口说出客户中相关的名字和一些情况，排除炫耀和自夸不说，你什么感觉？”

“我感觉这人挺厉害的！”小朱说。

“但要注意，别让人觉得你在自吹自擂！”小杨说。

“对，自我经历和经验介绍是把双刃剑，既要让对方知道我们的经历和经验，还要避免过于吹嘘自己。介绍时，可以换个关注客户概念的说法，比如‘不知道是否能对您有所帮助’‘不知道能不能帮上您什么忙’……”我说。

这是我担心的。

有一次，接待一家世界级营销培训机构的区域老总，或许当时我过于沉迷于研究“销售无我”，自我感觉也很牛，对他当时如此的

“自我介绍”总感觉别扭和多余。我心里暗想：“我知道你们是最牛的公司，知道你是牛人，可这次是我们让你来的！”“你做过什么又怎么了，当下最重要的是我们的需求能不能满足！”

一年多以后，当我回头再琢磨这个问题时，发现自我介绍在陌生拜访中可以帮助销售增加客户的信任度，我也就没当时那么反感了。或许做甲方每一次听到那个介绍的感觉更真实一些，现在想明白了：如果你很牛，不用自我介绍别人就能知道你；如果是一些中级或初级的销售，还是在此基础上调整和优化一下，让客户知道你是谁比较好。

何况，去哪里寻找能够适用一切人和场景的技巧呢？

“还有什么？”小朱打断了我的思路。

我挠了挠额头，说：“还有就是知识与专业能力了，对客户所在行业的熟悉、对业务知识的了解程度，特别是能不能提出有效的问题、针对客户关注点能不能提出有效的建议，也就是专业咨询和知识分享能力。人们更愿意和比他们有知识的人交流！”

“行业知识、业务知识、专业咨询能力、知识分享能力……”小朱一边在几个手指之间转着笔，一边磨叨。这方面他还有很长的路要走。

小牛看出端倪：“老寒不是提到概念树、目标树和价值树嘛，慢慢积累！”

“哦。”小朱应了一声。

我笑着说：“以上就是我们所说的‘知识距离’，接下来就是‘心理距离’了。”

“什么影响双方的心理距离？”小杨问。

“心理距离涉及的范围就比较广了，首先是跟客户的‘共通点’。”我说。

“共通点？是共同语言吗？”小朱问。

我摇摇头说："包括，但不限于。"

"那是什么？"小朱问。

"举个例子。有一年我跟几位客户的总经理去外地开会，大家一起吃住了好几天，一起在海岛上看风景，一起互相为对方拍照，一起为坐缆车担心，一起爬山累得满身大汗。回到工作岗位再见到他们，感觉亲切多了。有过共同的经历，彼此感觉相通，就更容易信任了。"我说。

"哦，这意思啊……"小朱有些明白了。

"再举个例子。有一次我给某省公司的同事培训，用完午餐，和总经理、总监们一起坐电梯，走到一半儿，电梯突然'咣'地停了！四周一片漆黑，电梯坏了，都被关里头了！大家急忙按报警铃，接着是十几分钟的漫长等待，惊慌之余还不忘开玩笑。等我们从电梯里爬出来，再看那几位，彼此感觉都不一样了！"我说。

"患难见真情啊！"小朱说。

"就是这意思！所以，有的销售爱好很广泛，打球、旅游、音乐什么的，在那种场合下结识的人，彼此就会多一些共同话题、少一些防备。不仅如此，就连两人都有个上幼儿园的孩子，一聊到孩子马上就会有很多共同语言，就很有同感，就是这个道理！"我说。如果销售和客户有共同的兴趣爱好或共同的经历，双方的信任就比较容易建立。

小牛笑着点点头，说："所以，销售要做个杂家！"

"没错，销售和客户有了共同语言，彼此就很容易被激活。比如对业务有共同的观点，对某种管理模式有共同的见解，越谈越投机，那就是信任！如果两个人有共同的人生经历，甚至人生感悟，这种共通点能上升到价值观层面，比如共同的信仰，那就更不一样了！人是群居动物，从内心来讲是孤独的，总希望找到和自己共鸣的人。"

"噢，原来是这样！"小朱有些明白了，"难怪都说人生四大铁呢！"

“哪四大铁啊?”小马问。

“这都不知道?一起同过窗，一起扛过枪，一起下过乡，一起分过‘赃’!”小朱说。

大家被逗得哈哈大笑。

我说：“无论如何，这都是与客户共同的爱好，共同的经历、处境和心路历程，以及共同的人生感悟和价值观。人与人有了这样的共通点，就会影响彼此之间的信任关系。”

“确实影响心理距离!”小杨说。

“看来得多参加些俱乐部，加入个‘驴友’什么的，说不定能多认识些潜在客户呢!”小朱笑着说。

“呵呵！寻找共通点不要刻意迎合，更不要夸夸其谈，还要注意回避一些对方敏感的问题，如隐私、政治敏感话题、宗教信仰等。同时，共通点是客观存在的，有时候是既成事实无法改变，自己没有的也不能乱编。”

“自己没有怎么办?”小朱问。

“可以靠真诚和尊重营造!”我说。

小牛看看小朱，说：“其实老寒跟咱们聊过的，不要一上来就推销，要准备好提问，要关注客户的需求，关注性地倾听，关注客户的概念。这些，不都是真诚和尊重嘛!”

“不要客户一说什么，你就说‘我知道’‘我懂’‘你们不就是……’，耐心地听客户说完，并确认我们的理解正确!”小杨也跟着说。

“没错，不要做‘万事通’，客户其实很反感的!”我说。

“‘心灵共振’也是站在对方的角度考虑，设身处地为客户着想。”小朱说。

大家你一言我一语。

我想了想说：“大家说得都对！还有，永远别把客户当傻子，别总试图操纵客户，也不要回避客户关注的问题、客户的顾虑和反对，不要隐瞒、欺骗，骗得了一时，骗不了一世，一个人的信誉都是靠自己积累的！”

“对，说到做到，信守承诺！坚持双赢，朋友才交得长久。”小牛说。

“没错，销售的诚恳和坦率最难，也最有价值！”我说，“诚恳与坦率是心理距离的主观部分，共通点是心理距离的客观部分，再加上形象与风格、经历与经验、专业知识与专业能力，这就构成了我们的五根信任柱！”

“五根信任柱！”小朱有些兴奋。

“是啊，它们支撑起了客户对我们的信任！”小杨说。

> 影响信任的关键因素：
>
> 形象与风格：外表、着装、衣着、发型等，亲和力，合理的肢体语言。
>
> 经历与经验：取得的成果。
>
> 专业知识与专业能力：行业知识和场景知识能力、专业咨询能力、知识分享能力。
>
> 共通点：共同的兴趣爱好，共同的经历、处境、心路历程、价值观、人生感悟。
>
> 诚恳与坦率：不操控，不回避，不隐瞒，不欺骗。

“如果把这五根信任柱从低到高排个序，是什么顺序？”我又问。

小朱盯着笔记，把它们的难易程度想了半天，慢悠悠地说：“如果要排的话，从低到高应该是形象与风格、经历与经验、专业知识与专业能力、共通点、诚恳与坦率，对吧？”

“可为什么要从低到高呢？”小杨不解地问。

“难易程度不同，持续的时间长短也不同。”我说。

我想了想，说：“前三项是‘知识距离’，后两项是‘心理距离’！从另一个角度来看，这五根柱子的最左边一根是关注自己，最右边一根是关注客户，从左到右，是从关注自己到越来越关注客户！”

大家纷纷点头，很是认同。

这时候，小牛歪着头想了一下，突然问我：“老寒，你怎么看‘关系’？”

“关系？”我下意识地重复。

“对，在中国很讲究的那个‘关系’！”小牛强调。

我不否认，很多销售里缺少不了这种东西。有时候它的威力大得往往难以想象，有时候反而弄巧成拙。有多少人渴望挖地三尺找到它，又有多少人对它退避三舍，躲都躲不开。关系这东西，深不可测，妙不可言。

我想了想，说：“好像很多人看来‘关系’就是那回事！”

“哪回事？”小朱盯着我问。

“就是给回扣、找熟人啊什么的呗！”小杨自我感觉看穿了。

我说：“如果这么理解‘关系’，就有些狭隘了！”

“怎么狭隘了？”小杨不屑地说。

“你没觉得和客户打交道也是在建立一种‘关系’吗？”我问。

小牛慢慢地点点头，说：“从不认识到认识，从不熟悉到熟悉，从不信任到信任，确实也是在建立一种关系。”

“对，从这个角度来看都是人和人之间的一种‘关系’，只不过决定‘关系’的基础不同而已。有的是历史决定的，像四大铁；有的是血缘关系决定的，像亲属；有的是共同利益决定的；有的是共同的目标、使命和价值观决定的……这都是‘关系’。而销售和客户要发展的关系，包括在这个广义的‘关系’里。”我说。

小牛看着我没说话，小朱有些懵。

我接着说：“我和客户有很多都是因为大家有共同的目标和使命，通过项目证明自己的价值，赢得认可和尊重而建立的关系，而不是以经济利益为基础的。这是一种彼此之间的信任关系！”

小牛点点头，问：“那你怎么看熟人介绍？”

“熟人介绍，双方的信任关系非常短暂，基础很不牢固。好比我跟你说‘附近新开了一家饺子馆相当不错’，同等条件下你很容易相信。但你一去，那里的环境、服务员的态度、饭菜的质量，就开始重新决定你对这家馆子的信任程度了。而我的推荐对你的影响会越来越小，不是吗?”我说。

“也是!”小朱说。

“还有个例子。我的一个朋友，他的家庭背景就不多说了，反正很‘厉害’。这种人往往不懂那些专业的东西，就是有‘关系’。当他把另外一位朋友引荐给某省的一家大企业时，企业的老板反馈说‘嗯，你这个朋友不错，是个办事的人’。在他们眼里除了这个关系，还要看推荐过来的这个人是不是稳定、谨慎、可靠、可信!”我说。

“是这么回事!”小牛点点头，很认同我的观点。

“信任是可以通过‘关系’介绍建立的，但转接过来的关系很短暂，一旦处理不好，不仅丢了生意，还会伤害介绍人和客户之间的关系。所以，大家对介绍‘关系’都非常谨慎，谁也不想找那麻烦。何况在客户眼里，重点是看你是否值得被信任，而不是介绍你的人!”我说。

大家都很严肃，没有说话，相信有些人遇到过这种事情。

“自己的信誉可以帮助我们建立关系!”我说。

“信誉?”小朱抬起头问。

“对，你在业内的口碑和知名度，也就是名声!”我说。

“那是名人的事，我是无望喽……”小朱无奈地拉着长音。

“怎么能说无望呢? 销售完全可以建立起自己的声誉啊!”我看着他说。

“怎么建啊?”小杨对这个比较关心，这是他一直比较向往的。

“比如，在行业杂志和期刊上发表文章，在知名网站上分享你的观点和看法，多和行业机构接触，参与个标准制定什么的，或者参加行业会议做主题演讲，再比如出书……”我看着小杨和小朱说，“这样一来，别人从这些公开渠道知道你，就直接多了几分信任!”

“哦，原来是这用心啊!”小朱说。

我笑了笑，说："名声带来的信任跟熟人介绍一样，都属于'见光死'！行家一出手，就知有没有。水平怎么样，拉出来遛一遛就知道！所以，信任还是我们和客户面对面沟通过程中挣来的最强!"

"这是真理!"小牛点点头，他很认同。

大家也纷纷点头表示认同，气氛也跟着轻松下来。

"和老寒聊聊，收获颇丰啊!"小朱忽悠我。

"聊什么不重要，重要的是对你有什么帮助!"小牛说。

"对！'五环'也好，其他销售技巧也好，只要你认为是对的，就可以先尝试去做，有效果就固化下来，然后再慢慢优化。谁也没办法一下子就成为销售高手，都要一步一步来!"我说。

"说得对，销售没有速成班!"小朱很认同。

"知易行难，难在知行合一!"我说。

我们走出茶馆的时候，已经是深夜。

夜色越发深沉，寒风越发刺骨。

明天，又是一个新的开始！

2009 年 9 月 11 日 21:36 下笔

2010 年 2 月 2 日 03:05 初稿结

2010 年 5 月 13 日 20:13 一稿修订完成

2010 年 9 月 2 日 17:44 二稿于火车上修订完成

2016 年 4 月 5 日 0:09 二版稿修订完成

后记

五环与五行：销售拜访的规则与禁忌

销售是人与人通过沟通从而实现认知趋同的过程。了解客户的需求，让客户认识到产品的价值并接受产品的价格，从而拿下订单，这是很多销售人员的日常工作。

那么，怎样才能赢得客户的信任呢？

自天子以至于庶人，壹是皆以修身为本。对于销售拜访这种日常行为，我们建议“发于心”而“止于行”。

发于何心？

子贡问曰：“有一言而可以终身行之者乎？”子曰：“其‘恕’乎！己所不欲，勿施于人。”（《论语·卫灵公》）儒家所倡导的推己及人的“恕”道是为人处世之本。“如心”为恕，了解对方的真实想法，揣度体谅他人的心思，站在对方的角度以同理心换位思考，才能心无旁骛，以道驭术。

止于何行？

克己复礼，行不逾矩。即我们的行为要符合规律，合乎情理。有客户朋友反映：有的销售无视他们的想法和感受，一味地推销产品有多么好，试图把认知强加给他们，这让他们很不舒服，也影响了他们对“销售”这个群体的认知。

那么，应该怎么“行”呢？

在销售拜访或销售过程中有什么规律可以借鉴吗？

在博大精深的中华传统文化中，“五行”之“木、火、土、金、水”是数千年思想沉淀的精华，是万事万物的大规律，无所不指，无所不包。无论客户是一次复杂的购买，还是做出一个简单的决定，都在这个大规律之中。我们的销售行为也不例外。

何谓五行？它与销售又有什么关系呢？

木，主生发，木曰曲直，温直而扰毅，木之德也。

销售拜访之前，为什么要进行销售拜访？这次拜访或销售要达成什么结果？怎么预约客户？这是拜访或销售过程的“生发”环节，此谓“拜访准备”或“销售准备”。

火，主发散，火曰炎上，简畅而明砭，火之德也。

销售拜访初期，怎么开场才能激发客户的兴趣？如何提问才能探索到客户的需求？怎么了解客户的真实想法？这是拜访或销售过程的“发散”环节，此谓“了解概念”或“探索需求”。

土，主梳理，土曰稼穑，宽栗而柔立，土之德也。

销售拜访过程中，如何锁定关键需求？如何将自己的优势与关键需求关联？如何与客户共同制定选择标准？这是拜访或销售过程的“梳理”环节，此谓“呈现优势”或“制定标准”。

金，主收敛，金曰从革，刚塞而弘毅，金之德也。

销售拜访结束前，如何推进销售进程？如何与客户共同制订行动计划？如何迈出销售成交这一步？这是拜访或销售过程的“收敛”环节，此谓“获得承诺”或“推进成交”。

水，主和谐，水曰润下，愿恭而理敬，水之德也。

销售拜访结束后，如何评估这次拜访或销售过程？如何判断是否赢得了客户的信任？这是拜访或销售过程的“和谐”环节，此谓“拜访评估”或“销售总结”。

五行之间的相生关系，决定了拜访或销售的规则：

木生火，钻木生火，有效准备才能使沟通过程聚焦，才能抓住关键需求。

火生土，焚木生土，发掘客户的深层需求才有机会建立标准，呈现优势。

土生金，聚石生金，梳理和满足深层需求才能够获得客户有效的承诺。

金生水，销锻生水，获得行动承诺才是成功的拜访，才叫赢得了客户的信任。

水生木，温润生木，获得了客户的信任，能够再次创造拜访和销售的机会。

同时，五行之间的相克关系，决定了拜访或销售的禁忌：

火克金，精胜坚，没有目的的需求探讨和发散，会影响最终的销售结果。

金克木，刚胜柔，销售过于关注成交，会忽略客户购买动机和拜访目标。

木克土，专胜散，客户的购买动机和销售目标不清晰，就无法建立优势。

土克水，实胜虚，需求或标准梳理不清，将影响客户对销售的信任。

水克火，众胜寡，盲目地总结，会失去客户的深层需求分享和新的销售机会。

依“木火土金水”五行之大规律，便有了“拜访准备”“了解概念”“呈现优势”“获得承诺”“拜访评估”的“信任五环”！

祈望“信任五环”能让客户更幸福地购买，让我们更幸福地销售！

致 谢

本书源起于用友大学精品营销课程“信任销售”，是在郭延生校长精品课程思想指导下，田俊国执行校长支持下，融汇集体智慧的结晶。值此付梓之际，特别感谢郭延生校长、田俊国执行校长的指导与信任。

感谢用友十余年来的培养和教育，赋予我立足社会的能力与自信，令我受益终生。能在用友学习、成长和生活，非常幸运。

感谢参与“信任销售”课程研发、评审的各位领导和专家。感谢马德富、杜锐、刘曙光、周殿林、宋健、黄菁等老师和几十位营销金种子俱乐部的成员。感谢客户经营机构管理部的陈强兵及陈文、销售管理总部的李勇兵等老师的宝贵意见，感谢各地经营机构的总经理和总监，以及参加培训交流的营销同仁。

感谢用友大学的刘智勇、叶根平、赵弘、徐锋、杨业松、逄增钢、肖忠野及李学勇等各位老师。

感谢 MILLER HEIMAN 的 Gilbert Cheung、Sarah Soon，CustomerCentricSelling 的 Lynn Hua、Joshua Lee、Allan Shi，SPI 的 Jack Zhang，WILSON LEARNING 的 Victor Liu 等老师的交流分享。

感谢信任五环 QQ 群几百位朋友的心得和反馈。

感谢家人的理解、支持和鼓励。

感谢一切有缘人。

2010 年 9 月

图书在版编目（CIP）数据

信任五环：超级销售拜访技巧/夏凯著．—北京：中国人民大学出版社，2016.6
ISBN 978-7-300-22830-3

Ⅰ.①信… Ⅱ.①夏… Ⅲ.①销售-方法 Ⅳ.①F713.3

中国版本图书馆 CIP 数据核字（2016）第 083919 号

信任五环：超级销售拜访技巧
夏　凯　著
Xinren Wuhuan

出版发行	中国人民大学出版社		
社　　址	北京中关村大街 31 号	**邮政编码**	100080
电　　话	010－62511242（总编室）		010－62511770（质管部）
	010－82501766（邮购部）		010－62514148（门市部）
	010－62511173（发行公司）		010－62515275（盗版举报）
网　　址	http://www.crup.com.cn		
	http://www.ttrnet.com(人大教研网)		
经　　销	新华书店		
印　　刷	天津中印联印务有限公司		
开　　本	720 mm×1000 mm　1/16	**版　　次**	2016 年 6 月第 1 版
印　　张	29.75 插页 2	**印　　次**	2025 年 10 月第 16 次印刷
字　　数	364 000	**定　　价**	59.00 元